그림으로 배우는
클라우드 인프라와
API의 구조

히라야마 쯔요시 외 지음
신상재 옮김

그림으로 배우는 클라우드 인프라와 API의 구조

지은이 히라야마 쯔요시 외 **옮긴이** 신상재 **1판 1쇄 발행일** 2017년 5월 22일

1판 7쇄 발행일 2023년 12월 27일 **펴낸이** 임성춘 **펴낸곳** 로드북 **편집** 조서희

디자인 이호용(표지) 심용희(본문) **주소** 서울시 동작구 동작대로 11길 96-5 401호

출판 등록 제 25100-2017-000015호(2011년 3월 22일)

전화 02)874-7883 **팩스** 02)6280-6901

정가 27,000원 **ISBN** 978-89-97924-31-8 93000

책 내용에 대한 의견이나 문의는 출판사 이메일이나 블로그로 연락해 주십시오.

잘못 만들어진 책은 서점에서 교환해 드립니다.

이메일 chief@roadbook.co.kr **블로그** www.roadbook.co.kr

클라우드를 바라보는 패러다임의 변화

수년 전까지만 하더라도 '클라우드'를 이야기할 때는 사용한 만큼 돈을 내고, 필요할 때 즉시 이용할 수 있으며, 다 쓴 후에는 바로 버릴 수 있다는 장점을 부각시켜 스타트업과 게임 회사를 중심으로 '합리적인 가격의 인프라', '즉시 쓰고 버릴 수 있는 인프라'의 관점에서 언급되었습니다. 이후, 대형 IT기업에서는 글로벌 고객에게 좀 더 빠른 서비스를 제공하기 위해 엣지 로케이션을 활용하거나 재난 대응을 위한 다중 가용 영역의 활용, 그리고 오브젝트 스토리지 적용 측면에서의 전략이 전개되었습니다. 최근에는 이러한 클라우드의 도입보다는 실제 활용 측면에서의 다양한 접근 방법이 주목을 받고 있는데 특히, DevOps를 고려한 효율적인 인프라 운영이나 신속한 서비스의 배포를 위한 클라우드의 활용 방법 등이 관심을 끌고 있습니다. 이와 같이 클라우드에 대한 관심은 이전보다 더 구체적이고 더 세분화된 목적을 만족시키기 위한 방향으로 전개되기 시작했고 이러한 동향을 반영하듯 이전에는 매니지드 서비스의 기능을 수동적으로 따라하던 단계를 넘어, 이제는 원하는 기능을 직접 골라 호출해서 쓰려는 적극적인 사용 패턴이 늘기 시작했습니다. 즉, 클라우드의 API를 직접 다룰 수 있다는 사실에 눈을 뜨게 되면서 클라우드 서비스가 기존에 제공하지 않았던 기능들을 기존의 API들을 조합하여 스스로의 목적에 맞게 사용할 수 있게 된 것입니다.

이 책은 어떤 책인가

이 책은 클라우드 도입을 고민하고 있을 때, 왜 클라우드를 도입해야 하는지 당위성을 설명하고 있는 책이 아닙니다. 또한 언제 어떤 방법으로 마이그레이션을 해야 하는지 안내하는 책도 아닙니다. 심지어 클라우드의 기능에는 어떤 것이 있고, 어떨 때 사용해야 한다고 설명하는 책도 아닙니다. 이 책은 이제 클라우드를 그럭저럭 사용하게 된 상태에서 우리는 과연 얼마나 그 내부를 잘 이해하고 있는지, 보다 세부적인 단위 기능들을 얼마나 잘 활용할 수 있는지 확인하기 위한 책이며, 수많은 클라우드 서비스들 간의 공통된 맥락이 어떤 것이 있는지 상상하게 하고 이들을 어떻게 조합하고 응용할지 고민하게 만들어주는 책입니다.

클라우드 관련 서적들을 건강 관련 서적으로 비유하자면, 이제까지의 책들은 좋은 식재료를 저렴하게 사서 요리를 해먹는 방법(적은 비용으로 시스템을 활용하는 방법)과 건강한 식습관을 통한 다이어트 방법(각 기능의 올바른 사용법과 비용 절감 방법)을 소개하여 궁극적으로는 건강하게 잘 사는 방법(서비스를 성공적으로 운영하는 방법)을 설명하였습니다. 그 결과 나는 암을 극복하고 잘 살고 있다는 성공 사례(클라우드를 도입하여 비즈니스 이슈를 해결한 사례)가 여러 경험자들 사이에서 회자되기도 합니다.

반면, 이 책은 사람의 대표적인 체질에 대해 이야기하고 성별과 인종이 다르더라도 공통된 신체 장기들의 움직임에 관한 보편적인 기능(클라우드 서비스의 공통점과 차이점)을 설명합니다. 그리고 그러한 신체 기능을 활성화하려면 어떤 혈(穴)들이 있는지(어떤 API가 있는지), 언제 어떤 혈을 어떤 방식으로 건드려주면 되는지(언제 어떤 API를 활용하면 되는지)를 설명하는 책입니다. 실제로 이 책은 클라우드의 보편적인 기능을 설명할 때, 밖으로는 가장 많이 활용되는 AWS를 예로 들고 안으로는 소스가 공개된 오픈스택을 예로 들어 설명하고 있습니다.

이런 독자에게 권합니다

만약 한 장, 한 장 넘겨보면서 따라하는 실습을 기대했던 클라우드 초심자나 기업에서 클라우드를 도입할 대의명분을 찾으려는 경영전략 부서의 독자라면 다른 책을 보기를 권합니다. 대신 이미 클라우드를 조금은 써 봤고 서로 다른 여러 클라우드 서비스들도 함께 사용해보면서 클라우드의 공통된 기능과 유사성이 보이기 시작한 클라우드 사용자라면 이 책이 각 기능 요소들에 대한 생각을 정리하는데 도움이 될 것입니다. 또한 기존의 웹 콘솔 방식의 제어 방법보다 더 세부적인 기능을 직접 다루고 싶은 클라우드 개발자라면 서비스별 API의 내부 동작 방식에 대한 설명이 사고를 넓히는데 도움이 될 것이며, 서로 다른 여러 클라우드 기능들을 통합하여 관리를 효율적으로 하고 싶은 클라우드 운영자라면 멀티 클라우드에 대한 설명에 여러 아이디어가 샘솟을 것입니다.

그 밖에도 인프라 경험은 적지만 REST API로 웹 애플리케이션을 만들어 본 서비스 개발자라면 막연했던 클라우드의 구조가 머릿속에 그려지기 시작할 것입니다. 특히 개발에서 운영까지 확장하여 DevOps에 대해 고민하는 분이라면 오케스트레이션, 이뮤터블 인프라스트럭처를 보면서 앞으로의 개발과 운영 방식이 어떠해야 하는지 인사이트를 얻을 수 있습니다.

이 책의 원서는 일본 책으로 현지에서는 '인프라 외적인 웹 기술 등에 너무 많은 것을 다루고 있다', '챕터별로 다루는 깊이가 일관되지 않다', '너무 AWS 위주로만 설명한 것 아니냐' 등의 비교적 혹독한 평가가 있는 것이 사실입니다. 다만 이런 약점이 오히려 국내 상황으로 비춰보면 인프라는 잘 모르지만 웹 개발에 경험이 있는 웹 개발자가 읽기 편하고, 국내의 AWS 사용자가 오픈스택의 내부 구조를 함께 살펴 봄으로써 특정 벤더에 종속되지 않는 클라우드 전반적인 개념을 보다 더 이해할 수 있는 효과가 있다고 생각합니다. 실제로 이 책을 번역한 역자 스스로도 웹 개발자 출신이며 주로 AWS를 사용했었는데, 번역 작업을 하면서 오픈스택에도 입문하고 막연했던 DevOps도 클라우드 환경에서 어떤 방식으로 구현할 수 있는지 이해하게 되었습니다.

이 책은 철저하게 웹 API의 관점에서 클라우드를 설명합니다. API를 통해 어떤 기능이 있는지 살펴 보고, API를 통해 내부 동작을 이해하고, API를 통해 더 많은 기능 등을 통합하고 관리하는 방법에 대해 알려줍니다. 그래서 이 책은 기존의 클라우드 책과는 다른 독특한 매력이 있습니다.

여러분이 인프라 운영자라면 웹 API를 통해 웹 개발을 간접적으로 알게 될 것이고, 거꾸로 웹 개발자라면 웹 API를 통해 인프라를 간접적으로 이해하게 되리라 생각합니다. 여러분의 역할이 어떤 것이든 이 책을 보면서 웹 API 요청에서 인프라 하부 구조의 밑바닥까지 전체를 관통하는 여정을 할 것입니다. 저는 그 과정을 도와드릴 가이드입니다. 부디 제가 번역한 이 책이 클라우드를 여행할 히치하이커들에게 좋은 안내서가 되길 바랍니다.

하늘과 바람과 구름과 API
신상재

이 책은 클라우드, 그 중에서도 IaaSInfrastructure as a Service와 같은 인프라 부문에 종사하는 엔지니어를 위한 책입니다. 클라우드를 설명함에 있어서 특정 클라우드 서비스에 종속된 기능보다는 좀 더 거시적인 관점에서 클라우드 인프라를 이해할 수 있도록 기획했습니다. 공통적인 인프라 구성 요소들과 이를 제어하기 위한 API의 개념, 그리고 동작 원리를 개념 중심으로 풀어냈습니다. 또한 이 책을 읽는 독자가 클라우드 시대에서 요구하는 풀 스택 클라우드 아키텍트가 되기 위해 반드시 알아두면 좋을 지식들을 제공하려고 했습니다.

최근, 스타트업 기업을 중심으로 확산되던 클라우드 환경이 중대형 기업의 전산 시스템에도 도입되기 시작했고 이에 따라 전문 ICT 업체의 정보화 전략도 클라우드 쪽으로 무게중심이 옮아가고 있습니다. 소수의 일부 신생 기업이나 최신 기술에 발빠른 엔지니어들이 사용했던 '클라우드'가 이제는 보다 대중화된 기술로 재조명되고 있습니다. 이러한 현상은 ICT 기술이 진정한 의미에서의 사회적 인프라로 자리매김을 하고 있다는 것을 보여주기에 충분합니다.

이 책은 기획 과정에서 상당한 난항을 겪었습니다. 가장 어려운 점은 클라우드라는 것이 애당초 하부 구조를 모르더라도 비교적 쉽게 시스템을 만들 수 있도록 설계되어 있다는 점 때문이었습니다. 즉, 내부 구조는 기본적으로 블랙박스처럼 구성되어 있어서, 사용자는 내부를 의식하지 않고도 클라우드를 이용할 수 있어서 책으로 다룰 만한 마땅한 내용이 없었습니다. 그렇게 곤란해 하던 중에 문득, 클라우드 환경이 기존의 인프라와 다른 점은 API를 사용해서 제어할 수 있다는 점을 깨달았고 이런 특징에 착안하여 책의 전개 방향을 API를 사용한 인프라의 관리로 잡게 되었습니다. 그래서 이 책을 다 읽고 나면 이전의 인프라 환경에서는 감히 해볼 엄두가 나지 않았던 유연한 시스템 구축과 운영, 그리고 API를 통한 제어를 할 수 있게 될 것입니다.

이 책은 이러한 API야말로 클라우드의 본질이라고 전제하고 있습니다. 하지만 아쉽게도 이러한 API를 깊이 이해하고 있는 사람은 웹 엔지니어나 애플리케이션 엔지니어들이고 그 중에서도 극히 일부에만 한정되어 있는 것 같습니다. 그나마 다행스러운 것은 이러한 API들이 GUIGraphical User Interface 기반의 관리 콘솔이나 CLICommand Line Interface와 같은 커맨드라인 인터페이스 뒤에 숨겨져, 내부적으로 동작하도록 만들어져 있기 때문에 클라우드 사용자가 API에 대해 자세히 모르더라도 클라우드 환경을 활용할 수 있는 다른 방법이 제공된다는 점입니다.

이 책에서는 API를 잘 모르는 인프라 엔지니어와 인프라를 잘 모르는 애플리케이션 엔지니어를 대상으로 클라우드 인프라의 구성 과정을 마치 애플리케이션을 설계하는 것과 같은 관점으로 설명하려고 노력했습니다. 이 책을 다 읽고 나면 클라우드 인프라와 API가 그 간 인프라 엔지니어와 애플리케이션 개발자 사이에 있던 벽을 허물어줄 수 있는 기술이라는 것을 깨닫게 될 것입니다.

전반부에서는 클라우드 컴퓨팅의 개념과 공통적인 컴포넌트들에 대해 알아 보고 API의 구조에 대해 자세히 다룹니다. 일반적으로 클라우드를 가상화 기술의 연장선에 있다고 생각하는 경향이 있는데 다른 시각에서는 근본적으로 인터넷 기술의 연장선에 있다고도 볼 수 있습니다. 왜냐하면 인터넷 기술은 클라우드 환경을 만드는 데 매우 중요한 기초 지식이며 인터넷 기술이야말로 널리 대중화되었음에도 불구하고 내부 구조를 잘 몰라도 활용할 수 있는 대표적인 기술이 되었기 때문입니다. 클라우드도 곧 이와 같은 행보를 따라갈 것이라고 믿어 의심치 않습니다.

중반부에서는 클라우드에서 서버와 스토리지, 네트워크와 같은 인프라 컴포넌트를 어떻게 하면 API로 제어할 수 있는지에 대해 살펴 봅니다. 후반부에는 그 동안 배운 지식들을 바탕으로 클라우드에 대규모 글로벌 시스템을 구성하기 위해 이뮤터블Immutable[1]한 하이브리드Hybrid 시스템의 구축 방법에 대해 설명합니다. 덧붙여 저자의 경험을 바탕으로 현장에서 사용 가능한 최신의 구성 관리 기법에 대해서도 소개합니다. 이 책의 집필진은 모두 서로 다른 기업과 조직에 몸을 담고 있는 클라우드 전문가들입니다. 이들의 경험과 다양한 노하우들이 이 책 구석구석에 녹아 들 수 있도록 최대한 노력했습니다.

클라우드는 구축은 비교적 간단한 반면에 논리적으로 추상화되어 있기 때문에 눈에 보이지 않는 가상의 시스템 구성을 머릿속에 그려야만 하고 이 과정에서 어려움을 느낄 수 있습니다. 이 책에서는 가능한 한 많은 그림을 실어 클라우드 인프라의 구성 형태를 머릿속에 쉽게 이미지화할 수 있도록 했습니다. 또한 책에서 익힌 내용을 범용적으로 응용할 수 있도록 예로 든 서비스들을 모두 실전에서 많이 활용되는, 사실상 표준 기술들을 사용했습니다. 클라우드의 실제 내부 동작을 설명할 때는 오픈소스라서 내부를 들여다 볼 수 있고 API가 비교적 간

---

1 역자 주 : Immutable은 사전적인 의미로 '변경할 수 없는, 불변의'와 같은 뜻으로 이전의 인프라 환경이 한번 구축한 후, 부분적으로 설정을 변경하면서 사용하던 것과 달리 이뮤터블한 시스템은 사용 중인 시스템을 변경하지 않고 변경 전의 시스템을 파기하고 바뀐 시스템으로 새로 구축하는 방식으로 변경을 적용합니다. 자세한 내용은 12장을 참고 바랍니다.

결한 오픈스택을 기준으로 설명 배운 내용을 응용할 수 있도록 상용 서비스로 많이 활용되는 AWSAmazon Web Services와 비교 설명하는 방식으로 내용을 구성했습니다.

시중에는 다양한 클라우드 서비스들이 있고 이러한 서비스들에는 API 레퍼런스가 준비되어 있습니다. 이 책을 다 읽은 후, 각 서비스의 API 레퍼런스를 살펴 보면 그 클라우드에서는 어떤 일을 할 수 있는지, 써보지 않고서도 짐작할 수 있게 될 것입니다. 앞으로 이 책을 읽은 독자들이 API 중심으로 클라우드를 파악해 나가면서 특정 클라우드 서비스에 종속되지 않는 클라우드의 본질을 이해할 수 있게 된다면 필자의 한 사람으로써 더한 보람은 없을 것 같습니다.

필자를 대표하여
히라야마 쯔요시(平山 毅)

히라야마 쯔요시(平山 毅) _3, 5, 6, 7, 8, 9, 10, 11장 집필 및 책 전체 감수

도쿄 이과대학 공학부를 졸업했다. 재학 시절부터 도쿄 이과대학에서 운영한 Sun Site 호스트의 사용자로 컴퓨터 과학과 통계학을 전공했고 전자상거래를 연구했다. Amazon Web Services에서 아키텍트와 컨설턴트 역할을 각각 1년 9개월 정도 수행했는데 2015년 말 시점까지 이 두 역할을 모두 경험한 유일한 일본인이다. AWS Certified Solutions Architect(Professional), AWS Certified DevOps Engineer(Professional)를 비롯한 여러 기술 자격을 보유하고 있다. 난이도가 높은 첨단 기업의 시스템을 글로벌화하기 위해 클라우드 네이티브한 시스템으로 커스터마이징하는 프로젝트를 다수 맡고 있으며 이러한 활동을 할 수 있는 클라우드 아키텍트도 육성하고 있다. 그 전에는 인터넷 관련 ISP와 광고 회사에서 인터넷의 기본 기술을 익혔고 도쿄 증권거래소와 노무라 종합연구소에서 기존의 미션 크리티컬한 증권 시스템을 개방형 시스템으로 마이그레이션하는 일을 진행했다. 이 과정에서 개방형 시스템 기술을 적극적으로 도입하게 되었다. 2016년 2월부터는 주로 아키텍트 기술 고문(顧問) 역할을 하고 있으며 글로벌 서비스, 코그니티브(cognitive) 컴퓨팅, API 경제(economy), 핀테크(fintech) 등 다양한 분야로 활동 폭을 넓히고 있다. 존경하는 엔지니어로는 썬 마이크로 시스템즈(Sun Microsystems)의 빌 조이(Bill Joy)를 꼽는다.

〈그림으로 배우는 시스템 퍼포먼스의 구조〉(쇼에이샤), 〈RDB 기술자를 위한 NoSQL 가이드〉(슈와시스템), 〈서버/인프라 철저공략〉(기술평론사) 등을 공동 집필했다.

나카지마 토모아키(中島 倫明) _4, 5, 6, 7장 집필

일본 오픈스택 사용자 그룹 회장(2012~), 일반 사단법인 클라우드 이용촉진기구 기술 고문(2012~), 국립정보학연구소/TOPSE 강사(2014~), 도쿄대학 비상근 강사(2015~)를 하고 있으며 일본에서 오픈스택과 클라우드 기술의 보급을 위한 인재 육성에 매진하고 있다. 이토츄 테크노 솔루션스에 근무하며 오픈소스 소프트웨어(OSS)를 사용한 클라우드 기술 개발과 기획을 맡고 있다.

〈오픈소스 클라우드 기반 오픈스택 입문〉(KADOKAWA/아스키 미디어웍스), 〈오픈스택 클라우드 인티그레이션, 오픈소스 클라우드를 사용한 서비스 구축 입문〉(쇼에이샤) 등을 공동 집필했다.

나가이 에쯔지(中井 悦司) _1, 2장 집필

전직 입시학원 강사로 외국계 기업에서 리눅스와 오픈소스를 사용한 프로젝트를 리딩했고 많은 기술 관련 문서를 집필하며 기술 잡지에도 기고했다. 이후 레드햇(Red Hat)으로 옮겨 에반젤리스트 역할을 했는데 특히 기업 시스템에 리눅스와 오픈소스 기술을 보급하는데 주력했다. 저서로는 〈오픈소스 클라우드 기반 오픈스택 입문〉(KADOKAWA/아스키 미디어웍스), 〈오픈스택 클라우드 인티그레이션, 오픈소스 클라우드를 사용한 서비스 구축 입문〉(쇼에이샤)를 공동 집필했다. 최근에 출간한 〈도커 실천 입문-리눅스 컨테이너 기술의 기초부터 응용까지〉(기술평론사)에서는 컨테이너 기술을 활용한 새로운 시스템 운용 방법과 같은 클라우드 환경을 고려한 인프라 기술을 다루고 있다.

야구치 사토시(矢口 悟志) _12장 집필

공학 박사이자 경영학 석사(MBA)이다. 2007년 노무라 종합연구소에 입사했다. 고급 테크니컬 엔지니어이자 공인 IT 아키텍트 자격 보유자로 IT 기반 기술 관련 R&D 부문에서 클라우드 기술에 대한 연구 개발과 Amazon Web Services를 도입하려는 기업을 위해 비즈니스를 개발하고 있다.

모리야마 쿄우헤이(森山 京平) _8장 집필   Twitter : @kyo_flogofrein

나라첨단과학기술대학원 공학 석사로 일본 휴렛팩커드에서 근무 중이다. HP Helion OpenStack Professional Service의 오픈스택 인테그레이터로서 아시아 여러 나라의 인터넷 및 클라우드 서비스 제공 업체를 위해 오픈스택의 통합을 지원하고 있다. 오픈스택을 활용한 IaaS, PaaS 서비스 구축을 지원하고 있으며 그동안 쌓아온 지식과 경험을 살려 오픈스택 기반의 NFV(Network Function Virtualization)를 설계, 구축하고 있다. 처음 접한 OS는 MS-DOS이고 처음 사용한 PC는 NEC PC-9801이다. 고등학생 때 Fedora Core 5, FreeBSD와 같은 유닉스나 리눅스에서 사용되는 오픈소스에 감명 받아 이후 여러 오픈소스 소프트웨어를 사용해 왔는데 특히 최근에는 리눅스 커널 튜닝이나 네트워크 스택 등을 관심있게 들여다 보고 있다.

인터넷 기술에도 매력을 느껴 L1(전원, 설비)부터 L7(애플리케이션)까지 폭넓은 지식을 쌓기도 했다. 클라우드는 누구를 위한 것인가, 클라우드는 어떤 것이어야 하는가에 대해 밤낮으로 고민하며 연구를 계속하고 있다.

모토키 아키히로(元木 顕弘) _7장 집필

NEC 오픈소스 소프트웨어 추진 센터에서 근무 중이다. 오픈스택의 Neutron과 Horizon의 핵심 개발자로 오픈스택 개발에 참여하고 있으며 오픈스택을 활용한 사설 클라우드를 운영 및 지원하고 있다. 라우터, 광역 이더넷 장치부터 스팸 메일 어플라이언스에 이르기까지 연구 개발 경험이 다양하며 FPGA에서 클라우드까지 섭렵한 엔지니어이다.

개인 시간에는 자전거를 타는 것을 좋아하며 오픈스택과 리눅스에 관련된 글을 번역하기도 한다. 맛있는 맥주와 코딩은 둘도 없는 친구라고 믿고 있다. 〈OpenStack 클라우드 인테그레이션, 오픈소스 클라우드를 사용한 서비스 구축 입문〉(쇼에이샤)을 공통 집필했다.

이 책은 대표적인 클라우드 인프라 기술인 아마존 웹 서비스와 오픈스택에 대해 API 레벨부터 인프라 설계, 구축 및 응용까지 상세하게 다루고 있습니다. 또한, 서버 리소스, 네트워크, 스토리지, 인증/보안 등을 구성하고 제어하는 방법을 그림과 함께 다양한 예를 통해 보여주고 있습니다. 한 권으로 마스터하기에는 다소 방대한 주제일 수 있으나 초급자에게는 클라우드 인프라 기술 입문서로, 중급자에게는 전반적인 구동 원리와 대비되는 기술을 습득하여 고급 엔지니어로 도약할 수 있는 실무서가 될 수 있을 것 같습니다.

정유선 님_오픈스택 한국 커뮤니티(OpenStack Korea User Group)

클라우드 쪽에도 관심이 많아 여러 권의 클라우드 관련 서적들을 찾아서 보았지만 이해하는데 있어서는 어느 정도 어려움이 있었습니다. 이 책은 제목 그대로 그림으로 설명을 하려는 노력이 상당히 엿보이는 책이어서 이해하기도 쉽고 입문하는 사람들도 선뜻 볼 수 있게끔 쓰여 좋았습니다. 클라우드 인프라와 이에 쓰이는 API를 알고 싶고, 공부하고 싶다면 이 책을 주저 없이 추천합니다.

이동혁 님_DrawingTeam

클라우드 컴퓨팅의 동작 방법의 거의 모든 것이 이 책 한 권에 있다고 해도 과언이 아닐 정도입니다. 책에서도 말하듯이 클라우드 컴퓨팅의 본질은 인터넷을 통해 필요한 자원을 제어하는 API입니다. 이 책은 AWS와 오픈스택이 API를 통해 어떻게 개발자에게 자원을 할당하고 제공하는지 이해하기 쉽게 설명하고 있습니다. AWS와 오픈스택을 조금이라도 접하고 이 책을 본다면 클라우드 컴퓨팅의 원리를 깊게 이해할 수 있는 매우 좋은 교과서가 될 것이라 생각합니다.

조성수 님_오픈스택 한국 커뮤니티(OpenStack Korea User Group)

오픈스택과 AWS(아마존 웹 서비스)를 어떻게 사용하는지 그 방법과 개념을 간략하게 알 수 있어서 좋았습니다. 특히 그 둘의 차이점을 쉽게 설명하고 있어서 처음 클라우드를 접하는 사람에게 적합하리라고 봅니다. 저는 클라우드를 사용하기가 어려워 망설인 적이 있는데 실습으로 클라우드를 이해하기보다 개념을 먼저 쉽게 파악하여 접근하고 싶은 분에게 이 책을 추천합니다.

이태헌 님_STA 테스팅 컨설팅

오픈스택과 AWS는 각각 오픈소스 및 상용 클라우드에서 자리매김을 하고 있음에도 불구하고, 때로는 같은 내용인데 서로 다른 용어를 사용한다거나, 클라우드를 활용하였을 때 얻을 수 있는 이점을 서로 다른 관점에서 해석하기도 합니다. 이 책은 각 클라우드 분야의 전문가들이 두 클라우드를 그림과 함께 상세히 설명하여 API와 함께 서로를 재미있게 비교해볼 수 있는 점이 가장 매력적입니다. 다소 어려울 수 있는 개념들을 그림과 함께 설명하고, API를 통해 어떻게 데이터가 오가는지를 살피다보면 어느새 책 전체를 두루 읽게 됩니다.

한때 번역팀 활동을 같이 했던 친구인 모토키 아키히로가 집필한 부분인 오픈스택 네트워크 파트를 살펴 보고 싶은 마음에 베타 리딩에 참여했습니다. 베타 리딩 기간 동안 역자를 비롯한 베타 리더들과 이메일로도 직접 소통했고 뿐만 아니라 AWS 사용자 그룹 및 오픈스택 사용자 그룹에서의 논의, 슬랙, 깃(git) 등 다양한 채널을 활용해 의견 수렴을 하였기에, 번역의 질 또한 좋다고 생각합니다. 개인적으로 좋은 많은 분들과 베타 리딩을 함께할 수 있어 영광이었으며, 차후 다른 클라우드와 같이 살펴볼 수 있는 좋은 책들이 많이 나왔으면 좋겠습니다.

최영락 님_오픈스택 한국 커뮤니티(OpenStack Korea User Group)

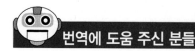
번역에 도움 주신 분들

보통은 저자가 감사의 글을 쓰는데 역자가 감사 인사를 드리려 합니다. 이 책에서 다루는 내용이 상당히 폭이 넓고 클라우드 서비스별로 단어나 표현에 차이가 있어 번역 과정에서 관련 커뮤니티 분들의 도움을 받았습니다. 도움을 주신 모든 분들께 감사 드립니다.

■ 아마존 웹 서비스(Amazon Web Service) 한국 사용자 모임

김현민 님(evilskel)	박상욱 님(sanguk.park.37)	정도현 님(dohyjung)

■ 오픈스택 한국 커뮤니티(OpenStack Korea User Group)

강대명 님(daemyung.kang)	강성진 님(ujuckr)	김태욱 님(chatmat)
박광희 님(bebule)	송인섭 님(csssis35)	이어형 님(eohyung.lee)
이보성 님(gotocloud)	이현석 님(hyunsuk80)	조성수 님(seongsoo.cho)
황후순 님(whosoon.hwang)		

■ 일본에서 일하는 한국인 개발자 모임(Kodeveloper)

김세화 님(negabaro)	김태욱 님(chatmat)	심재민 님(shim0413)
이상준 님(richellin7)	전민수 님(minsoo.jun)	

이 책에서는 독자의 이해를 돕기 위해 다음과 같은 표기 방법을 사용합니다. 오픈스택과 AWS와 관련된 내용들 중, 문자열을 치환하는 표현법이 다양한 형태로 혼용되어 있습니다. 이는 오픈스택과 AWS의 공식 문서를 참고할 때 이질감이 없도록 각 공식 문서의 관례를 최대한 반영한 내용이니 문맥에 따라 해당 의미를 잘 파악할 수 있도록 다음 표기 방법을 미리 확인해두기 바랍니다.

외래어 표기

■ 영문을 그대로 쓰는 경우

이 책이 주로 다루고 있는 AWS와 오픈스택 관련 서비스나 컴포넌트명은 모두 영문 표기를 그대로 썼습니다. 이는 독자가 이 책을 본 후, 검색 엔진에서 관련 자료를 찾기 쉽게 하기 위한 것으로 무리한 번역으로 연계 학습이 방해되지 않도록 했습니다.

■ 영문 발음을 한글로 음차(音借) 표기한 경우

서비스명이나 제품명이 아닌 용어 중, 통상적으로 관련 업계에서 영어 단어로 널리 사용되는 것으로 무리하게 번역할 경우, 의미 전달이 어렵다고 판단되는 단어는 표기는 한글로 하되, 발음은 영문 발음이 나도록 외래어 표기법에 맞춰 작성했습니다.

■ 한글로 표기하고 영문이나 한자로 보조한 경우

문맥상 한글 표현으로 해도 무방한 것은 가능한 한 한글로 표기했습니다. 단, 보다 정확한 의미 전달이 필요하다고 판단되는 단어는 한글 단어와 함께 영문 혹은 한자를 병행하여 표기했습니다. 병행 표기는 처음 해당 단어가 사용될 때에만 사용하고 이후부터는 생략합니다. 단, 해당 단어의 사용 위치가 최초로 언급된 지면에서 멀리 떨어져 다시 상기시킬 필요가 있다고 판단될 경우는 병행 표기를 다시 했습니다.

CLI에서 사용하는 표현법[1]

- **'[ ]'를 사용하는 경우**

  '[ ]'를 포함하여 생략이 가능하다는 의미입니다.

예시	의미	활용 예
[container]	컨테이너명	swift post [container] [object]
[object]	오브젝트명	

- **'〈 〉'를 사용하는 경우**

  '〈 〉'를 포함하여 내용이 치환된다는 의미입니다.

예시	의미	활용 예
〈container〉	컨테이너명	swift download 〈container〉 〈object〉
〈object〉	오브젝트명	

- **'[〈 〉]'를 사용하는 경우**

  '〈 〉'를 포함하여 내용이 치환되는데 생략도 가능하다는 의미입니다.

예시	의미	활용 예
[〈container〉]	컨테이너명	swift delete [〈container〉] [〈object〉]
[〈object〉]	오브젝트명	

---

1 역자 주 : 표기법은 다음 문서를 참고했습니다.
   http://docs.openstack.org/cli-reference/swift.html

■ '_'를 사용하는 경우

위의 '[ ]', '〈 〉' 사이에 들어가는 단어가 두 개 이상의 단어로 구분되면 단어 사이의 구분자
로 사용합니다.

예시	의미	활용 예
〈container〉	컨테이너명	swift upload 〈container〉 〈file_or_directory〉
〈file_or_directory 〉	파일명 혹은 디렉터리명	

■ '{ }', '_'를 사용하는 경우

'{ }'를 포함하여 내용이 치환된다는 의미입니다. '{ }' 사이에 들어가는 단어가 두 개 이상의
단어로 구분될 경우 단어 사이의 구분자로 '_'를 사용합니다.

예시	의미	활용 예
{name}	이름	X-Remove-Container-Meta-{name}: {value}
{value}	값	

■ '$'를 사용하는 경우

'$'를 포함하여 인접한 단어가 치환된다는 의미입니다

예시	의미	활용 예
$publicURL	URL	curl -I $publicURL -H "X-Auth-Token: $token" "X-Container-Write: account1"
$token	토큰 값	

URI 경로에서 사용하는 표현법[2]

- **'{ }', '_'를 사용하는 경우**

  '{ }'를 포함하여 내용이 치환된다는 의미입니다. '{ }' 사이에 들어가는 단어가 두 개 이상의 단어로 구분되면 단어 간의 구분자로 '_'를 사용합니다.

예시	의미	활용 예
{server_id}	서버 ID	/servers/{server_id}/ips/{network_label}
{network_label}	네트워크 레이블	

ARN[3]에서 사용하는 표현법[4]

- **이탤릭체, '–'를 사용하는 경우**

  이탤릭체로 표현된 부분이 치환된다는 의미입니다. 이탤릭체로 표현된 단어가 두 개 이상의 단어로 구분되면 단어 간의 구분자로 '–'를 사용합니다.

예시	의미	활용 예
region	리전	arn:aws:apigateway:*region*::*resource–path*
resource–path	리소스 경로	

---

2 역자 주 : 다음 문서를 참고했습니다. http://developer.openstack.org/api-ref/compute/
3 역자 주 : Amazon Resource Names의 두 문자어입니다.
   http://docs.aws.amazon.com/ko_kr/general/latest/gr/aws-arns-and-namespaces.html
4 역자 주 : 다음 문서를 참고했습니다.
   http://docs.aws.amazon.com/ko_kr/general/latest/gr/aws-arns-and-namespaces.html

리소스 프로퍼티 타입에서 사용하는 표현법[5]

■ 이탤릭체를 사용하는 경우

이탤릭체로 표현된 부분이 치환된다는 의미입니다. 이탤릭체로 표현된 단어가 두 개 이상의 단어로 구분되면 각 단어의 첫 글자를 대문자로 표기하거나 '-'과 '_'를 쓰기도 합니다.

예시	의미	활용 예
ComponentName	컴포넌트명	"Type": "AWS::*ComponentName*::*ResourceName*::*PropertyName*"
ResourceName	리소스명	
PropertyName	프로퍼티명	

그 외 기타 표현법

■ OOO를 사용하는 경우

상황에 따라 다른 문자로 치환된다는 의미입니다.

■ …를 사용하는 경우

해당 부분을 생략했다는 의미입니다.

5　역자 주 : 다음 문서를 참고했습니다.
　　http://docs.aws.amazon.com/ko_kr/AWSCloudFormation/latest/UserGuide/aws-product-property-reference.html

이 책에서는 클라우드를 설명할 때 오픈스택OpenStack과 AWSAmazon Web Services를 예로 들고 있습니다. 각 서비스의 컴포넌트나 리소스의 역할은 비슷하나 똑같은 이름으로 사용되는 것은 아니기 때문에 필요할 경우 다음 비교표[1]를 참고하기 바랍니다.

컴포넌트명	리소스명	오픈스택[2]	AWS (Amazon Web Services)[3]
테넌트	–	세입자/고객	테넌트
리전	–	리전	리전
가용 영역	–	가용 구역	가용 영역
관리 콘솔	–	OpenStack Dashboard 호라이즌(Horizon)	AWS Management Console
서버	–	Nova	EC2
	서버	인스턴스	인스턴스
	타입	플레이버(flavor)	인스턴스 유형
	이미지	가상 머신 이미지	Amazon 머신 이미지
블록 스토리지	–	Cinder	EBS
	디스크	볼륨	볼륨
	스냅샷	스냅샷	스냅샷
네트워크	–	Neutron	VPC
	스위치	네트워크	–
	서브넷	서브넷	서브넷

---

1 역자 주 : AWS의 용어는 가능한 AWS 공식 페이지의 한글 번역 내용과 차이가 없도록 했습니다.

2 역자 주 : http://docs.openstack.org/mitaka/ko_KR/install-guide-debian/common/glossary.html

3 역자 주 : http://docs.aws.amazon.com/general/latest/gr/glos-chap.html

컴포넌트명	리소스명	오픈스택[2]	AWS (Amazon Web Services)[3]
네트워크	라우터	라우터	인터넷 게이트웨이, 라우팅 테이블
	포트	포트	엘라스틱 네트워크 인터페이스
	시큐리티 그룹	시큐리티 그룹	보안 그룹
	네트워크 접근 제어	방화벽	네트워크 ACL
	공인(public) IP	플로팅 IP(Floating IP)	엘라스틱 IP(Elastic IP)
오케스트레이션	–	Heat	AWS CloudFormation
	단위	스택	스택
	템플릿	템플릿	템플릿
인증	–	Keystone	IAM
	사용자	사용자	사용자
	그룹	그룹	그룹
	역할	역할	–
	IAM 역할	–	IAM 역할
오브젝트 스토리지	–	Swift	Amazon S3
	저장소	컨테이너	버킷
	파일	오브젝트	객체

목차

1장 클라우드 컴퓨팅과 API의 역할

2장 클라우드의 대표적인 컴포넌트

3장 클라우드를 제어하는 API의 동작 방식

6장 블록 스토리지 리소스를 제어하는 방법

7장 네트워크 리소스를 제어하는 방법

8장 오케스트레이션

9장 인증과 보안

10장 오브젝트 스토리지 리소스를 제어하는 방법

11장 멀티 클라우드

클라우드 컴퓨팅과
API의 역할

이 책은 '클라우드 컴퓨팅 환경을 API를 통해 관리한다'라는 주제로 내용을 전개하고 있습니다. 클라우드 컴퓨팅이 탄생한 배경을 이 장에서 살펴본 후, 클라우드 컴퓨팅에서 API가 어떤 역할을 하는지 알아 보겠습니다.

1.1 클라우드 컴퓨팅

흔히 한 마디로 '클라우드 컴퓨팅'이라고 부르지만 사실은 클라우드 컴퓨팅에도 여러 가지 종류가 있습니다. 이 책에서는 그 중에서도 IaaSInfrastructure as a Service 형태의 클라우드를 다룹니다. 우선 클라우드 컴퓨팅이 태어난 배경에 대해서 살펴본 후, 전체 클라우드 환경에서 IaaS형 클라우드가 어떤 위치를 차지하고 있는지 알아봅니다.

1.1.1 클라우드 컴퓨팅의 탄생

'클라우드 컴퓨팅'이라는 단어는 2006년에 구글Google의 전 CEO, 에릭 슈미트Eric Schmidt가 자신의 프레젠테이션에서 이 단어를 처음 사용했다고 알려지고 있습니다. 이후 인터넷을 기반으로 한 각종 서비스를 '클라우드 서비스'라고 부르게 되었는데 당시에는 일종의 마케팅 용어로 사용할 뿐 실제로는 클라우드 컴퓨팅이 무엇인지, 그 누구도 명확하게 제시하지 못했습니다. 그래서 당시 ICT 관련 기업과 엔지니어 사이에서는 클라우드 컴퓨팅에 대해 나름대로의 정의를 세워 갑론을박하는 일도 많았습니다.

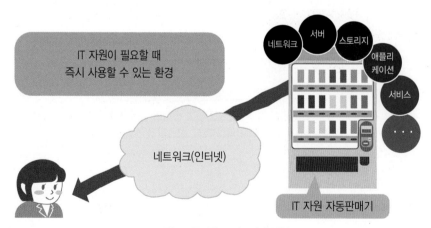

▲ 그림 1.1 클라우드 컴퓨팅의 실현

과거의 클라우드 서비스에 대한 역사를 되짚어 보면 실제로 클라우드 컴퓨팅이 제대로 실현되었다고 볼 수 있는 시기는 '필요한 IT 자원을 즉시 사용할 수 있는 환경'이 만들어진 시점입니다. 이른바 'IT 자원의 자동판매기'와 같은 역할이 가능하게 된 시기라고 볼 수 있습니다([그림 1.1] 참고).

이렇게 만들어진 클라우드 컴퓨팅 환경은 그 기능을 구현하기 위한 다양한 기술 요소를 필요로 합니다. 그리고 클라우드 컴퓨팅의 진정한 본질은 물리적이고 기술적인 시스템 구조나 전산 장비들로만 만들어지는 것이 아닙니다. 이 책에서는 클라우드 컴퓨팅의 본질이 API에 있다고 보고 책 전반에 걸쳐 이에 대해 설명을 풀어내려고 합니다.

1.1.2 공용 클라우드와 사설 클라우드의 차이

오늘날 수많은 클라우드 서비스가 나오고 있지만 결국은 '누가 사용하는가?'와 '무엇을 제공하는가?'의 두 가지 관점으로 분류할 수 있습니다([그림 1.2] 참고). 이러한 관점을 앞서 예로 든 자동판매기에 빗대어 보면 '누가 사용하는가?'는 '자동판매기 사용자'에, '무엇을 제공하는가?'는 '판매 상품'에 해당합니다.

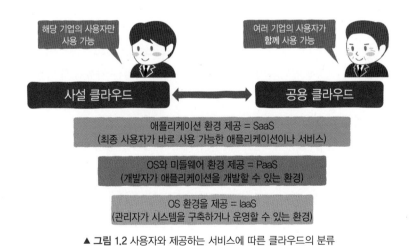

▲ 그림 1.2 사용자와 제공하는 서비스에 따른 클라우드의 분류

▲ 그림 1.3 사무실의 자동판매기와 공원의 자동판매기

우선 '사용자' 관점에서의 클라우드 서비스에 대해 살펴 보겠습니다([그림 1.3] 참고). 이른바 '사설private 클라우드'는 특정 기업 내부에서 사용하는 기업 자체의 전용 클라우드 환경을 말하며, 해당 기업의 사용자만 접근할 수 있도록 통제됩니다. 회사 휴게실에 설치된 자동판매기와 비슷한데 그 회사의 임직원은 자유롭게 자동판매기를 이용할 수 있지만 출입이 제한된 외부인은 사용할 수 없습니다. 이런 자동판매기는 회사에서 설치할 장소를 마련해주기 때문에 공간 임대료는 발생하지 않으며 전기 사용료도 회사가 부담합니다. 그리고 상품을 판매하여 이익을 남길 필요가 없기 때문에 상품 가격이 시중에 비해 상대적으로 싸다는 장점이 있습니다.

한편 '공용public 클라우드'는 여러 기업의 사용자가 함께 사용할 수 있도록 만들어져 있습니다. 공용 클라우드의 대부분은 '멀티 테넌트multi-tenant'라는 기능을 갖추고 있어서 겉으로는 자신만 사용하는 클라우드로 보이지만 실제로는 여러 다른 사용자도 자신만의 격리된 공간에서 같은 클라우드 환경을 사용할 수 있습니다. 실제로 클라우드를 구성하는 물리적인 장비나 소프트웨어가 여러 사용자를 수용할 수 있도록 만들어져 상호 간의 간섭 없이 독립적인 형태로 사용할 수 있습니다. 공원의 자동판매기와 같이 누구나 이용할 수 있다는 장점이 있는 반면 자동판매기를 설치한 사업자는 상품을 판매하여 수익을 내야 하기 때문에 사내의 자동판매기보다 상품 자체로만 보자면 가격이 상대적으로 비싸다고 느껴지는 단점도 있습니다.

이러한 현상을 실제 클라우드 환경에 빗대어 본다면 비용 구조의 차이로 설명할 수 있습니다. 기업에 전용 클라우드 환경을 구축하려면 데이터 센터와 같은 공간을 시작으로 각종 하드웨어 자산들을 확보할 필요가 있는데, 이것은 곧 초기 투자 비용이 발생한다는 것을 의미합니다. 한편 공용 클라우드 서비스를 이용하면 이런 비용 부담은 발생하지 않는데 그 이유는 리소스가 필요할 때마다 필요한 만큼만 확보해서 이용할 수 있기 때문입니다. 그래서 필요로 하는 리소스의 총량에 큰 변화가 예상되거나 수요 추이를 예측하기 어려운 상황이라면 공용 클라우드를 이용하는 것이 유리할 수 있습니다.

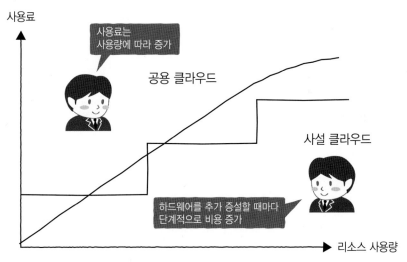

▲ 그림 1.4 사설 클라우드와 공용 클라우드의 비용 구조

반대로, 일정 규모로 리소스가 활용될 것이라고 예측할 수 있는 경우, 그 규모에 맞는 사설 클라우드를 도입하고 운영하는 것이 비용 측면에서 유리할 수 있습니다. 공용 클라우드는 리소스의 사용량에 따라 과금되기 때문에 보통, 비용이 선형적(線形的)으로

증가합니다(실제로는 사용량이 늘어나면 할인되기도 합니다). 한편 사설 클라우드는 처음 준비한 리소스가 고갈되기 전까지는 추가 투자가 발생하지 않습니다. 다만 리소스가 부족할 때마다 일정량의 하드웨어를 추가로 투자하게 되므로 비용은 단계적(段階的)으로 상승하게 됩니다. 이런 비용의 변화를 나타낸 것이 [그림 1.4]입니다.

1.1.3 IaaS, PaaS, SaaS의 차이점

다음은 '판매 상품' 관점에서 살펴 보겠습니다. 클라우드 환경에서의 판매 상품은 IaaSInfrastructure as a Service, PaaSPlatform as a Service, SaaSSoftware as a Service에 해당합니다([그림 1.5] 참고). 역사적으로 클라우드 서비스는 SaaS 형태의 서비스에서 시작하여 점차 다양한 형태로 분화되었습니다. SaaS는 기업의 CRMCustomer Relationship Management 애플리케이션과 개인용 이메일 서비스 등과 같이 최종 사용자가 직접 사용하는 애플리케이션 환경을 클라우드의 형태로 서비스합니다. 사실 이런 형태의 서비스는 클라우드 컴퓨팅이라는 용어가 등장하기 이전부터 ASPApplication Service Provider 라는 이름으로 제공되었습니다. 이후 클라우드가 관심을 받게 되자 일종의 마케팅 전략으로 '클라우드 서비스'라고 부르게 되었습니다.

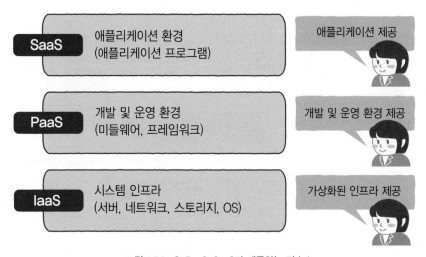

▲ 그림 1.5 IaaS, PaaS, SaaS가 제공하는 리소스

PaaS 형태의 클라우드 서비스에서는 애플리케이션 개발 환경이나 운영 환경 등을 제공합니다. 애플리케이션을 개발하려면 애플리케이션 서버와 백엔드 데이터베이스, 개발 프레임워크와 컴파일러 등이 필요합니다.

PaaS를 활용하면 이러한 개발 환경이 기본으로 제공되기 때문에 애플리케이션 개발자는 보다 신속하게 개발에 착수할 수 있습니다. 그리고 기존에 사용하던 프레임워크나 데이터베이스를 클라우드 환경에서도 똑같이 사용할 수도 있고[1] 특정 클라우드 서비스에서만 제공하는 고유한 프레임워크나 데이터 저장소를 사용할 수도 있습니다.[2]

다음은 이 책의 주제인 IaaS 형태의 클라우드 서비스에 대해 알아 보겠습니다. IaaS에서는 서버, 네트워크, 스토리지 등의 IT 인프라에 필요한 다양한 구성 요소들을 서비스 형태로 제공합니다([그림 1.6] 참고). 그리고 IaaS 서비스 사용자에게는 자신만의 전용

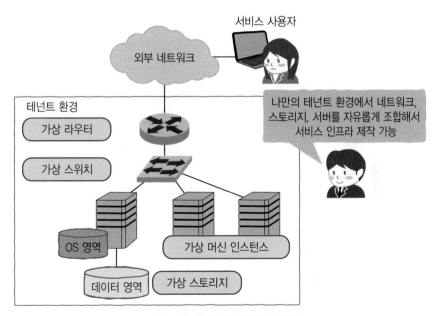

▲ 그림 1.6 IaaS 형태의 클라우드 서비스

---

1 역자 주 : AWS에서는 Oracle, Microsoft SQL Server, PostgreSQL, MySQL, MariaDB를 사용할 수 있습니다.
  • https://aws.amazon.com/ko/rds/

2 역자 주 : AWS의 경우, MySQL과 PostgreSQL을 확장한 Amazon Aurora가 있습니다.
  • https://aws.amazon.com/ko/rds/aurora/

테넌트 환경이 제공됩니다. 사용자는 이 환경에서 가상 라우터나 가상 스위치와 같은 가상 네트워크 장비, 그리고 가상 머신 인스턴스라고 하는 가상 서버, 데이터 저장을 위한 블록 스토리지 등을 자유롭게 추가하여 시스템을 구성할 수 있습니다. 즉 IaaS 형태의 클라우드에서는 가상화된 환경에서 서버, 네트워크, 스토리지와 같은 IT 인프라의 3대 요소를 자유롭게 조합하여 자신만의 서비스 인프라를 만들 수 있습니다.

[그림 1.5]와 같이 SaaS, PaaS, IaaS의 차이는 사용자에게 제공하는 IT 자원의 차이라고 볼 수 있습니다. 이때 IaaS 위에 PaaS가, PaaS 위에 SaaS가 만들어지는 것은 아니라는 점에 주의해야 합니다. 예를 들어 SaaS에서는 서비스 사용자 관점에서 볼 수 있는 영역이 애플리케이션 사용자 인터페이스UI: User Interface로 제한됩니다. 만약 애플리케이션에서 멀티 테넌트 기능을 구현하고 있다면 같은 서버, 같은 애플리케이션을 사용하더라도 여러 사용자를 수용하는 것이 가능합니다. 즉, SaaS 입장에서는 인프라 자체를 반드시 가상화할 필요는 없습니다. 한편, IaaS는 서버나 네트워크와 같은 인프라 구성 컴포넌트들을 사용자별로 독립된 형태로 제공할 수 있어야 합니다. 그래서 IaaS 입장에서는 대부분의 인프라를 구성하는 컴포넌트들을 가상화해서 제공해줄 필요가 있습니다[3]([그림 1.7] 참고).

이와 같이 IaaS형 클라우드에서는 제공되는 리소스가 물리적인 환경과는 독립된 형태로 가상화되어 있다는 것이 가장 두드러진 특징 중의 하나입니다. 뒤에 자세히 다루겠지만 이렇게 가상화된 자원을 효과적으로 제어하는데 API가 큰 역할을 하게 됩니다.

---

3 저자 주 : IaaS형 클라우드 서비스 중에도 가상 서버가 아닌 물리 서버를 이용할 수 있는 것이 있습니다. 다만 이러한 서비스에서도 실제 서버를 의식할 필요 없이 가상 머신을 다루는 것처럼 API로 제어할 수 있어, 클라우드 서비스의 'API로 제어 한다'는 본질 자체는 변하지 않습니다.

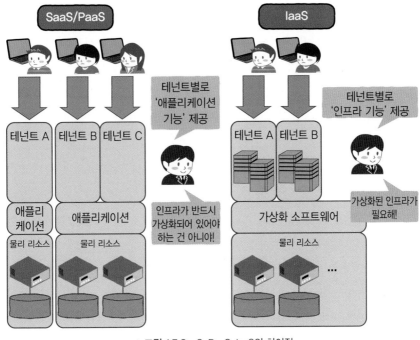

▲ 그림 1.7 SaaS, PaaS, IaaS의 차이점

1.2 클라우드가 실현하는 인프라의 표준화

앞서 IaaS형 클라우드에서는 각종 인프라 리소스가 가상화를 통해 물리적 환경과는 독립되어 있다고 설명했습니다. 이제 이 내용에 대해 좀 더 자세히 살펴 보겠습니다. 이 절을 보고 나면 가상화로 비롯되는 클라우드의 장점이 무엇인지 이해할 수 있을 것입니다.

1.2.1 클라우드에 의한 시스템 구축 절차의 표준화

과거에는 새로운 시스템을 구축할 때 서버나 스토리지와 같은 물리적 장비를 도입하기 위한 준비부터 하는 것이 순서였습니다. 그리고 이러한 과정은 쉽지 않고 복잡한 절차를 거쳐야 하는 고된 작업이었습니다.

그 밖에도 서버를 설치하고 배선하는 작업 역시 상당히 번거로울 뿐만 아니라 작업 시간도 오래 걸린다는 것을 쉽게 짐작할 수 있습니다. 하지만 실제로는 이 정도 작업은 쉬운 편에 속하고 그 밖에도 귀찮은 작업들이 많이 남아 있습니다.

장비를 도입할 때는 구축하려는 시스템의 규모에 맞춰 적절한 기능과 성능을 충족하도록 장비의 사양을 선택하는 과정이 선행되어야 합니다. 하드웨어의 경우 각 제조업체들이 치열하게 경쟁하면서 수시로 새로운 제품을 쏟아내고 있어 제품을 비교, 분석하는 것 자체가 쉽지 않습니다. 각 기기들의 기능에도 변화가 있기 마련이고 오래된 기종은 언젠가 기술 지원이 중단되거나 판매 중지가 되기도 합니다. 그래서 각 하드웨어 벤더의 제품 판매 상황이나 최신 기종의 기능 및 성능을 면밀히 검토하여 도입 시점에서 가용한 제품들 중, 가장 적절한 것을 선택할 수 있어야 합니다([그림 1.8] 참고).

▲ 그림 1.8 하드웨어를 선정하는 절차

지금까지 없었던 새로운 기능을 사용해야 하는 경우, 시스템 구축 작업은 더 복잡해지는데 이전 장비와 비슷한 기능이더라도 제품이 다르면 설정 방법도 달라질 수 있습니다. 그래서 미리 제품 설명서를 보면서 설정 방법에 어떤 차이가 있는지 확인해둘 필요가 있습니다. 경우에 따라서는 해당 제품의 전문가를 불러 사전 기술 검토를 하기도 합니다. 이와 같은 복잡한 과정들을 겪어 보면 시스템 구축 준비 과정만으로도 몇 달이 걸린다는 말이 결코 거짓이 아님을 체감하게 됩니다.

이에 반해, IaaS형 클라우드에서는 이와 같은 물리적 장비의 설정 방법이나 기능의 차이를 의식하지 않아도 됩니다. 앞서 살펴본 [그림 1.6]의 가상 라우터나 가상 스위치와 같은 가상 네트워크 장비의 경우, 실제로는 물리적인 네트워크 장비가 있고 그 위에 네트워크를 가상화하기 위한 소프트웨어가 동작하는 방식으로 만들어져 있습니다.

클라우드 사용자가 볼 수 있는 부분은 서비스 형태로 표준화되고 추상화된 라우터나 스위치의 기능입니다. 일단 클라우드상에서 가상 네트워크 장비의 사용법을 익히고 나면 이후 물리적인 장비의 차이에 상관없이 몇 번이든 같은 방법으로 시스템을 구축할 수 있습니다([그림 1.9] 참고).

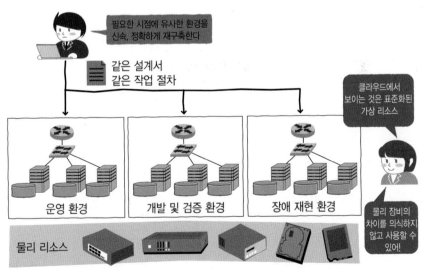

▲ 그림 1.9 물리 장비의 차이를 의식하지 않고 시스템을 구축

이와 같이 클라우드 환경을 이용하면 시스템을 구축해야 할 때마다 그 시점에 가용한 장비를 수배하거나 그 장비에 대한 설정 방법을 다시 익힐 필요가 없습니다. 이전에 한 번 구축해 본 시스템이 있다면 같은 방법으로 여러 번 반복해서 재구축할 수 있으므로 새 시스템을 구축해야 하는 상황에도 시행착오 없이 이전의 경험을 살려 효율적으로 작업할 수 있습니다.

클라우드 인프라를 구성하는 물리적 장비는 기술이 발전함에 따라 점차 고도화되고 진화해 나갑니다. 사내에서 사설 클라우드를 사용하고 있다면 정기적으로 최신 장비로 교체하면서 항상 새로운 클라우드 인프라로 유지할 수 있을 것입니다. 하드웨어는 신제품일수록 성능이 더 나아지고 전력 소비 또한 줄어듭니다. 그래서 같은 수의 서버여도 이전보다 더 많은 가상 머신을 제공할 수도 있습니다.

분명한 것은 이런 경우에도 클라우드의 사용 방법은 바뀌지 않는다는 것입니다. 그러다 보니 기존의 클라우드 인프라에서 동작하는 시스템을 새로운 클라우드 인프라로 옮기는 작업이 이전보다 수월해졌고 그러다보니 성능이 좋은 클라우드 시스템으로 옮겨 넣는 시스템 마이그레이션migration도 과거보다는 쉽게 할 수 있게 되었습니다. 그래서 몇몇 기업에서는 기존의 장비에서 운영되는 시스템을 클라우드 환경으로 단계적으로 옮기면서 노후 장비를 줄이는 목적으로 클라우드를 활용하기도 합니다([그림 1.10] 참고).

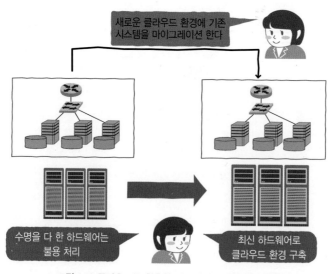

▲ 그림 1.10 클라우드를 활용한 하드웨어의 생명 주기 관리

1.2.2 인프라의 표준화를 위한 컴포넌트의 추상화

클라우드 환경에서 시스템의 구축 과정을 표준화할 수 있는 것은 시스템을 구성하는 컴포넌트들이 추상화되어 있기 때문입니다. 물리적인 장비가 제공하는 고유 기능은 그 장비의 물리적인 구성 방식에 의존하지만 클라우드가 제공하는 컴포넌트에는 그러한 제약이 없습니다. 그 이유는 클라우드의 컴포넌트들이 철저하게 사용자가 필요로 하는 기능에 충실하도록 만들어졌기 때문입니다.

가상 머신에서 오가는 네트워크 패킷을 필터링해야 하는 상황을 가정해 보겠습니다. 물리적인 환경이라면 방화벽 장치의 설정에 '특정 서버에 오고 가는 특정 패킷을 통제한다'와 같은 규칙을 정의해야 합니다. 하지만 서버 관리자의 관점에서 보면 필터링을 하고 싶은 대상이 자신이 관리하는 서버에 오가는 패킷이지 특정 방화벽 장치에 오고 가는 패킷은 아닙니다.

클라우드 환경에서 제공되는 방화벽 기능은 물리적인 방화벽 장치를 의식하지 않고도 사용할 수 있도록 만들어져 있습니다. 필터링 규칙을 미리 정의해서 '시큐리티 그룹'을 만든 다음 이 규칙이 필요한 서버에 적용시키기만 하면 됩니다([그림 1.11] 참고). 이렇게 하면 마치 가상 머신 앞에 새로운 방화벽 장치가 설치된 것처럼 패킷을 필터링할 수 있습니다.

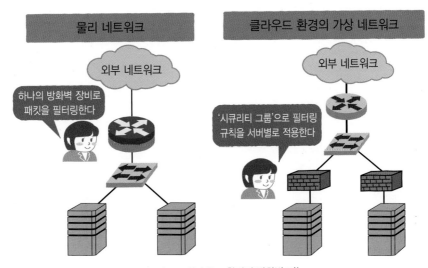

▲ 그림 1.11 클라우드 환경의 방화벽 기능

실제로 물리적인 장비를 사용해서 시스템을 설계해 왔던 인프라 엔지니어에게는 이러한 컴포넌트의 추상화 개념이 처음에는 익숙하지 않을 수 있지만 곧 그 편리함을 실감하게 될 것입니다. 즉 물리적인 환경에 의존적인 내용에 대해서는 신경을 덜 쓰면서도 시스템을 구성하기 위해 근본적으로 필요한 것이 무엇인지, 좀 더 본질적인 고민과 설계에 집중할 수 있게 됩니다.

이러한 장점은 비단 네트워크 기능뿐만이 아니라 다른 기능들에서도 비슷하게 적용됩니다. 가상 머신을 준비해야 할 경우라면 가상 머신에 할당할 가상 CPU의 개수나 메모리 용량 등을 결정해야 합니다. 이때 물리적인 서버를 설계하는 것이 익숙한 엔지니어라면 실제 장비의 용량을 산정할 때와 비슷한 감각으로 CPU의 코어 개수나 메모리의 용량을 정하려고 합니다. 왜냐하면 실제 물리적인 장비를 발주(發注)할 때는 제품의 수량을 구체적이고 정확하게 명시해야 하기 때문입니다.

하지만 클라우드 환경에서 가상 머신을 준비할 때는 이렇게 세부적인 부분까지 지정하지 않아도 됩니다. 't2.small', 'm3.large'[4]와 같이 미리 정의된 인스턴스 유형instance type을 지정하면 그에 맞는 구성으로 가상 머신이 만들어지기 때문입니다. 이러한 인스턴스 유형들은 시스템 관리자가 미리 정의해서 준비를 해두는 것으로 'CPU 성능이 중요하다', '메모리 용량이 많아야 한다'와 같이 가상 머신의 사용 목적에 따라 유형이 분류되어 있습니다([그림 1.12] 참고). 그래서 클라우드 사용자는 서버 사양에 대한 세부적인 수치에 너무 집착하지 말고 시스템의 사용 목적이 무엇인지에 대해 좀더 무게를 두고 생각하는 요령이 필요합니다.

---

4 역자 주 : AWS의 가상 머신인 EC2 인스턴스 유형을 예로 들었습니다.

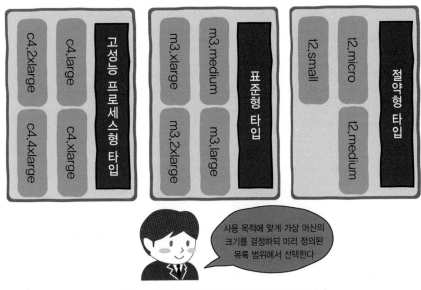

▲ 그림 1.12 가상 머신 생성 시 인스턴스 유형에서 선택

1.2.3 API에 의한 제어 방법의 표준화

이와 같이 IaaS형 클라우드에서는 추상화된 논리적인 컴포넌트들을 조합함으로써 표준화된 절차에 따라 시스템을 구축할 수 있습니다. 즉, 한번 정의한 작업 절차에 따라 같은 사양의 시스템을 몇 번이든 반복해서 구축할 수 있게 됩니다. 물론 이때는 물리적인 인프라 작업이 필요 없습니다. 이렇게 네트워크, 서버, 스토리지 등과 같은 시스템 인프라 환경을 자신의 PC에서 혼자서 조립하는 것이 가능한데 기존의 물리적 장치를 사용한 구축 방법과 비교하면 놀랍도록 빠른 속도로 시스템을 완성할 수 있습니다.

클라우드의 장점은 여기에 그치지 않습니다. 같은 시스템을 구축하기 위해 같은 작업을 여러 번 반복하다 보면 그 과정도 자동화하고 싶어지게 마련입니다. 이전에는 OS를 설치한 후 서버의 환경 설정은 셸 스크립트 등으로 자동화했는데 최근에는 쉐프Chef[5]나 퍼펫Puppet[6]과 같은 구성 관리 툴을 활용하여 구성이 더 복잡한 경우라도 자동

---

5 역자 주 : https://www.chef.io/

6 역자 주 : https://puppet.com/

화하는 것이 가능해졌습니다. 다만 서버의 설치나 네트워크 연결과 같은 작업은 자동화하는 것이 어려웠는데 이제 클라우드 환경으로 이마저도 자동화할 수 있게 되었습니다.

이러한 자동화를 가능하게 해주는 것이 바로 API를 사용한 제어 방식입니다. 우선 클라우드 환경에서 시스템을 구축할 때 사용 가능한 다양한 제어 방법들을 살펴 보겠습니다. 크게 [표 1.1]과 같이 정리할 수 있습니다.

가상 머신을 기동하는 것을 예로 들어보겠습니다. 웹 콘솔을 사용하는 경우에는 GUI 메뉴에서 가상 머신을 시작(launch)하는 버튼이나 링크를 선택합니다([그림 1.13] 참고). 가상 머신의 구성 정보를 입력하는 화면이 나오는데 필요한 정보를 입력한 후, 완료를 선택합니다. 내부적으로는 웹 콘솔 프로그램에서 클라우드 관리 서버로 가상 머신을 기동하라는 명령이 전달되는데 이때 사용되는 것이 바로 클라우드 API입니다.

▼ 표 1.1 클라우드 환경에서의 제어 방법

제어 방법	설명
웹 콘솔(GUI)을 사용한 제어	웹 브라우저를 사용해서 GUI 방식으로 제어함
명령어를 사용한 제어	클라이언트 툴이 제공하는 명령을 실행하여 제어함
직접 개발한 프로그램을 사용한 제어	직접 개발한 프로그램이 클라우드 API 라이브러리를 활용하여 제어함
자동화 툴을 사용한 제어	클라우드 환경의 자동화 툴을 사용해서 제어함

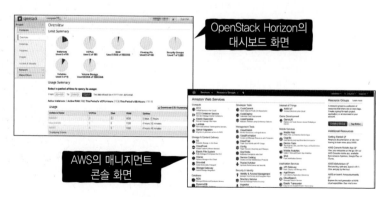

▲ 그림 1.13 웹 콘솔을 사용한 제어

APIApplication Program Interface는 프로그램과 프로그램이 서로 명령을 주고 받기 위해 미리 약속해둔 일종의 규칙입니다. [그림 1.14]는 클라우드 관리 서버를 표현한 것인데 웹 콘솔에서 명령을 내리면 클라우드 관리 서버의 관리 프로그램이 미리 정의된 규칙에 따라 웹 콘솔의 지시 사항을 수행하게 됩니다. 이와 같이 클라우드 관리 서버는 클라우드에서 할 수 있는 다양한 작업들을 API 형태로 제공하고 있습니다.

▲ 그림 1.14 웹 콘솔에서 API를 통해 관리 서버 제어하기

또 다른 방법으로는 PC에 클라우드 관리용 클라이언트 툴을 설치하여 클라우드를 제어할 수도 있습니다. 앞서 살펴본 것과 같이 가상 머신을 기동하는 경우를 예로 들면, 웹 콘솔에서는 위저드wizard 방식의 화면으로 가상 머신을 구성하는데 필요한 정보를 하나씩 입력받아 가상 머신을 기동합니다. 반면 클라이언트 툴에서는 구성에 필요한 세부 설정 정보를 명령어의 옵션으로 지정한 다음, 한 줄의 명령을 실행하는 방법으로 가상 머신을 기동합니다. 내부적으로는 클라이언트 툴 프로그램에서 실행한 명령이 클라우드 관리 서버의 API를 호출하고 그 결과 가상 머신이 제어되는 것입니다([그림 1.15] 참고).

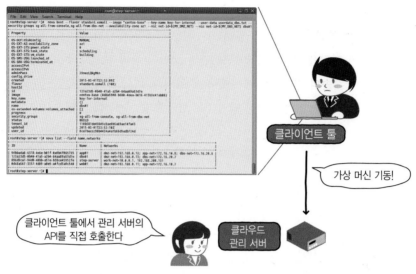

클라이언트 툴

가상 머신 기동!

클라이언트 툴에서 관리 서버의
API를 직접 호출한다

클라우드
관리 서버

▲ 그림 1.15 클라이언트 툴에서 API를 통해 관리 서버 제어하기

클라이언트 툴과 마찬가지로 클라우드 관리 서버로 API를 요청하는 프로그램을 개발할 수 있다면 자신이 직접 만든 프로그램에서도 클라우드를 제어할 수 있습니다. 각 클라우드 서비스들은 이를 위해 각종 개발 언어를 위한 API 라이브러리를 제공하고 있는데 이러한 라이브러리를 활용하면 고도의 프로그래밍 기술이 없더라도 클라우드를 제어하는 프로그램을 만들 수 있습니다. 예를 들어 루비Ruby와 파이썬Python과 같은 프로그램 언어를 사용하면 웹 서버의 부하에 따라 가상 머신 개수를 조절하여 부하를 분산하는 오토스케일링Auto Scaling과 같은 처리도 프로그램적으로 어렵지 않게 할 수 있습니다([그림 1.16] 참고).

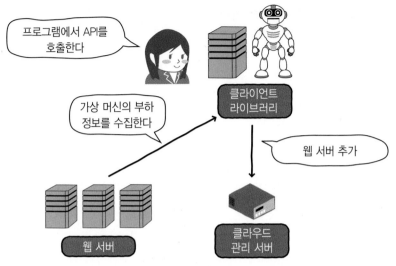

▲ 그림 1.16 프로그램에서 API를 통해 클라우드 관리 서버 제어하기

하지만 최근에는 API를 제어하는 클라이언트 툴의 기능이 좋아져서 굳이 API를 호출하는 프로그램을 직접 개발할 필요가 없어졌습니다. 특히 오토스케일링처럼 자주 사용하는 자동화 패턴은 이미 클라우드 측에서 기능을 만들어 서비스하기 때문입니다. 이와 같이 어떤 다양한 방법을 사용하더라도 그 이면에는 API가 동일하게 사용되고 있습니다. 클라우드의 API를 이해하는 것은 클라우드를 제어하기 위한 '최소 단위', 혹은 클라우드의 '기본 단위 기능'을 이해하는 것과 같습니다. 이러한 기본 단위 기능을 이해하면 향후 각종 자동화 툴들을 능수능란하게 다루는 데 꼭 필요한 배경 지식이 되므로 반드시 잘 익혀두기 바랍니다.

1.3 클라우드 컴퓨팅의 활용

클라우드 컴퓨팅, 특히 IaaS형 클라우드 서비스에 대해 간단히 살펴 보았습니다. 클라우드 환경에서는 시스템을 구성하는 컴포넌트들이 추상화되어 있어서 사용자가 원하는 기능을 원하는 시기에 바로 사용할 수 있습니다. 또한 시스템을 구축하는 과정도 표준화되어 있어서 API를 사용한 자동화도 가능하다는 것을 알게 되었습니다. 이러한 장점들은 시스템을 빠르게 구축하는 데 큰 도움이 됩니다. 클라우드 서비스의 본질을 제대로 이해하고 자유자재로 사용할 수 있게 된다면 시스템 구축의 신세계를 경험하게 될 것입니다.

클라우드 API 하나하나는 기본적으로 클라우드의 단위 기능들과 연결됩니다. 클라우드 API의 목록만 훑어 보더라도 그 클라우드 서비스가 제공하는 기능들을 파악할 수 있어 API 목록[7]이 곧 클라우드의 기능 목록이라고 말할 수 있습니다([그림 1.17] 참고). 그리고 웹 콘솔에서는 모든 API를 사용하는 것이 아닙니다. 그래서 지금까지 주로 웹 콘솔로만 클라우드를 제어한 사용자라면 꼭 한번 API를 살펴 보길 권합니다. 시간을 가지고 API 문서를 보다 보면 이전에는 미처 몰랐던 새로운 기능을 발견할지도 모릅니다.

▲ **그림 1.17** API 목록은 곧 클라우드의 기능 목록

---

7   역자 주 : AWS는 각 서비스별 문서에 API 레퍼런스가 포함되어 있습니다.
    • https://aws.amazon.com/ko/documentation/
    오픈스택(OpenStack)은 API 레퍼런스 안에 각 서비스별 문서가 포함되어 있습니다.
    • http://developer.openstack.org/ko_KR/api-guide/quick-start/index.html)

같은 테넌트 안에 속한
두 대의 가상 머신을
물리적으로 동떨어진 데이터
센터에 분산 배치한다

▲ 그림 1.18 물리적인 배치를 의식한 시스템 구축 방법

앞서 살펴본 것처럼 클라우드의 장점은 시스템의 물리적인 환경을 의식하지 않고도 인프라 자원을 사용할 수 있다는 점입니다. 여기에 실제 물리적 환경에 대한 이해까지 갖추고 있다면 클라우드 서비스를 더욱 효과적으로 이용할 수 있습니다. 예를 들어 데이터 센터가 재난이나 화재로 피해를 입어 제 기능을 하지 못하는 경우에도 지속적인 서비스를 제공하려면 DRDisaster Recovery을 구축해야 합니다. 즉, 지리적으로 일정 거리 떨어진 곳의 서로 다른 데이터 센터에 가상 머신을 분산 배치하여 위험에 대비할 수 있어야 합니다. 이 말은 클라우드 환경이라고 하더라도 물리적인 환경에 대해 전혀 몰라도 되는 것은 아니라는 말입니다([그림 1.18] 참고).

오픈스택OpenStack은 오픈소스이기 때문에 내부 구조가 모두 공개되어 있습니다. 그래서 분석해보겠다는 의지만 있다면 각종 컴포넌트들이 어떻게 동작하는지, 내부 구조가 어떻게 생겼는지 확인하는 것은 결코 불가능한 일이 아닙니다. '웹 콘솔이나 명령어로 가상 머신을 기동하면 클라우드 내부에서는 무슨 일이 벌어질까?'와 같이 내부 동작을 추측하고 분석하면 클라우드를 보다 더 잘 활용할 수 있게 될 것입니다.

이어지는 2장부터는 대표적인 클라우드 환경으로 AWSAmazon Web Services와 오픈스택을 예로 들어 클라우드의 주요 구성 요소들을 소개합니다. 3장에서는 각 컴포넌트들의 기능과 그것들을 제어하는 API에 대해 살펴 보는데 API의 내부 구조에 대해서는 오픈소스인 오픈스택으로 설명합니다. 그리고 그 이후부터는 '추상화'와 '표준화'라는 클라우드 서비스 본연의 특징을 이해한 후, 클라우드 컴퓨팅의 장점을 극대화하는 활용 방법에 대해 배우겠습니다.

클라우드의
대표적인 컴포넌트

이 장에서는 IaaS 타입의 클라우드 서비스를 구성하고 있는 대표적인 컴포넌트
들에 대해 소개합니다. 각 컴포넌트의 기능을 하나씩 소개할 때마다 전체적인
그림을 맞춰나가며 최종적으로는 간단한 웹 애플리케이션을 클라우드 환경에
디플로이한 형태를 만들어 봅니다. 그리고 이 과정에서 대표 컴포넌트들이 어떻
게 조합되는지를 살펴 보겠습니다.

2.1 클라우드 환경의 전체 그림

클라우드 서비스를 구성하는 요소 중에는 테넌트tenant, 리전region, 가용 영역availability zone이라는 것이 있습니다. 우선은 이 세 가지 개념에 대해 살펴 봅니다. 이해를 돕기 위해 클라우드 서비스는 AWSAmazon Web Service와 오픈스택을 예로 들어 설명합니다.

2.1.1 테넌트

테넌트는 사전적인 의미로 세입자를 의미합니다. 앞서 1장의 [그림 1.6]에서 살펴본 것과 같이 클라우드 서비스 이용자는 자신만의 테넌트 환경을 갖게 되는데 AWS를 예로 들면 AWS 계정이 테넌트에 해당합니다. 여러 서비스 이용자가 하나의 테넌트를 공용으로 사용하는 것도 가능한데[1] 어떤 단위로 테넌트를 관리할 것인가에 대해서는 사전에 면밀히 검토하여 결정할 필요가 있습니다. [그림 2.1]에 테넌트 설계 시 검토할 몇 가지 고려사항을 정리해 보았습니다.

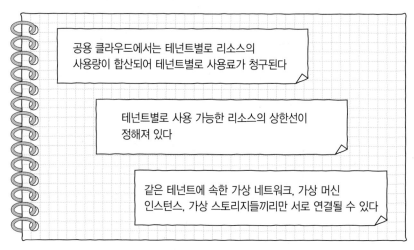

▲ 그림 2.1 테넌트 설계 시 고려사항

---

1 역자 주 : AWS에서는 테넌트에 기본 설정된 관리자 계정을 사용하지 말고 목적에 맞는 IAM 사용자나 그룹을 만들어 쓸 것을 권장합니다.

가능한 한 테넌트를 작게 구성하고 싶다면 하나의 애플리케이션 시스템을 위해 하나의 테넌트를 만들 수 있습니다. 이 경우, 하나의 프로젝트 팀이 여러 애플리케이션 시스템을 구축하고 관리하고 있다면 프로젝트 팀원은 애플리케이션별로 분리된 여러 테넌트에 접속해야 합니다. 이런 운영 형태는 다소 극단적인 상황인데 대부분의 경우 프로젝트 한 팀이 하나의 테넌트를 만들고 그 안에 프로젝트 팀이 개발하고 관리하는 애플리케이션 시스템들을 모아 같은 테넌트에 넣는 것이 일반적입니다. 이런 환경에서는 가상 네트워크 기능을 사용해서 애플리케이션 시스템마다 독립된 네트워크 환경이 갖추어지도록 네트워크 세그먼트를 분할하기도 합니다.

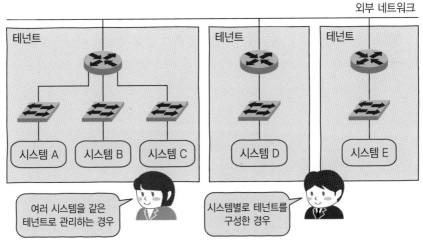

▲ 그림 2.2 테넌트를 구성하는 예

2.1.2 리전

AWS는 지리적으로 멀리 떨어진 지역에 여러 개의 클라우드 인프라를 분산 운영하고 있는데 이 지역들을 리전region이라고 부릅니다. 리전은 서울 리전, 시드니 리전과 같이 클라우드 인프라가 위치한 국가나 지역을 식별할 수 있도록 이름이 지어집니다. 그래서 주로 한국 사용자가 많이 사용하는 애플리케이션이라면 가까운 서울 리전에 시스템을 구축하는 것이 유리할 수 있습니다. 각 리전들은 서로 독립된 환경이기 때문에 리전별로 가상 네트워크를 구성할 수는 있지만 여러 리전에 걸친 가상 네트워크는 만들지 못합니다.

반면 사용자 계정이나 테넌트 정보는 리전별로 관리되는 것은 아니어서 여러 리전에 걸쳐서 같은 계정과 테넌트 정보를 사용할 수 있습니다([그림 2.3] 참고). 예를 들면 서울 리전과 시드니 리전에 같은 애플리케이션 환경을 구축해두고 DRDisaster Recovery 환경을 만들 수 있습니다. DR을 구축해두면 평상시에는 서울 리전의 시스템을 사용하다가 자연재해 등으로 서울 리전의 시스템이 정상적인 서비스를 할 수 없는 경우, 시드니 리전의 시스템으로 전환하여 운영할 수 있습니다. 단, 리전마다 사용할 수 있는 공인public IP 주소의 범위가 다르기 때문에 기존에 이용하던 리전에서 다른 리전으로 시스템을 옮기게 될 경우 애플리케이션 사용자가 직접 변경된 리전의 공인 IP 주소로 바꿔서 호출하거나, DNS가 변경된 공인 IP 주소를 반환하도록 도메인 등록 정보를 갱신해 주어야 합니다.

▲ 그림 2.3 테넌트와 리전의 관계

DR과 같은 재해복구 상황에서도 서비스를 중단 없이 지속하려면 서울 리전의 애플리케이션이 사용하는 데이터를 시드니 리전에서도 사용할 수 있도록 미리 복제해둘 필요가 있습니다. 이때 오브젝트 스토리지를 사용하게 되는데 대부분의 클라우드 인프라가 리전별로 독립되거나 종속되는 형태로 사용되는 반면, 오브젝트 스토리지는 모든 리전에서 공통으로 사용할 수 있도록 만들어져 있습니다.[2]

오픈스택도 AWS와 마찬가지로 리전 기능을 사용할 수 있습니다. 다만 오픈스택으로 사설 클라우드를 구축하는 경우에는 리전을 어떤 단위로 구성할 것인지에 대한 기준이 클라우드를 설계하는 방법에 따라 달라집니다. AWS와 같이 여러 나라에 클라우드 인프라를 준비해 두고 각 지역 단위로 서로 다른 리전을 구성할 수도 있고 국내에 여러 개의 데이터 센터를 두고 각 데이터 센터 단위로 리전을 구성할 수도 있습니다.[3]

2.1.3 가용 영역

앞에서 설명한 것과 같이 AWS에서는 클라우드 인프라 환경이 리전별로 구성되어 있기 때문에 어떤 리전을 사용하느냐에 따라 가상 머신 인스턴스[4]의 실행 위치가 달라집니다. 그리고 하나의 리전을 구성하는 클라우드 인프라는 실제로 해당 지역의 여러 데이터 센터에 분산된 형태로 구성할 수 있습니다. 가령 서울 리전의 클라우드 인프라는 서울 주변 지역에 있는 여러 데이터 센터에 분산될 수 있는데 이러한 데이터 센터들을 일컬어 가용 영역availability zone[5]이라고 부르고 'AZ'라고 줄여서 말하기도 합니다([그림 2.4] 참고).

---

2 역자 주 : 리전에 종속된 서비스는 접속 URI에 리전 정보가 들어가며, 리전에 종속되지 않는 서비스는 접속 URI에 리전 정보를 포함하지 않습니다.

3 역자 주 : AWS는 리전을 지리적인 단위로, 가용 영역을 데이터 센터 단위로 보는 반면, 오픈스택은 리전과 가용 영역(가용 구역)을 정의하는 방법이 상대적으로 자유도가 높습니다.

4 IaaS 타입의 클라우드에서 제공하는 가상 머신을 보통 '가상 머신 인스턴스'라고 부릅니다.

5 역자 주 : 오픈스택에서는 가용 구역이라고도 합니다.

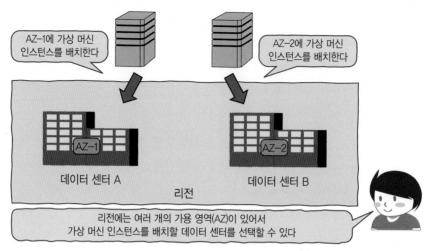

에 포함된 텍스트:
- AZ-1에 가상 머신 인스턴스를 배치한다
- AZ-2에 가상 머신 인스턴스를 배치한다
- AZ-1
- AZ-2
- 데이터 센터 A
- 데이터 센터 B
- 리전
- 리전에는 여러 개의 가용 영역(AZ)이 있어서 가상 머신 인스턴스를 배치할 데이터 센터를 선택할 수 있다

▲ **그림 2.4** 리전과 가용 영역의 관계

AWS의 가상 네트워크에서는 가상 스위치에 해당하는 컴포넌트를 서브넷이라고 하며 가용 영역별로 구성할 수 있습니다. 그리고 가상 머신 인스턴스를 실행하거나 블록 스토리지의 볼륨을 생성할 때는 해당 컴포넌트가 위치할 가용 영역을 선택할 수 있습니다.

참고로 각각 다른 가용 영역에 있는 가상 머신 인스턴스와 블록 스토리지는 서로 연결할 수 없으므로 서로 다른 가용 영역을 선택하지 않도록 주의해야 합니다. 기존에 사용 중인 블록 스토리지를 다른 가용 영역에서 사용하고 싶다면 블록 스토리지의 복제 기능으로 다른 가용 영역 안에 똑같은 블록 스토리지를 만들어 쓰면 됩니다([그림 2.5] 참고).

오픈스택에서도 가용 영역의 개념을 사용할 수 있습니다. 오픈스택은 AWS와는 달리 가상 네트워크가 가용 영역 범위 내로 제한되는 것이 아니라 여러 가용 영역에 걸쳐서 더 넓은 범위로도 구성할 수 있습니다. 그래서 네트워크 접속에 있어서는 가용 영역을 의식할 필요가 없습니다. 같은 가상 스위치에 접속한 가상 머신 인스턴스라면 어느 가용 영역에 있더라도 논리적으로는 같은 네트워크 스위치에 연결된 것처럼 동작합니다.

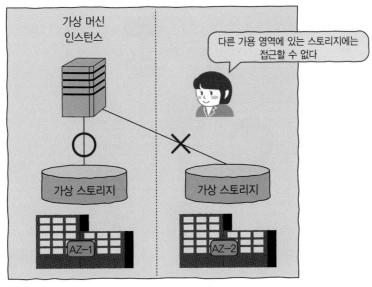

▲ 그림 2.5 가용 영역과 블록 스토리지의 관계

오픈스택으로 사설 클라우드를 구축하는 경우, 가용 영역을 어떤 단위로 구성할 것인가에 대해서는 몇 가지 선택 가능한 유형이 있습니다. 우선 AWS와 같은 방식으로 데이터 센터 단위로 가용 영역을 구성할 수 있습니다. 이 방법을 사용하면 데이터 센터 간의 네트워크 대역에 주의가 필요합니다. 앞서 설명한 것과 같이 가상 네트워크는 여러 가용 영역에 걸쳐서 더 큰 범위로 구성할 수 있습니다. 데이터 센터 사이의 네트워크 대역이 충분하지 않으면 논리적으로는 같은 스위치에 연결되어 있다고 하더라도 가상 머신 인스턴스 간의 거리가 멀어 원하는 통신 속도가 나오지 않을 수 있습니다.

다른 방법으로는 같은 데이터 센터에서 서로 다른 플로어floor나 랙rack과 같이 더 작은 단위로 가용 영역을 구성할 수 있습니다. 서로 다른 플로어에 가용 영역을 구성했다고 가정해 봅니다. 여러 대의 웹 서버를 여러 개의 가용 영역에 나눠서 운영하는 경우, 특정 플로어에서 전원 문제가 발생하면 해당 가용 영역의 웹 서버는 중지되더라도 다른 플로어의 웹 서버가 기동 중이기 때문에 서비스 자체가 중단되는 최악의 상황은 피할 수 있습니다([그림 2.6] 참고).

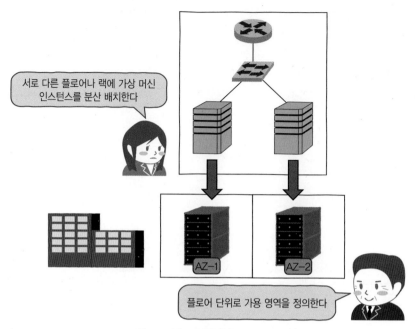

▲ 그림 2.6 가용 영역을 활용한 가용성 확보

블록 스토리지도 유사한 방식으로 구성할 수 있습니다. 블록 스토리지의 실제 데이터 영역은 데이터 센터에 설치된 물리적인 스토리지 장비에 들어 있기 때문에 물리적인 스토리지 장비의 설치 장소에 따라 가용 영역의 구성 방식이 좌우될 수 있습니다. AWS와 달리 오픈스택에서는 서로 다른 가용 영역에 있는 가상 머신 인스턴스와 블록 스토리지의 연결 여부를 클라우드 인프라 관리자가 정책으로 정의할 수 있습니다.

데이터 센터 단위로 가용 영역을 만든 경우 서로 다른 가용 영역에 있는 가상 인스턴스와 블록 스토리지의 연결은 서로 다른 데이터 센터 간에 통신을 해야 하는 상황을 의미합니다. 이런 경우는 데이터 센터 사이의 거리가 있기 때문에 전송 속도 측면에서 상당히 불리할 수밖에 없습니다. 이런 구성이 나온다면 서로 다른 가용 영역 간의 연결은 정책적으로 허용하지 않는 것이 바람직합니다.

2.2 네트워크 리소스

여러 개의 리전으로 구성된 클라우드 환경에서는 각 리전마다 각각의 가상 네트워크가 독립적으로 만들어집니다. 이 절에서는 리전의 가상 네트워크를 만들기 위해 필요한 컴포넌트에 대해 알아 봅니다. 참고로 가상 네트워크에서 사용되는 용어가 AWS와 오픈스택에서 조금씩 차이가 있으니 헛갈리지 않도록 주의가 필요합니다.

2.2.1 라우터

앞서 가상 네트워크는 리전별로 독립된 형태로 만들어진다고 설명했습니다. AWS에서는 하나의 독립된 가상 네트워크를 가상 사설 클라우드 혹은 VPCVirtual Private Cloud라고 하는데 하나의 리전에 여러 개의 VPC를 둘 수도 있습니다. 이에 반해 오픈스택에서는 테넌트별로 하나의 리전에 단 하나의 가상 네트워크만 만들 수 있습니다.

여기서 말하는 '독립된 가상 네트워크'라는 말은 가정에서 공유기로 구성한 LANLocal Area Network과 같이 외부의 접근이 제한된 사설 네트워크라고 생각하면 됩니다. 가정용 LAN과 인터넷을 연결하기 위해서는 인터넷 서비스 제공 업체에서 대여해주는 가정용 초고속 인터넷 라우터가 필요합니다. 클라우드 환경에서도 이와 비슷하게 테넌트 안의 가상 네트워크와 물리적인 외부 네트워크를 연결하기 위해서 가상 라우터가 있어야 합니다. 그래서 기본적으로는 가상 네트워크 하나당 하나의 가상 라우터가 배치되는 모양이 나옵니다([그림 2.7] 참고).

가상 네트워크에서는 가정용 LAN과 같이 프라이빗private IP 주소 혹은 사설 IP 주소를 사용합니다.[6] 외부 네트워크와 통신할 때는 가상 라우터의 NATNetwork Address Translation 기능을 사용해서 퍼블릭public IP 혹은 공인 IP로 변환하게 되는데 자세한 내용은 뒤에서 다루겠습니다

---

6 사설 IP 주소로 사용 가능한 범위는 클래스 A인 경우 10.0.0.0~10.255.255.255(10.0.0.0/8), 클래스 B인 경우 172.16.0. 0~172.31.255.255(172.16.0.0/12), 클래스 C인 경우 192.168.0.0~192.168.255.255(192.168.0.0/16)입니다.

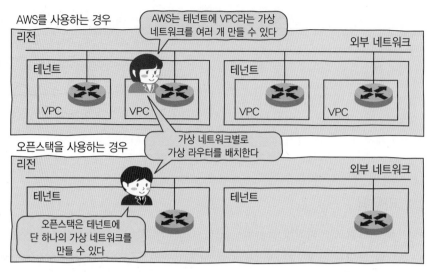

AWS를 사용하는 경우
리전
외부 네트워크
테넌트
VPC
AWS는 테넌트에 VPC라는 가상 네트워크를 여러 개 만들 수 있다
VPC
테넌트
VPC
VPC

오픈스택을 사용하는 경우
리전
외부 네트워크
가상 네트워크별로 가상 라우터를 배치한다
테넌트
오픈스택은 테넌트에 단 하나의 가상 네트워크를 만들 수 있다
테넌트

▲ 그림 2.7 테넌트와 가상 라우터와의 관계

통신할 대상의 IP 주소가 사설 IP 주소 범위에 있다면 다른 테넌트나 VPC에서 같은 IP 주소를 사용하더라도 충돌은 발생하지 않습니다. 이것은 가정용 LAN망에서 IP 주소를 할당할 때 이웃집 IP 주소와 충돌이 날까 걱정하지 않아도 되는 이유와 같습니다.

2.2.2 스위치(서브넷)

가상 스위치는 가상 라우터와 가상 머신 인스턴스의 가상 NIC Network Interface Card가 연결되는 접점입니다. 하나의 가상 스위치에 하나의 서브넷subnet이 할당되는데 여기서 말하는 서브넷은 가상 머신 인스턴스가 사용할 수 있는 사설 IP 주소의 범위를 의미합니다. 오픈스택에서는 우선 가상 스위치를 정의한 후에 서브넷을 할당합니다.[7] 반면 AWS에서는 가상 스위치라는 가상의 장비에 해당하는 개념이 없고 서브넷이라는 기능상의 개념을 사용합니다. 즉 AWS에서는 가상 스위치와 서브넷을 하나의 통합된 형태로 취급하되, 이름을 붙일 때는 서브넷으로 부른다고 생각하면 됩니다.

---

7   하나의 가상 스위치에 IPv4와 IPv6 두 종류의 서브넷을 할당할 수 있습니다.

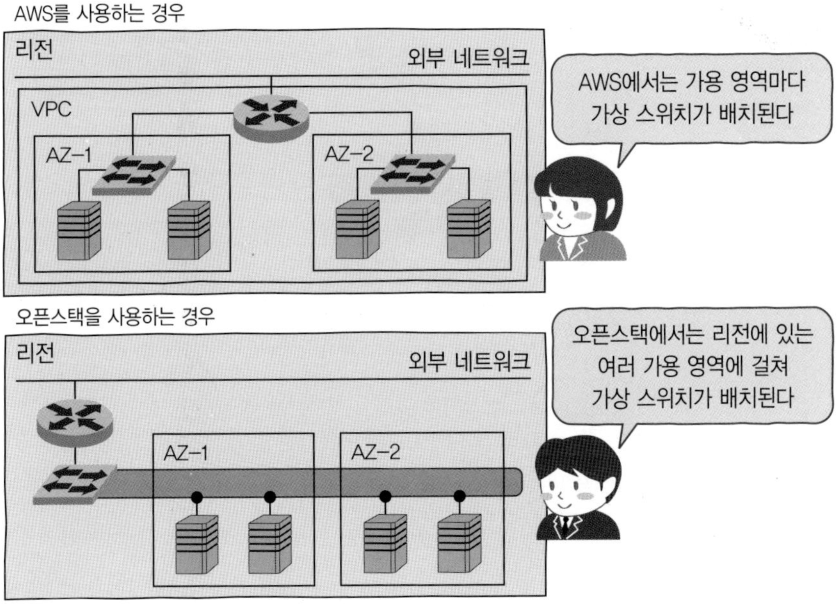

AWS를 사용하는 경우

리전   외부 네트워크

VPC

AZ-1   AZ-2

AWS에서는 가용 영역마다 가상 스위치가 배치된다

오픈스택을 사용하는 경우

리전   외부 네트워크

AZ-1   AZ-2

오픈스택에서는 리전에 있는 여러 가용 영역에 걸쳐 가상 스위치가 배치된다

▲ 그림 2.8 가용 영역과 가상 스위치와의 관계

가용 영역의 관점에서 보자면 오픈스택에서는 하나의 가상 스위치가 여러 개의 가용 영역에 걸쳐서 사용될 수 있습니다. 반면, AWS에서는 하나의 가상 스위치(서브넷)가 하나의 가용 영역에 배치되는 형태가 됩니다([그림 2.8] 참고).

가상 스위치를 정의한 다음, 이 가상 스위치를 가상 라우터에 연결하면 외부 네트워크와 통신할 수 있게 됩니다. 혹은 가상 스위치를 가상 라우터에 연결하지 않고 가상 네트워크 범위 안에서만 통신하도록 만들 수도 있습니다.

물리적인 네트워크 환경에서는 네트워크 스위치의 접속 포트가 부족할 때 여러 개의 네트워크 스위치를 연쇄적으로 연결하여 포트 개수를 늘리기도 합니다. 하지만 클라우드 환경의 가상 스위치는 물리적인 스위치 장비처럼 여러 개를 연결하지 않아도 됩니다. 가상 스위치는 논리적으로 접속 포트 개수를 얼마든지 늘릴 수 있기 때문입니다. 포트를 구성하는 과정을 좀 더 구체적으로 설명하자면, 가상 스위치를 정의하는 단계에서는 아직 접속 포트가 존재하지 않는 상태이며, 가상 인스턴스와 연결하기 전에 비로소 접속 포트를 추가하고 그 포트에 가상 인스턴스의 가상 NIC를 연결하는 방식으로 가상 스위치가 구성됩니다.

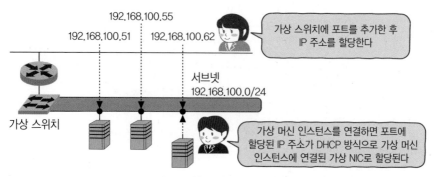

▲ 그림 2.9 접속 포트와 IP 주소의 관계

가상 스위치에 접속 포트를 추가하면 그 포트에 서브넷 범위 안에서 이용할 수 있는
IP 주소가 할당됩니다. 설정 방식에 따라서 명시적으로 IP 주소를 할당하거나 사용하
고 있지 않는 IP를 자동으로 할당할 수도 있습니다. 이후 이 포트에 가상 머신 인스턴
스의 가상 NIC가 연결되면 가상 스위치의 포트에 할당된 IP 주소가 DHCP 방식으
로 가상 머신 인스턴스에 연결된 가상 NIC로 할당됩니다([그림 2.9] 참고).

2.2.3 공인 IP 주소

가상 네트워크에서 사용하는 사설 IP 주소는 네트워크 내부에서는 사용하는데 문제
가 없으나, 외부에서는 접속할 수 없다는 제약이 있습니다. 그래서 외부와 통신할 때
는 가상 라우터의 NAT 기능을 사용하여 사설 IP를 공인 IP로 변환하게 됩니다. 이
때 두 가지 변환 방법을 사용할 수 있는데 첫 번째 방법은 흔히 'IP 마스커레이딩IP
Masquerading'이라고 하는 방식입니다. 이 방식은 가상 머신 인스턴스가 외부 네트워크
로 접속할 때 가상 라우터가 할당 받은 공인 IP를 공유하는 방식입니다. 가정용 LAN
에 연결된 PC가 초고속 인터넷 라우터를 통해 인터넷에 접속하는 방식이 이에 해당
합니다([그림 2.10] 참고).

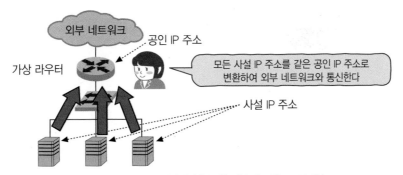

▲ 그림 2.10 IP 마스커레이딩을 통한 외부 네트워크로의 접속

이러한 변환 기능은 가상 머신 인스턴스가 가상 스위치에 연결되어 있고 이 가상 스위치가 다시 가상 라우터에 접속되어 있을 때 기본적으로 사용할 수 있습니다. 다만 이 경우에는 가상 머신 인스턴스에서 외부 네트워크 방향으로 즉, 내부에서 외부로 나가는 접속은 가능하지만 외부 네트워크에서 가상 머신 인스턴스 방향으로, 즉 외부에서 내부로 들어오는 접속은 허용되지 않습니다.

공인 IP 주소로 변환하는 두 번째 방법으로는 AWS에서 '엘라스틱 IPElastic IP', 오픈스택에서는 '플로팅 IPFloating IP'라고 부르는 방식입니다. 이 방식은 앞서 살펴본 IP 마스커레이딩 방식과 같이 동일한 공인 IP 주소를 여러 개의 사설 IP 주소에 매핑하는 방식과 달리 미리 개별적으로 확보해 둔 공인 IP 주소를 가상 머신 인스턴스에 할당하는 방식입니다. 자세히 설명하면 각 테넌트마다 엘라스틱 IP나 플로팅 IP로 사용할 수 있는 공인 IP 주소를 사전에 확보해두고 그 중 하나를 특정 가상 머신 인스턴스에 할당합니다. 이렇게 하면 할당 받은 엘라스틱 IP 혹은 플로팅 IP를 통해 내부에서 외부로 나가는 통신은 물론, 외부에서 내부로 들어오는 통신도 가능해집니다([그림 2.11] 참고). 단, 엘라스틱 IP 혹은 플로팅 IP는 리전마다 따로 확보해야 해서 한 리전에서 확보한 IP를 다른 리전에서 사용하진 못합니다.

앞서 가상 머신 인스턴스에 공인 IP 주소를 할당한다고 간단히 설명하긴 했지만 실제로 가상 머신 인스턴스 내의 게스트 OS에 공인 IP 주소가 직접 할당되는 것은 아닙니다. 정확하게 말하자면 가상 머신 인스턴스의 게스트 OS에 할당된 사설 IP 주소를 가상 라우터가 공인 IP 주소로 1:1 변환해준다는 것이 옳은 표현입니다.

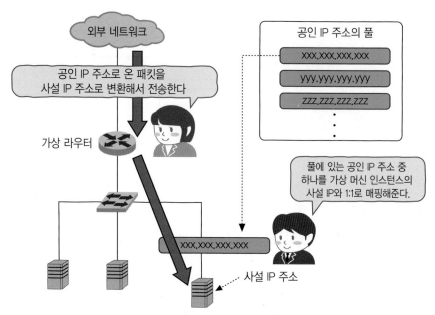

▲ 그림 2.11 엘라스틱 IP 혹은 플로팅 IP를 통한 외부 네트워크 접속

2.2.4 시큐리티 그룹

시큐리티 그룹은 가상 머신 인스턴스가 주고 받을 네트워크 패킷에 대해 필터링 기능을 제공하는 역할을 합니다. 통신을 허용할 패킷의 조건을 미리 정의한 다음, 이 규칙을 가상 머신 인스턴스에 적용하는 방식인데 여러 개의 가상 머신 인스턴스에 중복해서 적용할 수도 있습니다. 그래서 '모든 가상 머신 인스턴스에 공통으로 적용할 시큐리티 그룹', '웹 서버에 추가 적용할 시큐리티 그룹'과 같이 특정 목적에 맞는 공통적인 규칙을 미리 정의해 두고, 비슷한 역할을 하는 가상 머신에 미리 만들어둔 시큐리티 그룹을 재활용할 수 있습니다. 예를 들어 '공통 시큐리티 그룹'에는 SSH 접속과 같이 원격 접속을 위해 반드시 필요한 규칙을 최소한으로 정의를 해두고 '웹 서버 시큐리티 그룹'에는 HTTP/HTTPS와 같이 웹 서버 운영에 필요한 접속 방식을 추가하는 방식으로 정의할 수 있습니다([그림 2.12] 참고).

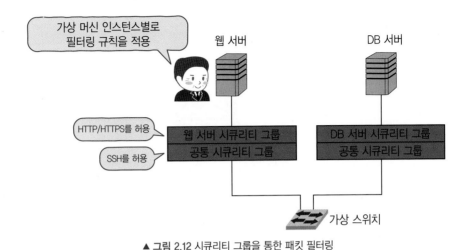

▲ 그림 2.12 시큐리티 그룹을 통한 패킷 필터링

이러한 필터링 처리는 [그림 2.12]과 같이 가상 머신 인스턴스와 가상 스위치의 접속 포트 사이에서 이루어집니다. 가상 머신 인스턴스가 기동된 상태에서도 이미 적용된 시큐리티 그룹을 교체하거나 시큐리티 그룹의 설정 내용을 동적으로 재정의하는 것도 가능합니다.

2.3 서버 리소스

서버 리소스인 가상 머신 인스턴스를 기동하기 위해서는 사전에 필요한 설정 정보들을 정의해 두어야 합니다. 이 절에서는 가상 머신 인스턴스에 필요한 설정 항목들을 살펴 보겠습니다.

2.3.1 템플릿 이미지

가상 머신 인스턴스를 기동하려면 게스트 OS가 설치된 기동 디스크가 필요합니다. 기동 디스크를 만들 때는 사전에 준비되어 있는 템플릿 이미지를 선택하면 됩니다. 선택된 템플릿 이미지는 다운로드되어 가상 디스크 형태로 만들어지고 가상 머신 인스턴스가 이 가상 디스크를 연결하여 사용합니다([그림 2.13] 참고).

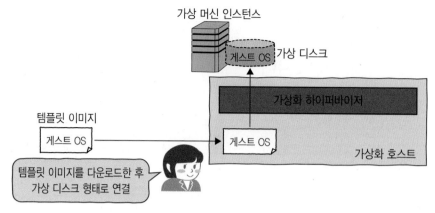

▲ 그림 2.13 템플릿 이미지를 사용한 가상 디스크 생성

템플릿 이미지는 클라우드 서비스 제공자가 미리 준비해두기도 하지만 클라우드 서비스 이용자가 직접 만든 것을 활용할 수도 있습니다. 참고로 대표적인 리눅스 배포판의 경우, 배포판을 제공하는 벤더나 커뮤니티가 클라우드용 배포판 이미지를 공개하기도 합니다. 이렇게 공개된 이미지는 클라우드 이용자가 직접 다운로드 받은 후, 그 이미지를 지원하는 클라우드 서비스에 업로드해서 사용할 수 있는데 자신의 테넌트에서만 사용 가능하도록 사설private 이미지로 등록하거나 다른 테넌트의 사용자도 이용할 수 있도록 공용public 이미지로 등록할 수도 있습니다.[8]

2.3.2 인스턴스 유형

인스턴스 유형instance type은 가상 머신의 컴퓨팅 성능 및 용량을 결정합니다. 각 타입별로 가상 CPU의 개수나 가상 메모리의 용량, 가상 디스크의 용량 등이 정해져 있습니다. 가상 머신 인스턴스를 구성할 때는 클라우드 서비스에서 미리 정의한 인스턴스 유형 목록에서 자신에게 맞는 것을 고르면 됩니다. 참고로 AWS에서는 클라우드 이용자가 새로운 인스턴스 유형을 사용자 정의로 직접 만들지는 못합니다. 반면, 오픈스택에서는 테넌트의 관리 권한이 있는 사용자인 경우 해당 테넌트에서 사용할 인스

---

8 역자 주 : 직접 업로드하기보다는 대부분 뒤에 설명할 마켓플레이스에 등록된 템플릿 이미지를 활용합니다.

턴스 유형을 직접 만들거나 변경할 수 있습니다. 이때 설정 가능한 인스턴스 유형의 항목은 [표 2.1]과 같습니다. 여기서 '루트 디스크[9]'란 템플릿 이미지를 복제해서 만들어진 기동 디스크입니다. 템플릿 이미지를 복제한 후, 각종 항목의 용량을 필요한 만큼 늘려서 사용할 수 있습니다. '임시 디스크'는 아직 사용하지 않은 디스크 디바이스입니다. 보통은 속이 비어있는 파일 시스템이 만들어진 후 '/mnt' 디렉터리에 마운트된 상태로 제공됩니다.[10]

▼ 표 2.1 인스턴스 유형의 설정 항목

설정 항목	설명
가상 CPU	가상 CPU의 개수
메모리	가상 메모리의 용량
루트 디스크	기동 디스크의 크기
임시 디스크	임시 디스크의 크기
스왑 디스크	스왑 영역의 크기

이렇게 이미지를 사용하여 인스턴스를 기동할 때는 '루트 디스크'와 '임시 디스크'가 '이페머럴 디스크'에 해당합니다.[11] 이페머럴Ephemeral이라는 말은 '수명이 짧은, 단명하는'이라는 뜻인데 이렇게 부르는 이유는 가상 머신 인스턴스를 종료[12]하거나 파괴하면 이들 디스크 영역의 데이터도 함께 사라지기 때문입니다(단, 재부팅을 하는 경우에는 데이터가 유지됨). 이러한 디스크 영역에 저장한 데이터는 가상 머신 인스턴스의 생명 주기를 따라가기 때문에 각별히 주의해야 합니다. 그래서 영속적으로 보존을 해야 하는 데이터는 '루트 디스크'나 '임시 디스크'가 아닌 별도의 '블록 스토리지' 혹은 '오브젝트 스토리지'에 보존해야 합니다.

---

9 역자 주 : AWS에서는 '루트 디바이스 스토리지'라고 표현합니다.

10 역자 주 : AWS에서는 인스턴스 스토어 볼륨의 종류에 따라 마운트 지점이 다를 수 있습니다.

11 역자 주 : 이미지에는 인스턴스 스토어 지원 AMI와 Amazon EBS 지원 AMI가 있는데 이 책에서는 '루트 디스크'를 인스턴스 스토어 지원 AMI를 사용한 예로 설명하고 있습니다.
  • http://docs.aws.amazon.com/ko_kr/AWSEC2/latest/UserGuide/RootDeviceStorage.html#RootDeviceStorage Concepts

12 역자 주 : AWS 인스턴스의 중지(stop)는 동작을 정지시키는 것이고 종료(terminate)는 인스턴스의 삭제를 의미합니다. 참고로 AWS 인스턴스 스토어는 '종료(terminate)'는 가능하나 '중지(stop)'는 되지 않습니다.

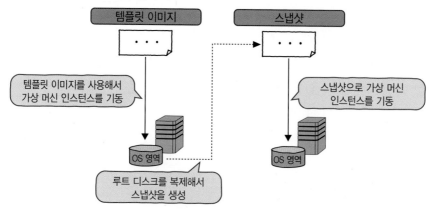

▲ 그림 2.14 가상 머신 인스턴스의 스냅샷

가상 머신 인스턴스가 기동되면 루트 디스크 영역에 애플리케이션을 설치하고 각종 설정을 한 후에 사용하게 되는데 이렇게 작업된 내용을 보존하고 싶다면 가상 머신 인스턴스의 스냅샷을 만들어야 합니다. 스냅샷은 루트 디스크를 복제한 후, 그것을 새로운 템플릿 이미지로 사용할 수 있게 만들어주는 기능입니다([그림 2.14] 참고).

뒤에서도 설명하겠지만 게스트 OS를 기동할 때는 템플릿 이미지가 아닌 블록 스토리지를 루트 디스크로 활용할 수 있습니다. 이 경우에는 가상 머신 인스턴스를 종료하거나 제거한 후에도 블록 스토리지에 저장한 내용은 그대로 보존되기 때문에 나중에 그 데이터를 재사용할 수도 있습니다.

2.3.3 네트워크 접속과 시큐리티 그룹

가상 머신 인스턴스의 가상 NIC가 네트워크에 연결되려면 가상 스위치와 연결되어야 하고 시큐리티 그룹이 설정되어야 합니다. 여러 개의 가상 스위치에 연결하고 싶다면 각 가상 스위치별로 가상 NIC도 여러 개 준비되어야 합니다([그림 2.15]).

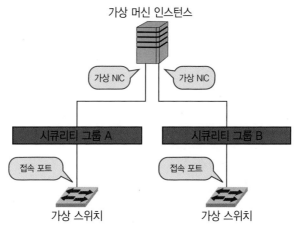

▲ 그림 2.15 가상 머신 인스턴스와 가상 스위치의 연결

앞서 2.2.2절에서 설명한 것과 같이 가상 NIC에 특정 IP 주소를 할당하고 싶다면 접속할 가상 스위치의 접속 포트에 해당 IP 주소를 미리 할당해 두어야 합니다. 즉 가상 스위치의 접속 포트에 특정 IP 주소가 할당되어 있어서 여기에 가상 NIC가 연결될 때 그 IP 주소를 사용하게 되는 것입니다. 접속할 포트를 명시적으로 지정하지 않았다면 자동으로 접속 포트가 만들어지고 가상 스위치의 서브넷 범위 안에서 사용되지 않은 IP 주소가 할당됩니다.

시큐리티 그룹에 대해서는 앞서 2.2.4에서 설명했는데 만약 여러 개의 가상 NIC가 있다면 가상 NIC별로 서로 다른 시큐리티 그룹을 적용할 수 있습니다. 이때는 접속할 가상 포트 각각에 원하는 시큐리티 그룹을 개별적으로 적용하는 방법으로 설정합니다.

2.3.4 로그인 인증과 키 페어

가상 머신 인스턴스의 게스트 OS에 로그인할 때는 사용자 인증이 필요합니다. 이때 기본적으로 SSH의 공개 키 인증 방식이 사용됩니다.[13] 각 테넌트 이용자는 접속을 위

---

13 역자 주 : AWS 공식 문서에서는 공개 키를 퍼블릭 키로, 개인 키를 프라이빗 키로 표현하고 있습니다.

해 전용 키 페어(공개 키와 개인 키가 한 쌍)를 만들어야 하며 공개public 키는 클라우드 환경에 미리 등록되고 개인 키는 사용자가 다운로드하게 됩니다. 처음 가상 머신 인스턴스를 기동할 때는 미리 등록된 키 페어 중 하나를 선택하게 되고, 이후 클라이언트가 이 가상 머신 인스턴스에 SSH로 접속할 때마다 미리 설정된 공개 키에 대응하는(pair) 개인 키를 사용하게 됩니다([그림 2.16] 참고).

이러한 인증 관련 설정 처리는 게스트 OS 안에서 동작하는 'Cloud-init'이라는 툴에서 이루어져서 게스트 OS를 템플릿 이미지로 사용할 경우에는 미리 Cloud-init을 설치해두어야 합니다. Cloud-init은 게스트 OS가 처음 기동될 때 지정된 공개 키를 받아 SSH의 인증 정보를 설정하는 역할을 합니다.[14]

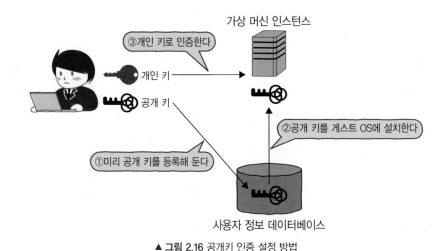

▲ **그림 2.16** 공개키 인증 설정 방법

---

14 게스트 OS가 윈도우인 경우 RDP로 접속할 때 패스워드 인증이 필요합니다. 참고로 AWS에서는 키 페어를 사용해서 관리자 패스워드를 생성하는 기능이 제공됩니다.

2.4 블록 스토리지 리소스

블록 스토리지는 가상 머신 인스턴스가 종료하거나 파괴되더라도 내용을 보존할 수 있도록 영속적인 디스크 영역을 제공합니다. AWS에서는 블록 스토리지를 EBSElastic Block Storage라고 하고 오픈스택에서는 이름 그대로 블록 스토리지라고 부릅니다.[15] 블록 스토리지는 볼륨을 생성한 후 용량을 늘린다거나 스냅샷을 복사하는 것과 같은 물리적인 스토리지 장비의 디스크 영역 관리 기능을 제공합니다.

2.4.1 블록 스토리지의 기본 기능

블록 스토리지의 기본적인 사용법은 [그림 2.17]과 같습니다. 볼륨을 새로 만들 때는 먼저 용량을 지정하고 다 만들어진 볼륨을 가상 머신 인스턴스에 연결합니다. 그러면 게스트 OS는 디스크 디바이스(예를 들어 /dev/vdb)가 새로 추가된 것으로 인식합니다. 파일 시스템을 구성한 후, 마운트를 하는 것처럼 보통의 물리적 디스크 디바이스와 같은 방식으로 사용할 수 있습니다.

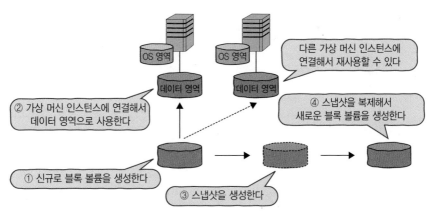

▲ 그림 2.17 블록 스토리지의 기본적인 사용 방법

---

15 오픈스택에서 사용하는 정식 명칭은 '오픈스택 블록 스토리지(OpenStack Block Storage)'이지만 보통은 그냥 블록 스토리지 혹은 블록 볼륨이라고 합니다.

2.4.2 블록 스토리지에서 가상 머신 인스턴스 기동하기

앞서 가상 머신 인스턴스를 기동할 때 템플릿 이미지를 복제한 루트 디스크를 사용하여 기동하는 방법을 살펴 보았습니다. 그 밖에도 블록 스토리지의 볼륨에 있는 게스트 OS로 가상 머신 인스턴스를 기동하는 방법도 있는데 이러한 방식을 AWS에서는 'EBS Boot'[16]라고 하고 오픈스택에서는 'Boot from Volume'[17]이라고 표현합니다([그림 2.18] 참고).

이 기능을 사용하려면 템플릿 이미지를 복제한 볼륨을 미리 만들어 두어야 합니다. 가상 머신 인스턴스를 기동할 때 제공되는 템플릿 이미지 대신 미리 복제해둔 볼륨을 지정하면 되는데 이 방법을 사용하면 가상 머신 인스턴스를 종료terminate, delete하더라도 OS 영역의 데이터가 삭제되지 않습니다.[18] 그래서 이 볼륨으로 또 다른 가상 머신 인스턴스를 기동하면 종료 직전의 구성으로 설정된 게스트 OS를 재사용할 수 있습니다.[19]

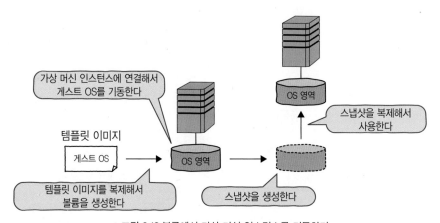

▲ 그림 2.18 볼륨에서 가상 머신 인스턴스를 기동하기

---

16 역자 주 : http://docs.aws.amazon.com/ko_kr/AWSEC2/latest/UserGuide/ComponentsAMIs.html#storage-for-the-root-device

17 역자 주 : http://docs.openstack.org/admin-guide/blockstorage-boot-from-volume.html

18 역자 주 : AWS에서는 DeleteOnTermination 플래그를 false로 설정하면 종료(terminate)하더라도 EBS 영역이 삭제되지 않습니다.

19 게스트 OS에 윈도우를 사용하는 경우는 지원되지 않습니다.

2.5 오브젝트 스토리지 리소스

오브젝트 스토리지는 파일 단위로 데이터를 저장하는 데이터 스토어입니다. HTTP/
HTTPS 프로토콜을 사용하는 파일 서버 정도로 생각하면 됩니다. 오브젝트 스토리
지에 저장된 파일들은 가상 머신 인스턴스의 게스트 OS에서 접근할 수 있을 뿐만 아
니라 외부 네트워크에서도 직접 접근할 수 있습니다.

2.5.1 오브젝트 스토리지의 기본 기능

오브젝트 스토리지는 파일 단위로 데이터를 저장하는 기능을 제공합니다. 오브젝트
스토리지에서는 이미 저장된 파일을 바꾸고 싶더라도 덮어쓰기를 지원하지 않습니
다. 그래서 파일을 갱신해야 할 때는 이미 저장된 파일을 우선 삭제한 다음, 새로 변
경된 파일을 저장해야 합니다. 이렇게 파일을 다루는 기능 자체는 매우 단순한 반면,
가용성이 높고 처리율이 우수하여 동영상과 같은 정적 콘텐츠 파일을 저장하기에 적
합합니다. 오브젝트 스토리지라는 이름에서 짐작할 수 있듯이 이 저장소에 저장되는
파일들은 오브젝트라고 부릅니다.

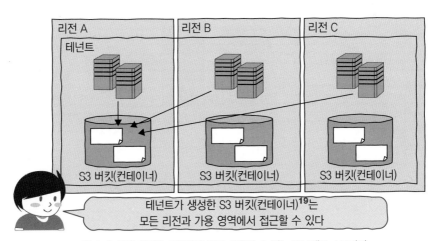

▲ 그림 2.19 특정 리전에 국한되지 않고 사용할 수 있는 오브젝트 스토리지

---

20 역자 주 : 오브젝트를 담는 것을 AWS에서는 버킷, 오픈스택에서는 컨테이너라고 부릅니다. 이 책에서는 대부분 버킷(컨
테이너)라고 표현하고 있으며 문맥상 오픈스택인 것이 확실할 때는 컨테이너(버킷)으로 표기했습니다.

이제까지 설명한 각종 컴포넌트들은 리전이나 가용 영역과 같이 특정 장소나 지역에서 사용할 때 제약이 있었던 반면, 오브젝트 스토리지는 장소나 지역에 상관없이 인터넷을 통해 접속해서 이용할 수 있습니다. 가령 AWS가 제공하는 오브젝트 스토리지 서비스를 Amazon S3라고 하는데 보통 오브젝트 보존 영역인 S3 버킷bucket을 리전별로 만듭니다. 이렇게 만든 S3 버킷은 다른 리전의 가상 머신 인스턴스에서도 인터넷을 통해서 접근이 가능하기 때문에 한 리전의 가상 머신 인스턴스에서 생성한 파일을 다른 리전의 가상 머신 인스턴스에서도 사용할 수 있습니다([그림 2.19] 참고).[21]

오브젝트 스토리지에 파일을 저장하려면 우선 오브젝트를 담을 수 있는 그릇에 해당하는 컨테이너container를 생성해야 합니다. AWS에서는 앞서 설명한 S3 버킷이 컨테이너에 해당됩니다.[22] 리눅스의 디렉터리와 비슷하지만 컨테이너 내부에 또 다른 컨테이너를 만드는 것처럼 계층 구조는 지원하지 않습니다. 대신 실제로는 존재하지 않는 가상의 디렉터리명을 덧붙여 별명처럼 파일명을 수식할 수는 있습니다.

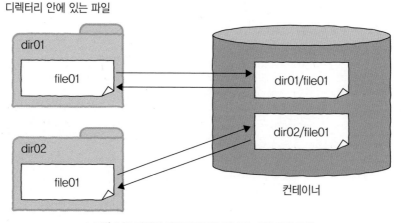

▲ **그림 2.20** 가상의 디렉터리명을 덧붙인 파일 명명 규칙

---

21 역자 주 : 스토리지 자체는 리전 안에 만들면서도 다른 리전에서 접속이 가능한 이유는 HTTP/HTTPS 프로토콜로 접속을 하기 때문입니다. 한편, AWS에서는 한 리전에서 만들어진 S3 버킷을 다른 리전으로 복제하는 크로스 리전 복제 기능도 제공합니다.
  • https://aws.amazon.com/ko/blogs/korea/new-cross-region-replication-for-amazon-s3/
22 AWS가 사실상 클라우드의 표준이 되면서 AWS가 아닌 클라우드 환경에서도 컨테이너의 의미로 버킷이라는 단어를 사용하기도 합니다.

가령 파일명 앞에 가상의 디렉터리명처럼 접두어를 붙여 'dir01/file01'와 같이 쓰는 것이 가능한데 실제로 컨테이너 안에서는 디렉터리 안에 파일이 들어있는 형태가 아닌 'dir01/file01'이라는 이름의 오브젝트가 저장됩니다([그림 2.20] 참고). 그리고 저장된 파일에 대한 접근 권한은 컨테이너별로 따로 설정합니다.

각 오브젝트에는 키key와 값value 형식의 메타 데이터를 부여할 수 있는데 다른 애플리케이션과 연동할 때 이러한 메타 데이터를 활용하면 특정한 목적으로 사용할 파일들을 쉽게 선별할 수 있습니다.

2.5.2 버저닝과 정적 웹 호스팅

버저닝versioning은 컨테이너에 저장된 오브젝트에 버전 번호를 붙여 관리하는 기능입니다. 오브젝트 스토리지에 같은 이름의 파일을 저장하면 기존 파일이 덮어 써지는 것이 아니라 새로운 버전 번호로 파일이 저장됩니다. 이때 기존 파일은 그대로 남아 과거 버전 번호를 지정하면 이전 파일의 내용을 복원할 수 있습니다.

정적 웹 호스팅은 오브젝트 스토리지를 간이(簡易) 웹 서버처럼 사용하는 기능입니다. 이 기능을 사용하려면 컨테이너의 접근 권한을 누구나 읽을 수 있는 공용으로 설정하고 그 안에 정적 HTML 파일[23]들을 저장하면 됩니다. 이후 웹 브라우저와 같은 클라이언트에서 이 오브젝트에 할당된 URL 주소로 접근하면 저장된 정적 HTML 파일의 내용이 표시됩니다. 같은 방식으로 HTML 파일 외에도 이미지 파일이나 동영상 파일을 저장한 다음, HTTP/HTTPS를 사용하는 클라이언트에서 해당 파일을 표시하거나 재생하는 것도 가능합니다.

---

23 역자 주 : 여기서 정적 HTML 파일이라고 하는 것은 확장자가 '.htm', '.html' 등으로 끝나는 파일이며 '.php', '.jsp', '.asp'와 같이 서버 측에서 동적으로 만들어지는 웹 페이지를 의미하는 것은 아닙니다. 흔히 '동적'이라고 하는 표현은 서버 측에서 동적으로 생성되는 것을 의미하기 때문에 최근 자바스크립트를 사용하여 클라이언트 측(Web 브라우저)에서 동적으로 처리되는 경우는 해당되지 않습니다. 흔히 웹 서버에 배포되는 정적 리소스에는 HTML 파일, JavaScript 파일, CSS 파일, 각종 이미지 파일들이 해당됩니다.
 • http://docs.aws.amazon.com/ko_kr/AmazonS3/latest/dev/WebsiteHosting.html

2.5.3 오브젝트 스토리지의 백업

오브젝트 스토리지는 블록 스토리지의 볼륨을 백업backup하는 용도로도 사용할 수 있습니다. 이 방법은 내부적으로 블록 스토리지의 볼륨 전체를 일정 크기의 블록으로 분할한 다음 분할된 각각의 조각들을 하나의 파일 형태로 간주하고 오브젝트 스토리지에 저장하는 방식입니다. 한편, 오브젝트 스토리지는 여러 리전과 가용 영역에서 지리적인 제약 없이 접근할 수 있기 때문에 리전과 가용 영역 간의 볼륨 복제에도 활용될 수 있습니다.[24] 구체적으로 설명하면 복제 대상이 되는 원본 볼륨의 내용을 우선 오브젝트 스토리지에 백업해두면, 이후 다른 리전에서 이 오브젝트 스토리지에 접근할 수 있게 되고, 저장된 백업 볼륨을 이용해서 복원restore할 수 있다는 말입니다([그림 2.21] 참고).

▲ 그림 2.21 오브젝트 스토리지를 활용한 볼륨 복제

---

24 AWS에서는 블록 스토리지의 스냅샷이나 가상 머신 이미지(템플릿 이미지)를 리전 간에 복제하는 기능이 제공됩니다.

2.6 웹 애플리케이션 시스템의 구축 예

이 절에서는 클라우드 환경에 Web/App 서버 1대와 DB 서버 1대로 간단한 웹 애플리케이션 시스템을 구성하는 예를 살펴 봅니다. 여러 개의 가용 영역에 액티브 스탠바이active-standby 형태로 구성하여 유사시의 장애 대책까지 고려하여 설계해보겠습니다.

2.6.1 여러 개의 가용 영역으로 가용성 확보하기

가용 영역을 여러 개 사용할 때는 가상 네트워크와의 관계에 대해 정확히 이해해둘 필요가 있습니다. 특히 이 부분은 AWS와 오픈스택의 접근 방법에 차이가 있으므로 AWS에서는 VPC별로 독립된 가상 네트워크가 만들어집니다. 이 가상 네트워크 내부에는 가용 영역별로 가상 스위치(서브넷)가 만들어집니다. 이 예에서는 AZ-1과 AZ-2라는 두 개의 가용 영역을 만들어서 [그림 2.22]와 같은 모양으로 구성했습니다. 그리고 각 가용 영역에는 사용 목적에 따라 네트워크를 분리하기 위해 DMZ, Web-DB, Admin과 같이 세 개의 가상 스위치(서브넷)도 만들었습니다.

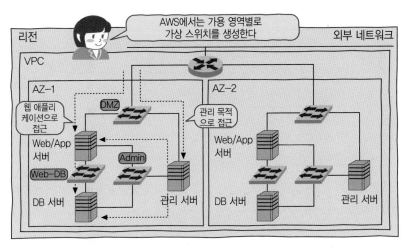

▲ 그림 2.22 여러 개의 가용 영역으로 가용성을 확보하기(AWS)

이 예에서 웹 애플리케이션 사용자는 DMZ 가상 스위치를 통해서 Web/App 서버에 접근합니다. 그리고 Web/App 서버는 Web-DB 가상 스위치를 통해서 DB 서버에 접근합니다. 시스템 관리자는 각 서버에 로그인하기 위해 일단 관리 서버에 DMZ 가상 스위치를 통해 로그인한 후, 관리용 서버에서 다시 Admin 가상 스위치를 통해서 각 서버에 로그인합니다. 참고로 각 가상 머신 인스턴스에는 위와 같은 접근만 허용하도록 시큐리티 그룹이 적용되어 있습니다.

AZ-1과 AZ-2에는 동일한 구성의 시스템이 설치되어 있는데 평상시에는 AZ-1의 시스템을 사용합니다. 하지만 AZ-1 전체가 정지되거나 더 이상 서비스를 할 수 없을 정도의 장애가 발생하면 사용자에게 AZ-2로 접속하도록 유도해줘야 합니다. 그러려면 DNS 등록 정보를 변경하여 이전과 같은 URL에 접속하더라도 AZ-2로 연결되도록 만들어 주거나 DNS 설정 변경 없이 로드 밸런서load balancer를 사용해서 정상 동작하는 가용 영역으로 연결시키는 방법을 사용해야 합니다.

오픈스택에서는 여러 개의 가용 영역에 걸쳐서 보다 큰 범위의 가상 네트워크를 만들 수 있기 때문에 [그림 2.23]과 같이 구성할 수 있습니다. AWS가 가용 영역별로 내부에

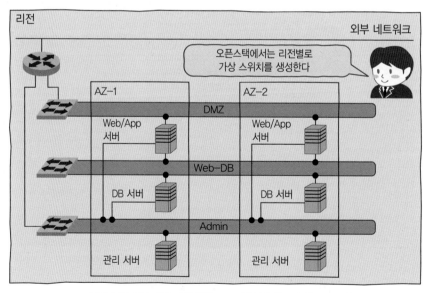

▲ 그림 2.23 여러 개의 가용 영역으로 가용성을 확보하기(오픈스택)

가상 스위치를 따로 갖는 것에 반해 오픈스택에서는 AZ-1과 AZ-2와 같이 여러 가용 영역이 가용 영역 밖에 있는 가상 스위치를 공유하고 있다는 것을 알 수 있습니다.

여기서도 AWS와 마찬가지로 각각의 가용 영역이 같은 시스템으로 구성됩니다. 다만 AZ-1에서 AZ-2로 접속을 전환할 때는 플로팅 IP의 정보를 변경하는 방식이 사용됩니다. 즉 외부에서 접속되어야 하는 Web/App 서버에는 플로팅 IP를 사용하는데 평상시에는 AZ-1의 Web/App 서버를 가리키도록 설정해 둡니다. 만약 AZ-1이 더 이상 서비스를 계속할 수 없는 상황이 되면 사용자의 접속을 AZ-2의 Web/App 서버로 전환하도록 플로팅 IP가 가리키는 위치를 AZ-2로 변경합니다([그림 2.24] 참고). 이렇게 하면 외부에서는 이전과 같은 IP 주소를 사용하면서도 내부적으로는 AZ-1에서 AZ-2로 전환되어 서비스를 지속할 수 있습니다.

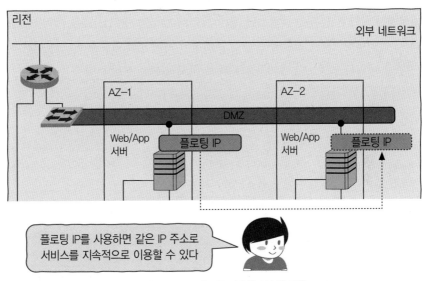

▲ 그림 2.24 플로팅 IP를 사용한 시스템 전환

2.6.2 오브젝트 스토리지를 사용하여 데이터 보호하기

이제 DB 서버가 관리하는 데이터를 백업하는 방법에 대해 알아 보겠습니다. DB 서버가 설치된 가상 머신 인스턴스에 장애가 발생하여 DB 서버가 정지된 경우에도 데이터가 유실되지 않게 하려면 데이터를 블록 스토리지의 볼륨에 저장해야 합니다. 또한 볼륨 자체가 파괴되거나 데이터베이스의 조작 실수로 데이터를 잃어 버리는 상황에도 대비하려면 볼륨의 내용을 오브젝트 스토리지에 정기적으로 백업을 받아 두어야 합니다.

단, 볼륨 백업은 오브젝트 스토리지로 데이터를 전송해야 하기 때문에 볼륨 용량에 따라 백업 시간이 길어지기도 합니다. 백업을 하기 전에는 해당 볼륨을 가상 머신 인스턴스에서 분리해야 합니다. 물론 이때는 데이터베이스를 사용하지 못하는 상태가 되는데 데이터베이스의 사용 불가 시간을 최대한 줄이려면 일단 스냅샷을 만들고 그 스냅샷에서 복제한 볼륨을 백업하면 됩니다([그림 2.25] 참고). 스냅샷을 만드는 순간에도 가상 머신 인스턴스에서 볼륨을 분리하긴 하지만 스냅샷을 만드는 시간이 볼륨 자체를 백업하는 것보다 상대적으로 빨라 비교적 짧은 시간에 볼륨을 다시 사용할 수 있습니다.

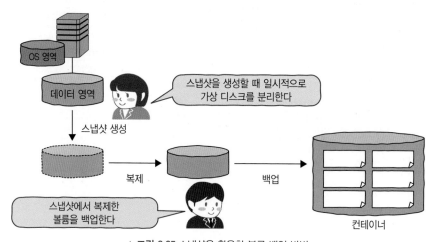

▲ 그림 2.25 스냅샷을 활용한 볼륨 백업 방법

다른 방법으로는 가상 머신 인스턴스에 백업용 볼륨을 미리 연결해둔 다음 데이터베이스 소프트웨어의 백업 기능으로 백업용 볼륨에 백업하도록 만들 수 있습니다. 여기에 이 백업용 볼륨을 오브젝트 스토리지에 한번 더 백업하면 더욱 안전한 백업 체계를 만들 수 있습니다.

시스템을 AZ-1에서 AZ-2로 전환할 때는 AZ-2의 데이터베이스에 최신 데이터를 미리 복원해 두어야 합니다. 가상 머신 인스턴스와 마찬가지로 블록 스토리지의 볼륨 역시 가용 영역별로 분리 되어 있기 때문에 AZ-1에서 사용한 볼륨은 AZ-2에서 사용할 수 없습니다.[25] 이때는 오브젝트 스토리지에 저장한 최신의 백업을 AZ-2의 볼륨으로 복원한 후, AZ-2의 DB 서버에서 사용하도록 만들어 주어야 합니다. 한편, 최근에 나오는 데이터베이스는 여러 개의 DB 서버 간에 네트워크를 통한 동기화 기능을 갖추고 있어 이 기능을 통해 각 가용 영역의 데이터베이스를 동기화하는 것도 하나의 방법이 될 수 있습니다([그림 2.26] 참고).

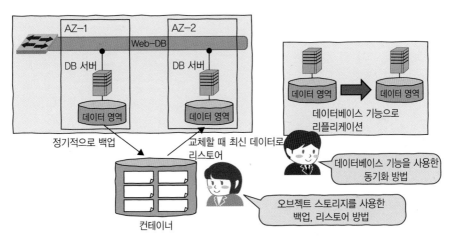

▲ **그림 2.26** 가용 영역을 전환할 때의 데이터 이행 방법

---

25 2.1.3에서 언급한 것처럼 오픈스택은 AWS와 달리 가상 머신 인스턴스가 서로 다른 가용 영역의 볼륨에 접근하도록 구성할 수 있습니다. 다만 모든 환경에서 가능한 것은 아닙니다.

클라우드를 제어하는
API의 동작 방식

지금까지 클라우드의 전체 그림을 파악하기 위해 클라우드의 다양한 유형과 이를 구성하는 주요 컴포넌트를 알아 보았습니다. 이러한 컴포넌트들을 제어하기 위한 API의 역할과 중요성에 대해서도 간단히 살펴 보았습니다. 이 장에서는 본격적으로 API가 무엇인지 알아볼 것이며 독자의 이해를 돕기 위해 웹 기술에 관한 기본적인 배경 지식도 함께 다룹니다. 클라우드 이전의 물리적인 인프라에 익숙한 엔지니어라면 웹 기술이 생소할 텐데 먼저 웹의 기본 동작 원리를 이해하고 나면 클라우드의 API를 이해하는 데 큰 도움이 될 것입니다.

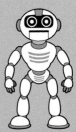

3.1 클라우드와 API의 관계

3.1.1 API

API라고 하면 '단어는 몇 번 들어 본 것 같아', 혹은 '자세히는 모르지만 잘 쓰고 있어'와 같이 반응하는 사람들이 많습니다. 이렇게 API는 실제로 많이 사용되면서도 구체적으로 설명하기엔 쉽지 않은 면이 있습니다.

API란 애플리케이션 프로그램 인터페이스Application Program Interface를 줄여 쓴 말로 '어떤 소프트웨어에서 다른 소프트웨어를 제어하기 위해 미리 약속된 인터페이스나 규약'을 의미합니다. API를 사용하면 똑같이 반복되는 소스 코드의 중복을 없애면서 표준화를 꾀할 수 있다거나 소스 코드의 재사용성을 높여 개발 생산성을 올리는 효과를 내기도 합니다. 그리고 API를 사용하면 그 소프트웨어의 내부 구조를 자세히 모르더라도 그 소프트웨어를 무리 없이 사용할 수 있는데 이러한 효과들이 바로 API를 활용하려는 이유이기도 합니다.

만약 공통으로 사용할 수 있는 로직이 API 형태로 제공되고 다양한 프로그래밍 언어에서 그 API를 호출할 수 있다면 같은 기능을 중복해서 개발하지 않아도 됩니다. 프로그래밍 언어 중에서 클라우드에도 활용할 수 있는 자바 언어를 예로 들어 보겠습니다([그림 3.1] 참고). 자바는 객체지향 언어입니다. 객체 지향에서는 '클래스'와 '인터페이스'라는 추상화된 개념이 있는데 이것들을 런타임에 인스턴스 형태로 객체화시켜 각종 처리를 할 수 있게 만듭니다. 자바로 개발된 애플리케이션에서는 여러 모듈에서 공통으로 사용할 수 있는 기능을 공통 모듈 형태로 만듭니다. 데이터 입출력, 국제화 처리, SQL 호출과 같은 내용들이 이에 해당하는데 이런 기능들을 매번 반복해서 개발하는 것은 상당히 비효율적이어서 보통 객체지향 언어에서는 공통 기능을 전담하는 클래스를 만들고 연관된 클래스들을 모아 패키지 형태로 만듭니다. 이러한 공통 모듈을 사용하면 개발 효율뿐 아니라 확장성과 재사용성도 높일 수 있기 때문에 외부에서도 이런 기능을 사용할 수 있도록 API를 공개하는 것이 일반적입니다.

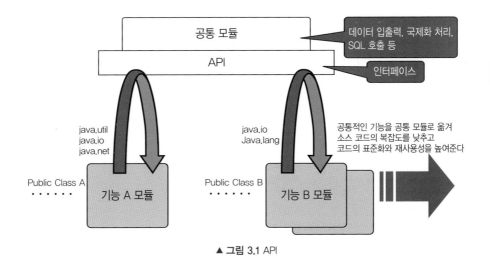

▲ 그림 3.1 API

3.1.2 웹 API

클라우드에서는 웹 API를 사용하는 것이 일반적입니다. 웹 API란 HTTP/HTTPS와 같은 웹 프로토콜을 사용해서 네트워크를 통해 호출하는 API를 말합니다.

웹상에서 접근 가능한 특정 URI에 HTTP 요청을 보내고 이에 대한 응답으로 필요한 정보를 얻어내는 것이 웹 API의 기본적인 동작 방식입니다([그림 3.2] 참고). 클라우드 서비스에서는 이러한 처리 방식을 API 레퍼런스 형태로 만들어서 공개하고 있습니다. 해당 클라우드 서비스 사용자는 기본적으로 서비스 제공자가 정한 API의 규정을 따라야 합니다.

웹 API를 제대로 이해하기 위해서는 HTTP, URI, REST와 같은 웹 관련 기초 지식이 필요한데 지금부터 하나씩 설명하겠습니다.

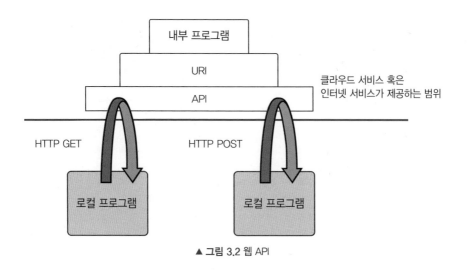

▲ 그림 3.2 웹 API

3.1.3 인터넷 서비스에서 시작된 웹 API와 HTTP

웹 API는 HTTP 혹은 HTTPS라는 프로토콜을 사용합니다. HTTP는 'Hypertext Transfer Protocol'을 줄여 쓴 말로 원래는 웹 서버의 HTML 데이터를 웹 브라우 저가 받아 화면에 표시하기 위해 정의되었습니다.

1995년경 인터넷이 보급되기 시작했을 당시에는 HTML 파일을 기반으로 한 정적인 웹 사이트가 주류였습니다. 이후 HTML 안에 스크립트를 넣을 수 있는 자바스크립트 가 나오고 자바, .NET 등이 웹을 지원하게 되었으며 비동기 방식으로 XML 데이터를 주고 받을 수 있는 Ajax와 같은 기술들이 도입되었습니다. 이에 따라 종전의 단순하 고 정적인 웹 사이트는 복잡하고 동적인 웹 애플리케이션으로 변모하면서 웹 기술이 크게 발전하게 되었습니다.

이러한 웹 기술의 발전 덕분에 급기야 웹을 통해서 구조적인 데이터를 다룰 수 있게 되었고 때마침 아마존Amazon, 구글Google, 야후Yahoo, 이베이eBay와 같은 기업들은 자신 이 가진 정보를 제3자가 효과적으로 활용할 수 있도록 웹 API를 공개했습니다.

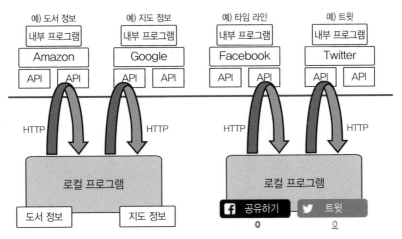

예) 도서 정보   예) 지도 정보   예) 타임 라인   예) 트윗

▲ 그림 3.3 인터넷 서비스와 웹 API

그 결과 일반 사용자들도 이들 기업이 가진 정보를 웹 API를 통해 이용할 수 있게 되었습니다([그림 3.3] 참고). 특히 웹 2.0이라는 키워드가 유행한 2006년을 전후하여 이러한 움직임은 더욱 활발하게 활발해집니다.

이 시기에 이러한 움직임의 대표 주자로는 아마존의 Product Advertising API[1]를 꼽을 수 있습니다. 이 웹 API를 사용하면 아마존에서 판매하는 상품 데이터베이스에 접근할 수 있었는데 최저가 상품을 검색하는 기능 등을 직접 구현하는 것도 가능했습니다. 아마존은 이렇게 API를 공개함으로써 개발자들의 참여를 끌어 모았고 다양한 애플리케이션에서 아마존의 전자상거래 사이트로 연결되도록 유도하는데 성공, 그 결과 자사 서비스를 더욱 확대하는 큰 성과를 거두었습니다.

최근에는 페이스북Facebook이나 트위터Twitter를 포함해 많은 인기 서비스 업체들이 자신의 서비스 API를 외부에 공개하는 것이 대세가 되었습니다. 새롭게 시장에 진출하려는 스타트업Startup의 경우도 짧은 시간에 자신들이 개발한 서비스를 시장에 확산하기 위해서는 API를 공개해야 경쟁에 살아남는 새로운 환경이 만들어지고 있습니다.

---

1   클라우드 형태의 AWS(Amazon Web Services)가 나오기 전에는 아마존이 제공하는 웹 서비스라는 의미로 Product Advertising API를 Amazon Web Services라고 부르기도 했습니다.

3.1.4 아마존에서 시작된 클라우드 컴퓨팅에서의 웹 API 적용

앞서 광고 API를 성공시킨 바 있는 아마존은 사용량이 폭주하는 자사 전자상거래 사이트를 보다 안정적으로 운영할 필요가 있었습니다. 그래서 서버나 스토리지와 같은 컴퓨팅 리소스를 API를 통해 제어할 수 있는 관리 체계를 구축했습니다. 아마존은 2006년에 이르러 그간 축적된 컴퓨팅 리소스 관리 방식을 외부에 공개했는데 이것이 오늘날 아마존 웹 서비스AWS: Amazon Web Services의 EC2와 S3입니다. 이와 같은 역사적인 사건을 클라우드 컴퓨팅의 탄생으로 보는 견해도 있습니다. 당시의 개발자들은 이 서비스를 보고 다음과 같은 두 가지 특징에 주목했습니다.

- 인터넷을 통해서 서버나 스토리지를 시간제로 임대하여 사용할 수 있다
- 인터넷 서비스가 제공하는 웹 API를 통해 사용자가 원하는 시점에 원하는 만큼의 컴퓨팅 리소스를 할당받을 수 있다

두 가지의 특징 중 이 책에서는 후자에 무게를 두고 있습니다.

사용자가 웹 API를 사용해서 컴퓨팅 리소스를 자유롭게 제어할 수 있게 된 것은 웹 기술이 진화하면서 웹 API가 널리 보급되었기 때문입니다. 실제로 클라우드 컴퓨팅을 제공하는 대부분의 회사는 아마존, 구글, 세일즈포스Salesforce, 마이크로소프트Microsoft와 같은 인터넷 서비스를 제공하는 기업들이 대부분입니다. 바로 이러한 기업들이 클라우드 컴퓨팅과 웹 API 관련 기술을 이끌고 있어 클라우드와 웹 API의 관계는 점점 견고해지고 있습니다.

3.1.5 가상화 기술과 클라우드 컴퓨팅

웹 API를 통해 가상의 컴퓨팅 리소스를 확보하지 않고 물리적인 서버나 스토리지를 직접 확보하는 방식은 장비를 수배하고 설치하는 과정에서 적지 않은 시간이 소요됩니다. 반면 가상화 환경에서는 물리적인 자원을 수배하지 않고 API를 호출하는 것만으로도 필요한 컴퓨팅 리소스를 바로 조달할 수 있습니다([그림 3.4] 참고).

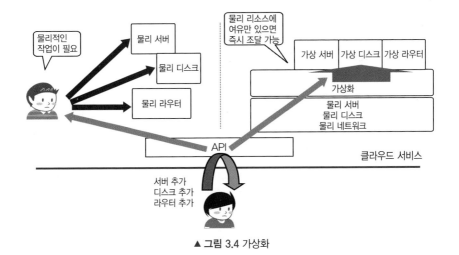

▲ 그림 3.4 가상화

웹 2.0의 유행이 지난 2006년 이후, 본격적으로 가상화 기술 보급이 활발해지면서 클라우드 컴퓨팅의 약진도 두드러지게 됩니다. 이는 가상화 기술을 통해 컴퓨팅 리소스를 즉시 이용할 수 있게 되었다는 점 외에도 하드웨어 리소스의 자원 활용도가 높아져 클라우드 컴퓨팅 방식이 수익 모델 측면에서도 긍정적인 결과를 낳았기 때문입니다.

한편 IaaS 관점에서는 리소스를 효율적으로 쓸 수 있다는 면에서 가상화가 필요할 수 있지만 PaaS나 SaaS의 관점에서는 효율적인 리소스 사용보다 성능을 우선할 수도 있기 때문에 가상화가 반드시 필요하지는 않습니다. 즉, 가상화 기술이 클라우드 컴퓨팅의 발전에 기여한 것은 맞지만 이를 클라우드 컴퓨팅의 본질이라고는 보기 어렵습니다. 왜냐하면 클라우드 컴퓨팅이라 하더라도 성능이나 보안이 더 중요한 경우 가상화된 리소스가 아닌 물리적인 리소스를 직접 사용해야 할 수도 있기 때문입니다. 정리하면 클라우드의 본질은 컴퓨팅 리소스의 가상화 여부가 아니라 인터넷을 통해 필요한 자원을 제어할 수 있는 API 방식에 있다는 것을 알 수 있습니다.

3.1.6 SOA 기술과 클라우드 컴퓨팅

웹 API는 HTTP/HTTPS 프로토콜을 기반으로 한 API로써 느슨하게 연결된 컴포넌트들을 조합해서 애플리케이션을 구성하거나 제어한다는 관점으로 보면 2006년 무렵에 유행한 웹 서비스 혹은 SOAService Oriented Architecture 기술과 유사합니다.

SOA가 폐쇄적인 네트워크 안에서 사내 정보 시스템들을 연계하고 제한된 사용자가 이용하는 용도로 많이 활용되었다면, 웹 API는 인터넷과 같은 개방된 네트워크 안에서 누구나 사용할 수 있도록 기능의 처리 로직이나 데이터 구조를 간결하게 만들어 제공하는 경향이 강합니다.

뒤에 자세히 설명하겠지만 웹 API의 통신 방법은 과거에는 SOAP 방식을 많이 사용했으나 차차 REST 방식으로 전환되고 있고 웹 API를 활용한 외부 인터페이스가 많아짐에 따라 이들 API를 통합 관리하는 소프트웨어나 서비스도 나오게 되었습니다. API를 공개하더라도 모든 API를 아무에게나 열어줄 수는 없기 때문에 API를 호출할 때 인증 과정을 거치게 하거나 조건에 따라 사용을 제한하도록 만드는 것이 일반적입니다.

과거에 사내 시스템 연계에 많이 활용되었던 SOA와 최근 많이 사용되는 웹 API와의 가장 큰 차이점은 SOA가 사내의 시스템 통합에 무게 중심을 둔 반면, 웹 API는 사내의 데이터를 사외의 SoESystem of Engagement에 제공함으로써 비즈니스 창출을 꾀하는 것을 목표로 한다는 점입니다([그림 3.5] 참고). 이런 새로운 비즈니스 모델을 API 경제economy라고 합니다.

최근에는 여러 개의 클라우드 서비스를 함께 사용한다거나 서로 다른 클라우드끼리 연계하는 사례가 많아져 클라우드에 있어서도 보다 강력한 API 경제가 만들어질 것으로 예상됩니다. 과거에는 클라우드 환경을 말할 때 공용public이냐 사설private이냐를 데이터 센터와 네트워크의 공개 여부로 판단하는 경향이 있었는데 이제는 API의 공개 여부로 판단하는 관점이 필요합니다. 예를 들어 AWS를 서비스 형태로 사용하는 입장에서는 공개된 공인 IP 주소나 공용 도메인을 통해 API를 호출할 수 있겠지만 오픈스택을 사내에 운영하는 입장에서는 사설 IP 주소나 사설 도메인으로 API를 호출할 수 있기 때문입니다.

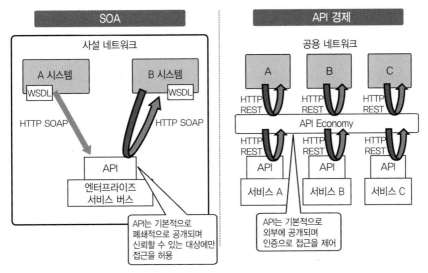

▲ 그림 3.5 SOA와 API 경제

3.1.7 웹 API의 구성 요소

앞에서도 언급한 바 있습니다만 웹 API는 크게 '인증 처리', '제어할 대상', '제어 행위'의 3요소로 구성됩니다.

인증 처리에는 클라우드 서비스가 제공하는 독자적인 인증 기능을 사용하는데 자세한 내용은 9장에서 설명합니다. 제어할 대상은 API 관점에서 '리소스'에 해당하며 URI로 표현됩니다. URI를 통한 호출 방식을 이해하기 위해서는 먼저 DNS나 엔드포인트에 대한 이해가 필요한데 뒤에 나올 3.2절에서 클라우드에서 사용하는 URI에 대해 살펴 보겠습니다. 제어 행위는 API 관점에서는 '액션'에 해당하며 주로 HTTP 메소드로 표현됩니다. HTTP 메소드에 대해서는 3.3절에서 클라우드의 액션 제어를 다루면서 알아 봅니다.

3.1.8 웹 API의 기본 사상

웹 API의 3요소인 '인증 처리', '제어할 대상', '제어 행위'에 따른 API 조작은 영문법의 문장 형식을 생각하면 보다 쉽게 이해할 수 있습니다. 영문법의 문장 형식 중 3형식에 해당하는 'S + V + O' 즉, '주어 + 동사 + 목적어'는 [그림 3.6]과 같이 웹 API의 3요소와 잘 맞아 떨어집니다.

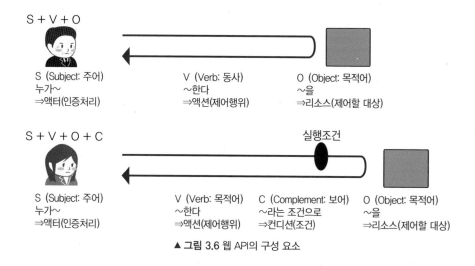

▲ 그림 3.6 웹 API의 구성 요소

S(Subject)는 주어(主語)로 '누가'에 해당합니다. API에서는 '액터Actor'라고 하며 액터를 식별하는 처리 과정이 '인증 처리'입니다.

V(Verb)는 동사(動詞)로 '~를 한다'에 해당합니다. API에서는 '액션Action'이라고 부르며 '제어 행위'에 해당합니다. 하려는 행위는 곧 웹 API이고 HTTP의 메소드나 헤더를 조합해서 만들어집니다.

O(Object)는 목적어(目的語)로 '~를'에 해당합니다. API에서는 '리소스Resource', '제어할 대상'에 해당됩니다. 이 대상은 웹 API의 URI로 표현되며 크게 네트워크 부분과 경로Path 부분으로 구성됩니다.[2]

---

2   역자 주 : 자세한 내용은 '3.2.3 URI'를 참고하세요.

선택적으로 C(Complement)가 보어(補語)로 추가될 수 있는데 '~라는 조건으로'에 해당하고 API에서는 '컨디션Condition'이라고 부릅니다. API에서 정의한 옵션이나 인증 조건 등으로 API 호출할 때 실행 여부를 제한할 수 있습니다.

3.1.9 리소스

목적어의 '~를'에 해당하며 API 제어의 대상이 되는 리소스에 대해 간단히 살펴 보 겠습니다. 2장에서 클라우드의 대표적인 컴포넌트로 서버, 스토리지, 네트워크 등을 소개했는데 이러한 요소들이 리소스입니다. 서버를 예로 들면 인스턴스instance, 이미 지images, 키 페어key pair 등이 리소스이고 네트워크에서는 라우터router, 서브넷subnet, 시큐리티 그룹security group 등이 리소스에 해당합니다. 이러한 리소스들은 다른 리소 스와 구분되도록 고유한 식별 키가 필요한데 이때 사용되는 키에는 크게 두 가지 유 형이 있습니다.

우선 랜덤으로 부여되는 UUID가 있습니다. 인스턴스(서버)나 서브넷을 생성하면 UUID 역할을 하는 인스턴스ID(서버ID)나 서브넷ID가 만들어집니다. 특정 리소스 를 지정해야 할 때 이러한 UUID를 사용하면 됩니다.

또 다른 유형으로는 이름입니다. 가령 오브젝트 스토리지를 담는 버킷(컨테이너) 안에 들어 있는 오브젝트(파일)을 지정할 때는 버킷 이름과 오브젝트 이름을 사용합니다.

두 가지 키 유형 중에서 어떤 방식이 사용되는지는 컴포넌트 단위로 결정되기 때문 에 어떤 유형의 키가 쓰이는지 알고 싶다면 해당 컴포넌트에 대한 문서를 확인하면 됩니다.

리소스 중에서는 고유한 키를 가지는 속성 정보가 있는데 이것을 '프로퍼티'라고 합 니다. 그 예로 인스턴스(서버)는 기동한 가용 영역, 이미지 ID와 같은 속성 정보가 있 습니다. 이미지도 역시 리소스이기 때문에 키가 되는 이미지 ID와 이와 관련된 인스 턴스나 리소스의 정보를 갖고 있습니다.

이러한 리소스들을 구성하는 방법에 대해서는 3.2절에서 다루고, 리소스 지향 아키 텍처ROA: Resource Oriented Architecture나 설계 방식에 대해서는 3.4절에서 자세히 살펴 보 겠습니다.

3.1.10 액션

동사(動詞)의 '~를 한다'에 해당하며 API 제어의 행위에 해당합니다.

액션은 리소스에 대해 행하는 동작으로 CRUDCreate, Read, Update, Delete라고 표현하는 등록, 조회, 수정, 삭제가 대표적입니다([그림 3.7] 참고). 자세한 내용은 3.3절에서 다루는데 API에서 CRUD를 지정할 때는 리소스의 URI를 호출할 때 사용되는 HTTP 메소드method와 쿼리query 문자열 파라미터 정보를 활용합니다.

액션에서 조회, 수정, 삭제에 해당하는 제어는 이미 존재하는 리소스에 대한 처리이기 때문에 제어의 대상을 식별하기 위한 키가 필요합니다. 반면, 액션에서 등록에 해당하는 제어는 기존에 없는 리소스를 새로 만드는 것이기 때문에 생성하는 조건은 지정하되 키는 필요하지 않습니다.

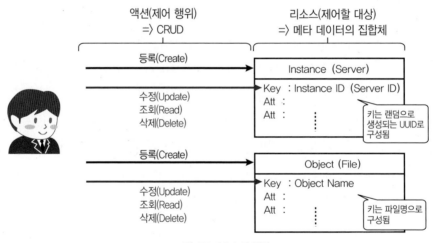

▲ 그림 3.7 리소스와 액션

3.2 리소스와 URI

API에서 리소스를 지정할 때 사용하는 URI Uniform Resource Identifier에 대해 알아 봅시다.

URI는 네트워크 부분과 경로 부분으로 구성됩니다.[3] 그리고 API를 공개하여 서비스를 제공하는 접점 혹은 API 호출을 받아 처리하는 접점을 엔드포인트라고 합니다. 이런 엔드포인트의 경로를 가리키기 위해 URI를 사용하는데 정확하게 말하자면 URL 형식으로 표현합니다.[4]

인터넷에서 웹 브라우저를 통해 웹 서비스를 이용할 때는 URL의 네트워크 부분에 IP 주소를 사용하기보다는 도메인을 사용하는 것이 일반적입니다. 이는 IP 주소는 일단 외우기가 어렵고 숫자만 봐서는 이 사이트가 어떤 사이트인지 알아 보기 어려운 데다 해당 서버의 운영 상황에 따라 IP 주소는 변경될 수도 있기 때문입니다. 이렇게 IP 주소를 직접 지정하지 않고 도메인으로 접근하는 방식은 클라우드에서도 마찬가지로 적용됩니다. 지금부터 클라우드의 이해를 돕기 위한 웹의 기본 기술에 대해 살펴 봅니다.

3.2.1 도메인, 도메인 트리, FQDN

먼저 도메인에 대해 알아 봅시다. 도메인은 네트워크상에서 자원의 위치를 표현할 때 사용합니다. IP 주소와 같은 숫자 형태가 아니라 사람이 식별하기 쉬운 문자 형태로 표현하는데 해당 호스트의 의미를 알 수 있는 단어들이 점으로 구분된 형태로 구성됩니다. 도메인은 보통 해당 도메인을 가진 단체나 조직의 이름을 포함하는 것이 관례이고, 도메인에서 점으로 구분된 단어들을 오른쪽에서 왼쪽으로 역순으로 읽으면 일종의 계층 구조처럼 표현되도록 구성되어 있습니다.[5]

---

3 역자 주 : 실제로 URI의 구성 요소는 더 복잡하지만 이 책에서는 편의상 URI와 URL을 같은 의미로 보고 구성 요소 또한 적절히 생략하여 '3.2.3 URI'와 같이 표현하고 있습니다. 이 책과 같이 생략된 형태가 아닌 좀 더 구체적인 내용을 확인하고 싶다면 다음 문서를 참고 바랍니다(https://en.wikipedia.org/wiki/Uniform_Resource_Identifier).

4 역자 주 : URI는 엄격하게는 URL, URN, URC 등을 포함하는 상위 개념이지만 내용상 URI를 의미할 때 URL로 표현해도 크게 문제되지 않습니다. 자세한 내용은 다음 문서를 참고 바랍니다(https://www.w3.org/TR/uri-clarification/).

5 역자 주 : 도메인이 'www.president.go.kr'라면 'kr'은 한국, 'go'는 정부 기관, 'president'는 서비스의 이름, 'www'는 웹 서버를 의미합니다.

[그림 3.8]은 Amazon EC2의 외부 DNS 호스트 이름[6]인 'ec2-54-10-10-10.ap-northeast-2.compute.amazonaws.com.'을 표현한 것입니다. 오른쪽에서 왼쪽으로 읽어보면 TLDTop Level Domain, amazonaws가 2ndLD2nd Level Domain 형태로 연결되는데 이것을 나무 모양의 구조로 형상화된다고 하여 도메인 트리라고 부릅니다. 점으로 구분된 이름들은 네임스페이스name space의 역할을 하는데 예를 들어 2ndLD인 amazonaws는 TLD인 com의 네임스페이스에 포함됩니다. 상위 도메인에서 볼 때 한 단계 아래에 위치하는 도메인을 서브 도메인이라고 부릅니다.

도메인을 오른쪽에서 왼쪽으로 볼 때 마지막 부분에는 리소스가 지정되는데 이 예에서는 ec2-54-10-10-10라는 호스트가 리소스에 해당합니다. 도메인과 호스트명이 하나로 연결된 전체 이름을 FQDNFully Qualified Domain Name이라고 하며, 이 FQDN으로 네트워크상의 수많은 호스트들 중 원하는 하나를 지정할 수 있게 됩니다.

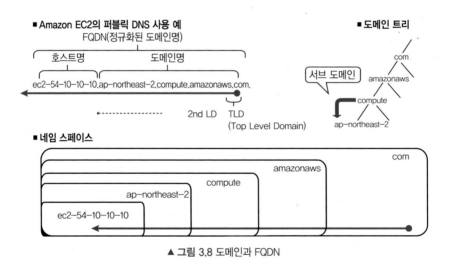

▲ 그림 3.8 도메인과 FQDN

---

6 http://docs.aws.amazon.com/ko_kr/AWSEC2/latest/UserGuide/using-instance-addressing.html#concepts-public-addresses

클라우드에서 도메인 계층 확장하기

클라우드는 네트워크상에 존재하기 때문에 클라우드로 접근할 때는 인터넷 주소와 같은 계층화된 도메인을 사용합니다. 이때 사용하려는 리소스명에는 그 리소스가 무엇인지 쉽게 식별할 수 있도록 일종의 명명 규칙 같은 것이 정해져 있습니다. 예를 들어 AWS에서 사용하는 도메인 'ec2.ap-northeast-2.amazonaws.com'에서는 3rdLD이 리전(지역)을 의미하고,[7] 4thLD은 서비스(컴포넌트)에 해당됩니다([그림 3.9] 참고). 이러한 명명 규칙을 잘 이해하고 있으면 리전과 서비스를 추가하는 작업을 더 쉽게 할 수 있습니다.

앞서 살펴본 것처럼 컴포넌트는 리전의 서브 도메인으로 배치되는데 이렇게 하면 리전을 추가할 때 도메인을 확장하기도 쉽고 리전별로 서비스들을 서로 다르게 배치하는 구성도 가능해집니다. 사용하려는 서비스가 특정 리전에 종속되지 않는 형태라면 리전 구분이 생략되어 상위 단계인 3rdLD에 서비스 이름이 들어갑니다.

■ 엔드포인트의 사용 예

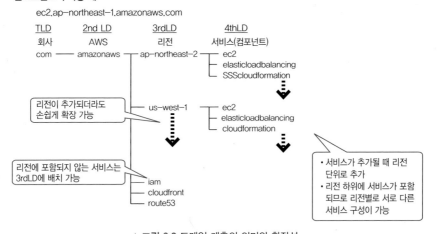

▲ 그림 3.9 도메인 계층의 의미와 확장성

---

7 역자 주 : ap-northeast-2는 서울 리전을 의미합니다.

3.2.2 DNS, 가상 호스트, 레지스트리

도메인은 사람이 쉽게 식별할 수 있도록 만들어진 이름이기 때문에 실제로 TCP/IP 통신을 할 때는 도메인을 IP 주소로 변환해서 사용합니다. 도메인으로 IP 주소를 알아내는 것을 정방향 조회, IP 주소를 사용해서 도메인을 알아내는 것을 역방향 조회라고 합니다. 참고로 IP 주소가 추상화된 클라우드 환경에서는 주로 정방향 조회가 많이 사용됩니다.

이때 도메인과 IP 주소 사이의 변환 기능을 해주는 것이 DNSDomain Name System입니다. 클라우드의 API는 도메인 형태로 호출하는 것이 일반적이기 때문에 DNS의 역할은 상당히 중요합니다. 클라우드에서는 왜 도메인 형태로 접근을 하는지, DNS를 어떻게 활용하는지에 대해 하나하나 살펴 봅니다.

복수 IP와 가상호스트

FQDN과 IP 주소의 관계는 기본적으로 TCP/IP로 통신을 할 때, 1:1로 변환되는 관계입니다. 하지만 설정상으로는 1:N, N:1의 관계도 만들 수 있습니다. 클라우드에서 이런 복수 매핑 방식을 사용하면 같은 도메인을 계속 사용하면서 시스템의 규모를 키우는데 유리한 환경을 만들 수 있습니다.

FQDN과 IP 주소가 1:N인 관계는 대규모 시스템에서 활용됩니다. FQDN을 통해서 대량의 API 요청이 들어오면 하나의 IP 주소(서버나 로드 밸런서)만으로는 제대로 대응하지 못할 수 있습니다. 이런 경우에는 DNS에서 FQDN에 대응하는 IP 주소를 여러 개 등록하는 방법을 씁니다. 이렇게 하면 DNS가 순차적으로 IP 주소를 돌려쓰기 때문에 하나의 서버가 모든 요청을 받는 때보다 부하를 줄일 수 있습니다. 이것을 DNS 라운드 로빈round robin이라고 합니다([그림 3.10] 참고).

클라우드에서는 CDNContents Delivery Network이나 로드 밸런서LB: Load Balancer에서 DNS 라운드 로빈 기능을 활용하여 확장성을 높이고 있습니다. 또한 이 방식은 부하 분산을 위해 여러 서버를 사용하더라도 사용자 관점에서는 IP 주소를 변경하지 않도록 IP 주소의 변경 사실을 은폐하는 역할을 하기도 합니다.

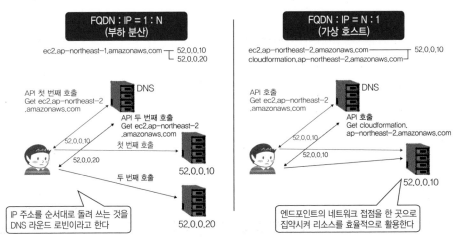

▲ 그림 3.10 DNS 라운드 로빈과 가상 호스트

FQDN과 IP 주소가 N:1인 관계는 서버 리소스를 보다 효율적으로 활용하고 싶을 때 사용하며 이를 잘 활용하고 있는 것이 가상 호스트입니다. 이 방식을 사용하려면 DNS 에서 여러 FQDN이 같은 IP 주소에 매핑되도록 만들면 됩니다([그림 3.10] 참고).

도메인과 IP 주소의 변환 방법

이제 DNS에서 도메인과 IP 주소를 서로 변환하는 방식을 알아 봅니다. API를 호출하는 클라이언트에서는 스텁 리졸버stub resolver[8]라는 이름 변환 요청을 대행하는 프로그램을 통해서 캐시 DNS[9] 서버에 도메인에 해당하는 IP 주소 정보를 물어봅니다. 캐시 DNS 서버에 찾는 도메인이 없다면 루트 도메인부터 시작해서 최하위 도메인까지, 각 도메인의 네임스페이스를 관리하는 DNS에 되물어봅니다. 도메인 트리의 각 계층에는 해당 도메인을 관리하는 DNS 서버들이 있는데 상위 도메인 서버는 하위 도메인 서버의 IP 주소를 미리부터 알고 있습니다. 그래서 상위 도메인 서버에 IP 주소를 물었는데 그 서버가 관리하는 도메인보다 하위에 있는 도메인의 IP 주소를 물

---

8 역자 주 : DNS에서 이름 변환 기능을 제공하는 것을 리졸버(resolver)라고 하는데, 클라이언트 애플리케이션 측의 이름 변환 라이브러리를 스텁 리졸버(stub resolver), 서버 측의 이름 변환 서비스를 풀 리졸버(full resolver)라고 합니다.

9 역자 주 : PC의 네트워크 설정에서 지정된 DNS를 의미하며 로컬 네임 서버(local name server) 혹은 리커시브 네임 서버(recursive name server)라고 하기도 합니다.

어봤다면 그 DNS 서버는 질의한 측에 하위 도메인 DNS 서버의 주소를 알려주고 그 하위 도메인 DNS에게 다시 물어보게 합니다. 결과적으로 상위 도메인 DNS 서버는 도메인 변환 처리를 하위 도메인 DNS로 위임한 것이며 질의한 측은 다시 위임 받은 하위 도메인 DNS 서버로 IP 주소 정보를 물어봅니다([그림 3.11] 참고). 이런 과정은 최하위 도메인의 DNS 서버에 이르기까지 연쇄적으로 반복하게 되고 언젠가는 요청한 도메인의 IP 주소를 알수 있게 됩니다. 이 과정을 DNS 질의 혹은 DNS 쿼리 query라고 부릅니다.

이 방식을 자세히 들여다 보면 일단 최상위 도메인을 관리하는 루트 DNS 서버로 질의가 집중되므로 상당한 부하가 걸릴 것이라고 예상할 수 있습니다. 그리고 하위 도메인을 관리하는 DNS 서버에 다시 질의하는 과정 역시 적지 않은 부담입니다. 그래서 DNS 캐시 서버가 필요하게 되며 실제로 상위 DNS 서버로 몰릴 수 있는 부하를 상당수 경감해 주는 역할을 합니다.

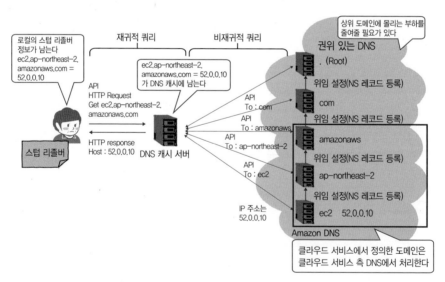

▲ 그림 3.11 DNS 서버의 위임 방식과 캐시

클라이언트에서 DNS 캐시 서버로 질의하는 것을 재귀적 질의recursive query[10]라고 하고 DNS 캐시 서버 자신이 루트 DNS 서버나 다른 DNS 서버로 질의하는 것을 비재귀적 질의non-recursive query[11]라고 부릅니다. 도메인을 설계할 때는 가능하면 비재귀적 질의를 많이 사용하도록 만드는 것이 중요한데 AWS의 엔드포인트인 경우, 같은 리전에 있는 같은 서비스라면 같은 도메인 범위에 들어가기 때문에 비재귀적 쿼리를 많이 할 수 있습니다. 이와 같이 클라우드에서는 FQDN을 사용한 네트워크 접근이 많기 때문에 DNS 캐시가 큰 역할을 하게 됩니다.

한편 이런 도메인 트리의 DNS 서버는 대체 누가 관리하는 것일까요? 여기에는 나름의 규칙이 있는데 예를 들어 '.kr' 도메인은 한국을 의미하고 한국인터넷정보센터 KRNIC가 관리합니다. 도메인 네임 레지스트리domain name registry는 최상위 도메인에 등록된 모든 도메인의 데이터베이스로 상위 도메인의 DNS가 하위 도메인의 DNS로 위임을 할 때 이 정보를 사용합니다. AWS의 도메인으로 가령 '.com'은 기업을 의미하고 레지스트리에서 관리됩니다. 하위 도메인인 amazonaws.com 이후부터는 클라우드 서비스 제공자의 도메인 범위이므로 클라우드 서비스 제공자가 운영하는 DNS 서버에서 처리합니다. 그래서 외부에 공개된 클라우드 서비스로 접근하는 도메인은 사용자가 임의로 바꿀 수 없습니다.

경우에 따라서는 클라우드 서비스 제공자가 정의한 도메인 말고 자신이 직접 구매한 도메인을 사용하고 싶을 수도 있습니다. 이럴 때는 자신의 도메인에 CNAME을 등록하는 방법으로 해결합니다. 대부분 클라우드 서비스 제공자는 DNS 서비스를 제공하기 때문에 별도로 DNS를 구축하고 운영할 필요 없이 제공되는 서비스를 활용하면 됩니다. 또한 DNS의 기능은 API를 통해 제어가 가능합니다. 대표적인 DNS 서비스로는 Amazon Route 53이 있는데 도메인 등록, 도메인과 IP 주소의 변환, DNS 서버의 상태 점검, 부하 분산 등의 기능을 갖추고 있습니다. 이렇게 DNS의 기능을 활용해야 하는 클라우드 서비스가 있다면 클라우드가 제공하는 DNS 서비스를 사용함으로써 더 유연한 아키텍처를 만들 수 있습니다.

---

10 역자 주 : 로컬 쿼리(local query)라고도 합니다.

11 역자 주 : 반복적 질의(iterative query)라고도 합니다.

DNS 레코드

DNS 서버에서 IP 주소와 도메인을 짝 지은 설정 정보를 DNS 레코드라고 합니다. DNS 설정에는 TTLTime To Live라고 하는 캐시의 수명 시간을 결정하는 정보가 있는데 DNS 레코드별로 설정할 수 있습니다. 참고로 Amazon Route 53에서 자주 사용되는 DNS 레코드를 [표 3.1]에 정리해 보았습니다.

▼ 표 3.1 DNS 레코드

DNS 레코드	의미
A	FQDN에 대한 IPv4 주소 정보
AAAA	FQDN에 대한 IPv6 주소 정보
CNAME	FQDN 별칭 정보
PTR	FQDN 역방향 질의 정보
SOA	DNS 영역에 대한 권한 정보
NS	DNS 서버 정보
MX	이메일 서버 정보
SPF	이메일 발신자 자격 증명 정보
SRV	프로토콜, 포트 번호 등의 정보
TXT	호스트의 부가 정보

직접 DNS 서버를 운영해야 한다면 BIND[12]를 설치하고 도메인 정보를 DNS 레코드 파일에 설정하면 됩니다. 반면, Amazon Route 53을 사용할 수 있다면 DNS 레코드 파일을 콘솔을 통해 읽어 들이거나[13] '〈Value〉정보〈/Value〉'와 같이 Amazon Route 53의 설정 포맷에 맞춰 정보를 등록한 후, API를 실행하면 됩니다.[14]

---

12 역자 주 : BIND는 오픈소스 DNS 서버입니다(https://www.isc.org/downloads/bind/).

13 역자 주 : Bind의 영역 파일을 콘솔에서 가져오는 방법은 다음과 같습니다.
• http://docs.aws.amazon.com/ko_kr/Route53/latest/DeveloperGuide/resource-record-sets-creating-import.html

14 역자 주 : http://docs.aws.amazon.com/ko_kr/Route53/latest/DeveloperGuide/ResourceRecordTypes.html

대부분의 인터넷 기술은 RFC 문서에 사양을 정의하고 있으므로 DNS에 대해 더 자세히 알고 싶다면 RFC 1034, RFC 1035[15]를 확인하시기 바랍니다.

3.2.3 URI

웹 API는 리소스를 지정할 때 URIUniform Resource Identifier를 사용합니다. URI에는 웹 사이트에서 많이 사용되는 URLUniform Resource Locator과 URNUniform Resource Name이 포함되어 있습니다.

URL

URLUniform Resource Locator은 이름 그대로 네트워크상에 있는 리소스의 위치를 알려줄 때 사용합니다. 클라우드에서는 API를 실행할 때 네트워크를 통하는데 리소스를 지정할 때도 리소스의 위치를 가리키는 URL이 사용됩니다. URL은 [그림 3.12]와 같이 크게 네트워크 부분과 경로path 부분으로 나눌 수 있습니다.

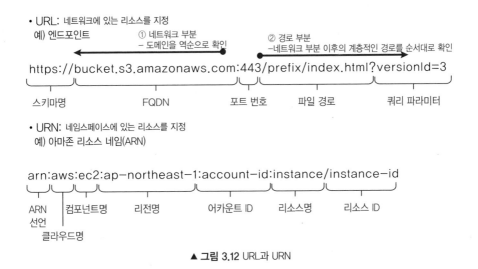

▲ 그림 3.12 URL과 URN

---

15 ・ RFC 1034: https://www.ietf.org/rfc/rfc1034.txt,
   ・ RFC 1035: https://www.ietf.org/rfc/rfc1035.txt

네트워크 부분은 스키마명(프로토콜), 인증 정보[16], FQDN, 포트 번호로 구성됩니다. 스키마명, 즉 프로토콜은 주로 HTTP/HTTPS를 많이 사용하고 인증은 9장에서 자세히 알아봅니다. FQDN에 대해서는 3.2.1절에서 설명했고 포트 번호는 통신 프로토콜이 사용하는 포트 번호를 의미합니다. 각 프로토콜에는 기본 포트 번호가 정해져 있어서 포트 번호를 생략하면 기본 포트 번호가 적용됩니다. 기본 포트 번호가 아닌 다른 번호를 쓰고 싶다면 명시적으로 포트 번호를 지정하면 됩니다.

여기까지의 구성 요소가 네트워크 부분에 해당하고 '/'로 구분되는 이후 부분은 경로 부분으로 제어할 리소스를 식별하는데 사용됩니다. 웹 서버를 예로 들면 사이트 URL 주소에 'http://www.example.com/index.html'과 같이 표현되어 있을 때 제어하려는 리소스는 웹 서버의 다큐먼트 루트 아래에 위치한 index.html 파일이고, 이 리소스에 대해 '조회'라는 제어 행위를 하고 싶다면 HTTP 메소드 중 'GET'을 액션으로 사용하면 됩니다.

경로 부분은 보통 디렉터리 경로와 파일 이름이 사용되는데 쿼리 파라미터나 프래그먼트 식별자fragment identifier[17]를 추가하기도 합니다. 쿼리 파라미터는 조건을 지정하고 싶을 때 '/?q=***'와 같은 형태로 사용하는데 클라우드에서도 같은 방식으로 조건을 지정할 때 사용할 수 있습니다. 프래그먼트 식별자는 웹 페이지의 내용이 길어져 전체 내용을 파악하기 어려울 때 '#' 문자를 사용하여 웹 페이지의 내용 중에서 특정 위치로 이동하도록 만들 수 있습니다.

URI를 클라우드 서비스의 리소스와 매핑해보면 네트워크 부분의 FQDN까지는 클라우드의 컴포넌트, 혹은 서비스를 가리키고, 경로 부분 이후부터가 구체적인 리소스의 경로에 해당하며, HTTP 헤더나 쿼리 파라미터가 리소스를 제어하는 행위를 결정하게 됩니다.

---

16 역자 주 : 인증 부분은 'user:password@'와 같이 표현하며 위 예에서는 인증 정보가 생략되어 있습니다.
  • https://en.wikipedia.org/wiki/Uniform_Resource_Identifier
17 역자 주 : https://en.wikipedia.org/wiki/Fragment_identifier

URN

URNUniform Resource Name은 네트워크와 상관없이 리소스의 이름을 BNFBackus-Naur form 라고 하는 배커스-나우르 표기법으로 정의합니다. BNF는 ':'나 '〈', '〉' 문자를 조합하여 표기하는데 구성 요소의 관계나 문법을 표현할 때 사용합니다([그림 3.12] 참고).

URN를 활용한 대표적인 예로는 AWS의 Amazon 리소스 이름ARN: Amazon Resource Name이나 리소스 프로퍼티 타입Resource Property Types[18]이 있습니다. URL이 API를 호출할 때 네트워크상에 있는 리소스를 가리키는데 사용되었다면 URN은 네트워크와 상관없이 내부 기능에 필요한 리소스를 가리키는데 사용됩니다. 이러한 정보들은 클라우드 내부의 정책을 제어할 때 리소스를 식별하기 위해 사용됩니다. 참고로 리소스 프로퍼티 타입에 대해서는 8장의 자동화 기능에서, 리소스 이름resoure name에 대해서는 9장의 인증 기능에서 다룰 예정입니다.

URI에 관한 더 자세한 내용은 RFC 3986[19]에 정의되어 있습니다. 이 책에서는 문맥에 따라 URL을 상위 개념인 URI로 표기하거나 URI를 하위 개념인 URL로 표기하고 있습니다.

3.2.4 엔드포인트

클라이언트가 클라우드에 공개된 API를 실행하기 위해 접속하는 연결 접점을 엔드포인트endpoint라고 합니다. 기본적으로는 과거에 웹 서비스SOA에서 말하던 API의 엔드포인트 개념과 크게 다르지 않습니다.

엔드포인트는 FQDN으로 표현되는데 API의 접점으로 일종의 게이트웨이gateway 역할을 합니다. 엔드포인트 뒤편에는 클라우드를 제어하는 컨트롤러controller가 있는데 클라우드의 실제 처리를 수행하게 됩니다.

---

18 역자 주 : http://docs.aws.amazon.com/ko_kr/AWSCloudFormation/latest/UserGuide/aws-product-property-reference.html

19 RFC 3986: https://www.ietf.org/rfc/rfc3986.txt

과거의 물리적인 온프레미스on premise[20] 환경에서는 인프라 자원을 제어하기 위해서 물리적인 장비에 직접 접속해야 했던 반면, 클라우드 환경에서는 인프라 컴포넌트들을 제어하기 위해 엔드포인트에 접속합니다.[21] 이때 엔드포인트 경로는 컴포넌트나 기능을 도메인 형태로 계층화해서 표현되며 클라우드 서비스가 정한 명명 규칙을 따릅니다.[22]

네트워크 관리자인 A와 서버 관리자인 B, 원격지 백업 담당자인 C가 AWS, 오픈스택, 온프레미스 물리 환경을 각각 제어한다고 가정하겠습니다([그림 3.13] 참고).

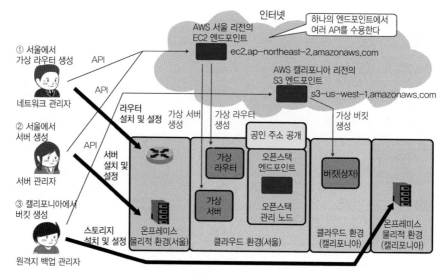

▲ 그림 3.13 엔드포인트

20 역자 주 : 오프프레미스(off premise)와 상반된 개념으로 클라우드 환경이 아닌 물리적인 인프라 장비를 발주, 설치하고 운영과 유지보수를 하던 전통적인 기업 전산 인프라 환경을 의미합니다.

21 엔드포인트나 컨트롤러에 대한 개념은 VMware의 vCenter의 역할과 비슷합니다.
   • http://www.vmware.com/files/images/diagrams/vmw-dgrm-vcenter-server2-lg.jpg

22 역자 주 : http://docs.aws.amazon.com/ko_kr/general/latest/gr/rande.html

AWS에서는 같은 지역(리전)에 속한 네트워크 리소스(VPC)와 서버 리소스(EC2)를 같은 컴포넌트 범주에 있다고 간주합니다. 그래서 엔드포인트도 같은 지점을 사용합니다. 예를 들어 서울에 있는 각종 리소스들은 같은 서울 리전에 속하기 때문에 가상 라우터나 가상 서버를 제어할 때는 모두 같은 엔드포인트로 API를 호출하게 됩니다.

캘리포니아 리전에 있는 오브젝트 스토리지(Amazon S3) 리소스를 제어해야 하는 경우, 앞서 설명한 서울 리전의 리소스들과는 리전도 다르고 제어할 컴포넌트도 다르기 때문에 접속할 엔드포인트도 달라집니다. 다만 엔드포인트가 달라진다 하더라도 인터넷에서 URI을 통해 API를 실행한다는 것 자체는 변함이 없기 때문에 다른 리전의 다른 컴포넌트라고 하더라도 제어하는 방법이 더 복잡해지거나 어려워지는 것은 아닙니다.

오픈스택에서는 컨트롤러가 위치한 곳이 엔드포인트가 됩니다. 그래서 클라우드를 사설 네트워크private network에서 운영한다면 사설 IP 주소로 엔드포인트에 접속할 수 있고 공용 네트워크public network에서 운영한다면 공인 IP 주소나 도메인을 통해 엔드포인트에 접속할 수 있습니다. 오픈스택을 외부에서 접속 가능한 서비스 형태로 운영하는 경우에는 서비스 프로바이더가 정한 엔드포인트로 접속을 해야 합니다. 나중에 9장에서 살펴볼 오픈스택 Keystone은 외부에서 접속 가능한 FQDN과 엔드포인트를 매핑하는 역할을 합니다.

한편 온프레미스 환경에서는 직접 장비를 설치한 후, 그 장비의 어드레스에 접속하여 필요한 제어를 해야 합니다. 이러한 물리적인 인프라 환경과 앞서 설명한 클라우드 환경과의 결정적인 차이점은 물리적인 작업이 필요한 것은 물론, API를 통해 관리를 한다는 개념 자체가 각 장비마다 필요한 명령들을 직접 실행해줘야 한다는 것입니다. 그나마 시스템의 규모가 작다면 그럭저럭 해낼 수는 있겠지만 규모가 커지면 커질수록 관리할 내용이 많아져 어려움을 겪기도 합니다.[23]

특히 이 예에서는 캘리포니아에 물리적 장비를 설치하고 직접 접속하여 명령을 통해 필요한 제어를 해야 하기 때문에 작업을 대행해줄 캘리포니아 현지의 협력업체를 수

---

23 이와 같은 문제를 해결하기 위해 각종 중앙 관리 툴을 도입하기도 합니다.

배해야 할 수도 있습니다. 반면 클라우드 환경에서는 시스템 규모가 커지더라도 일원화된 엔드포인트에 API를 통한 제어로 일관되고 효율적인 작업이 가능해져 시스템 구축 작업에 대한 부담이 상대적으로 적어집니다.

엔드포인트와 도메인

[그림 3.13]의 AWS 엔드포인트를 보면 알 수 있듯이 클라우드도 일반적인 인터넷 서비스들처럼 대외로 서비스할 경우 클라이언트는 IP 주소가 아닌 도메인으로 접속하게 됩니다. 앞의 예에서는 서울 리전에 있는 서버 및 네트워크 리소스의 엔드포인트는 ec2.ap-northeast-2.amazonaws.com이고 캘리포니아 리전에 있는 오브젝트 스토리지의 엔드포인트는 s3.us-west-1.amazonaws.com이었습니다. 이렇게 도메인으로 표현되는 엔드포인트는 URL만 보더라도 이 리소스가 어디에 위치해 있고 어떤 유형의 컴포넌트인지 짐작할 수 있습니다.

AWS의 엔드포인트는 '⟨service⟩.⟨region⟩.amazonaws.com'과 같은 명명 규칙을 사용합니다. 여기서 '⟨service⟩'에는 AWS 컴포넌트명 혹은 서비스명을, '⟨region⟩'에는 지역 리전 정보가 들어가는데 만약 리전에 종속되지 않는 서비스라면 이 부분이 생략됩니다. 다른 클라우드나 페이스북, 트위터 같은 서비스도 잘 살펴 보면 이와 같이 나름대로의 명명 규칙을 정해서 사용하고 있다는 것을 알 수 있습니다.

엔드포인트를 IP 주소가 아니라 도메인으로 사용하는 이유는 일단 사람이 알아 보기 쉽기 때문입니다. 가령 AWS의 도메인은 'amazonaws.com'으로 끝나는 규칙이 있기 때문에 API의 엔드포인트만 봐도 이 서비스가 AWS에서 제공한다는 것을 쉽게 알 수 있습니다. 이러한 기본 규칙에 리전 정보와 서비스 정보를 서브 도메인 형태로 덧붙이게 되는데 이러한 명명 규칙은 향후 추가되는 리전이나 서비스도 수용할 수 있게 만들어져 있습니다.

도메인을 사용하는 또 다른 이유로는 사용자로부터 IP 주소를 은폐할 수 있기 때문입니다. 예를 들어 데이터 센터의 장비를 옮기면서 IP 주소가 변경되거나 웹 API의 엔드포인트로 대량의 요청이 들어오면 가용성을 확보하기 위해 부하를 분산해야 할 수도 있습니다. 이때 API의 엔드포인트를 IP 주소로 공개해 두었다면 IP 주소를 바꾸는 것 자체가 어렵습니다. 클라우드 이용자는 향후 바뀔 IP 주소가 무엇인지 알 방법이 없고 IP 주소가 바뀐 이후에는 접속조차 할 수 없어 클라우드를 제어할 수 없기 때문입니다.

특히 클라우드 사용자 모두에게 바뀐 IP 주소로 접속하도록 만드는 것은 현실적인 해결 방법이 아닙니다. 이런 상황에 대비하여 IP 주소가 아닌 도메인으로 접속 정보를 안내했다면 도메인은 그대로 두고 매핑할 IP 주소 정보만 갱신할 수 있기 때문에 클라우드 사용자가 서비스를 사용하지 못하게 되는 불상사를 피할 수 있습니다.

서비스 요청이 폭주하여 API 호출이 대량으로 발생하는 상황에서도 리소스의 대수를 늘리도록 스케일 아웃scale out으로 대응할 수 있고 반대로 사용량이 줄어들 때도 가용한 리소스를 다른 용도로 돌려 쓸 수 있습니다. 즉 DNS의 라운드로빈round robin[24] 방식이나 가상 호스트virtual host[25] 방식을 사용하여 FQDN과 IP 주소를 1:N이나 N:1로 적절히 매핑 관계를 바꿔 주면 엔드포인트를 수정하지 않더라도 환경적인 변화에 유연하게 대응할 수 있습니다.

이렇게 가용성과 확장성이 필요할 때는 FQDN을 사용하는 것이 일반적입니다. 그래서 FQDN에서 IP 주소를 변환하는 DNS의 역할이 상당히 중요합니다. AWS 매뉴얼에는 엔드포인트의 목록이 공개되어 있으므로 FQDN의 명명 규칙이 궁금하다면 경우에는 해당 문서를 참고하기 바랍니다.[26]

3.2.5 엔드포인트의 경로 설계와 버전 구분

리소스의 지정 방법

앞서 네트워크를 통해 API로 리소스를 제어할 때는 엔드포인트를 사용한다고 했지만 사실 이 정보만으로는 제어할 리소스를 제대로 지정하지 못합니다. API를 호출하는 URL에 리소스를 식별할 수 있는 정보를 추가시켜줘야 하는데 주로 사용하는 방법에는 REST API 방식과 쿼리query API 방식의 두 종류가 있습니다.

---

24 역자 주 : 라운드로빈 방식은 선택 가능한 여러 대상이 있을 때, 모든 대상이 골고루 선택되도록 정해진 순서대로 한 번씩 돌아가며 선택한 다음, 모든 대상이 선택 완료되면 다시 처음 선택한 것으로 돌아가 반복하는 방식입니다.

25 역자 주 : 가상 호스트는 한 대의 물리적인 컴퓨터에 여러 개의 가상 서비스를 운영하는 방식으로 서로 다른 IP 주소를 사용하는 IP 기반(IP based) 가상 호스트 방식과 같은 IP라도 서로 다른 이름을 부여하는 이름 기반(name based) 가상 호스트 방식이 있습니다. 이 책에서는 이 중 이름 기반 가상 호스트 방식을 의미합니다.

26 http://docs.aws.amazon.com/general/latest/gr/rande.html

① REST API[27] – 계층화된 경로 정보로 리소스를 식별하는 방법

리소스의 관계 정보를 URL의 경로에 계층 형태로 표현하는 방법입니다. 예를 들어 오브젝트 스토리지 컴포넌트인 버킷(컨테이너)과 그 버킷에 담길 오브젝트의 관계는 일종의 포함 관계에 해당하기 때문에 이것을 계층적인 형태로 표현할 수 있습니다. 오브젝트 스토리지는 버킷 이름과 오브젝트의 이름을 조합하여 고유한 식별 키를 만들 수 있는데 이 정보를 URL에 포함시켜 다음과 같은 형태로 표현됩니다.

`<endpoint>/.../<bucket-name>/<object-name>`

위에서 '〈endpoint〉' 부분에 엔드포인트 경로가 들어가고 '…' 부분은 중간 생략, '〈bucket-name〉' 부분은 버킷명, '〈object-name〉' 부분에는 오브젝트명이 들어 갑니다.

② 쿼리 API – 쿼리 파라미터로 리소스를 식별하는 방법

액션에 해당하는 API를 호출할 때 옵션을 추가로 줄 수 있는데 이 옵션들은 URL의 쿼리 파라미터 형태로 사용됩니다. 리소스 정보는 이 쿼리 파라미터로 전달하게 되며 다음과 같은 형태로 표현됩니다.

`<endpoint>/.../?Action=****&ID=****`

위에서 '?Action= ****'의 '****' 부분에는 액션 API가 지정되며 '&' 뒤에 또 다른 쿼리 파라미터들이 이어집니다. 'ID= ****'의 '****' 부분에는 해당 Action을 수행할 때 필요한 ID 정보가 들어가는 것을 짐작할 수 있습니다.

API 설계와 경로

API를 호출할 때 클라우드 컴포넌트를 지정하는 방식은 해당 클라우드 서비스가 설계한 API 지침에 정의되어 있습니다. 위에서 살펴본 것처럼 리소스를 식별할 때 리소스명을 사용하는 컴포넌트는 경로 정보를 계층화하여 표현하며, 리소스 ID를 사용하는 컴포넌트는 쿼리 파라미터로 표현하는 경향이 강합니다.

---

27 REST 설계 원칙에 따라 구현된 API를 REST API라고 부릅니다. REST에 대해서는 3.4절과 10장에서 설명합니다.

오픈스택의 API 설계 방식의 경우, 대부분의 컴포넌트에서 리소스를 지정할 때, 계층화된 경로 형태를 사용하고 있습니다. 서버처럼 다양한 조작이 필요한 컴포넌트에 대해서는 '/action'[28]과 같은 경로를 예외로 사용하기도 합니다.

AWS의 API 설계 방식은 리소스 ID로 식별하는 리소스가 많아 쿼리 파라미터 형태로 표현하는 방법을 채택하고 있습니다. 단, 데이터를 API로 직접 수정하는 오브젝트 스토리지인 Amazon S3나 DNS인 Amazon Route 53에는 경로 형태로 리소스를 식별하는 REST API를 사용하기도 합니다.

버전

API를 설계할 때 고려해야 할 것이 또 하나 있습니다. 클라우드는 상당히 빠르게 진화하기 때문에 시간이 지날수록 리소스나 프로퍼티의 개수가 점점 더 많아지게 됩니다. 기본적으로는 기존에 사용하던 API와 충돌하지 않도록 하위 호환성을 보장하면서 확장되어야 하지만 행여 있을지도 모르는 오동작을 막기 위해서는 정확하게 버전을 명시하는 것이 좋습니다. 단, 버전을 올리는 단위나 시점은 클라우드 서비스의 릴리즈release 계획이나 정책에 따라 달라질 수 있습니다([그림 3.14] 참고).

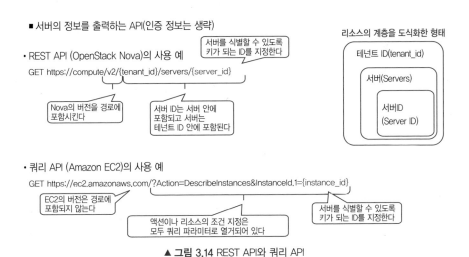

▲ **그림 3.14** REST API와 쿼리 API

---

28 역자 주 : http://developer.openstack.org/api-ref/compute/

AWS의 경우

AWS는 기본적으로 컴포넌트들이 느슨하게 결합되어 있고 상당히 짧은 주기로 기능을 개선하며 새로운 서비스를 릴리즈합니다. 사용자 입장에서는 항상 최신 버전의 서비스를 이용할 수 있는 반면 API 관점에서는 새로운 기능이 릴리즈되더라도 하위 호환성을 위해 이전 버전의 API도 무리없이 동작하게 만들어줘야 합니다. 결국 최신 버전과 이전 버전의 API 둘 다 사용할 수 있도록 서로 구분할 필요가 생기는데 AWS에서는 이 문제를 해결하기 위해 API 호출 시 쿼리 파라미터나 헤더로 버전 정보를 구분합니다.

AWS의 버전은 yyyymmdd와 같은 날짜 형식으로 관리됩니다. 참고로 뒤에 설명할 SDK[29]나 CLI[30]는 클라이언트 측에 설치를 하는 형태라 다운로드할 때 버전을 선택할 수 있습니다. 이러한 툴들은 명령을 실행할 때 내부적으로 날짜 형식의 쿼리 파라미터를 전달하기 때문에 사용자가 일부러 날짜 형식의 버전을 의식하지 않아도 됩니다.

오픈스택의 경우

오픈스택은 오픈소스 소프트웨어로 새로운 기능을 어느 정도 모아서 릴리즈를 하는 경향이 있어 AWS에 비해 새 기능이 반영되는 주기가 긴 편입니다. 그래서 X.X.X와 같은 형식(여기서 X는 숫자가 들어감)이나 XXXX.XX.XX과 같은 형식(여기서 X는 년, 월, 일이 선택적으로 들어감) 버전 번호가 관리됩니다.[31] 오픈스택에서는 이러한 버전 정보를 엔드포인트 바로 다음 계층에 지정하는데 '/v2'나 '/v3'와 같이 짧게 표현하여 버전에 따른 컴포넌트의 동작 방식을 구분할 수 있게 만듭니다([그림 3.14] 참고).

이러한 오픈스택의 버전 번호는 인증할 때 받는 URL 경로에 이미 포함되어 있어서 대부분의 경우 사용자가 버전 번호를 신경 쓸 일은 없습니다. 다만 사용하는 버전에 따라 동작 방식이 달라지거나 처리 결과가 다르게 나올 수도 있으므로 API를 사용하는 프로그램 개발자는 반드시 자신이 사용하는 API의 버전을 확인해 두어야 합니다.

---

29 역자 주 : https://aws.amazon.com/ko/tools/
30 역자 주 : https://aws.amazon.com/ko/cli/
31 역자 주 : https://releases.openstack.org/diablo/index.html

오픈스택의 버전을 확인하는 방법으로는 인증 시에 엔드포인트의 경로 정보를 보고
판단하는 방법 이외에도 각 엔드포인트 URL에 'GET' 메소드를 호출해서 버전 정
보를 받아보는 방법도 있습니다. 다음 예는 'GET https://{block_storage}/'를 실
행해서 버전 1은 더 이상 사용하지 않아야 하고(DEPRECATED) 버전 2는 사용
할 수 있다는 정보를 확인한 결과입니다. 참고로 여기서 {block_storage}는 Block
Storage를 서비스하는 서버의 접속 정보가 들어갑니다.

콘솔 표시 내용

```
{
    "versions": [
        {
            "id": "v1.0",
            … 생략 …
            "status": "DEPRECATED",
            "updated": "2014-06-28T12:20:21Z"
        },
        {
            "id": "v2.0",
            … 생략 …
            "status": "CURRENT",
            "updated": "2012-11-21T11:33:21Z"
        }
    ]
}
```

3.2.6 리소스명과 리소스 프로퍼티 타입

이제 URN의 대표적인 예로 리소스명과 리소스 프로퍼티 타입에 대해 살펴 봅니다.

URN은 네트워크상의 위치와 상관없이 리소스를 지정하기 위해 컴포넌트 혹은 서비
스의 네임스페이스를 사용하여 표현합니다. 참고로 [그림 3.15]에서는 EC2를 예로
들어 URL 방식과 URN 방식의 네임 스페이스를 비교하고 있습니다.

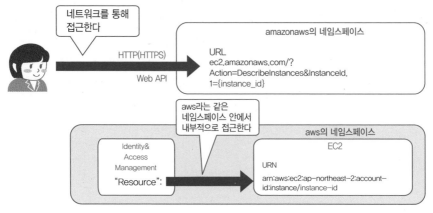

▲ 그림 3.15 Amazon 리소스 이름

AWS의 ARNAmazon Resource Name[32]은 다음과 같은 형식으로 표현하며 특정 리소스를 지정할 때 사용할 수 있습니다.

`arn:aws:service:region:account-id:resource-type/resource-id`[33]

위에서 'service' 부분에 AWS의 서비스를, 'region' 부분에 리전을, 'account-id' 부분에 계정 ID를 'resource-type' 부분에 리소스 타입을, 'resource-id' 부분에 리소스 ID로 각각 치환해서 넣어주면 됩니다. 리소스명은 9장에서 다룰 인증 기능에서 리소스를 지정할 때 사용됩니다.[34] 리소스 프로퍼티 타입Resource Property Types은 리소스를 지정할 때 사용되는 것이 아니라 리소스나 프로퍼티를 카테고리로 분류할 때 사용됩니다.

`"Type": "AWS::ComponentName::ResourceName::PropertyName"`

'ComponentName' 부분에 컴포넌트명을, 'ResourceName' 부분에 리소스명을, 'PropertyName' 부분에 프로퍼티명으로 각각 치환해서 넣어주면 됩니다. 이와 같은 형식은 후에 8장에서 다룰 오케스트레이션 기능에서 리소스를 지정할 때 사용됩니다.

---

32 ARN의 목록은 다음과 같습니다.
　• http://docs.aws.amazon.com/general/latest/gr/aws-arns-and-namespaces.html

33 역자 주 : 컴포넌트에 따라 뒷 부분의 리소스 타입이나 리소스를 표현하는 ARN 포맷이 달라질 수 있습니다.
　• http://docs.aws.amazon.com/general/latest/gr/aws-arns-and-namespaces.html

34 역자 주 : http://docs.aws.amazon.com/ko_kr/IAM/latest/UserGuide/reference_identifiers.html#identifiers-arns

3.3 액션과 HTTP

다음은 API에서 액션에 해당하는 HTTP 메소드에 대해 살펴 봅니다. 웹 애플리케이션에서는 데이터를 등록하거나 조회할 때 HTTP 프로토콜을 이용해서 URL을 호출합니다. 클라우드 환경에서도 같은 방식으로 URL을 호출하는데 이해를 돕기 위해 HTTP와 관련된 기본적인 지식을 먼저 보고, 클라우드 환경에서의 적용 방식에 대해 알아 보겠습니다.

3.3.1 HTTP, 쿠키, 킵얼라이브

웹 API는 HTTP/HTTPS 프로토콜을 사용합니다. HTTP 프로토콜에도 여러 버전이 있는데 현재는 1997년에 만들어진 HTTP 1.1을 주로 사용합니다.[35] HTTP 1.1 사양은 처음 RFC 2616[36]에서 정의되어 사용되었는데 이후 2014년에 RFC 7230~7235에서 새롭게 보완되었습니다.

최근의 웹 기술은 HTTP 프로토콜에 대한 의존도가 상당히 높고 웹 기술이 발전하면서 HTTP 1.1의 사양만으로는 새롭게 요구되는 기능을 충족하기엔 역부족입니다. 최근 이러한 제약을 극복하기 위해 구글Google은 SPYD[37]와 HTTP 2.0[38]을 발표했고 이를 확산시키기 위해 많은 공을 들이고 있습니다. 다만 아직까지는 HTTP 1.1이 오랜 기간 주류 기술로 사용되어 온 탓에 HTTP 2.0으로 완전히 옮겨가는 데는 적지 않은 시간이 필요할 것으로 보입니다.

HTTP는 통신할 때 상태를 유지하지 않는다는 특징이 있는데 이를 두고 상태가 없다는 의미로 스테이트리스stateless라고 부릅니다. 웹 API도 역시 HTTP를 기반으로 동작하기 때문에 상태 정보를 유지할 수 없고 그런 이유로 요청과 응답 과정에서 실행

---

35 HTTP 1.1은 URL로 자원에 접근하거나 연결을 지속시켜주는 킵얼라이브 기능 외에도 웹 시스템이나 웹 API를 사용하는 데 필요한 기능들을 포함하고 있습니다. 현재 대부분의 웹 기술이 이러한 기능들을 필요로 하기 때문에 1.1 이전의 버전은 현재 사용하지 않습니다.

36 RFC 2616 : https://www.ietf.org/rfc/rfc2616.txt, http://www.w3.org/Protocols/rfc2616/rfc2616.html

37 SPDY : http://www.chromium.org/spdy

38 HTTP2.0 : http://http2.github.io/

되는 동작은 상당히 간단한 처리만 할 수 있습니다. 그래서 'A 상태의 조건이 되면 B로 분기한 다음 C 처리를 한다'와 같이 복잡한 로직은 수행할 수 없고 '에러가 발생하면 롤백roll back하여 데이터의 정합성을 유지한다'와 같은 간결한 로직을 수행하는데 더 적합합니다.

HTTP 통신에서는 폭주하는 부하를 분산하기 위해 DNS 라운드 로빈round robin 같은 로드 밸런싱load balancing 기법을 사용합니다. 이렇게 서버가 두 대 이상으로 로드 밸런싱이 되면 클라이언트가 이전에 접속했던 서버에 다시 접속한다고 반드시 보장할 수는 없습니다. 그래서 클라이언트가 앞서 요청을 보낸 웹 서버에 지속적으로 요청을 보낼 수 있도록 만들려면 HTTP의 쿠키cookie나 킵얼라이브keep alive라는 기술을 사용해야 합니다([그림 3.16] 참고).

쿠키는 HTTP 통신을 하는 클라이언트나 브라우저에 서버가 보낸 정보를 저장하게 하는 기법으로 저장된 정보를 쿠키라고 합니다. 이 정보는 로드 밸런서가 부하를 분산시킬 때 이전에 접속한 적이 있는 웹 서버로 다시 접속하게 해줄지 결정할 때 활용하거나(쿠키 퍼시스턴스), 웹 서버가 클라이언트를 식별하거나 클라이언트의 상태를 확인하는 용도로 활용됩니다.

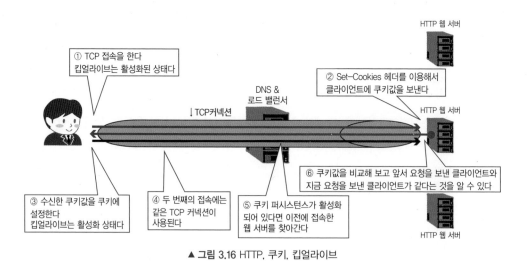

▲ 그림 3.16 HTTP, 쿠키, 킵얼라이브

웹 API는 API를 호출할 때 HTTP 통신을 하고 HTTP는 OSI 참조 모델 중 7계층인 애플리케이션 계층의 프로토콜입니다. 하지만 실제 접속은 그 하위의 4계층인 TCP 계층에서 이루어지는데, 요청할 때마다 매번 접속을 맺고 끊기 때문에 지속적인 통신을 하기엔 적지 않은 부담이 발생할 수 있습니다. 이때, 킵얼라이브라는 기능을 사용할 수 있는데, 이 기능은 한번 연결된 TCP 접속을 명시적으로 끊으라고 하기 전까지 계속해서 유지하고 싶을 때 사용합니다. 결과적으로 웹 API가 연속적으로 HTTP로 통신을 하더라도 접속을 맺고 끊는 부담을 많이 줄일 수 있기 때문에 HTTP 1.1버전에서는 이 기능이 기본적으로 활성화되어 있습니다. 이렇게 유용한 쿠키와 킵얼라이브 기능은 HTTP 헤더를 통해 설정할 수 있는데 HTTP 헤더에 관해서는 뒤에서 다시 한번 다루겠습니다.

3.3.2 HTTP 요청

HTTP 요청은 요청 행request line, 요청 헤더request header, 메시지 바디message body의 세 부분으로 구성됩니다.

요청 행

요청 행에는 메소드, 수신지 URIrequest URI, HTTP 버전 정보가 기재되어 있습니다. 메소드는 URI에 대한 제어 행위이자 액션에 해당합니다. 수신지 URI는 제어할 리소스에 해당하고 표현 방식으로는 다음과 같이 두 가지 방법이 있습니다.[39]

- URI를 FQDN와 경로로 표현하는 방법
- URI를 절대 경로로 표현하는 방법

버전은 HTTP 1.1을 사용하기 때문에 'HTTP/1.1'로 표기됩니다. 이 책의 집필 시점에서는 클라우드의 API 대부분이 HTTP 1.1을 사용하고 있습니다. 클라우드 환경에서는 HTTP와 DNS는 사용 빈도가 높은 편인데 향후 HTTP 2.0에 대한 도입 검토가 활발해질 것으로 보입니다.

---

39 역자 주 : 실제로는 *, absoluteURI, abs_path, authority의 네 가지 유형을 사용할 수 있는데 이 책에서는 그 중에서 absoluteURI, abs_path에 대해서 설명하고 있습니다(https://www.w3.org/Protocols/rfc2616/rfc2616-sec5.html).

요청 헤더

요청 헤더에는 쿠키나 킵얼라이브와 같은 HTTP 통신과 관련된 제어 정보나 메타 데이터가 포함되어 있습니다. 클라우드에서 추가로 확장한 헤더도 있는데 이에 대해서는 뒤에 자세히 알아 봅니다.

메시지 바디

메시지 바디는 실제로 송수신하려는 데이터 부분입니다. 웹 API에서는 주로 쿼리 파라미터를 통해 조건이나 주고 받고 싶은 정보를 전달하는데 이러한 값들이 메시지 바디로 설정됩니다.

3.3.3 HTTP 응답

HTTP 요청을 보내면 그 결과로 HTTP 응답이 돌아옵니다. HTTP 응답은 상태 행status line, 응답 헤더response header, 메시지 바디message-body의 세 부분으로 구성됩니다 ([그림 3.17] 참고).

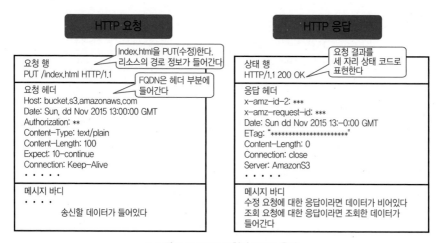

▲ 그림 3.17 HTTP 요청과 HTTP 응답

상태 행

상태 행에는 HTTP 요청에 대한 결과가 정상인지, 비정상인지를 표현하는 3자리 숫자 형태의 상태 코드 정보가 들어갑니다.

응답 헤더

응답 헤더는 요청 헤더와 크게 다르지 않은데 웹 서버가 클라이언트에 서버 측의 정보를 전달하기 위해 사용합니다.

메시지 바디

메시지 바디에는 HTTP 요청에 대한 결과 데이터가 들어갑니다.

3.3.4 HTTP 메소드

이제 HTTP 요청의 요청 행에 포함되는 HTTP 메소드에 대해 살펴 봅시다. 클라우드에서는 리소스를 제어하는 액션을 HTTP 메소드로 표현하는데 HTTP 1.1에서 사용 가능한 메소드는 다음의 [표 3.2]와 같습니다.

▼ 표 3.2 HTTP 메소드 목록

HTTP 메소드	CRUD		의미
POST	Create	등록	리소스 생성
GET	Read	조회	리소스 정보 조회
PUT	Update	수정	기존 리소스 정보 수정
DELETE	Delete	삭제	리소스 삭제
HEAD	Read	조회	HTTP 헤더, 메타 정보 취득
OPTION[40]	Read	조회	지원 메소드 확인
PATCH	Update	수정	리소스 일부 수정

---

40 역자 주 : 뒤에서 설명할 10.3.5 CORS에서 사전 요청(pre-flight OPTIONS request)을 할 때 OPTION 메소드가 사용됩니다.

HTTP 메소드	CRUD		의미
TRACE	–	–	경로 확인
CONNECT	–	–	프록시로 터널링 요구

위와 같이 HTTP 사양에는 다양한 메소드가 정의되어 있습니다. 클라우드에서 웹 API를 사용할 때는 CRUD의 등록, 조회, 수정, 삭제에 해당하는 POST, GET, PUT, DELETE가 가장 많이 쓰이고, 메타 데이터를 가져오는 HEAD까지 포함하여 총 5개의 메소드 정도만 제대로 이해하고 있으면 됩니다.

과연 이 5개의 메소드만으로 괜찮은 건지 의구심이 생기는 독자도 있을 것 같습니다. 실제로 HTML 4.0 이전의 Form은 POST와 GET 메소드만 지원했고 그 외의 메소드들은 인증 기능을 지원하지 않는 등의 제약이 있다 보니 대부분의 웹 애플리케이션에서 POST와 GET 메소드만 사용하는 것이 일반적입니다. 이런 웹 애플리케이션들은 데이터의 내용을 등록하거나 변경할 경우, 모두 POST 메소드로 처리합니다. 웹 서버는 요청을 받은 내용에 대해 접근 로그access log를 남기는데 이때 HTTP 메소드 정보도 함께 기록합니다. 실제로 웹 서버가 처리한 메소드에 어떤 것이 있었는지 궁금하다면 로그 파일을 참고하기 바랍니다.

한편 웹 API는 앞서 살펴본 HTML의 제약에 큰 영향을 받지 않습니다. 가장 큰 제약이었던 인증은 클라우드 서비스에서 독자적인 방법으로 처리하기 때문에 리소스에 대한 CRUD 조작은 HTTP 메소드를 사양에서 정의한 대로 올바르게 사용하면 됩니다. 이런 접근 방식은 REST의 ROA[41]의 사상을 그대로 따르고 있습니다.

여기서 한 가지 주의할 점은 쿼리 API의 경우 이러한 접근 방법과 조금 달라 액션이 CRUD의 성격이라 하더라도 내부적인 HTTP 메소드는 GET과 POST가 사용된다는 점입니다([그림 3.18] 참고). 즉, 쿼리 API는 REST API와 처리 방식이 같지 않다는 말인데, 이러한 차이는 내부 구현 차원에서의 차이일 뿐 순수하게 기능면에서는 CRUD로 같은 의미로 봐도 됩니다. 이후 쿼리 API를 언급할 때는 이해를 돕기 위해 HTTP 메소드 관점에서 GET인가 POST인가로 보지 않고 기능 관점에서 CRUD로 설명하겠습니다.

---

41 역자 주 : https://en.wikipedia.org/wiki/Resource-oriented_architecture

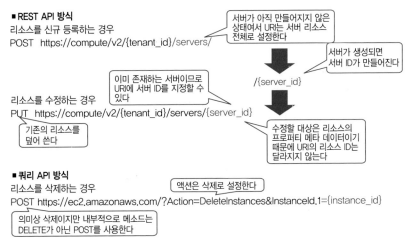

■ REST API 방식
리소스를 신규 등록하는 경우
POST https://compute/v2/{tenant_id}/servers/

서버가 아직 만들어지지 않은
상태여서 URI는 서버 리소스
전체로 설정한다

서버가 생성되면
서버 ID가 만들어진다

/{server_id}

이미 존재하는 서버이므로
URI에 서버 ID를 지정할 수
있다

리소스를 수정하는 경우
PUT https://compute/v2/{tenant_id}/servers/{server_id}

기존의 리소스를
덮어 쓴다

수정할 대상은 리소스의
프로퍼티 메타 데이터이기
때문에 URI의 리소스 ID는
달라지지 않는다

■ 쿼리 API 방식
리소스를 삭제하는 경우

액션은 삭제로 설정한다

POST https://ec2.amazonaws.com/?Action=DeleteInstances&InstanceId.1={instance_id}

의미상 삭제이지만 내부적으로 메소드는
DELETE가 아닌 POST를 사용한다

▲ 그림 3.18 REST API와 쿼리 API

POST

POST 메소드는 리소스를 신규 생성할 때 사용합니다. 새로운 리소스를 만든다는 것은 새로운 URI를 만든다는 것과 같아서 다른 메소드들과는 URI를 호출하는 경로가 다르기도 합니다.

대부분, API를 호출할 때는 대상이 되는 리소스의 고유 식별 키를 ID로 지정합니다. 하지만 POST 메소드의 경우, 원하는 리소스가 아직 만들어지지 않은 상태여서 식별 키는 존재하지 않습니다. 그래서 조작 대상이 되는 리소스보다 한 단계 상위의 리소스 타입이 URI에 사용됩니다. POST 메소드의 처리가 성공하면 URI에 지정한 리소스 타입 하위에 신규 리소스가 만들어지고 그에 해당하는 식별 키도 만들어집니다. 해당 리소스에 대한 API 호출 시 URI에 이 키를 지정하면 됩니다.

GET

GET 메소드는 리소스 정보를 조회할 때 사용하는 메소드로 다른 메소드들에 비해 사용 빈도가 상당히 높습니다. 리소스를 개별적으로 지정할 수 있어야 하기 때문에 URI에 리소스를 식별하는 키가 포함되어 있습니다.

GET 메소드는 데이터를 요청할 때 사용하므로 처리 결과로 돌아오는 HTTP 응답에는 질의 대상 리소스에 대한 정보들이 포함되어 있습니다. 다른 메소드들과는 달리 리소스의 정보를 변경하지 않기 때문에 클라우드 내부에서는 부하를 분산시키기가 비교적 쉽습니다. 그 결과 클라우드 서비스의 엔드포인트 설계 방식에 따라 달라질 수는 있지만, 일반적으로 다른 메소드에 비해 상대적으로 더 많은 API 호출을 받아낼 수 있습니다.

PUT

PUT 메소드는 리소스 정보를 수정할 때 사용하는 메소드로 실제 내부 동작은 정보를 덮어쓰는 것에 가깝습니다. 이런 PUT 메소드의 사용 방식은 클라우드 API의 큰 특징 중 하나인데, 기존의 웹 애플리케이션의 동작 방식이라면 리소스를 수정할 때 POST 메소드를 써서 덮어 써야 한다고 생각할 수 있습니다. 하지만 POST 메소드에는 기본 리소스의 키를 지정하지 않기 때문에 URI에 수정 대상이 되는 리소스의 식별 키를 지정할 수 없고 그 결과 API를 호출하더라도 수정 대상이 무엇인지 판단하지 못합니다. 그래서 기존 리소스를 수정해야 할 때는 URI에 수정 대상의 식별 키를 지정할 수 있는 PUT 메소드를 사용합니다. 이렇게 POST 메소드와 PUT 메소드의 차이점을 제대로 이해하는 것은 상당히 중요한데 기존의 웹 애플리케이션 개발 방식에서 클라우드의 웹 API 개발 방식으로 넘어 갈 때 반드시 필요한 사고의 전환이라 할 수 있을 것입니다.

DELETE

DELETE 메소드는 리소스를 삭제할 때 사용합니다. 삭제하려는 리소스의 식별 키를 URI에 포함시켜 API로 호출하면 삭제가 되고 삭제된 이후에는 해당 리소스에 대한 URI는 더 이상 사용할 수 없습니다.

HEAD

클라우드에서 사용하는 컴포넌트와 리소스에는 기본 정보 외에도 수많은 메타 데이터가 있는데 이러한 메타 데이터만 조회하고 싶을 때 HEAD 메소드를 사용합니다.

GET 메소드와 많은 부분이 비슷한데 GET을 쓸지 HEAD를 쓸지는 클라우드 서비스의 사양에 따라 달라집니다. 그래서 사전에 API 레퍼런스를 참고하여 어떤 메소드가 원하는 기능을 제공하는지 확인해야 합니다.

3.3.5 HTTP 헤더

HTTP 헤더는 HTTP 통신에 필요한 부가 정보를 전달하기 위해 사용이 되는데 이러한 부가 정보를 잘 활용하면 더 세밀한 통신 제어가 가능해집니다. 특히 쿠키나 킵얼라이브와 같은 기능이 대표적인 예입니다. HTTP 헤더는 크게 세 가지로 나눌 수 있습니다.

① RFC 2616의 14 섹션에서 정의한 공통 항목 47종(예: 킵얼라이브)

② RFC 4229에서 비표준으로 정의한 것(예: 쿠키)

③ 클라우드 서비스에서 독자적으로 추가한 것

HTTP 헤더는 두 번째, 세 번째 경우처럼 표준 헤더가 아닌 것도 추가할 수 있으며 이것들을 확장 헤더라고 합니다. 확장 헤더는 헤더 이름 앞에 'x-'라는 접두어를 붙이는데 기존의 헤더와 이름이 중복되는 것을 방지하면서도 확장 헤더라는 것을 명시적으로 알 수 있도록 하기 위한 명명법입니다. 참고로 RFC 6648에서는 'x-'와 같은 명명법이 폐지되어 이제는 굳이 'x-'를 붙이지 않아도 확장할 수 있게 되었습니다. 만약 클라우드 서비스에서 확장한 헤더를 확인하고 싶다면 각 클라우드 서비스의 사양을 반드시 확인해야 합니다. AWS에서는 'x-amz-'가 확장 헤더의 접두어로 사용됩니다.

헤더 항목은 그 특성과 사용 목적에 따라 HTTP 요청에만 사용하는 경우, HTTP 응답에만 사용하는 경우, 그리고 HTTP 요청과 응답 둘 다에 사용하는 경우가 있습니다. 이런 내용을 [표 3.3]에 정리해 보았습니다. 참고로 클라우드가 독자적으로 확장한 헤더에 대해서는 Amazon S3를 예로 들었습니다.

출처	범위	헤더 필드명	의미
RFC 2616 (HTTP 1.1 표준)	공통	Allow	허용하는 HTTP 메소드
		Cache-Control	캐시 제어(11장 참고)
		Connection	접속 제어[42]
		Content-Encoding	바디 부분의 인코딩 방식
		Content-Language	바디 부분의 언어
		Content-Length	바디 부분의 길이(byte)
		Content-Location	리다이렉트 행선지
		Content-MD5	바디 부분의 메시지 다이제스트
		Content-Range	바디 부분의 범위
		Content-Type	바디 부분의 MIME 타입
		Date	작성 일시
		Expires	유효기간
		Last-Modify	최종 수정 일시
		Pragma	메시지 디렉티브
		Trailer	메시지 마지막 푸터
		Transfer-Encoding	전송 인코딩 방식
		Upgrade	프로토콜 업그레이드
		Via	프록시 서버 정보
		Warning	에러 통지
RFC 2616 (HTTP 1.1 표준)	요청	Accept	응답으로 받을 수 있는 콘텐츠 타입
		Accept-Charset	처리할 수 있는 문자 캐릭터 셋
		Accept-Encoding	처리할 수 있는 인코딩 방식 목록

---

42 킵얼라이브가 활성화된 경우, 'Connection: keep-alive'와 같이 표현됩니다(기본값).

출처	범위	헤더 필드명	의미
RFC 2616 (HTTP 1.1 표준)	요청	Accept-Language	처리할 수 있는 언어(국제화)
		Authorization	인증 정보
		Expect	기대하는 특정 동작
		From	송신자의 메일 주소
		Host	수신자의 호스트 정보(필수 값)
		If-Match	Etag와 일치 여부 확인 조건
		If-Modify-Since	콘텐츠 수정 여부 확인 조건
		If-None-Match	Etag와 일치 여부 확인 조건
		If-Range	갱신되지 않은 경우 엔티티 바이트 범위 요청
		If-Unmodified-Since	콘텐트 수정 여부 확인 조건
		Max-Forwards	최대(hop) 수
		Proxy-Authorization	프록시 인증 정보
		Range	엔티티 바이트 범위 요청
		TE	인코딩 우선 순위
		User-Agent	클라이언트 에이전트 정보
	응답	Accept-Ranges	엔티티 바이트 허용 범위
		Age	리소스 지정 후 경과 시간
		Etag	리소스 변경 여부 확인 값
		Location	리다이렉트 행선지
		Proxy-Authenticate	프록시 인증 정보
		Retry-After	요청 재시도 타이밍 요청
		Server	웹 서버 정보
		Vary	프록시 캐시 정보
		WWW-Authenticate	클라이언트 인증 정보

출처	범위	헤더 필드명	의미
RFC 4229 (HTTP 1.1 확장)	요청	Cookie	웹 서버가 보낸 쿠키 값
	응답	Set-Cookie	쿠키 정보(도메인 및 유효기간)
AWS 확장 (HTTP 1.1 확장)	요청	x-amz-content-sha256	서명 설정
		x-amz-date	요청 일시
		x-amz-security-token	보안 토큰
	응답	x-amz-delete-marker	삭제 플래그
		x-amz-id-2	트러블 슈팅을 위한 특수 토큰
		x-amz-request-id	Amazon S3가 부여하는 처리 번호
		x-amz-version-id	Amazon S3가 부여하는 버전 번호

이 중에서 클라우드 API에서 특히 의미 있는 헤더를 골라보면 다음과 같습니다.

- Host: 호출한 API를 받는 수신 측의 호스트를 의미하고 필수 입력 항목입니다.

- Accept: API 호출 시, 응답으로 받고 싶은 미디어 타입을 정의합니다. 예를 들어 클라이언트가 JSON 형식으로 받고 싶다면 이 헤더에 JSON을 설정하면 됩니다. 서버는 이 요청을 처리한 후, 'Content-Type'에 응답 데이터의 미디어 타입을 설정하여 응답합니다.

- Last-Modify: 리소스의 최근 갱신 정보를 확인할 수 있습니다.

- If-계열: 조건부 요청으로 활용합니다.

- Authorization: 인증에 사용되며 클라우드 서비스가 독자적으로 확장한 'x-amz-content-sha256'이나 'x-amz-security-token'과 함께 클라우드 인증에 사용됩니다. 자세한 내용은 9.2.6에서 다룹니다.

- Rage: 요청할 바디(엔티티) 데이터의 범위를 지정합니다.[43]

- Etag: 엔티티 태그를 줄여 쓴 말로 바디(엔티티)의 데이터 변경 여부를 확인할 수 있는 메타 데이터입니다. 자세한 내용은 10.4.2에서 다룹니다.

- Cache: 캐시를 제어합니다. 자세한 내용은 11.3에서 다룹니다.

---

43 역자 주 : 예를 들어 'Range: bytes=1000-2000'와 같은 형태로 사용됩니다. 이 경우 요청한 데이터의 크기는 1001바이트입니다.

3.3.6 HTTP 상태 코드

HTTP 응답의 응답 행response line 혹은 상태 행status line에는 HTTP 요청에 대한 결과를 나타내는 상태 코드가 포함됩니다. 이 상태 코드는 3자리의 숫자 형태로 표현되는데 HTTP 요청에 대한 성공 여부는 물론이고 HTTP 고유의 처리 정보, 서버의 상태, 에러 발생 상황이나 원인에 대한 정보도 알 수 있게 해줍니다.

상태 행에 대한 정의는 HTTP 1.1의 근간이 되는 RFC 2616의 10번 섹션[44]에 있는데 [표 3.4]에 대표적인 코드를 정리했습니다.

▼ 표 3.4 HTTP 상태 코드 목록

번호 대역	상태 코드	이름	의미
200번대 (정상)	200	OK	기존에 있는 URI에 대한 요청이 성공함 주로 GET이 사용됨
	201	Create	신규 URI에 대한 리소스 생성이 성공함 주로 POST가 사용됨
	202	Accepted	요청은 접수되었으나 리소스 처리는 완료되지 않음
	204	No Contents	요청은 성공했으나 제공할 콘텐츠가 없음
300번대 (리다이렉트)	300	Multiple Choices	요청한 URI에 대해서 여러 개의 리소스 가 존재함
	301	Move Permanently	요청한 URI가 새 위치로 옮겨갔음 새 위치는 Location 헤더에 명시됨
	304	Not Modified	요청한 URI의 내용이 변경되지 않음

---

44 http://www.w3.org/Protocols/rfc2616/rfc2616–sec10.html

번호 대역	상태 코드	이름	의미
400번대 (클라이언트 측 오류)	400	Bad Request	요청이 정상적이지 않음 API에서 정의되지 않은 요청이 들어옴
	401	Unauthorized	인증 오류
	403	Forbidden	접근 금지 권한 밖의 접근을 시도함
	404	Not Found	요청한 URI에 해당하는 리소스가 존재하지 않음
	405	Method Not Allowed	메소드 오류 API에서 정의되지 않은 메소드를 호출함
400번대 (클라이언트 측 오류)	406	Not Acceptable	처리 불가 Accept 헤더에 명시된 타입과 호환되지 않음
	408	Request Timeout	요청 대기 시간 초과
	409	Conflict	모순, 리소스 변경 시 정합성이 맞지 않음
	429	Too Many Requests	요청 횟수 상한 초과
500번대 (서버 측 오류)	500	Internal Server Error	서버(클라우드) 내부 오류 클라우드 측의 로직에 문제가 있음
	502	Bad Gateway	게이트웨이 오류
	503	Service Unavailable	서비스 이용 불가 일시적으로 클라우드 측에 과부하가 걸리거나 다운됨
	504	Gateway Timeout	게이트웨이 시간 초과

위 표에서 대표적인 상태 코드를 열거했는데 번호 대역별로는 100번대가 정보 확인, 200번대가 통신 성공, 300번대가 리다이렉트, 400번대가 클라이언트 측 오류, 500번대가 서버 측 오류에 해당한다는 정도만 알고 있어도 됩니다. 참고로 클라우드 서비스의 API의 경우, 어떤 상태 코드로 응답하는지는 각 서비스의 정한 사양에 따라 달라질 수 있습니다. 자세한 내용은 해당 컴포넌트에 관한 문서나 API 레퍼런스를 확인해 보기 바랍니다.

클라우드 환경에서는 API 요청이 대량으로 들어올 때 분산 처리를 하는 것이 일반적이기 때문에 이전에는 잘 보지 못했던 408(시간 초과), 409(모순), 429(상한 초과) 같은 상태 코드를 볼 수도 있습니다. 또 500번대의 500(내부 오류)나 503(이용 불가)이 발생했을 때는 클라우드 서비스 측에 문의해볼 필요가 있습니다. 온프레미스 환경에서 프록시proxy 서버를 경유해서 API를 호출할 때 상태 코드로 502(게이트웨이 오류)나 504(게이트웨이 시간 초과)가 나오면 프록시의 상태가 정상인지 확인해야 합니다.

3.3.7 SOAP, REST

웹 API는 크게 SOAPSimple Object Access Protocol과 RESTRepresentational State Transfer의 두 종류로 분류할 수 있습니다([그림 3.19] 참고).

둘 다 HTTP를 프로토콜로 사용하고 있기 때문에 이제까지 설명한 URI, HTTP 메소드, HTTP 헤더 등은 모두 동일하게 사용됩니다. 단, 메시지나 제어와 관련된 부분은 차이가 있습니다.

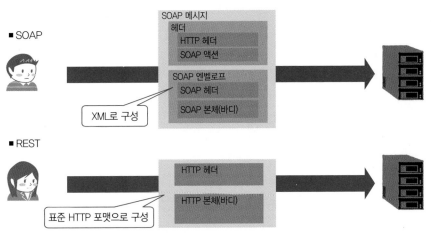

▲ 그림 3.19 SOAP과 REST의 차이점

SOAP

SOAPSimple Object Access Protocol은 주로 복잡한 비즈니스 로직을 웹 서비스 형태로 제공하는 SOAService Oriented Architecture를 구성할 때 사용하는 기술입니다. SOAP 방식으로 통신하는 시스템은 잘 구조화된 SOAP 메시지를 URI를 통해 주고 받아 복잡한 제어나 처리를 하는 것이 특징입니다. 프로토콜은 주로 HTTP를 사용하지만 그 외의 프로토콜을 지원하기도 합니다. 현재는 SOAP 1.2[45]가 최신 버전입니다.

SOAP 메시지는 엔벨로프envelope라는 일종의 봉투와 같은 구조 안에 헤더, 바디가 들어 있는데 XML 형식으로 만들어집니다. 그래서 사용하는 XML의 네임스페이스를 엔벨로프에 지정하는데 클라우드 서비스를 사용하는 경우라면 클라우드 서비스에서 제공하는 XML 네임스페이스를 사용하면 됩니다.

SOAP은 SOA나 웹 2.0과 함께 2006년에 널리 보급되었습니다. 아마존 Advertising API와 아마존 웹 서비스Amazon Web Services 중에서 비교적 오래 전에 만들어진 컴포넌트(Amazon EC2나 Amazon S3)들은 SOAP으로 만들어졌습니다. 반면 REST 방식이 확산되면서 클라우드 환경에서는 SOAP을 사용하는 빈도가 점점 줄어들었고 이제는 거의 사용하지 않는 추세입니다.

REST

REST는 URI를 호출할 때 HTTP 메소드를 기반으로 CRUD 조작을 하는 것처럼 비교적 간단한 제어를 할 때 사용합니다. SOAP은 업계의 관련 단체가 표준을 정하는 반면, REST는 표준이라기보다는 일종의 사상이나 접근 방식에 가깝기 때문에 군이 기준이 되는 표준을 찾는다면 HTTP 사양을 꼽을 수 있습니다.[46]

복잡한 데이터 연계가 필요한 시스템이나 전자상거래와 같은 전자 거래 관련 분야에서는 SOAP을 사용하는 것이 적절합니다. 반면, 클라우드 분야에서는 기본적으로 리소스에 대한 CRUD와 같이 단순한 처리가 대부분입니다. 그러다 보니 최근에는 클라우드 분야에서 REST를 사용하는 것이 사실상 표준이 되었으며 웹 API를 REST API

---

45 http://www.w3.org/TR/soap12-part0/

46 단, 2015년에 발족한 Open API Initiative에서는 REST API 표준화에 대한 언급이 있었는데, 향후는 Open API Initiative 에서 표준에 대한 사양서가 만들어질 것으로 기대됩니다.

의 의미로 부르는 경향도 강해지고 있습니다. 이 책에서도 앞으로 설명할 API에 대해서는 REST를 중심으로 살펴볼 것입니다.

3.3.8 XML, JSON

HTTP 요청에 대한 응답 시, 데이터는 바디 부분에 들어가게 되는데 API 호출에 대한 결과를 표현하는 포맷으로는 주로 XMLExtensible Markup Language[47]과 JSONJavaScript Object Notation[48]이 사용됩니다.

일반적으로는 SOAP을 사용할 때 XML로 응답하고 REST를 사용할 때 JSON으로 응답하는 경향이 있는데, 경우에 따라서는 일반 텍스트로 응답 결과를 받기도 합니다.

응답 데이터에 대한 포맷 형식은 클라우드 서비스의 API에 따라 다를 수 있습니다. 특히 응답 데이터의 콘텐츠 형식은 클라이언트가 원하는 형식으로 요청할 수 있는데 HTTP 요청을 보낼 때 'Accept' 헤더에 'application/json'이나 'application/xml', 'text/plain'과 같은 처리 가능한 미디어 타입으로 요청하면 클라우드 서비스가 이에 맞춰 응답합니다.

XML

XMLExtensible Markup Language은 마크업 언어라고 하며 [그림 3.20]과 같이 태그 형태로 표현됩니다. 이러한 태그의 형식을 정의하는 것으로 XML 스키마라는 것이 있는데 클라우드에서 사용하는 API에 대해서는 클라우드 서비스 측에서 정의한 스키마를 참고하면 됩니다. XML은 상세한 태그 정의가 가능한 반면, 작성되는 구문 자체가 길어져 데이터 양이 늘어나는 경향이 있습니다. SOAP도 XML과 비슷한 시기에 보급된 탓에 아마존 Product Advertising API나 AWS 서비스 중에서도 비교적 오래 전에 만들어진 컴포넌트(Amazon EC2나 S3)는 여전히 XML 방식이 남아 있기도 합니다.[49] 다만 앞서 설명한 것과 같이 현재는 XML 방식의 사용 빈도는 점점 줄어드는 추세입니다.

---

47 http://www.w3.org/XML

48 http://www.json.org

49 역자 주 : http://docs.aws.amazon.com/ko_kr/AmazonS3/latest/dev/UsingSOAPOperations.html

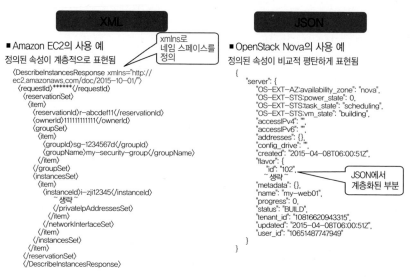

▲ 그림 3.20 XML과 JSON

XML 데이터를 해석하려면 XML 파서parser라는 것이 필요한데 DOMDocument Object Model이나 SAXSimple API for XML을 사용하는 것이 일반적입니다. 다만 클라우드 API에서 사용하는 HTTP 응답은 데이터 형태가 단순해서 굳이 XML 형식을 사용해서 파서 기능까지 쓰는 것은 다소 불필요한 오버헤드를 만드는 것일 수 있습니다.

JSON

JSON은 원래 자바스크립트를 기반으로 한 데이터 정의 포맷으로 시작되었는데 현재는 다양한 개발 언어에서 JSON 형식의 데이터를 지원하고 있습니다. [그림 3.20]과 같이 객체object를 배열 형태로 표현할 수 있기 때문에 단순한 형태의 리소스 지향 방식인 REST와도 궁합이 잘 맞습니다. 특히 기존에 많이 활용되었던 XML과 비교하면 데이터 표현 방식이 간결하고 데이터 양도 가벼워 상대적으로 손쉽게 처리할 수 있습니다.

JSON 데이터를 해석할 때는 Ajax로 유명한 XMLHttpRequest이나 JSON 포인터 (JSONP)가 많이 사용되며 그 밖에도 다양한 툴이나 라이브러리들을 활용할 수 있습니다([그림 3.21] 참고).

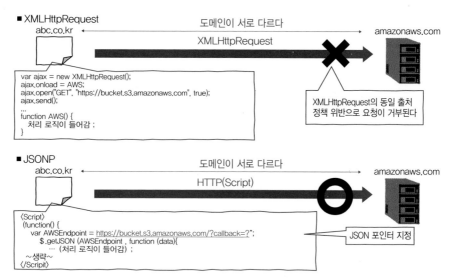

▲ 그림 3.21 XMLHttpRequest와 JSONP

참고로 XMLHttpRequest는 '동일 출처 정책Same-Origin Policy'이라는 제약이 있는데 출처가 서로 다른 문서나 스크립트가 혼재할 때 상호작용하지 못하도록 막는 일종의 보안 모델입니다.[50] 이 모델은 보안 취약점을 제거하기 위한 것인데 만약 출처가 다른 리소스를 의도적으로 혼용하고 싶다면 이 제약에 벗어나기 위해서 CORSCross Origin Resource Sharing이라는 기법을 사용해야 합니다. 이에 대한 자세한 내용은 10장에서 다룹니다.

최근 사용되는 웹이나 클라우드 환경의 API에서는 실행 결과를 JSON 형식으로 출력하는 것이 일반적입니다. 입력 데이터를 표현할 때도 JSON 형식을 사용하기도 하는데, 데이터 포맷을 정의하는 스키마는 클라우드 서비스 측에서 정의한 형식을 따라야 합니다. 여러 개의 리소스들을 한번에 제어하고 싶은 경우에는 기존의 JSON 형식을 사용하지 못할 수가 있는데 이때는 별도의 JSON 스키마를 정의한 다음 클라이언트 측에서 자체적으로 처리하는 방법을 쓰기도 합니다.

---

50 역자 주 : https://developer.mozilla.org/ko/docs/Web/Security/Same-origin_policy

그 밖에도 리소스를 URN 방식으로 정의하는 오케스트레이션 기능AWS CloudFormation
이나 인증 기능AWS IAM에서는 모든 설정 정보가 JSON 형식으로 되어 있습니다. 그래
서 다른 API에서 GET으로 받아낸 메타 데이터의 JSON 정보를 다른 클라우드의 입
력 데이터로 활용하는 것도 가능합니다.

3.3.9 cURL, REST Client

OS에서 CLIcommand-line interface 명령어로 HTTP 요청을 보내려면 HTTP 프로토콜
로 통신할 수 있는 프로그램이 필요한데 이때 많이 사용되는 것이 cURL[51]이라는 공
개 소프트웨어입니다.

cURL 명령을 사용하면 다음과 같이 CLI에서도 HTTP 요청을 보낼 수 있습니다.

```
curl -X <method> -H <header> -u <user> -cacert <cafile> -d <body> <uri>
```

▼ 표 3.5 cURL 명령어 옵션

옵션	설명
-X	HTTP 메소드
-H	HTTP 헤더
-i	HTTP 헤더를 출력할 때 지정
-u	사용자(인증 시 사용, 자세한 내용은 9장에서 설명)
-cacert	SSL용 인증서(HTTPS 통신 시 사용, 자세한 내용은 9장에서 설명)
-d	바디

---

51 http://curl.haxx.se/
　참고로 AWS가 제공하는 Amazon Linux는 cURL이 이미 포함되어 있어 따로 설치하지 않아도 됩니다.

■ OpenStack Swift에서 GET을 하는 경우

```
curl -i -X GET https://objectstorage/v1/account/cont/index.txt -H "X-Auth-Token: {***}"

HTTP/1.1 200 OK
Content-Length: 14
Accept-Ranges: bytes
Last-Modified: Wed, 14 Oct 2015 16:41:49 GMT
Etag: ****************
X-Timestamp: ******.****
X-Object-Meta-Orig-Filename: index.txt
Content-Type: application/octet-stream
~생략~
Hello World.
```

■ OpenStack Nova에서 POST를 하는 경우

```
curl -i -X POST https://compute/v2/{tenant-id}/servers/{server-id}/action ₩
 -H "Content-Type: application/json" ₩
 -H "Accept: application/json" ₩
 -H "X-Auth-Token: {*******}" ₩
 -d '{"reboot": {"type": "SOFT"}}'
```

▲ 그림 3.22 cURL 실제 실행 결과

그 밖에 REST Client[52]라는 툴도 있는데 이것을 브라우저에 플러그인으로 추가하면 REST 동작을 GUI로 할 수 있습니다. 직접 API를 수동으로 테스트해보고 싶을 때 사용할 수 있습니다.

앞서 3.2.5에서는 클라우드 API가 REST API(경로를 계층화해서 리소스를 지정하는 방법)와 쿼리 API(쿼리 파라미터로 리소스를 지정하는 방법)의 두 종류가 있다고 설명했습니다. 앞서 살펴본 [그림 3.18]은 리소스가 서버인 경우를 예로 든 것입니다. 이 두 가지 API 처리 방식을 서로 비교해보면 REST API 방식은 URI 경로 자체에 이미 리소스 정보를 포함하는 반면, 쿼리 API 방식은 리소스 정보를 URI 뒤에 쿼리 파라미터 형태로 덧붙이는 방식을 사용하는 등 표현상의 차이가 있습니다.

---

52 역자 주 : http://restclient.net/

3.4 ROA

3.4.1 REST 기반 서비스

ROAResource Oriented Architecture, 즉 리소스 지향 아키텍처란 REST API의 사상을 기반
으로 리소스 중심적인 API를 사용하는 아키텍처를 말합니다.

앞서 RESTRepresentational State Transfer는 프로토콜이 아니라 '사고 방식'이라고 설
명한 바 있습니다. REST의 기원은 로이 필딩Roy Fielding이 2000년에 쓴 박사 논
문 'Architecture Styles and the Design of Network-based Software
Architectures'[53]로 알려져 있습니다. 이 논문에는 REST에 관한 여러 가지 특징들
이 나오는데 그 특징을 잘 살린 API를 RESTful API, 혹은 REST API라고 합니다.

이 논문을 간단히 정리한 글이 IBM 디벨로퍼웍스IBM developerWorks에 'RESTful Web
services: The basics'이라는 기사로 나왔는데 이 글에서는 다음과 같이 REST 방식
의 웹 서비스에 필요한 네 가지 설계 지침을 언급하고 있습니다.

REST 기반 서비스를 위한 네 가지 설계 지침

> ① 상태를 가지지 않도록 만든다
>
> ② URI는 디렉터리 구조처럼 계층적으로 만든다
>
> ③ HTTP 메소드를 명시적으로 사용한다
>
> ④ 응답할 때는 XML이나 JSON를 사용한다(둘 다 사용해도 무방)

이 내용만 보자면 너무 단순해서 그리 중요해 보이지 않지만 자세히 살펴 보면 API를
행위action 중심이 아닌 자원resource 중심으로 설계할 때 반드시 필요한 고려사항이라
는 것을 알 수 있습니다. [그림 3.23]은 API의 실행 과정에 네 가지 설계 지침을 녹여
서 표현한 것으로 다음과 같은 특징이 있습니다.

---

53 http://www.ics.uci.edu/~fielding/pubs/dissertation/rest_arch_style.htm

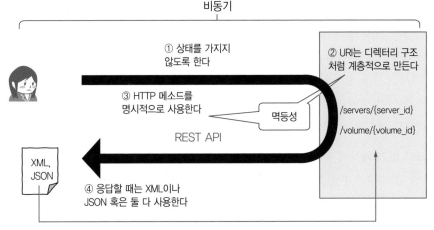

▲ 그림 3.23 REST 기반 서비스를 위한 네 가지 설계 지침

① 상태를 가지지 않도록 만든다 : 상태를 가지지 않으므로 구현이 쉽고 캐시를 사용할 수 있어 성능이 우수하다.

② URI는 디렉터리 구조처럼 계층적으로 만든다 : URI의 가독성이 좋고 리소스의 구조를 이해하기 쉽다.

③ HTTP 메소드를 명시적으로 사용한다 : 리소스의 상태 변화를 HTTP 메소드를 활용하여 리소스 중심으로 처리하고 별도의 메소드를 사용해서 행위 중심으로 처리하지 않도록 한다.

④ 응답할 때는 XML이나 JSON를 사용한다(둘 다 사용해도 무방) : 데이터 표현을 정규화해서 다른 언어나 기술 구조에서도 데이터를 활용할 수 있도록 한다.

이렇게 다양한 REST API의 특징 중에서도 클라우드와 같은 분산 환경을 제어할 때 사용자가 반드시 이해하고 있어야 하는 세 가지 개념이 있습니다.

- 비동기
- 멱등성
- 재시도

우선 API를 구현한 HTTP 통신은 네트워크를 통해 엔드포인트(URI)에 요청을 보내고 응답을 받습니다. AWS와 같이 엔드포인트가 공개되어 있는 경우는 인터넷 망을 사용하기 때문에 사설 클라우드 환경에 비해 응답이 지연될 수 있습니다. 그러다 보니 먼저 보낸 요청이 뒤에 보낸 요청보다 반드시 먼저 도착한다고 보장할 수 없고 리소스가 여러 곳에 분산되어 있기도 합니다. 처리 과정도 비동기로 처리된다는 것을 클라우드 사용자는 인지하고 있어야 합니다.

상태가 없기 때문에 같은 API를 몇 번을 호출하더라도 리소스에 변경이 발생하지 않는 한 같은 결과가 나오는데 이런 특성을 멱등성이라고 합니다. 이렇게 멱등성이 보장되면 네트워크 상태가 좋지 않아 오류가 발생하더라도 HTTP 에러 코드를 보고 다시 한번 시도할 수 있습니다. 재시도 결과 응답으로 오는 메타 데이터는 멱등성에 의해서 같은 값이 나오기 때문에 최종 정합성도 보장됩니다.

이렇듯 REST 기반 서비스를 위한 네 가지 설계 지침에는 클라우드 환경에서 분산 아키텍처를 구성할 때 필요한 원칙들이 담겨 있습니다. 필자는 글로벌 리전을 활용하는 비교적 난이도가 높은 프로젝트를 할 때나 클라우드 아키텍트를 교육할 때, 그리고 시스템을 구성할 때 클라우드 네이티브한 사고 방식으로 전환할 필요가 있을 때, 이러한 설계 지침에 따르려고 노력합니다. 특히 시스템의 처리 방식이 복잡해지는 경우에는 이 원칙을 되새기면서 가능한 간단하고 단순한 방식으로 처리할 수 있도록 만들고 있습니다.

비동기, 멱등성, 재시도라는 말은 단어만 봐서는 언뜻 의미를 파악하기 어렵습니다. 이러한 개념은 오브젝트 스토리지를 예로 들면 이해가 쉽습니다. 10장에서 오브젝트 스토리지의 아키텍처에 대해 설명하는데 그 내용을 보고 나면 지금 살펴본 설계 지침들이 좀 더 쉽게 와닿을 것입니다.

3.4.2 클라우드 API를 UML과 ER 다이어그램으로 가시화하기

클라우드 인프라는 소프트웨어로 만들어져 있기 때문에 컴포넌트나 리소스, 그리고 프로퍼티들을 API로 조작할 수 있습니다. 소프트웨어를 개발하기 전에 각종 다이어그램을 그려서 설계하는 것처럼 클라우드 인프라 역시 소프트웨어로 만들어지기 때문에 각종 다이어그램으로 가시화할 수 있습니다.

API 액션은 UML_{Unified Modeling Language}[54]라고 하는 모델링 표기법으로 표현하는 것이 일반적입니다. REST API를 지원하는 UML툴도 많이 나오고 있는데 액터와 액션은 UML의 유스케이스 다이어그램으로 표현할 수 있습니다.

또한 리소스는 키_{key}를 중심으로 관련된 메타 데이터를 가지기 때문에 ER_{Entity Relation} 다이어그램으로 표현할 수 있습니다. 리소스는 엔티티_{Entity}, 혹은 테이블의 형태가 되며 내부에 키와 속성(attribute, property)을 갖습니다. 연관된 다른 리소스는 관계_{relation}로 표현합니다. 데이터베이스에서는 주 키_{primary key}와 외부 키_{foreign key}를 사용하여 관계를 맺고, 1:1이나 1:N의 관계는 관계차수, 혹은 카디널리티_{cardinality}라고 합니다. 관계에 대한 필수 여부는 관계선택사양, 혹은 옵셔널리티_{optionality}라고 합니다. 이렇게 소프트웨어의 설계 방식으로 시스템을 설계하는 접근 방식은 리소스를 제어해야 할 때 연관 리소스 간의 정합성을 확인할 수 있기 때문에 상당히 유용합니다.

이제 UML과 ER 다이어그램을 활용한 구체적인 예를 살펴 보겠습니다.

API 액션을 UML로 가시화

우선 다음과 같은 API 액션을 UML로 가시화해보겠습니다.

- 특정 네트워크에 연결된 서버를 기동하되, IP 주소는 공인 IP를 할당하고 해당 IP 주소에 대한 도메인을 DNS에 설정한다.[55]

위의 API 액션을 UML의 유스케이스로 표현하려면 다음과 같은 네 단계의 작업이 필요합니다.

① 사설 IP 주소를 확보하기 위해 서브넷을 만든다

② 서버에 사설 IP 주소를 할당한다

③ 서버에 공인 IP 주소를 할당한다[56]

④ 해당 공인 IP 주소에 대한 DNS 레코드를 설정한다

---

54 역자 주 : http://www.uml.org/

55 역자 주 : 이 예에서는 도메인을 클라우드 서비스가 제공하는 것을 사용한다는 가정이라 별도의 도메인을 확보하고 DNS 에 설정하는 과정이 생략되어 있습니다.

56 역자 주 : 실제로는 '2.2.3 공인 IP 주소'에서 설명한 것처럼 가상 머신 인스턴스의 게스트 OS에 할당된 사설 IP 주소를 가상 라우터가 공인 IP 주소로 1:1 변환할 수 있도록 설정합니다.

DNS 레코드를 설정하려면 공인 IP 주소가 필요하고 이 공인 IP 주소는 서버에 할당되어야 합니다. 그리고 서버에는 기본적으로 사설 IP 주소가 할당되어 있어야 하며 이 사설 IP 주소는 네트워크 서브넷이 사용 가능한 IP 주소의 범위 안에서 할당 받게 됩니다.

결국 이 작업을 가능하게 하려면 ① → ② → ③ → ④의 순서로 작업을 해야 하고 이 흐름을 [그림 3.24]에 표현했습니다. 이 그림을 보면 리소스의 프로퍼티끼리 연관 관계가 있고 이런 프로퍼티들이 리소스를 제어하기 위한 조건으로 사용되는 것을 알 수 있습니다.

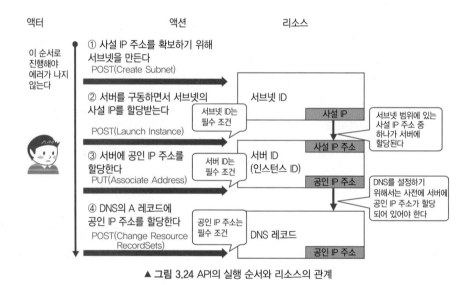

▲ 그림 3.24 API의 실행 순서와 리소스의 관계

위 작업 절차를 액터, 리소스, 그리고 프로퍼티(메타 데이터 스토어)를 중심으로 놓고 UML로 표현한 것이 [그림 3.25]입니다. 이렇게 UML로 표현하면 API의 처리 흐름이나 리소스 간의 관계를 보다 쉽게 파악할 수 있습니다.

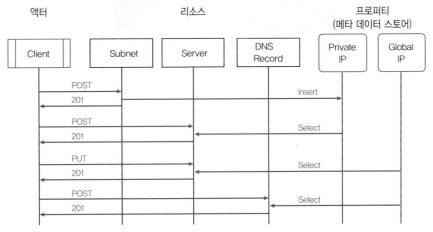

▲ 그림 3.25 API의 동작을 UML의 시퀀스 다이어그램으로 표현

리소스의 ER 매핑

다음은 DNS인 Amazon Route 53을 예로 들어 리소스의 ER 매핑을 설명하겠습니다. DNS에서는 도메인 등록기관에서 받은 도메인을 호스팅 영역hosted zone에 설정하고 이후 여기에 서브 도메인과 같은 DNS 레코드를 매핑합니다. 즉, DNS 레코드는 도메인이 있어야 존재할 수 있습니다.

반대로 도메인의 입장에서는 하나의 도메인에 서브 도메인과 같은 DNS 레코드가 반드시 있어야 하는 것은 아닙니다. 그리고 하나의 도메인에 여러 개의 서브 도메인을 두는 것도 가능합니다.

결과적으로 도메인과 DNS 레코드를 엔티티 관점에서 보자면 연결 고리가 되는 키는 도메인이고 호스팅 영역과 DNS 레코드와의 엔티티 관계는 카디널리티cardinality가 1:N 관계, 옵셔널리티는 선택적이 됩니다. 이것을 ER 다이어그램으로 표현하면 [그림 3.26]과 같습니다.

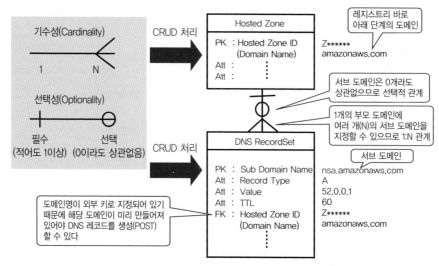

▲ 그림 3.26 Amazon Route 53을 ER로 표현

이와 같이 UML과 ER 다이어그램을 활용하면 API의 처리 흐름과 리소스들의 관계를 가시적으로 표현하는 것이 가능합니다.

3.4.3 API 이력 정보 확인하기

클라우드에서 리소스를 제어하는 것이 API를 통해 할 수 있다는 것을 알게 되었다면 이제 이 API가 어떤 처리를 했는지 실행한 이력이 보고 싶어질 것입니다. API를 실행한 클라이언트 쪽에서 로그를 기록하는 방법도 있겠지만 기본적으로 클라우드가 제공하는 이력 관리 기능을 활용할 수 있습니다([그림 3.27] 참고).

AWS에서는 이와 관련하여 API 호출 이력을 관리하는 AWS CloudTrail[57]과 리소스의 구성 형태와 설정의 변경 이력을 관리하는 AWS Config[58]라는 서비스가 있습니다.

---

57 역자 주 : https://aws.amazon.com/ko/cloudtrail/

58 역자 주 : https://aws.amazon.com/ko/config/

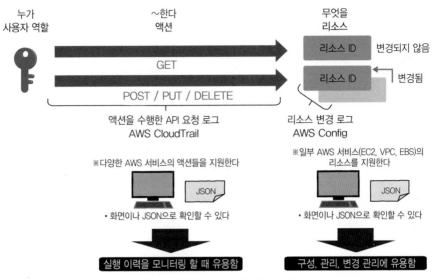

▲ 그림 3.27 API 이력 정보 확인하기

3.4.4 독자적인 API 구성하기

API 중에는 게이트웨이와 같은 역할을 하는 것이 있습니다. 클라우드가 제공하는 엔드 포인트나 API를 클라이언트가 직접 사용할 수도 있지만 독자적으로 만든 API를 게이트 웨이처럼 두어 실제 클라우드 관련 엔드포인트나 API들을 외부에서 보이지 않도록 은 폐시킬 수도 있습니다([그림 3.28] 참고). 이런 유형은 독자적으로 구축한 IaaS상에서 사용하거나 독자적으로 개발한 애플리케이션과 기존 클라우드를 연계하고 싶을 때, 혹 은 여러 다양한 클라우드를 조합하여 써야 할 경우 등에 활용할 수 있습니다.

API 게이트웨이에 접근할 때 사용할 도메인의 경우, 도메인 등록 기관을 통해 확보한 도메인이 있다면 AWS Amazon Route 53에 CNAME 레코드를 사용해서 별명을 부여하면 됩니다. 참고로 AWS에는 이미 Amazon API Gateway라고 하는 독사적 인 API를 구성할 수 있는 서비스를 제공하고 있습니다. 이 기능을 활용하면 독자적인 API를 정의한 후, 그 뒤의 백엔드에서 오리지널 API를 펑션function으로 정의해서 연 동하는 것이 가능합니다.

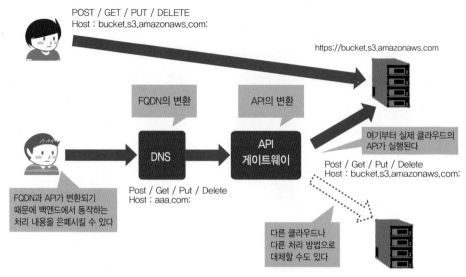

POST / GET / PUT / DELETE
Host : bucket.s3.amazonaws.com:

https://bucket.s3.amazonaws.com

FQDN의 변환

API의 변환

DNS

API
게이트웨이

여기부터 실제 클라우드의
API가 실행된다

Post / Get / Put / Delete
Host : bucket.s3.amazonaws.com:

FQDN과 API가 변환되기
때문에 백엔드에서 동작하는
처리 내용을 은폐시킬 수 있다

Post / Get / Put / Delete
Host : aaa.com:

다른 클라우드나
다른 처리 방법으로
대체할 수도 있다

▲ 그림 3.28 독자적인 API의 구성

3.5 CLI, SDK, 콘솔

앞서 1장에서는 클라우드를 제어할 수 있는 사용자 인터페이스에 API, CLI, SDK, 콘솔의 네 종류가 있다고 언급한 바 있습니다. 이 책에서는 주로 API를 중심으로 설명하고 있는데 실제 업무에서는 CLI, SDK, 콘솔도 많이 활용합니다. CLI, SDK, 콘솔도 사실은 내부적으로 API를 사용해서 제어를 하기 때문에, 사용자 관점에서는 은폐되어 있을 뿐 실제로는 같은 기능을 하고 있습니다. 이 절에서는 이러한 다양한 사용자 인터페이스들의 내부 구조에 대해 살펴 봅니다.

3.5.1 CLI

CLICommand Line Interface란 명령줄로 제어를 할 수 있는 사용자 인터페이스입니다. 과거의 OS 환경에서는 CLI를 사용하는 것이 일반적인 제어 방법이었습니다. 클라우드 환경에서 웹 콘솔과 같은 편리한 인터페이스를 제공하긴 하지만 경우에 따라서는 CLI 명령을 사용해서 제어를 하거나 OS의 쉘shell이나 배치batch 프로그램으로 자동화하고 싶을 수도 있습니다.

다행히 대부분의 클라우드 서비스는 모두 CLI를 기본적으로 제공합니다. 명령어는 대체로 API 이름과 흡사한데 자세한 내용은 CLI 레퍼런스에서 확인 가능합니다. 이 책의 집필 시점에서는 오픈스택의 경우 파이썬python 기반의 CLI를 제공하고 있으며, AWS에서는 파이썬 기반의 CLI인 'AWS 명령줄 인터페이스'와 윈도우windows 기반의 CLI인 'Windows PowerShell'을 제공합니다.[59] CLI는 오픈소스로 제공되기 때문에 소스 코드를 살펴 보면 내부에서 어떻게 API를 호출하고 있는지 확인할 수 있습니다.

3.5.2 SDK

SDKSoftware Development Kit란 각종 프로그램 언어를 통해 클라우드 환경을 제어하도록 도와주는 개발 도구를 말합니다. 주로 클라우드를 제어하는 관리 애플리케이션을 개발할 때 사용합니다. 대부분의 클라우드에서는 파이썬, 루비, Node.js, JavaScript, PHP, 자바, C# 등, 다양한 개발 언어에서 사용 가능한 SDK를 제공하고 있습니다.[60]

SDK에서 사용되는 클래스명이나 메소드명은 대부분 API 이름과 유사한데 자세한 내용은 SDK 레퍼런스를 참고 바랍니다. SDK는 오픈소스로 공개된 것이 많으니 필요한 경우 소스 코드를 직접 살펴볼 수도 있습니다. 참고로 AWS의 자바 SDK에서 API를 호출하는 예를 [그림 3.29]에 담았습니다.

---

59 • OpenStack CLI : http://docs.openstack.org/cli-reference/content/
   • AWS CLI: https://aws.amazon.com/cli/
   • AWS PowerShell : https://aws.amazon.com/powershell/
60 • 오픈스택 SDK : https://wiki.openstack.org/wiki/SDKs
   • AWS SDK : https://aws.amazon.com/tools/

```
package com.amazonaws.http.protocol;
import java.io.IOException;
import org.apache.http.HttpClientConnection;
import org.apache.http.HttpException;
import org.apache.http.HttpRequest;
import org.apache.http.HttpResponse;
import org.apache.http.protocol.HttpContext;
import org.apache.http.protocol.HttpRequestExecutor;
import com.amazonaws.util.AWSRequestMetrics;
import com.amazonaws.util.AWSRequestMetrics.Field;
```

> 아파치나 AWS의 HTTP 관련 API를 사용할 수 있게 만든다

```
public class SdkHttpRequestExecutor extends HttpRequestExecutor {
```

← 자바 클래스를 정의한다

```
    @Override
    protected HttpResponse doSendRequest(
            final HttpRequest request,
            final HttpClientConnection conn,
            final HttpContext context)
                throws IOException, HttpException {
        AWSRequestMetrics awsRequestMetrics = (AWSRequestMetrics) context
            .getAttribute(AWSRequestMetrics.class.getSimpleName());
        if (awsRequestMetrics == null) {
            return super.doSendRequest(request, conn, context);
        }
        awsRequestMetrics.startEvent(Field.HttpClientSendRequestTime);
        try {
            return super.doSendRequest(request, conn, context);
        } finally {
            awsRequestMetrics.endEvent(Field.HttpClientSendRequestTime);
        }
    }
```

— HTTP 요청을 하는 부분

```
    @Override
    protected HttpResponse doReceiveResponse(
            final HttpRequest        request,
            final HttpClientConnection conn,
            final HttpContext           context)
                throws HttpException, IOException {
        AWSRequestMetrics awsRequestMetrics = (AWSRequestMetrics) context
            .getAttribute(AWSRequestMetrics.class.getSimpleName());
        if (awsRequestMetrics == null) {
            return super.doReceiveResponse(request, conn, context);
        }
        awsRequestMetrics.startEvent(Field.HttpClientReceiveResponseTime);
        try {
            return super.doReceiveResponse(request, conn, context);
        } finally {
            awsRequestMetrics.endEvent(Field.HttpClientReceiveResponseTime);
        }
    }
}
```

HTTP 응답 데이터를 받은 후, 프로그램에 결과를 전달하는 부분

▲ 그림 3.29 자바 SDK 중 API 호출 관련 소스

내용을 보면 HttpRequestExecutor와 같은 공통 기능을 활용하여 클라우드에 대한 제어를 상당히 쉽게 구현하고 있다는 것을 알 수 있습니다. 컴포넌트의 역할을 정확하게 이해하고 있고, 제어 구문 문법이나 알고리즘에 대한 약간의 지식만 있다면 큰 어려움 없이 SDK의 소스 코드를 분석할 수 있습니다. SDK의 내부 동작에 관해 관심 있는 독자는 소스 코드를 꼭 한번 살펴보길 권합니다.

3.5.3 콘솔

콘솔Console은 GUIGraphical User Interface 형태로 클라우드를 제어할 수 있는 사용자 인터페이스입니다. 오픈스택에서는 Horizon, AWS에서는 AWS Management Console이 이에 해당합니다. 둘 다 웹 애플리케이션 형태로 제공되며 버튼을 클릭하면 API가 내부적으로 동작하는 방식으로 클라우드 환경을 제어할 수 있습니다.

CLI나 SDK는 '클라이언트에 다운로드하여 설치 후 사용한다'라는 특징이 있어서 다운로드 시점에 따라 버전 차이가 조금씩 있기도 합니다. 클라우드의 기능이 업그레이드되면 이에 맞춰 클라이언트 쪽의 버전도 맞춰줘야 하는 번거로움이 있습니다. 반면, 콘솔의 경우는 웹 애플리케이션 형태이기 때문에 서버 측이 업그레이드 되더라도 사용자는 별다른 추가작업 없이 최신 기능을 사용할 수 있습니다. 실제로 오픈스택의 Horizon과 AWS Management Console은 최신 API 기능이 추가되면 그것을 사용할 수 있도록 화면이 갱신되기 때문에 CLI나 SDK보다 손쉽게 최신 기능을 활용해볼 수 있습니다.

3.6 마무리

클라우드를 제어하는 API에 대해 DNS나 HTTP와 같은 인터넷 기술을 예로 들어 설명했습니다. 이렇게 웹 기술의 기본적인 특성을 이해한 상태에서 레퍼런스 문서를 다시 읽어보면 이전보다 레퍼런스 문서가 더 잘 이해되는 것을 알 수 있습니다. 레퍼런스 문서에는 어떤 클라우드 서비스에 어떤 컴포넌트가 있는지, 또 그 컴포넌트는 어떤 리소스들로 구성되어 있는지, 그리고 어떤 속성 정보를 쿼리 파라미터로 설정할 수 있는지 등의 상세한 내용들이 정리되어 있습니다.

다음 장부터는 이러한 리소스들에 대해 좀 더 자세히 알아보겠습니다. 부록에 대표적인 API를 실었으니 참고 바랍니다.

IT 인프라의 진화와
API의 기본 철학

앞서 각종 웹 기술에 대한 기본 지식과 클라우드의 종류, 주요 컴포넌트 등 클라우드 전반에 걸친 큰 그림을 살펴 보았습니다. 이제부터는 이 책의 주제인 클라우드 인프라의 API에 대해 설명합니다. 이 장에서는 클라우드를 사용하기 이전 클라우드를 적용한 이후의 환경 구축 방식을 비교해 봅니다. 이후 클라우드를 사용할 때 API를 사용한다는 것은 과연 어떠한 것인지 개념을 잡아갈 것입니다. 그리고 이 장 이후부터는 여기서 설명한 내용을 바탕으로 각 컴포넌트별로 관련 API를 알아 보겠습니다.

4.1 서버 구축에 필요한 작업

클라우드를 사용하기 이전의 인프라 구축 방식에 대해 알아 봅니다([그림 4.1] 참고). 인프라 관리자는 애플리케이션 개발팀의 요청으로 웹 서버를 증설해야 합니다. 네트워크는 외부에서 접근 가능한 DMZ 네트워크와 애플리케이션 서버가 위치하는 APP 통신용 네트워크, 그리고 DB 서버가 위치하는 DB 통신용 네트워크가 있습니다. 웹 서버는 이 중 DMZ 네트워크와 APP 통신용 네트워크와 연결되어야 합니다. 이때 웹 서버를 증설하려면 어떤 순서로 작업해야 할까요? 이해를 돕기 위해 실제 물리적 장비로 환경을 구축하는 방법과 가상화 장비로 환경을 구축하는 방법을 비교해 보겠습니다.

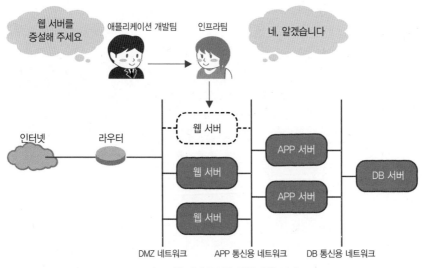

▲ 그림 4.1 웹 서버 증설을 위한 상황 설정

4.1.1 물리적 장비로 환경을 구축하는 경우

물리적인 환경에서 작업하는 경우를 예를 들어 설명하겠습니다. 물리적인 서버를 준비하려면 장비 발주부터 해야 합니다.

서버는 웹 서버로 사용하는데 무리가 없도록 성능, 가격, 확장성 등의 요구 사항을 따져 사양을 선택합니다. 발주한 장비가 도착하면 데이터 센터에 반입하고 랙rack에 장비를 탑재해야 하는데, 이때 랙의 빈 공간이 있는지, 네트워크 스위치의 포트가 비어 있는지, 네트워크 스위치까지 케이블 배선이 가능한지, 전원 용량이 허용 범위 안에 있는지 등을 사전에 확인해야 합니다. 네트워크 담당 부서와 상의해서 서버에서 사용할 IP 주소도 미리 확보하는 것이 좋습니다. 랙에 서버를 탑재한 다음 전원을 공급하는 것까지 되었다면 다음은 OS와 애플리케이션을 설치하고 환경 설정 작업을 하게 됩니다. 이때 OS의 설정 내용이나 설치될 애플리케이션의 종류는 인프라 관리자가 마음대로 정하는 것이 아닙니다. 미리 애플리케이션 개발팀이 요청한 설정 내용을 확인하면서 작업 계획서를 작성합니다. 절차에 따라 애플리케이션이 잘 설치되었는지, 제대로 설정되었는지 검수가 완료되면 설계대로 잘 구축되었는지 테스트합니다.[1]

여기까지 되면 일단 인프라 담당자의 할 일은 끝납니다. 이후 구성된 웹 서버를 애플리케이션 개발팀이 사용할 수 있도록 필요한 계정이나 권한 정보를 전달합니다. 새로 도입한 서버에 대한 정보를 자산 관리 대장에 갱신하는 것도 잊어서는 안 됩니다.

실제로는 더 많은 작업들이 있겠지만 위와 같은 내용이 물리적인 서버를 도입하여 인프라를 구축하는 대략적인 절차입니다. 서버 가상화나 클라우드 환경이 일반화된 지금에는 IT 경험이 짧은 젊은 엔지니어가 쉽게 상상하기 어려운 작업 방식일 수도 있습니다. 요컨대 'OS나 소프트웨어를 설치하는 것 외에도 뭔가 더 할 일이 많구나' 정도로 생각하면 됩니다.

---

1 역자 주 : HW 장비 도입 후의 검수와 SW 설치 후의 검수를 따로 진행하기도 합니다.

4.1.2 가상화 장비로 환경을 구축하는 경우

가상화 환경에서 인프라를 구축하는 과정을 예로 들어보겠습니다. 서버 가상화에 필요한 기반이 이미 준비되어 있다면 물리적으로 해야 할 일은 거의 없습니다.

웹 서버에 필요한 요구 사항에 따라 가상 서버에 리소스를 할당한 후, 가상 서버를 실제로 배치할 물리적인 호스트의 사양을 선택합니다. 가상 네트워크의 구성 정보를 확인하면서 사용 가능한 IP 주소를 할당합니다. 애플리케이션 개발팀이 요청한 설계에 따라 작업 계획서를 작성합니다. 이후 기존 템플릿에서 가상 서버를 복제clone하여 구동한 후, 작업 계획서에 따라 각종 SW 설치 및 설정 작업을 하고 최종 확인 테스트를 합니다. 여기까지 진행되면 인프라 관리자가 할 일은 끝납니다.

물리 환경과 비교하면 작업 내용이 상대적으로 간단합니다. 이해를 돕기 위해 물리적인 환경과 가상화된 환경에서의 인프라 구축 작업이 어떻게 다른지 [그림 4.2]로 정리해 보았습니다. 이 그림을 보면서 물리적 환경에서 가상화 환경으로 옮겨가면서 어떤 변화가 있는지 확인해 봅시다.

우선 눈에 띄는 큰 차이점은 서버의 반입이나 랙에 탑재하는 작업, 케이블 배선과 같은 물리적인 작업이 필요 없다는 것입니다. 서버를 선택할 때의 고려사항에도 변화가 있는데 물리적인 환경에서는 구체적인 서버 제품이나 탑재할 모듈 등을 제품 카탈로그를 보고 사양을 선택했던 반면, 가상 환경에서는 가상 서버에 할당할 리소스(가상 CPU의 개수나 가상 메모리의 용량)를 선택하는 방식으로 바뀌었습니다. 또한 물리적 환경에서 서버를 랙에 탑재했던 작업은 가상 서버를 물리 서버에 할당하는 방식으로 대체되었습니다. 가상 서버를 어떤 물리 서버에 할당할지는 가상 서버가 필요로 하는 사양에 따라 달라지는데 원하는 자원을 무리 없이 제공할 수 있는 물리 서버를 선택할 수 있습니다. 이렇게 이전에는 물리적인 요구 사항을 고려하여 작업을 해왔다면 이제는 소프트웨어적인 요구 사항을 고려하여 작업을 하는 방식으로 인프라 구축 방식이 바뀌었다고 보면 됩니다.

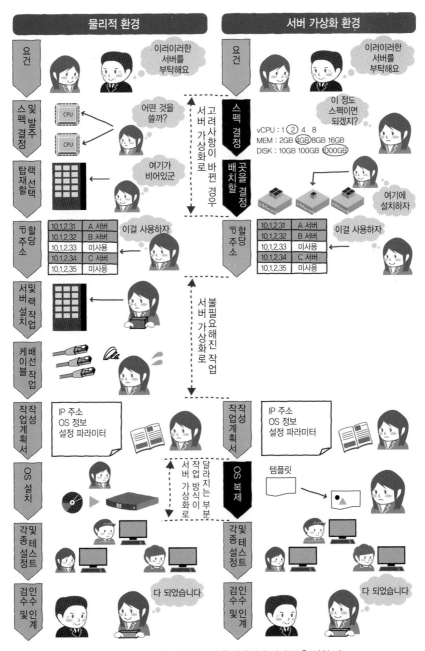

▲ 그림 4.2 물리적 환경과 가상화 환경에서의 서버 구축 작업 비교

작업 절차 자체가 달라진 것도 있는데 예를 들어 물리 서버에서는 OS를 설치할 때 설치 DVD를 넣고 설치와 환경 설정 작업을 한 반면, 최근의 클라우드 환경에서는 필요한 소프트웨어가 이미 설치되고 기본적인 설정까지 완료된 템플릿을 복제해오는 방식으로 설치 작업이 쉽고 간편해졌습니다.

4.1.3 서버 가상화의 장점과 한계

물리적인 환경과 가상화된 환경을 비교할 때 물리적인 장비를 옮기거나 조작하는 일이 없어졌음을 체감할 수 있습니다. 물론 가상화를 위한 기반 인프라 자체를 구축할 때는 물리적인 작업이 필요하지만 [그림 4.2]와 같이 갑작스럽게 서버 증설 요청이 발생하더라도 물리적인 작업은 할 필요가 없습니다. 이렇게 서버 가상화를 위한 기반 인프라를 일단 한번 구축해 두면 향후 발생할 물리적인 작업량이 전체적으로 줄어듭니다.

단, 물리적인 작업이 소프트웨어 작업으로 대체되는 부분을 제외하면 그 이전에 필요한 준비 작업의 양은 줄지 않습니다. '가상 서버의 리소스 구성 방식을 결정한다', '가상 서버가 배치될 물리 장비를 정한다', 'IP 주소를 확보한다', '시스템을 설계하고 작업 계획서를 작성한다' 등은 가상화 유무와는 상관없이 일정한 작업 시간과 노력이 필요한 일이기 때문입니다.

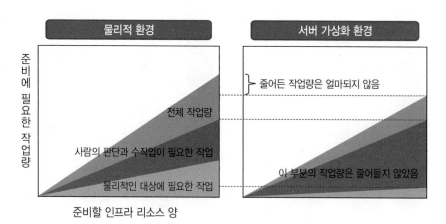

▲ 그림 4.3 서버 가상화로 인한 작업 내용의 변화

이런 작업들의 공통점은 '사람의 판단과 수작업'이 필요하다는 사실입니다. [그림 4.3]에서처럼 물리적인 작업량은 줄어들어도 사람의 판단과 수작업이 필요한 일에는 변화가 없기 때문에 가상화를 도입한다고 하더라도 작업 효율이 계속해서 향상된다고는 볼 수 없습니다. 다음 그림을 보면 가상화를 하더라도 사람의 손길이 필요한 일도 있기 때문에 개선되는 수준에는 어느 정도 한계가 있다는 것을 알 수 있습니다.

여러분이 실제 현업에서 인프라 업무를 경험한 엔지니어라면 서버를 설치하거나 배선을 하는 작업 시간보다 문서를 작성하고 관리를 하는데 더 많은 시간이 걸린다고 느낄 수 있습니다. 비즈니스 환경에서는 IT를 활용한 영역이 점점 넓어짐에 따라 IT 자원의 사용량도 해마다 늘어나서 인프라 관리 인력이 관리하고 운영해야 할 시스템 또한 늘어나게 됩니다. 그러다 보니 인프라 운영면에서는 제한된 인력이 해야 하는 작업을 얼마나, 어떻게 효율적으로 줄일 수 있느냐가 앞으로 풀어야 할 과제입니다.

IT 시스템에서 인프라 운영 인력은 자동차로 치자면 휘발유와 비슷합니다. 아무리 좋은 엔진을 탑재하고 차량의 실내 공간을 안락하고 쾌적하게 설계했다하더라도 휘발유가 급유되지 않으면 이 차는 아무런 소용이 없습니다. 운영할 인원은 더 충원되지 않고 관리해야 할 시스템만 계속 늘어나는 상황에 뭔가 뾰족한 해결 방법은 과연 없는 것일까요?

이러한 문제를 해결하는 데는 클라우드를 사용하는 것이 하나의 해결 방법이 될 수 있습니다. 그리고 여기에는 물리적인 작업량을 효율적으로 줄여주는 클라우드 API의 활용이 큰 역할을 하게 됩니다. 다음 절에서는 클라우드 환경에서의 인프라 구축 과정을 살펴 봅니다. 이제까지 설명한 내용을 염두에 두고 인프라 작업이 어떻게 효율적으로 수행되는지 비교해보면서 읽어나가기 바랍니다.

4.2 클라우드 환경에서의 인프라 구축 작업

이제 클라우드 환경에서의 인프라 구축 작업에 대해 설명합니다. 구축 과정을 보다 더 쉽게 이해할 수 있도록 AWS와 오픈스택을 예로 들어보겠습니다.

4.2.1 클라우드 환경에서 수행하는 작업

우선 서버 가상화 환경과 클라우드 환경에서 서버 구축 작업의 차이를 [그림 4.4]에 표현했습니다.[2] 여기서는 서버 가상화 환경과 클라우드 환경은 이미 준비가 된 것으로 전제합니다. 이 그림을 보면서 서버 가상화 환경에서 '사람의 판단과 수작업'에 해당하는 작업들이 클라우드 환경에서 어떻게 처리되는지 살펴 보겠습니다.

오픈스택의 예

[그림 4.4]를 보면 오픈스택 환경이 서버 가상화 환경보다 작업 절차가 더 간단한 것을 알 수 있습니다. 오픈스택에서의 작업은 크게 세 부분으로 나누어 집니다. 인스턴스 유형에 해당하는 플레이버flavor를 선택하고 설정 스크립트를 작성한 다음, 가상 서버를 생성하는 명령을 실행합니다. 대략적인 작업은 이것으로 끝입니다. 각 과정의 구체적인 내용은 다음과 같습니다.

처음 플레이버를 선택하는 과정은 곧, 생성할 가상 서버의 사양spec을 선택하는 것과 같습니다. 플레이버란 가상 CPU의 개수나 메모리, 가상 디스크의 용량 등을 미리 설정하여 언제든지 재사용할 수 있도록 준비해둔 것으로 '서버 사양의 템플릿' 정도로 이해하면 됩니다. 서버 가상화 환경에서는 이러한 사양을 하나하나 직접 정해야 하지만 클라우드 환경에서는 미리 준비된 플레이버를 선택하기만 하면 됩니다.

---

2 역자 주 : 독자 중에는 가상화 환경과 클라우드 환경을 같은 것으로 인지할 수도 있겠지만 이 책에서는 이 둘을 분명하게 구분하여 설명하고 있으니 읽을 때 혼동하지 않도록 주의하세요.

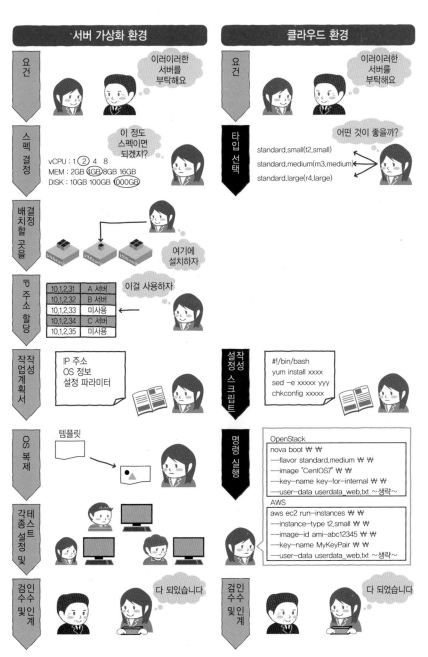

▲ 그림 4.4 서버 가상화 환경과 클라우드 환경 간의 작업 방식의 차이

161

다음은 설정 스크립트를 작성할 차례입니다. 이것은 가상 서버가 기동된 직후에 수행되는 설정 작업을 스크립트 형태로 만든 것으로 최초 기동 시에 일괄 처리하기 위해 만들어집니다. 설정 스크립트에는 추가하고 싶은 패키지의 설치나 설정, 각종 서비스의 자동 실행과 같은 내용들이 포함됩니다. 이때 스크립트의 모든 내용을 반드시 쉘 스크립트로 만들어야 하는 것은 아니고, 경우에 따라서는 스크립트가 또 다른 구성 관리 툴을 실행하거나 설정 내용에 문제가 없는지 테스트하는 툴을 실행하기도 합니다.

이제 플레이버가 선택되었고 설정 스크립트도 옵션으로 지정되었다면 가상 서버를 기동하는 명령을 실행합니다. [그림 4.4]의 예에서는 오픈스택의 nova 명령을 사용하고 있습니다. 이것은 가상 서버의 리소스를 제어하는 명령으로 이 예에서는 새로운 가상 서버를 생성하고 있습니다. 여러 가지 다양한 옵션을 줄 수도 있는데 OS가 기동될 때 사용할 템플릿 이미지나 접속할 가상 네트워크 등을 지정할 수 있습니다.

이렇게 오픈스택을 사용하는 클라우드 환경에서는 앞서 살펴본 세 단계의 작업으로 새로운 가상 서버를 구축할 수 있습니다. 웹 서버를 증설하고 싶은데 마침 같은 사양으로 만들어도 된다면 동일한 방법으로 nova 명령을 실행하면 되고 사양을 바꾸고 싶다면 플레이버를 다른 유형으로 선택하면 됩니다. 한번 만들어진 설정 스크립트는 필요에 따라 수정이나 보완을 하면서 새로운 환경을 구축할 때 활용할 수도 있습니다.

AWS의 예

AWS에서도 오픈스택과 마찬가지로 세 단계의 작업으로 진행됩니다. 우선 서버의 사양을 선택하는 단계를 살펴 보면, 오픈스택의 플레이버flavor에 해당하는 것이 AWS의 인스턴스 유형instance type입니다. 인스턴스 유형이 서버 사양의 템플릿 역할을 한다는 점에서는 오픈스택의 플레이버와 큰 차이가 없지만 리전에 따라 사용 가능한 템플릿이 다르기도 해서 반드시 원하는 사양을 선택할 수 있는 것은 아닙니다. 다음은 서버에 필요한 설정을 적용하는 단계입니다. 쉘shell과 같은 각종 설정 스크립트는 OS상에서 동작하기 때문에 기본적으로는 오픈스택과의 차이는 없습니다. 한편, AWS도 오픈스택과 마찬가지로 서버 기동 시 설정 스크립트를 '-user-data' 옵션에 지정해서 서버 기동 직후, 설정 스크립트가 자동으로 실행되도록 만들 수 있습니다. 마지막 단계는 가상 서버를 기동할 차례입니다. 기동 명령은 'aws ec2 run-instances'를 사용하고 이때 옵션으로 인스턴스 유형과 메타 데이터를 지정하게 됩니다.

4.2.2 클라우드 적용 후 바뀐 점

클라우드 환경을 이용하면 작업 절차가 간소화되고 환경을 효율적으로 구축할 수 있다는 것은 앞의 설명을 통해 알 수 있었습니다. 그렇다면 이런 효율화는 과연 어떤 부분에서 이루어지는 것일까요? 효율화의 핵심은 서버 가상화 환경에서도 언급한 바 있는 '사람의 판단과 수작업'을 얼마나 줄여줄 수 있느냐에 달렸습니다. 클라우드 환경에서는 사람의 판단과 수작업을 자동화해서 프로그램이 대행하도록 하거나, 애당초 그러한 판단 자체를 불필요하게 만들어 효율화를 꾀합니다. 이제 이러한 접근 방법을 염두에 두고 다시 한번 서버 가상화 환경과 클라우드 환경과의 작업 방식의 차이를 살펴 보겠습니다.

가상 서버의 스펙 선택

가상 서버의 스펙을 결정하는 경우, 이전에는 CPU의 개수나 메모리 용량을 자유롭게 정했던 반면, 오픈스택에서는 플레이버flavor라는 일종의 '서버 스펙의 템플릿'을 사용하여 선택의 폭을 제한하고 있습니다. 이 경우 사용자는 제한된 선택지(選擇肢) 안에서 사양을 고르기 때문에 세밀한 부분까진 설정하지 못하지만, 사양을 정하기 위한 의사결정 속도는 월등히 빨라집니다. 즉, 스펙 선택 작업에 필요한 시간을 줄여주어 전체 작업에 효율성을 높여줄 수 있습니다([그림 4.5] 참고).

AWS에서는 서버의 스펙을 정할 때, 오픈스택의 플레이버와 비슷한 인스턴스 유형instance type을 선택합니다. 사용한 단어는 다르지만 이것 역시 가상 서버의 스펙을 템플릿화(化)한 것입니다.

최근에는 서버 리소스의 단가가 극도로 낮아져 귀중한 시간을 할애하면서까지 사양의 세부적인 수치 하나하나를 정하고 확인할 필요가 없어졌습니다. 분명히 시스템 요구 사항에 맞춰 꼼꼼하게 리소스의 할당량을 조정하면 물리적인 리소스를 효율적으로 사용할 수는 있을 것입니다. 하지만 그 효과를 물리적 리소스의 가격으로 나누어서 환산해보면 어떤 결과가 나올까요? 스펙을 검토하기 위해 별도의 시간을 들여야 하는 관리자의 인건비를 생각하면 오히려 불필요한 낭비 요소가 발생하고 있는지도 모릅니다.

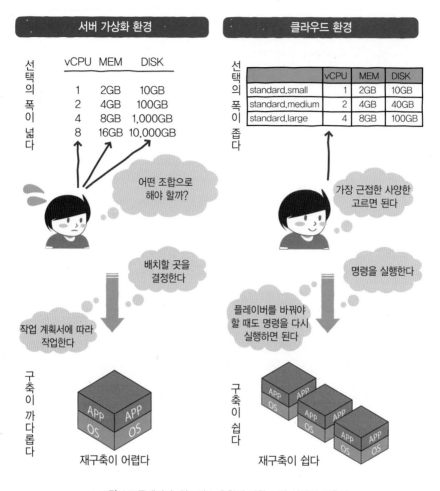

▲ 그림 4.5 플레이버, 인스턴스 유형에 의한 스펙 선택의 효율화

클라우드 환경에서는 사양 선택이 잘못되거나 요구 사항이 바뀌는 상황에서도 시스템을 재구축하는 것이 상대적으로 쉽습니다. 앞서 설명한 것처럼 명령을 실행하기만 하면 가상 서버가 자동으로 구축되어 설령 처음에 선택한 플레이버나 인스턴스 유형이 시스템 요구 사항을 더 이상 충족시키지 못하는 상황이더라도, 요구 사항에 맞는 다른 유형의 플레이버나 인스턴스 유형을 다시 선택해서 시스템을 생성하도록 명령을 내리면 새로운 사양의 시스템 환경을 짧은 시간에 재구축할 수 있습니다.

가상 서버를 배치할 호스트의 결정

서버 가상화 환경에서는 인프라 관리자가 가상 서버를 배치할 호스트를 결정했습니다. 클라우드 환경에서는 가상 서버가 자동으로 배치되어 이러한 관리자의 판단은 필요하지 않습니다.

오픈스택에서는 nova 명령으로 가상 서버를 생성하는데 이때 지정된 플레이버의 가상 서버를 수용할 수 있는 호스트를 자동으로 찾아서 선택합니다. 가용 영역을 지정하는 방법으로는 데이터 센터나 랙 단위의 가용성을 고려하여 가용 영역을 지정할 수 있지만 개별 호스트 단위로 배치하는 방법은 제공하지 않습니다. 즉, 개별 호스트에 대한 구성이나 리소스 사용량 등의 정보는 일반 클라우드 사용자에게는 숨겨져 있기 때문에 특정 서버를 지정하여 선택하는 것이 불가능합니다.

앞에서도 설명했지만 서버의 리소스 단가가 많이 낮아졌기 때문에 물리 서버 각각을 인프라 관리자가 상태를 파악하고 가상 서버 배치가 가능한지 확인하는 것은 비용 대비 효율에서 그리 좋은 방법은 아닙니다. 그래서 이런 작업들은 프로그램으로 하여금 자동적으로 판단하게 만듭니다.

오픈스택의 자동 판단 기능에는 관리 정책에 따른 조건 설정이 가능합니다. 리소스의 사용 상태를 모니터링하면서 배치 가능한 호스트를 찾는 것은 물론이고 오버커밋 overcommit 설정이나 배치 순서(특정 호스트부터 배치할지, 전체에 분산시켜 배치할지), 특정 사용자를 위한 전용 호스트 구성 등 운영 요구 사항에 맞춘 배치 방법을 설정할 수 있습니다.

AWS에서도 개별 호스트를 지정하는 방법은 제공하지 않습니다. AWS에서 운영되는 호스트들은 서비스 제공자인 AWS 측에서만 관리되고 자동 판단하는 메커니즘은 AWS의 내부 구현 방식에 의존하여 일반적인 클라우드 사용자는 이 부분을 의식하지 않아도 됩니다.

IP 주소의 할당

클라우드 환경에서는 IP 주소 할당 작업도 자동화할 수 있습니다. 가상 서버를 접속할 네트워크를 선택하면 사용 가능한 IP 주소가 자동으로 확보되어 서버가 기동될 때 확보된 IP 주소 중 하나가 할당됩니다. 또한 그 가상 서버가 제거되면 할당된 IP 주소를 회수하여 재사용합니다. 이렇게 자동으로 IP 주소를 관리하면 사람의 수고를 덜어줌과 동시에 할당과 회수 과정에서 발생할 수 있는 실수도 줄이는 효과가 있습니다.

과거에는 한번 IP 주소를 할당하면 해당 서버가 불용처리 되기 전까지 그 서버의 전용 IP 주소dedicated IP가 계속 사용된다는 인식이 있었습니다. 하지만 대량의 가상 서버를 사용하는 클라우드 환경에서는 서버의 추가, 삭제가 자주 이루어져 IP 주소를 할당하고 회수하는 작업도 빈번하게 발생합니다. 이 작업을 관리자의 수작업으로 처리한다는 것은 사실상 불가능합니다.

IP 주소가 자동으로 결정되면 사전에 IP 주소를 미리 알 수 없으므로 네트워크 설계가 불가능하지 않을까 의문이 생깁니다. 클라우드에서는 동적 DNS와 같은 메커니즘으로 IP 주소를 추상화하기 때문에 동적으로 IP 주소가 할당되더라도 도메인을 통해 연결이 가능하니 네트워크 설계에는 큰 문제가 되지 않습니다.[3]

설정 스크립트의 작성

클라우드 환경에서는 서버를 설정할 때, 인프라 담당자가 직접 작업하도록 작업 계획서를 만드는 대신, 자동으로 실행되도록 설정 스크립트를 만들게 됩니다.

이 방식은 몇 번이든 재현할 수 있을 뿐 아니라 실수 없이 작업이 된다는 장점이 있습니다. 설정 작업을 스크립트로 자동화하면 같은 작업을 여러 서버에 걸쳐 똑같이 반복해야 할 때, 실수로 특정 서버의 작업을 누락하는 일은 더 이상 발생하지 않을 것입니다. 오픈스택의 경우, 플레이버를 수정해서 재구축해야하는 경우에도 같은 작업을 몇 번이든 반복해서 재현해볼 수 있기 때문에 혹시나 있을 실수에도 안심하고 수정 작업을 할 수 있습니다.

---

3 오픈스택과 AWS에서는 과거의 방식처럼 IP 주소의 수동 할당도 지원합니다.

이렇게 마련된 서버가 제대로 구축되었는지 확인하고 싶을 때는 클라우드는 이런 경우 사용할 수 있는 자동화된 검증 툴을 제공합니다. 스크립트에 문제가 있어서 설정상 오류가 발생하면, 스크립트의 내용을 수정함과 동시에 자동 테스트 항목이 실행되도록 하여 오류가 재발하지 않도록 만들 수 있습니다. 과거에는 서버 관련 변경 작업을 사람이 직접 할 때에는 작업자의 실수를 방지할 수 있도록 작업자를 2인 1조로 투입하여 사고가 나지 않도록 예방했었습니다. 오늘날 이런 작업 방법은 작업 효율성면에서 권장할만한 방법은 아니어서, 크게 문제가 되지 않는 범위에서는 설정 스크립트를 활용한 자동화를 적절히 적용해보는 것이 좋습니다.

가상 서버 생성의 자동화

서버 가상화 환경에서는 템플릿을 복제clone하여 가상 서버를 만드는 작업과 이후에 이루어지는 환경 설정 작업이 따로 분리되어 있습니다. 클라우드 환경에서는 오픈스택의 nova 명령이나 AWS의 ec2 명령으로 이러한 작업들을 일련의 동작으로 연속해서 처리할 수 있습니다. 템플릿을 복제한 후, 가상 서버가 기동되면 미리 옵션으로 설정해둔 스크립트를 실행하게 되고 가상 서버를 배치할 호스트를 선택하거나 IP 주소를 할당하는 작업도 이때 함께 진행할 수 있습니다. 이러한 일련의 작업들은 [그림 4.6]처럼 하나의 명령을 내리면 내부적으로 여러 API들이 호출되는 형태로 구현되어 있습니다. 이렇게 호출되는 클라우드 API들은 과거에 사람이 직접 했던 작업들을 프로그램이 대신하게 하여 작업 효율을 높이는 역할을 합니다.

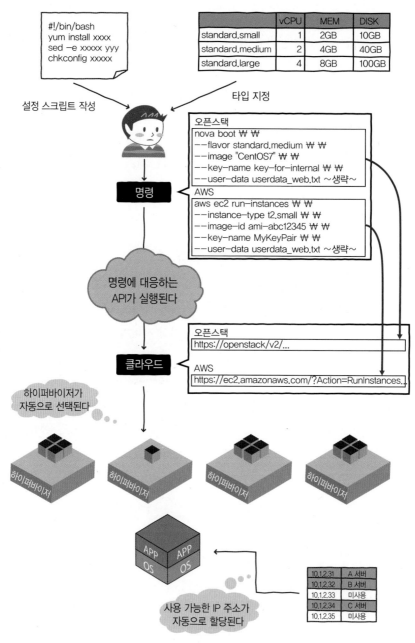

	vCPU	MEM	DISK
standard.small	1	2GB	10GB
standard.medium	2	4GB	40GB
standard.large	4	8GB	100GB

```
#!/bin/bash
yum install xxxx
sed -e xxxxx yyy
chkconfig xxxxx
```

설정 스크립트 작성

타입 지정

명령

오픈스택
```
nova boot ₩ ₩
--flavor standard.medium ₩ ₩
--image "CentOS7" ₩ ₩
--key-name key-for-internal ₩ ₩
--user-data userdata_web.txt ~생략~
```

AWS
```
aws ec2 run-instances ₩ ₩
--instance-type t2.small ₩ ₩
--image-id ami-abc12345 ₩ ₩
--key-name MyKeyPair ₩ ₩
--user-data userdata_web.txt ~생략~
```

명령에 대응하는
API가 실행된다

클라우드

오픈스택
```
https://openstack/v2/...
```

AWS
```
https://ec2.amazonaws.com/?Action=RunInstances.
```

하이퍼바이저가
자동으로 선택된다

하이퍼바이저   하이퍼바이저   하이퍼바이저   하이퍼바이저

APP   APP
OS   OS

사용 가능한 IP 주소가
자동으로 할당된다

10.1.2.31	A 서버
10.1.2.32	B 서버
10.1.2.33	미사용
10.1.2.34	C 서버
10.1.2.35	미사용

▲ 그림 4.6 CLI 명령어를 사용한 API 실행

클라우드 API는 대부분 REST API 형식입니다. HTTP/HTTPS 프로토콜로 통신하되 주고 받는 각종 정보는 JSON 형식입니다. HTTP/HTTPS나 JSON은 프로그램이 취급하기 좋은 형식이라서 API로 처리하기에는 쉽지만, 사람이 직접 다루기엔 다소 불편합니다. 그래서 오픈스택에서는 nova 명령어처럼 사람이 입력하기 쉬운 명령 줄 도구 혹은 커맨드라인 인터페이스(CLI)를 제공하고 그 뒤에서 API가 호출되도록 만들어져 있습니다. 가상 서버를 다루기 위한 nova 명령어, 가상 네트워크를 다루기 위한 neutron 명령어, 블록 스토리지를 다루기 위한 cinder 명령어 등, 조작 대상 리소스별로 명령어가 준비되어 있습니다.

AWS에서는 명령과 API가 비교적 비슷한 이름으로 만들어져 있는데 [그림 4.6]의 'aws ec2 run-instances' 명령어는 EC2 서비스의 RunInstances[4] API에 대응하고 있어서 명령이 실행되면 이 API가 내부적으로 호출되도록 만들어져 있습니다. API는 공개되어 있어서 사용자가 실행할 수 있지만 API가 실행되는 백엔드의 내부 처리는 클라우드 사용자가 보지 못합니다. AWS도 오픈스택과 마찬가지로 서버 생성 API를 호출하기만 하면 머지 않아 바로 사용 가능한 가상 서버가 만들어집니다.

4.2.3 클라우드에 의한 효율화

이와 같이 클라우드 환경에서는 '사람의 판단과 수작업'을 자동화함으로써 과거의 서버 가상화 환경보다 더 효과적으로 작업할 수 있습니다. 그래서 앞서 본 [그림 4.3]은 [그림 4.7]과 같이 개선됩니다.

공개된 공용 클라우드 서비스를 사용한다면 [그림 4.6]의 물리적인 장비에 필요한 작업은 완전히 제거됩니다. 그래서 제한된 수의 엔지니어로 수많은 리소스를 효율적으로 관리하려면 이제까지 살펴본 클라우드의 특성을 잘 살리는 것이 무엇보다 중요합니다.

---

4 역자 주 : http://docs.aws.amazon.com/AWSEC2/latest/APIReference/API_RunInstances.html

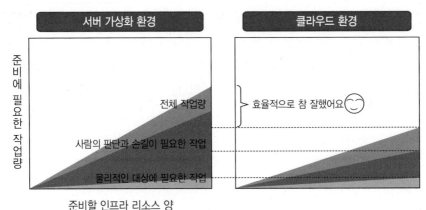

▲ **그림 4.7** 클라우드로 인한 작업 내용의 변화

서버를 구축하는 과정을 예로 들어 이야기를 풀어 보았습니다. 클라우드 환경에서는 스토리지나 네트워크도 이와 유사한 개념과 접근 방법으로 설계되어 있습니다. 스토리지의 경우, 과거의 물리적 스토리지를 설계할 때는 디스크 영역을 확보하기 위해 LUNLogical Unit Number가 필요합니다. RAID 구성이나 LUN을 매핑하는 과정이 필요하고 스토리지 장비마다 제조사의 독자적인 기능이나 설정을 사용하기 위해 사람의 판단과 수작업이 요구됩니다.

클라우드를 사용할 때는 볼륨 용량과 접속할 가상 서버를 지정하기만 하면 됩니다. 볼륨을 제공할 물리적인 스토리지 장비의 선택부터 볼륨을 생성하고 가상 서버와 연결하기까지의 모든 작업이 자동화되어 있기 때문입니다.

네트워크도 마찬가지입니다. 과거의 서버 가상화 환경이라면 가상 서버가 통신할 네트워크마다 VLAN을 구성하고 각각의 물리적 호스트의 네트워크 설정과 네트워크 기기의 설정을 하나하나 맞춰야 했습니다. 하지만 클라우드 환경에서는 사용할 네트워크 세그먼트나 가상 라우터를 지정하기만 하면 기타 다른 설정들은 모두 자동으로 설정되어 네트워크 환경이 갖추어 집니다.

4.3 클라우드 API 활용법

이 장에서는 물리적인 서버 인프라 환경에서 서버 가상화 환경으로, 다시 클라우드 환경으로 이어지는 인프라 환경의 변화에 따라 시스템 구축의 절차나 접근 방식이 어떻게 달라지는지를 살펴 보았습니다. 그러면서 클라우드에서 사용할 수 있는 API의 기능과 역할에 대해서도 함께 다루었습니다.

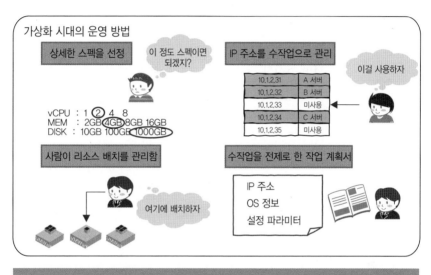

▲ **그림 4.8** 장점을 제대로 살리지 못하는 클라우드의 도입 사례

특히 사람의 판단과 수작업을 효율적으로 대체하는 API의 역할은 상당히 중요한데, 이러한 클라우드 API의 본질을 이해하지 못하고 과거와 같은 방식으로 시스템을 운영한다면 기껏 클라우드를 도입하더라도 그 효용을 제대로 누리지 못할 수 있습니다 ([그림 4.8] 참고). 클라우드를 사용하면서도 IP 주소를 할당하기 위해 관리 대장을 만들어서 관리한다거나, 자동으로 설정할 수 있는 내용을 굳이 작업 계획서에 하나하나 기재하고 수작업으로 처리하는 경우를 예로 들 수 있습니다. 혹시라도 지금 수행하는 작업들 중, 자동화와 효율화에 역행하는 방식으로 일하고 있지는 않은지 시간을 들여 점검해 보아야 합니다.

클라우드 API를 제대로 활용하려면 과거와는 다른 방식으로 생각하고 접근해야 합니다. 물리적 환경 혹은 서버 가상화 환경에서의 경험이 많은 엔지니어일수록 이제까지 해오던 방식을 고수하려는 경향이 강합니다. 우선은 각 API에 대해 무엇을 할 수 있고 어떤 부분을 자동화하거나 효율적으로 이용할 수 있는지 살펴 본 다음, 과거의 방식과는 어떤 차이가 있는지를 차근차근 파악해 가는 것이 좋습니다. 혹은 이미 API를 잘 활용하고 있는 비교적 젊은 엔지니어라면 평소 사용하고 있던 API에 대해 한 발 더 깊게 들어가 그 이면에서 동작하는 원리에 대해 이해해 보는 것도 좋습니다. 그러다 보면 API 각각에 대한 특성을 이해하여 보다 더 효과적으로 활용할 수 있게 될 것입니다.

그런 취지에서 가상 서버, 스토리지, 네트워크와 같은 대표적인 리소스를 조작하는 API에 대해 구체적으로 살펴 보겠습니다. 각 API의 역할은 물론이고 API가 리소스를 조작할 때 그 이면에서는 어떤 일이 벌어지고 있는지에 대해서도 함께 알아봅니다.

서버 리소스를
제어하는 방법

앞에서 서버를 구축하는 과정을 예로 들어 클라우드 API의 역할에 대해 살펴 보았습니다. 이 장에서는 서버 리소스를 제어하는 API에 대해 구체적으로 설명합니다. 오픈스택에서는 Nova와 Glance가, AWS에서는 EC2(Elastic Compute cloud)가 관련 컴포넌트입니다. 클라우드 API는 그 수가 많고 종류도 다양하여 지면 관계상 모든 API를 소개하지는 못합니다. 꼭 다루어야 할 대표적인 것들만 골라서 API의 동작과 그 이면에 숨은 동작 원리를 다룹니다.

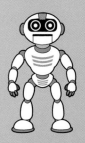

5.1 서버 리소스의 제어를 위한 기본 API

5.1.1 서버 리소스

서버 리소스에는 타입과 이미지라는 구성 요소가 있습니다. 서버 리소스란 이름 그대로 기동하거나 정지하는 서버(가상 서버)를 의미하며 인스턴스라고 부르기도 합니다.

타입이란 리소스의 크기나 속성을 몇 가지 유형으로 정리한 일종의 카탈로그와 같은 것으로 오픈스택 Nova에서는 플레이버flavor, Amazon EC2에서는 인스턴스 유형 instance type이라고 합니다.

이미지란 서버의 기동 이미지로 오픈스택에서는 Glance가, AWS에서는 AMIAmazon Machine Image가 이에 해당합니다.

이러한 리소스들의 연관 관계를 정리해보면 서버는 반드시 하나의 타입과 이미지로 부터 만들어지는 반면, 하나의 타입과 이미지는 여러 개의 서버를 만들 때 사용되는 것을 알 수 있습니다.

5.1.2 서버 리소스와 API

앞 장의 [그림 4.6]에서는 오픈스택 Nova의 CLI에서 nova 명령을 사용하여 가상 서버를 생성하고, 게스트 OS의 설정 작업까지 자동으로 처리하는 것을 예로 들었습니다. 이제 그 명령이 내부적으로 어떤 API들을 호출하는지 그 흐름을 살펴볼 것입니다. nova 명령의 버전에 따라 조금 차이가 있을 수는 있지만 큰 흐름은 [그림 5.1]과 같습니다.

그림의 URL에 포함된 '{identity}'와 '{compute}' 각각은 Keystone과 Nova의 API를 제공하는 엔드포인트의 호스트명 혹은 IP 주소로 대체하면 됩니다. 여기서 Keystone은 오픈스택에서 인증 기능을 제공하는 컴포넌트이고 Nova는 서버 리소스를 제어하는 컴포넌트입니다. 또한 '{tenant_id}', '{server_id}' 부분에는 명령을 실행한 사용자의 테넌트와 가상 머신에 할당된 고유 IDUUID 문자열이 들어갑니다.

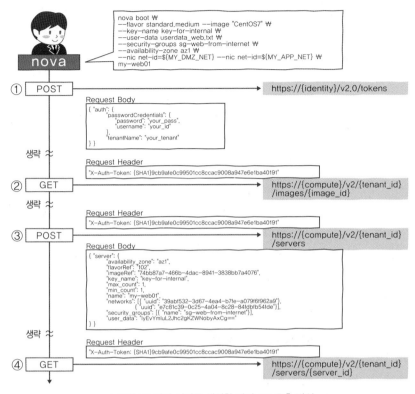

```
nova boot ₩
  --flavor standard.medium --image "CentOS7" ₩
  --key-name key-for-internal ₩
  --user-data userdata_web.txt ₩
  --security-groups sg-web-from-internet ₩
  --availability-zone az1 ₩
  --nic net-id=${MY_DMZ_NET} --nic net-id=${MY_APP_NET} ₩
  my-web01
```

① POST   https://{identity}/v2.0/tokens

Request Body
```
{ "auth": {
     "passwordCredentials": {
          "password": "your_pass",
          "username": "your_id"
     },
     "tenantName": "your_tenant"
} }
```

생략 ≈

Request Header
`"X-Auth-Token: {SHA1}9cb9afe0c99501cc8ccac9008a947e6e1ba40191"`

② GET   https://{compute}/v2/{tenant_id}/images/{image_id}

생략 ≈

Request Header
`"X-Auth-Token: {SHA1}9cb9afe0c99501cc8ccac9008a947e6e1ba40191"`

③ POST   https://{compute}/v2/{tenant_id}/servers

Request Body
```
{ "server": {
     "availability_zone": "az1",
     "flavorRef": "102",
     "imageRef": "74bb87a7-466b-4dac-8941-3838bb7a4076",
     "key_name": "key-for-internal",
     "max_count": 1,
     "min_count": 1,
     "name": "my-web01",
     "networks": [{ "uuid": "39abf532-3d67-4ea4-b7fe-a079f6f962a9"},
                  { "uuid": "e7c81c39-0c25-4a04-8c28-84fdbfb54fde"}],
     "security_groups": [{ "name": "sg-web-from-internet"}],
     "user_data": "IyEvYmluL2Jhc2gKZWNobyAxCg=="
} }
```

생략 ≈

Request Header
`"X-Auth-Token: {SHA1}9cb9afe0c99501cc8ccac9008a947e6e1ba40191"`

④ GET   https://{compute}/v2/{tenant_id}/servers/{server_id}

▲ 그림 5.1 가상 서버를 생성할 때의 API 호출 방식

오픈스택에서는 가상 서버나 네트워크는 물론이고 사용자나 테넌트 등 모든 관리 대상 객체에 고유한 UUID가 부여됩니다. 그래서 API로 제어할 때는 이러한 UUID로 제어할 대상 객체를 지정할 수 있습니다.

Amazon EC2도 이와 비슷한데 각 리소스에 부여된 ID를 API의 조건으로 지정하면 해당 리소스에만 API가 동작하도록 제한할 수 있습니다.

5.1.3 가상 서버를 생성하기 위한 API의 처리 흐름

이제 [그림 5.1]에서 예로 든 nova 명령의 흐름을 따라가면서 API의 동작을 살펴 보겠습니다. 오픈스택의 nova, cinder, neutron과 같은 명령들은 사실 전형적으로 많이 사용되는 API의 사용 패턴들을 하나의 명령으로 모아서 만든 것입니다. 이들 명

령어의 내부를 살펴 보면 API가 호출되는 순서나 사용 방법 등, 외부에서는 볼 수 없는 숨은 동작을 엿볼 수 있습니다.

인증

먼저 'https://{identity}/v2.0/tokens'라는 URI을 POST 방식으로 호출합니다([그림 5.1]의 ① 참고). 참고로 여기서 {identity} 부분에는 Keystone 서비스를 제공하는 서버의 접속 정보가 들어갑니다. 이 API는 사용자를 인증하는 것으로 오픈스택에서는 반드시 처음에 이 과정을 거칩니다. POST로 전송된 데이터를 살펴 보면 인증에 필요한 'username'과 'password'와 같은 정보가 들어있는 것을 알 수 있습니다. 이 API 요청이 성공하면 사용자 측으로는 '토큰'과 '엔드포인트'에 대한 정보가 응답으로 돌아옵니다([그림 5.2] 참고). 인증에 관한 자세한 내용은 9장에서 배웁니다.

토큰은 인증 이후의 각종 처리를 할 때, 인증 정보로 사용하는 문자열입니다. 각종 API를 요청할 때 이 토큰 정보를 함께 전달하게 되는데 [그림 5.1]을 보면 인증 이후의 모든 조작 과정에서 요청 헤더request header에 토큰이 포함되어 있습니다. 엔드포인트는 API를 제공하는 서버의 접점을 URI로 표현한 것인데 오픈스택에서는 서버 리소스를 조작하는 API나 스토리지 리소스를 제어하는 API처럼 기능별로 API들이 분리되어 있고 이렇게 분리된 API들을 제공하는 서버도 제각각 분리되어 있습니다. 이는 곧 기능별로 엔드포인트가 달라진다는 말입니다.

Keystone은 이와 같이 API의 접점 정보들을 엔드포인트로 관리하고 있기 때문에 사용자가 인증에 성공한 후에 접속할 엔드포인트를 알려줄 수 있습니다. 그래서 인증 이후의 URL 호출을 살펴 보면 엔드포인트의 '{identity}'가 '{compute}'로 바뀌어 있는 것을 알 수 있습니다. 이 예에서는 가상 서버를 만드는 것이 목적이므로 서버 리소스를 관리하는 API의 엔드포인트가 'compute'로 바뀌는 것입니다.

Keystone의 엔드포인트는 명령을 실행하는 사용자가 미리 알고 있어야 합니다. 일반적으로 환경 변수에 엔드포인트 정보를 설정한 다음, nova 명령을 사용할 때마다 이 정보를 참조하게 하는 방식이 많이 사용됩니다.

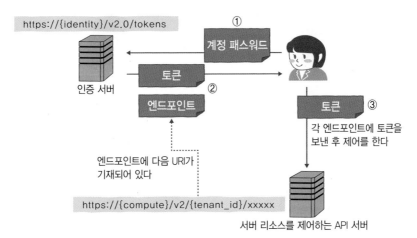

▲ 그림 5.2 인증을 통해 토큰과 엔드포인트 정보 받기

템플릿 이미지의 유효성 검증

다음은 'https://{compute}/v2/{tenant_id}/images/{image_id}'라는 URI을 GET 방식으로 호출합니다([그림 5.1]의 ② 참고). {compute} 부분에는 Nova의 접속 정보가 들어갑니다. URI에 포함된 {image_id}에는 CLI 명령을 실행할 때 옵션으로 설정된 템플릿 이미지의 UUID가 들어갑니다. 이 API는 템플릿 이미지에 대한 정보를 가져오는 역할을 하는데 찾는 이미지가 존재하지 않거나 접근 권한이 없는 경우, 에러로 응답합니다. 이 예에서는 이 기능을 활용해서 해당 템플릿 이미지가 사용 가능한 상태인지 미리 확인하는 용도로 쓰고 있습니다.

실제로는 이 과정을 생략해도 큰 문제는 없으나 지정한 이미지에 문제가 있어 사용할 수 없을 때는 서버를 생성하는 시점에서야 에러가 발생합니다. 가상 서버를 생성할 때는 네트워크 문제나 물리적인 호스트의 용량 부족 등 다양한 이유로 에러가 발생하기도 합니다. 그래서 생성 시점에 발생할 수 있는 여러 장애 상황과 섞이면 나중에 원인을 분석하기 어려워지므로 가능한 한 미리 확인할 수 있는 에러는 사전에 검증하여 에러가 발생할 가능성 자체를 줄이는 것이 좋습니다.

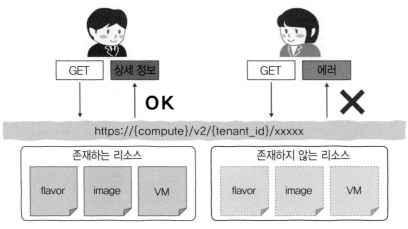

▲ 그림 5.3 API를 사용한 특정 항목의 유효성 검증

특히 이와 같이 간단히 API를 호출하는 것만으로도 확인이 가능할 때는 사전 검증을 해두는 것이 좋은데 이 예에서는 가상 서버를 기동하기 전에 사용할 템플릿 이미지를 미리 확인하고 있습니다. 비슷한 방법으로 지정한 플레이버가 존재하는지, 가상 네트워크가 유효한지도 API로 확인할 수 있습니다([그림 5.3] 참고). API를 사용해서 환경을 제어할 때는 이와 같이 사전 검증을 습관화해두길 권합니다.

가상 서버의 생성

사용하려는 이미지에 대한 유효성 검증이 끝났다면 이제 가상 서버를 생성합니다([그림 5.1]의 ③ 참고). 오픈스택에서 가상 서버를 만들 때는 'https://{compute}/v2/{tenant_id}/servers' URI에 POST 방식을 사용합니다. 이때 요청 바디request body에는 생성할 가상 서버의 조건 정보가 들어 있습니다. 예를 들면 가상 서버의 이름, 플레이버, 템플릿 이미지, 접속할 가상 네트워크, 시큐리티 그룹 등 다양한 정보들이 포함됩니다. 오픈스택은 이러한 정보를 받은 후 응답으로 UUID를 되돌려 보냅니다.

이 시점에서는 아직 가상 서버는 만들어 지지 않은 상태로 단지 '가상 서버를 생성하라'는 요청만 받은 단계입니다. 이후 오픈스택은 요청 받은 내용대로 내부에서 각종 상황 판단을 하면서 가상 서버를 만듭니다([그림 5.4] 참고). 이때 수행되는 상황 판단이나 조건 확인 등은 뒤에 자세히 설명하겠습니다.

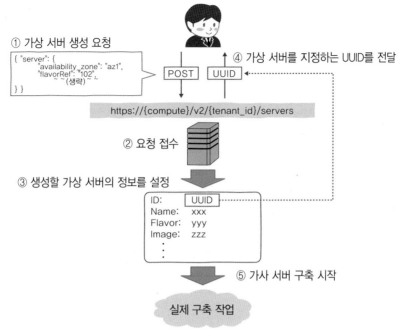

▲ 그림 5.4 생성 요청 접수 후, 생성 작업이 비동기로 처리됨

실제로 오픈스택이나 AWS에서 가상 서버를 만들어 본 독자라면 가상 서버를 생성한다고 명령을 내린 후, 바로 서버가 만들어지지는 않고 수 초에서 수 분 후에 서버가 완성되는 것을 알 수 있습니다. 이런 현상은 API로 생성 요청을 접수하는 처리와 요청에 따라 실제로 가상 서버를 생성하는 처리가 비동기적으로 분리되어 실행되기 때문입니다.

생성된 가상 서버의 상태 확인

마지막으로 생성된 가상 서버의 상태 정보를 받아옵니다([그림 5.1]의 ④ 참고). 이때 사용하는 URI는 'https://{compute}/v2/{tenant_id}/servers/{server_id}'로 '{server_id}'에는 바로 앞에서 가상 서버가 생성된 후, 응답으로 받은 UUID가 들어갑니다. 이 URI를 GET 방식으로 호출하면 해당 가상 서버에 대한 상세 정보를 받을 수 있습니다. 예를 들어 오픈스택의 nova 명령에서는 가상 서버에 대한 생성 요청이 접수된 직후에 이 API를 사용하여 가상 서버의 상태 정보를 받아오고 다음과 같은 정보를 화면에 표시합니다. 단, API를 통해 받은 정보는 원래 JSON 형식으로 되어 있습니다. nova 명령은 친절하게도 사람이 알아 보기 쉽도록 JSON 데이터의 포맷을 아래와 같이 바꾸어 표시해줍니다.

CLI 콘솔 출력 결과

```
+----------------+--------------------------------------+
| Property | Value |
+----------------+--------------------------------------+
... 생략 ...
| accessIPv4 | |
| created | 2015-04-08T06:00:51Z |
| flavor | standard.medium (102) |
| id | 6826f3b9-92a4-468f-aa7c-85f799aa3d74 |
| status | BUILD |
... 생략 ...
```

앞서 설명한 것처럼 가상 서버를 생성하는 API가 실행되더라도 즉시 가상 서버가 만들어지는 것은 아닙니다. 위의 status를 보면 BUILD 상태로 아직까지는 가상 서버를 만들고 있는 중이며 가상 서버에 할당될 IP 주소 정보인 accessIPv4 부분이 아직 비어 있는 것을 알 수 있습니다. 보통은 30초에서 1분 정도 지나면 가상 서버가 만들어지고 IP 주소도 할당됩니다. 이쯤에서 다시 가상 서버의 정보를 가져오는 API인 'GET https://{compute}/v2/{tenant_id}/servers/{server_id}'를 호출하면 아래와 같은 내용이 출력됩니다.

CLI 콘솔 출력 결과

```
+----------------+--------------------------------------+
| Property | Value |
+----------------+--------------------------------------+
... 생략 ...
| accessIPv4 | dmz-net=10.0.0.3, app-net=172.0.0.4 |
| created | 2015-04-08T06:00:51Z |
| flavor | standard.medium (102) |
| id | 6826f3b9-92a4-468f-aa7c-85f799aa3d74 |
| status | ACTIVE |
... 생략 ...
```

클라우드에서는 어떤 리소스의 정보에 변화를 줄 때 POST 방식의 메소드를 사용하고, 기본적으로는 비동기 방식으로 동작한다는 것을 염두에 두어야 합니다. 앞서 가상 머신을 생성한 예에서 본 것처럼 리소스를 제어하려면 여러 가지 다양한 조건을 확인하며 상황을 판단해야 합니다. 따라서 오픈스택에서는 요청을 접수한 시점에 일단 UUID를 응답한 다음, 내부적으로 가상 서버 생성에 필요한 각종 조건을 확인하거나 상황을 판단합니다.

리소스의 정보에는 변화를 주지 않고 단지 해당 정보를 얻어가기만 하는 GET 방식의 메소드를 사용할 경우, 찾는 리소스가 존재하기만 하면 그 즉시 결과를 받아볼 수 있습니다. 그래서 API로 리소스를 제어할 때는 이 두 가지 방법을 조합합니다. 우선, POST로 리소스 제어 요청을 보낸 후 처리가 완료될 때까지 GET을 사용한 리소스 확인을 계속 반복하는 방식이 많이 사용되고 있습니다([그림 5.5] 참고)

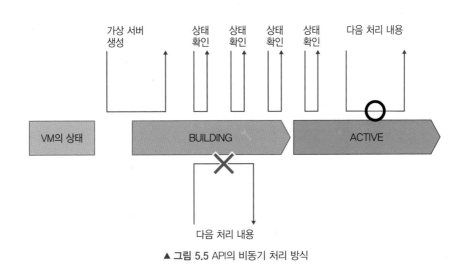

▲ 그림 5.5 API의 비동기 처리 방식

5.1.4 가상 서버의 수명 주기

이미지를 사용해서 가상 서버를 기동하면 클라우드상의 어딘가에 있는 물리 서버에 가상 서버가 실행됩니다. 기동된 서버는 API를 사용해서 정지, 재기동과 같이 상태를 바꿀 수 있고 더 이상 필요가 없어지면 삭제할 수도 있습니다. 가상 서버의 상태를 수명 주기로 표현하면 [그림 5.6]과 같습니다. 참고로 가상 서버의 상태 전이(轉移) 형태는 이 서버가 사용하는 서비스가 무엇이냐에 따라 약간의 차이가 있기도 합니다 (예: 블록 스토리지의 사용 유무). 수명 주기에 대해 더 자세히 확인하려면 각 클라우드 서비스의 매뉴얼을 참고하기 바랍니다.[1]

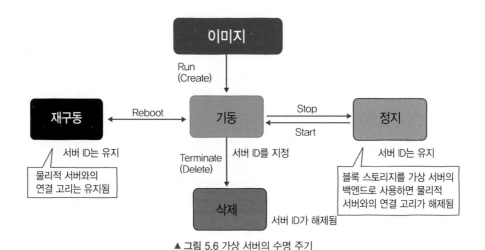

▲ 그림 5.6 가상 서버의 수명 주기

---

1 역자 주 : AWS: http://docs.aws.amazon.com/ko_kr/AWSEC2/latest/UserGuide/ec2-instance-lifecycle.html
   OpenStack: http://docs.openstack.org/developer/nova/vmstates.html

5.1.5 메타 데이터와 사용자 데이터

메타 데이터와 사용자 데이터는 가상 서버의 환경 설정에 활용되는 데이터입니다. 우선 메타 데이터에는 생성된 서버에 대한 관리 정보나 사용자가 임의로 정한 데이터가 들어 있습니다. 참고로 AWS에서는 가상 서버의 로컬 IP 주소를 통해서 메타 데이터를 확인할 수 있습니다.[2] 3장에서 소개한 curl 명령을 예로 든다면 AWS에서는 'curl http://OOO.OOO.OOO.OOO/latest/meta-data/***'와 같이 서버 내부에서 CLI를 통해 메타 데이터를 확인할 수 있습니다. 이때 'OOO.OOO.OOO.OOO' 부분은 해당 서버의 로컬 IP 주소를, 'latest' 부분은 메타 데이터의 버전으로 날짜 형식이 들어가면 되는데 문자열 'latest'가 사용된다면 가장 최신 정보를 사용한다는 의미입니다. 그리고 '/***' 부분은 인스턴스 ID와 같은 리소스를 지정하면 됩니다.

오픈스택에서는 오픈스택 고유의 메타 데이터와 Amazon EC2와 호환되는 메타 데이터의 두 가지 중, 하나를 선택해서 사용할 수 있습니다. Amazon EC2 호환 메타 데이터를 사용한다면 위와 같은 형식의 명령을 사용하면 되고 오픈스택 고유의 메타 데이터를 사용하는 경우에는 '/latest' 부분을 '/openstack'을 포함하는 버전 표기로 바꿔 'curl http://OOO.OOO.OOO.OOO/openstack/2009-04-04/meta-data/***'와 같이 호출하면 됩니다.

메타 데이터는 서버별로 따로 만들어지고 여러 개의 서버가 같은 메타 데이터를 공유하지는 못합니다. 메타 데이터는 주로 각종 프로그램의 파라미터로 활용되는데 주로 자동화 스크립트나 구성 관리 정보에 활용됩니다.

메타 데이터가 생성된 가상 서버에 대한 정보를 제공한다면, 사용자 데이터는 가상 서버에 액션을 실행해야 할 때 사용합니다. 대표적인 사용 예로는 쉘 스크립트가 있습니다. [그림 5.7]의 쉘 스크립트에서는 'yum update -y httpd'로 아파치 웹 서버Apache HTTPD를 설치하고 'service httpd start'로 웹 서버를 기동하는 내용이 기재되어 있습니다. 이렇게 만든 쉘 스크립트를 가상 서버가 실행하도록 만들고 싶다면, 가상 서버를 기동하는 API를 호출할 때, 쉘 스크립트의 경로와 파일명을 옵션에 지정해주면 됩니다.

---

2 역자 주 : http://docs.aws.amazon.com/ko_kr/AWSEC2/latest/UserGuide/ec2-instance-metadata.html

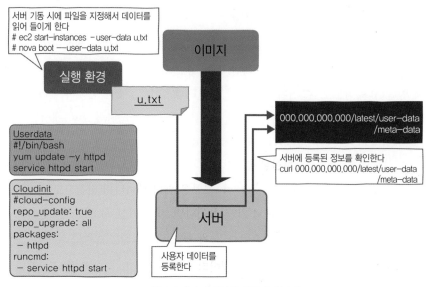

서버 기동 시에 파일을 지정해서 데이터를
읽어 들이게 한다
ec2 start-instances -user-data u.txt
nova boot —user-data u.txt

실행 환경

u.txt

이미지

000.000.000.000/latest/user-data
/meta-data

서버에 등록된 정보를 확인한다
curl 000.000.000.000/latest/user-data
/meta-data

Userdata
#!/bin/bash
yum update -y httpd
service httpd start

Cloudinit
#cloud-config
repo_update: true
repo_upgrade: all
packages:
 - httpd
runcmd:
 - service httpd start

서버

사용자 데이터를
등록한다

▲ 그림 5.7 메타 데이터와 사용자 데이터

이렇게 사용자 데이터에 직접 명령을 기재하는 방법도 있지만 처리량이 많아지면 관리나 제어가 점점 더 복잡해질 수 있기 때문에 오픈스택이나 AWS에서는 Cloud-init[3]이라는 툴을 사용해서 설정 내용을 룰Rule처럼 정의하기도 합니다.

이 방법을 사용하기 위해서는 [그림 5.7]과 같이 '#cloud-config'로 갱신 방법을 정의한 후, 'packages:'로 패키지를 지정하고(예: httpd), 'runcmd:'로 실행할 명령을 지정하면 됩니다(예: service httpd start). 이렇게 룰 기반으로 정의하게 되면 패키지 목록이나 실행 명령을 한눈에 파악할 수 있고 향후 유지보수도 쉬워집니다.

5.1.6 이미지 생성과 공유

이미지란 가상 머신의 템플릿 이미지를 의미합니다. 이미 기동된 서버에서도 이미지를 추출하여 만들 수 있습니다.

---

3 http://cloudinit.readthedocs.org

오픈스택 Nova에는 가상 서버에서 이미지를 만드는 API가 있는데 URI로는 'https://{compute}/v2/{tenant_id}/servers/{server_id}/action'을 사용하면 됩니다. 참고로 {tenant_id}에는 테넌트 ID를, {server_id} 에는 서버 ID를, 요청 바디request body에는 'Create Image'를 담아서 호출하면 됩니다. 그러면 해당 서버의 이미지가 만들어지고 이미지 ID가 부여됩니다. 이렇게 만들어진 이미지는 오픈스택의 이미지 서비스로 관리되는데 이 서비스를 글랜스Glance라고 부릅니다.[4] URI로는 'https://{image_service}/v2/images/{image_id}'를 사용하고 GET 방식으로 실행하면 해당 이미지 정보를 얻어올 수 있습니다. 이때, '{image_service}' 부분에는 글랜스의 접속 정보가 들어가고 '{image_id}' 부분에는 정보를 알고 싶은 이미지의 ID가 들어갑니다. 이미지 정보에는 디스크 포맷이나 디바이스 매핑과 같은 구성 정보들이 포함되어 있는데 특이한 점은 정보의 공개 여부를 결정하는 속성이 있어서 다른 테넌트의 사용자에게 공개할지 여부를 결정할 수 있습니다. 정보 공개를 하도록 설정한다면 다른 테넌트의 사용자도 이 이미지를 사용할 수 있게 되고 여러 테넌트와 공유하면서 이미지를 주고 받을 수도 있습니다.

AWS에서도 'CreateImage'[5] API에 인스턴스 ID를 지정하여 기동 중인 서버의 이미지를 만들 수 있고 'DescribeImages'[6] API로 이미지 정보를 얻어올 수 있습니다.

5.1.7 VM 이미지 가져오기

이제까지 클라우드 환경에서 기동 중인 가상 서버로부터 이미지를 생성하는 방법을 살펴 보았는데 경우에 따라서는 다른 서버 가상 환경의 가상 머신이나 다른 클라우드 환경의 이미지를 사용하고 싶을 수도 있습니다. 이런 경우를 위해 클라우드에서는 이미지를 임포트import하는 API를 제공합니다.

오픈스택에서는 기동 중인 서버에서 이미지를 만들 때 Nova의 API를 사용했는데 글랜스의 'Create an image'[7]를 사용하면 다른 가상 이미지 파일로부터 새로운 이

---

4 역자 주 : http://docs.openstack.org/developer/glance/

5 역자 주 : http://docs.aws.amazon.com/AWSEC2/latest/APIReference/API_CreateImage.html

6 역자 주 : http://docs.aws.amazon.com/AWSEC2/latest/APIReference/API_DescribeImages.html

7 역자 주 : http://developer.openstack.org/api-ref/image/v2/index.html?expanded=create-an-image-detail#images

미지를 만드는 것이 가능합니다. URI로 'https://{image_service}/v2/images/'를 사용하고 쿼리 파라미터의 container_format에 AMIAmazon Machine Images나 OVFOpen Virtualization Format를, disk_format에 VMDKVirtual Machine Disk나 VHDVirtual Hard Disk를 지정한 다음 POST 방식으로 실행하면 서버 가상 환경이나 AWS의 이미지를 오픈스택의 이미지로 등록할 수 있습니다.

AWS에서는 'ImportImage'[8], 'ImportInstance'[9], 'ImportVolume'[10]과 같이 VM을 임포트하는 API가 제공됩니다. 'ImportImage'는 가상 머신 템플릿을 AMI로 등록하는 API입니다. 'ImportInstance'는 AMI를 등록하고 서버 기동까지 한번에 해치우는 API입니다. 'ImportVolume'은 볼륨이 분할되어 있는 경우 볼륨 단위로 임포트할 때 사용합니다.

오픈스택, AWS 모두 일단 이미지로 등록하는 것이 문제가 없었다면 이 이미지를 사용해서 서버를 기동하는 것도 가능합니다. 이러한 처리 과정을 [그림 5.8]에 간단히 표현했습니다. 참고로 다음 그림에서 {image_service}는 글랜스의 접속 정보가, {compute}는 Nova의 접속 정보가 들어갑니다.

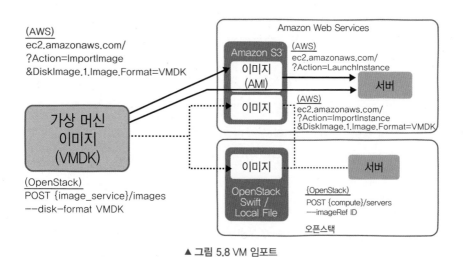

▲ 그림 5.8 VM 임포트

8 역자 주 : http://docs.aws.amazon.com/AWSEC2/latest/APIReference/API_ImportImage.html

9 역자 주 : http://docs.aws.amazon.com/AWSEC2/latest/APIReference/API_ImportInstance.html

10 역자 주 : http://docs.aws.amazon.com/AWSEC2/latest/APIReference/API_ImportVolume.html

5.2 서버 리소스의 내부 구성

앞 절까지는 가상 서버를 생성하기 위해 API를 실행하는 과정까지만 살펴 보았습니다. 이후 클라우드 내부에서는 실제로 가상 서버를 만드는 작업들이 보이지 않게 진행됩니다. 이 절에서는 이렇게 사용자가 보지 못하는 내부 동작에 대해 오픈스택 Nova를 예로 들어 설명합니다. 이 내용은 [그림 5.4]의 ⑤번 이후의 동작에 해당합니다.

5.2.1 가상 서버가 생성되기까지의 처리 흐름

[그림 5.9]는 API를 통해 가상 서버의 생성 요청을 접수한 후, 오픈스택 내부에서 벌어지는 처리 내용들을 도식화한 것입니다. 실제로는 이보다 더 복잡하게 처리되지만 큰 흐름을 파악할 수 있도록 주요 동작만 표현하고 세부적인 내용은 적절히 생략했습니다.

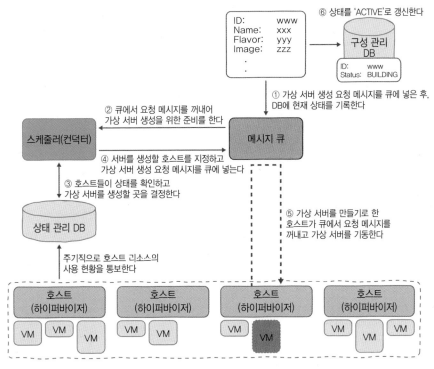

▲ 그림 5.9 가상 서버가 생성되기까지의 처리 흐름

가상 서버 생성 요청을 메시지 큐에 넣기

가상 서버를 생성하는 API가 실행되면 일단 큐에 메시지를 넣어 비동기로 처리합니다. 오픈스택 내부에서는 모든 처리가 이 메시지 큐를 통해 이루어집니다. 많은 서버들이 메시지를 효율적으로 주고 받도록 중계하는 오픈스택의 핵심 미들웨어로 AMQPAdvanced Message Queuing Protocol[11]라는 표준 프로토콜을 사용합니다. 가상 서버 생성 요청이 큐에 들어가는 시점에 생성할 가상 서버의 구성 정보와 상태 정보가 구성 관리 데이터베이스에 저장됩니다. 이 정보는 'GET https://{compute}/v2/{tenant_id}/servers/{server_id}'를 통해 확인할 수 있습니다. 여기서 {compute}는 Nova의 접속 정보가, {tenant_id}에는 테넌트 ID가, {server_id}에는 확인하고 싶은 가상 서버의 ID가 들어갑니다. 이 시점에서 가상 서버의 상태 정보는 'Status: BUILDING'으로 아직 서버를 생성 중이라는 의미입니다.

스케줄러에 요청 전달하기

메시지 큐에 들어간 생성 요청 메시지는 스케줄러, 혹은 컨덕터Conductor라고 부르는 프로세스가 꺼냅니다. 이후 가상 서버를 생성하기 위한 처리를 시작합니다. 이렇게 스케줄러 프로세스를 다중화하여 처리하면 가용성이 높아지는 효과가 있습니다. 여러 개의 스케줄러가 동시에 동작하는 상황에서도 하나의 요청은 반드시 한 개의 스케줄러가 처리합니다. 요청이 폭주할 때는 여러 개의 스케줄러로 분산 처리됩니다. 오픈스택은 대규모 환경에서 운영되는 것을 감안하여 설계되어 있기 때문에 이러한 가용성과 성능 향상을 고려한 매커니즘이 잘 갖추어져 있습니다.

가상 서버를 기동할 호스트 결정하기

오픈스택은 여러 개의 호스트(하이퍼바이저)를 큰 덩어리로 묶고 그 위에 가상 서버 같은 리소스를 배치합니다. 이때 어느 호스트에 가상 서버를 배치할 것인가 결정하는 규칙이 중요합니다. 과거에는 가상 서버를 배치할 호스트를 관리자가 직접 결정했지만 오픈스택은 이 부분이 자동으로 처리됩니다.

---

11 서로 다른 플랫폼 간의 메시지 교환을 위해 만들어진 애플리케이션 계층의 개방형 표준 프로토콜입니다.

오픈스택은 내부의 '상태 관리 데이터베이스'에 각 호스트들의 리소스 사용 상태를 기록하고 이 정보를 주기적으로 갱신합니다. 스케줄러는 메시지 큐에서 가상 서버를 생성해달라는 메시지를 꺼낸 후, 상태 관리 데이터베이스의 정보를 보고 가상 서버에 필요한 리소스를 가진 호스트를 찾습니다. 가상 서버를 기동할만한 호스트가 없다면 오류가 발생하게 되고 구성 관리 데이터베이스의 가상 서버 상태는 'ERROR'로 기록됩니다.

스케줄러가 호스트를 선택할 때는 기본 항목으로 CPU 코어 개수와 메모리 용량 등을 고려합니다. 오픈스택을 직접 구축해서 운영하고 있다면 이런 판단 기준을 관리자가 자유롭게 설정할 수 있어서 보다 복잡한 조건을 걸어줄 수 있습니다. 스케줄링 기능 역시 사용 환경에 따라 다양한 설정이 가능합니다. 이 부분에 대해 자세히 알고 싶다면 오픈스택 공식 문서 중 'Configuration Guides'의 스케줄러 부분을 참고하기 바랍니다.[12]

호스트에 가상 서버 기동을 지시하기

스케줄러가 가상 서버를 기동할 호스트를 결정했다면 이제 그 호스트에 가상 서버를 기동하도록 지시합니다. 기동 지시 메시지는 메시지 큐에 들어가는데 참고로 메시지가 전달되는 방법으로는 임의의 1대가 메시지를 받는 방식과 특정한 1대가 메시지를 받는 방식이 있습니다.

메시지 수신과 가상 서버의 생성하기

메시지 큐를 통해 가상 서버 기동 지시를 받은 호스트는 드디어 가상 서버를 만들기 시작합니다. 이때는 가상 서버를 생성하는 것 이외에도 기동할 템플릿 이미지를 가져오고 가상 서버에 할당할 IP 주소를 확보하는 작업, 지정한 네트워크로 접속하기 위한 준비 등의 다양한 작업들이 처리됩니다. 템플릿 이미지를 찾을 수 없거나 가상 네트워크 설정에 실패하는 등, 가상 서버 생성을 하지 못한 경우에는 구성 관리 데이터베이스의 상태 정보가 'ERROR'로 기록됩니다.

---

12 역자 주 : http://docs.openstack.org/mitaka/config-reference/compute/scheduler.html

가상 서버의 상태 갱신하기

가상 서버를 생성하고 기동까지 성공했다면 구성 관리 데이터베이스의 상태를
'ACTIVE'로 갱신합니다. 사용자는 API를 통해 가상 서버의 생성 상태를 확인할 수
있어서 작업에 대한 최종적인 성공 여부를 판단할 수 있습니다.

5.2.2 그 외의 API

지금까지 가상 머신을 만드는 과정을 살펴 보았습니다. 오픈스택에는 그 외에도 많은
API들이 있는데 이 API들을 사용할 때 공통된 패턴이 있습니다. 예를 들어 GET 방
식을 사용하는 API는 사용자로부터 요청 받은 정보를 구성 관리 데이터베이스에서
찾은 다음 응답으로 알려줍니다. POST와 PUT, DELETE 방식을 사용하는 API는
요청이 들어오면 처리를 끝낸 후, 응답하는 것이 아니라 일단 메시지 큐에 요청을 넣
고 처리 완료 여부와 상관없이 사용자에게 응답합니다. 이때, 실제로는 비동기 방식
으로 처리되고 그 결과는 최종적으로 구성 관리 데이터베이스에 반영됩니다. 사용자
는 이후 결과를 확인하기 위해 GET 방식으로 API를 호출하여 상태를 확인합니다.

즉, 클라우드의 API들은 대체로 GET 방식이면 바로 결과를 응답합니다. POST나
PUT, DELETE 방식을 사용하는 API인 경우 비동기로 처리하며, 이후 결과 확인을 위
해 정기적으로 GET 방식 호출을 통해 결과를 확인하는 공통 패턴을 가지고 있습니다.

5.2.3 서버 리소스를 제어할 때의 주의사항

이 장에서는 가상 서버를 생성하는 것을 예로 들어 서버 리소스를 조작하는 API와 그
이면에서 동작하는 내부 동작에 대해 살펴 보았습니다. 이 과정에서 다양한 내부 처
리들이 비동기적으로 진행되기 때문에 API 실행 자체가 성공했다 하더라도 이후에
진행되는 처리에서 에러가 발생할 수 있습니다. 이런 내부 동작을 이해하지 못한 상
태에서 자동화 처리를 하다 보면 예상치 못한 오동작에 어려움을 겪기도 합니다.

가령 가상 서버를 생성한 직후, 바로 다음 처리를 하려 하면 대부분 아직 서버가 완성되지 않았기 때문에 [그림 5.5]와 같은 에러가 발생합니다. 가상 서버 생성 API 외에도 특정 리소스의 상태를 갱신하는 API들은 모두 비슷한 상황이 생깁니다. 이러한 오류를 피하려면 API를 호출 전과 호출한 후의 상태가 의도한 상태인지 확인해야 합니다.

API를 실행할 때마다 그 결과를 확인하는 것이 번거로운 작업이라 생각할 수 있습니다. 그럴 때는 상태 확인용 API를 미리 만들어 필요한 시점에 자동 호출되도록 설정해두면, 사람이 직접 관리할 때 발생하는 실수들을 미연에 방지할 수 있을 뿐만 아니라 같은 작업을 몇 번이든 반복하게도 만드는 것도 가능합니다.

이 장 이후부터는 스토리지와 네트워크를 조작하는 API에 대해 설명합니다. API의 사용법뿐만 아니라 그 이면에서 동작하는 작동 방식까지 모두 이해하여 보다 잘 구성된 시스템을 구축하는데 도움이 되길 바랍니다.

5.3 서버 리소스의 컴포넌트

마지막으로 서버와 관련된 리소스들의 관계를 ER 다이어그램으로 정리했습니다([그림 5.10], [그림 5.11] 참고). 집필 시점의 관계라 조금씩 차이가 발생할 수는 있지만 서버와 서버의 타입, 이미지와의 관계가 주요한 근간(根幹)이 됩니다. 요컨대 서버는 하나의 타입, 하나의 이미지와 연관 관계를 갖는다는 것이 핵심입니다.

서버 리소스는 가상화 기술을 사용해본 사람에게는 비교적 이해가 쉬운 내용입니다. 혹시 가상화 기술이 아직 생소한 독자가 있다면 이 부분만큼은 확실하게 개념을 잡고 가기 바랍니다.

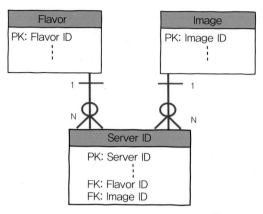

▲ 그림 5.10 오픈스택 Nova의 리소스 맵[13]

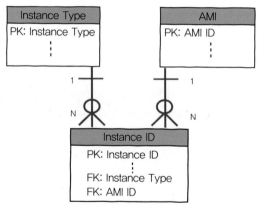

▲ 그림 5.11 Amazon EC2의 리소스 맵[14]

13, 14 역자 주 : 리소스 맵은 관계를 추상적으로 표현한 것으로 실제 구현된 내용과는 다를 수 있습니다.

블록 스토리지 리소스를 제어하는 방법

이 장에서는 블록 스토리지 리소스를 제어하는 API를 사용하는 방법과 내부적인 동작 원리에 대해 설명합니다. 오픈스택에서는 Cinder, AWS에서는 EBS(Elastic Block Store)가 블록 스토리지에 해당합니다. 블록 스토리지는 그 자체만으로는 단순한 저장 공간에 불과하여 서버에 연결되어야만 제대로 사용할 수 있습니다. 이 장에서는 클라우드상의 가상 시비와 블록 스토리지를 연결하는 내용을 중심으로 살펴 봅니다. 참고로 앞서 다룬 가상 서버의 조작과 중복된 내용은 생략하므로 혹시 이전 장을 건너뛰고 이 장을 바로 보고 있다면 앞 장을 먼저 살펴 보기를 권합니다.

6.1 블록 스토리지 리소스의 제어를 위한 기본 API

6.1.1 블록 스토리지 리소스

블록 스토리지 리소스는 크게 볼륨과 스냅샷의 두 종류로 구분됩니다. 볼륨은 실제로 서버에 연결되는 디스크를 의미하고 휘발되지 않고 영속적으로 보관되는 특징이 있습니다. 휘발되지 않는다는 말은 디스크가 물리적으로 삭제되거나 고장이 나지 않는 한 데이터가 지워지지 않는다는 의미로 서버가 꺼져도 데이터는 사라지지 않습니다. 디스크 중에는 2장에서도 다룬 이페머럴ephemeral 디스크라는 휘발성 디스크도 있는 데 이것은 가상 서버 타입을 선택할 때부터 함께 제공되는 것이라 서버 리소스 서비스에 기본적으로 포함되어 있습니다.[1]

스냅샷은 볼륨을 복제한 것으로 스냅샷 자체로는 서버에 직접 연결해서 쓰지 못합니다. 서버에 사용하려면 일단 스냅샷을 다시 볼륨으로 복원한 후, 서버에 연결해야 합니다. 스냅샷은 주로 백업이나 데이터를 이행할 때 사용되는데 이 데이터가 어디에 저장되는지에 대해서는 뒤에서 자세히 다루겠습니다.

6.1.2 블록 스토리지와 API

이미 기동 중인 서버가 있는데 디스크 용량이 부족하여 외부 디스크를 추가해야 하는 상황을 가정해봅니다([그림 6.1] 참고). 과거의 물리적 인프라 환경에서는 스토리지를 증설하거나 설정하기가 상당히 까다로웠습니다. 스토리지 장치에 디스크 영역(볼륨)을 만들기 위해서는 그 스토리지의 전용 명령이나 소프트웨어를 사용해야만 했고, 가상 머신과 연결할 때도 LUNLogical Unit Number[2]과 WWNWorld Wide Name[3]을 매핑하는 등의 스토리지 고유의 설정 작업이 필요했습니다. 그렇다면 클라우드 환경에서는 이러한 작업들을 어떻게 하는 것일까요?

---

1 역자 주 : AWS에서는 인스턴스 유형에 따라 루트 디바이스 볼륨이 다를 수 있습니다. 인스턴스 스토어와 EBS가 있는데 인스턴스 스토어가 이페머럴 디스크에, EBS가 블록 스토리지에 해당합니다.
   http://docs.aws.amazon.com/ko_kr/AWSEC2/latest/UserGuide/RootDeviceStorage.html
2 스토리지 안의 영역을 식별하기 위한 번호
3 스토리지 에어리어 네트워크(SAN: Storage Area Network)의 디바이스를 식별하기 위한 구분자

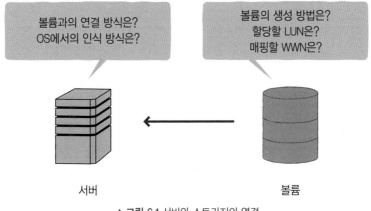

▲ 그림 6.1 서버와 스토리지의 연결

오픈스택에서 블록 스토리지를 제어할 때는 볼륨을 다루기 위한 'cinder' 명령과 가상 서버를 다루기 위한 'nova' 명령을 사용합니다. 이들 명령을 사용하면 그 내부에서 오픈스택의 각종 API들이 실행됩니다.

[그림 6.2]에서는 실제로 볼륨을 생성하는 명령을 예로 들었습니다. cinder 명령으로 10GB 크기의 볼륨을 만든 후, nova 명령으로 가상 서버에 생성된 볼륨을 연결했습니다. 과거의 물리적인 인프라 환경이었다면 [그림 6.1]과 같이 여러 가지 고려해야 할 사항들이 많았겠지만 클라우드에서는 단 두 개의 명령으로 간단히 처리할 수 있습니다.

AWS에서 블록 스토리지는 EBSElastic Block Store인데 이 스토리지를 제어하는 명령은 'ec2' 명령에 포함되어 있습니다. 오픈스택과 마찬가지로 명령을 실행하면 그 내부에서 AWS의 각종 API들이 실행됩니다. 이제 이 API들에 대해 살펴 보겠습니다.

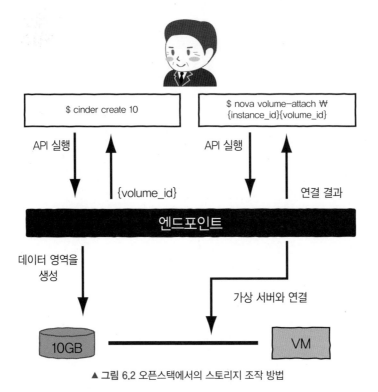

▲ 그림 6.2 오픈스택에서의 스토리지 조작 방법

6.1.3 블록 스토리지를 제어하기 위한 API의 처리 흐름

API의 처리 흐름은 [그림 6.3]과 같습니다. 이 그림을 사용해서 API의 전체적인 흐름과 역할에 대해서 설명하는데, 앞 장에서 다룬 인증이나 검증에 관련된 부분은 생략하고 스토리지 제어에 관한 것만 다루겠습니다.

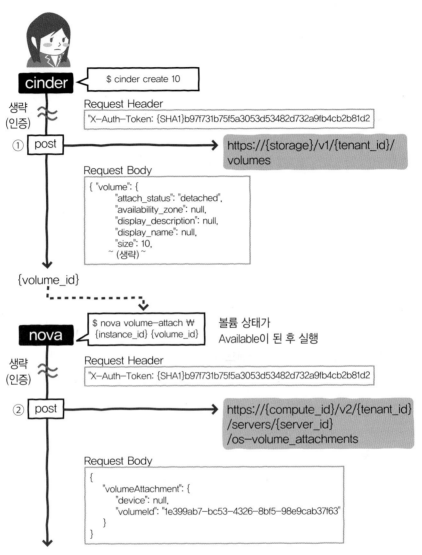

$ cinder create 10

cinder

생략
(인증)

Request Header

"X-Auth-Token: {SHA1}b97f731b75f5a3053d53482d732a9fb4cb2b81d2"

① post → https://{storage}/v1/{tenant_id}/volumes

Request Body

```
{ "volume": {
        "attach_status": "detached",
        "availability_zone": null,
        "display_description": null,
        "display_name": null,
        "size": 10,
    ~ (생략) ~
```

{volume_id}

nova

$ nova volume-attach ₩
{instance_id} {volume_id}

볼륨 상태가
Available이 된 후 실행

생략
(인증)

Request Header

"X-Auth-Token: {SHA1}b97f731b75f5a3053d53482d732a9fb4cb2b81d2"

② post → https://{compute_id}/v2/{tenant_id}
/servers/{server_id}
/os-volume_attachments

Request Body

```
{
    "volumeAttachment": {
        "device": null,
        "volumeId": "1e399ab7-bc53-4326-8bf5-98e9cab37f63"
    }
}
```

▲ 그림 6.3 볼륨 제어 시 실행되는 API

볼륨의 생성

오픈스택을 사용하는 경우를 예로 들겠습니다. 우선, Keystone의 API로 인증이 성공하면 Cinder에서 'https://{storage}/v2/{tenant_id}/volumes'를 POST 방식으로 호출하고 그 결과 10GB의 볼륨이 만들어집니다([그림 6.3]의 ① 참고). POST 방식으로 호출할 때는 여러 가지 다양한 옵션을 전달할 수 있는데 간단히 생성할 용량 정보만 전달할 수도 있습니다. 여기서 사용한 URI의 'storage' 부분에는 스토리지 API를 제공하는 Cinder의 접속 정보가 들어갑니다. 참고로 앞 장에서는 이 부분이 'compute'로 되어 있어서 Nova를 가리키고 있었습니다. 오픈스택에서는 서버와 블록 스토리지의 리소스가 각각 Nova와 Cinder로 서로 다른 서비스로 만들어져 있기 때문에 API가 실행되는 엔드포인트가 다를 수 있습니다. 한편, 사용자는 오픈스택 내부의 실제 물리적인 스토리지 장치에 대해서는 알 필요가 없습니다([그림 6.4] 참고). 스토리지에는 여러 가지 다양한 제품이 있지만 이와는 상관없이 API 실행 시 주어진 옵션(용량)에 따라 적절한 볼륨이 생성됩니다. 이때 사용자에게는 생성된 볼륨의 UUID 정보가 전달되는데 이러한 동작 방식은 대부분의 API에서 공통적으로 사용되는 패턴입니다. 실제로는 백엔드의 기능이 추상화되고 세부적인 처리는 숨겨지기 때문에 사용자 관점에서는 API의 사용법만 익히면 인프라 구성을 어렵지 않게 할 수 있습니다.

이때 실행한 API는 POST 방식을 사용한 리소스 제어이기 때문에 가상 서버를 제어할 때와 마찬가지로 비동기로 처리됩니다. 그렇다고 POST 방식이 모두 비동기식으로 호출되지는 않습니다. 일단 볼륨이 생성 요청이 완료되면 사용자에게 UUID 정보가 전달되는데 아직 이 시점에서는 볼륨이 다 만들어지지 않았을 수 있습니다. [그림 6.3]과 같이 볼륨의 상태가 'Available'이 되는 것을 확인한 후에야 다음 처리로 넘어갑니다. 볼륨의 상태는 가상 서버의 상태 확인과 비슷하게 GET 방식으로 'https://{storage}/v2/{tenant_id}/volumes/{volume_id}'를 호출하면 됩니다. 이때 '{storage}' 부분에는 Cinder의 접속 정보를, '{tenant_id}'에는 테넌트 ID를, '{volumne_id}' 부분에는 생성 요청 후 응답 받은 UUID를 넣습니다.

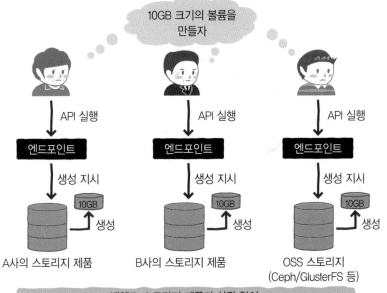

▲ 그림 6.4 스토리지 제품 간의 차이를 API로 은폐하기

Amazon EBS를 사용할 경우에는 가상 서버와 블록 스토리지가 같은 EC2 서비스에 포함되어 있기 때문에 API를 제공하는 엔드포인트가 동일합니다. 볼륨을 생성할 때는 'CreateVolume'[4] API를 사용하게 되는데 그 결과 고유한 볼륨 ID가 응답으로 되돌아 옵니다. 이후 볼륨의 상태를 확인할 때는 이 볼륨 ID를 쿼리 파라미터로 지정하여 'DescribeVolumes'[5] API를 실행하면 됩니다.

볼륨과 가상 서버의 연결

볼륨이 만들어졌다면 이제 볼륨을 가상 서버와 연결해야 합니다. 이런 작업을 다른 말로 '어태치attach한다'고 합니다. 오픈스택에서는 'https://{compute}/v2/

---

4 역자 주 : http://docs.aws.amazon.com/ko_kr/AWSEC2/latest/APIReference/API_CreateVolume.html

5 역자 주 : http://docs.aws.amazon.com/ko_kr/AWSEC2/latest/APIReference/API_DescribeVolumes.html

{tenant_id}/servers/{server_id}/os-volume_attachments'를 POST 방식으로 호출합니다([그림 6.3]의 ② 참고). 이때 '{compute}' 부분에는 Nova의 접속 정보를, '{tenant_id}'에는 테넌트 ID를, '{server_id}'에는 가상 서버 ID를 넣고 연결할 볼륨의 UUID 정보는 요청 바디request body를 통해 함께 전달합니다.

볼륨을 연결하기 위해 해야 할 일은 이것으로 끝입니다. 이후 작업은 오픈스택 내부에서 가상 서버와 볼륨이 자동으로 연결되고 그 결과 가상 서버에서 볼륨 디스크를 사용할 수 있게 됩니다. 단, 이 조작은 POST 방식으로 요청되어 비동기로 처리된다는 사실을 주의해야 합니다. API 호출 직후에 응답이 왔다고 하더라도 그 시점에서는 아직 연결이 완전히 끝난 상태가 아닐 수 있습니다. 그래서 다음 처리를 계속하기 전에 'https://{storage}/v2/{tenant_id}/volumes/{volume_id}'를 GET 방식으로 호출하여 연결 처리가 완료되었는지 상태를 확인해볼 필요가 있습니다.

볼륨과 가상 서버의 연결이 실패했다면 에러 상태를 보고 성공 여부를 확인할 수 있습니다. 에러가 발생할 수 있는 원인은 다양한데 그 중에서도 자주 발생하는 유형은 서버와 볼륨이 서로 다른 가용 영역에 만들어진 경우입니다. 이 경우는 서로 다른 가용 영역의 서버와 볼륨이 억지로 서로를 연결하려고 시도하다 에러가 나는 것으로 오픈스택과 AWS 둘 다 이런 접근을 허용하지 않습니다. 참고로 오픈스택에서는 이런 경우, 다음과 같은 에러를 표시합니다.

```
ERROR (BadRequest): Invalid volume: Instance and volume not in same
availability_zone (HTTP 400) (Request-ID: req-383ebb0a-c50b-484e-ba98-
0b014fcd9fc0)
```

AWS에서도 오픈스택과 마찬가지로 볼륨을 연결할 때 가상 서버를 대상으로 'AttachVolume'[6] API를 실행합니다. 이때 가상 서버를 지정하는 인스턴스 ID와 볼륨을 지정하는 볼륨 ID, 디바이스명을 쿼리 파라미터로 전달합니다.

---

6 역자 주 : http://docs.aws.amazon.com/ko_kr/AWSEC2/latest/APIReference/API_AttachVolume.html

6.1.4 볼륨 타입

블록 스토리지의 백엔드는 물리적 디스크입니다. 그래서 디스크의 특성과 설정에 따라 I/O 특성도 달라집니다. 클라우드 환경에서는 볼륨 타입이라는 카테고리로 명시적으로 선택할 수 있습니다([그림 6.5] 참고).

오픈스택의 Cinder에서는 이러한 물리적인 매핑 정보를 'cinder.conf'라는 설정 파일에서 관리합니다. 예를 들어 백엔드 스토리지가 리눅스Linux LVMLogical Volume Management[7]와 GlusterFS[8]로 구성되어 있으면 각각을 활성화하기 위해 'enabled_backends=lvm,gluster'라고 선언하고 드라이버를 설정합니다. 다음은 논리적인 매핑을 위해 볼륨 타입을 정의합니다. 'https://{storage}/v2/{tenant_id}/types'을 POST 방식으로 호출하면 볼륨 타입이 만들어지고 'https://{storage}/v2/{tenant_id}/types/{volume_type_id}'를 PUT 방식으로 호출하되, volume_type 파라미터에 볼륨 타입을, extra_specs 파라미터에 백엔드를 정의하면 매핑이 이루어집니다. 그 후, 볼륨을 생성하기 위해 'https://{storage}/v2/{tenant_id}/volumes' API를 POST 방식으로 실행할 때 volume_type 파라미터에 타입을 지정하면 해당 타입으로 볼륨이 생성됩니다.

Amazon EBS를 사용하는 경우에는 물리적인 디스크의 사양 정보가 사용자에게 노출되지 않습니다. 그래서 AWS가 미리 정의해둔 디스크 타입에서 볼륨을 선택해야 합니다. Magnetics 타입을 시작으로 범용적인 SSD(GP2), 혹은 IOPS를 지정할 수 있는 Provisioned IOPS까지 모두 세 종류의 블록 스토리지 중에서 원하는 것을 고를 수 있습니다.[9]

---

7 역자 주 : https://en.wikipedia.org/wiki/Logical_Volume_Manager_(Linux)

8 역자 주 : https://www.gluster.org/

9 2015년 후반 기준

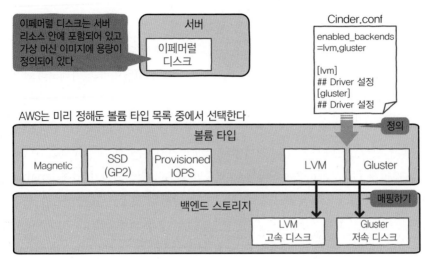

▲ 그림 6.5 볼륨 타입

6.1.5 볼륨 사이즈

볼륨 사이즈는 볼륨을 생성할 때 결정합니다([그림 6.6] 참고). 오픈스택 Cinder에서는 앞서 설명한 'Create Volume'[10] API의 size 파라미터로, AWS에도 비슷하게 'CreateVolume'[11] API의 size 파라미터로 GB단위로 지정할 수 있습니다. 단, 블록 디바이스의 특성상 가상 서버의 OS에서 파일 시스템으로 인식되는 용량까지만 사용 가능합니다. 예를 들어 1TB 디스크를 연결attach시켰다고 하더라도 파일 시스템에서 500GB만 할당했다면 가상 서버의 OS에서는 500GB만 사용할 수 있습니다. 리눅스의 ext4 파일 시스템이라면 resize2fs 명령으로 용량을 늘리거나 줄일 수 있습니다. 오픈스택에서는 볼륨의 용량을 변경하고 싶을 때 URI로 'https://{storage}/v2/{tenant_id}/volumes/{volume_id}/action'를 사용하고 new_size 파라미터를 설정한 다음 POST 방식으로 요청하면 됩니다.

---

10 역자 주 : http://developer.openstack.org/api-ref/block-storage/v2/index.html?expanded=create-volume-detail#volumes-volumes

11 역자 주 : http://docs.aws.amazon.com/ko_kr/AWSEC2/latest/APIReference/API_CreateVolume.html

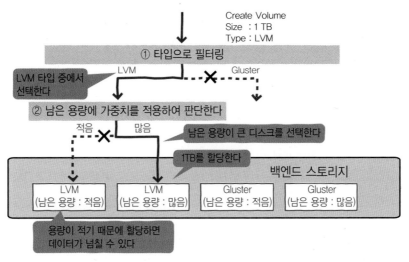

▲ 그림 6.6 볼륨 사이즈

볼륨은 디바이스 단위로 연결되기 때문에 OS에서 여러 디바이스를 사용한 소프트웨어 RAID를 구성할 수도 있습니다. 리눅스에서는 여러 개의 볼륨을 서버에 연결attach한 상태에서 mdadm[12] 명령으로 소프트웨어 RAID를 구성합니다.

여기서 한 가지, 볼륨의 용량은 무한이 아니라는 점을 주의해야 합니다. 우선 오픈스택 Cinder에서는 백엔드 스토리지의 남은 용량에 따라 증설 용량이 제한됩니다. 하나의 볼륨은 반드시 하나의 백엔드 스토리지에 매칭되기 때문에 용량을 지정하는 단위를 조금 작게 잡게 잡아주어야 스토리지의 용량을 효율적으로 활용할 수 있습니다. 오픈스택 Cinder에서는 내부적으로 Cinder Scheduler가 백엔드 스토리지를 결정하는데 이때 조건으로 필터와 백엔드 스토리지의 남은 용량에 가중치를 적용한 값을 사용합니다. 필터에는 볼륨 타입이나 사이즈 상한 값 등을 적용할 수 있습니다.

남은 용량에 대한 가중치 값은 스토리지의 남은 용량이 클수록 큰 값이 나오는 비용 함수와 관리자가 지정하는 가중치 승수를 곱해서 산출됩니다. 특별히 변경하지 않는 한, 가중치 승수(乘數)는 1이어서 보통은 남은 용량이 큰 백엔드 스토리지가 우선 선택됩니다.

---

12 역자 주 : https://en.wikipedia.org/wiki/Mdadm

Amazon EBS인 경우, 서비스에 따라 상한 값이 정해져 있는데 Magnetic 타입을 제외하고는 하나의 EBS 볼륨당 16TB 용량이 상한 값으로 설정되어 있습니다.[13]

6.1.6 스루풋, IOPS, SR-IOV

클라우드 환경에서는 가상 서버 리소스가 블록 스토리지로 접근하기 위해 네트워크를 통과해야 합니다.[14] 그래서 백엔드 스토리지 자체의 성능도 중요하지만 가상 서버에서 블록 스토리지까지 연결되는 네트워크의 성능 역시 중요합니다. 이때 성능이 어느 정도인지 가늠하기 위한 지표로는 스루풋(초당 전송 대역), IOPS(초당 Input과 Output의 횟수)를 사용합니다[15]([그림 6.7] 참고).

오픈스택 Cinder에서는 QoSQuality of Service 설정과 관련된 리소스가 있어서 'https://{storage}/v2/{tenant_id}/qos-specs'을 POST로 실행하면 QoS가 만들어지고 이에 대한 UUID가 응답으로 되돌아 옵니다. QoS를 설정하는 항목인 qos_specs중에는 total_iops_sec이라는 IOPS 설정 파라미터와 total_bytes_sec이라는 스루풋 설정 파라미터가 있습니다. 'total_'로 시작하는 파라미터는 읽기read와 쓰기write를 합산한 값이 들어가는데 'total_'가 들어가는 부분을 'read_'와 'write_'로 바꾸면 각각 읽기와 쓰기에 대한 개별 설정을 할 수 있습니다. 그 외에도 'https://{storage}/v2/{tenant_id}/qos-specs/{qos_id}/associate'에 볼륨 타입을 지정하는 파라미터 vol_type_id를 설정한 후, GET을 실행하면 QoS와 볼륨 타입을 매핑할 수 있습니다. 이때 '{qos_id}' 부분에는 앞서 설정된 QoS의 UUID를 넣습니다. 이때 중요한 것은 QoS와 볼륨을 매핑할 때는 개별 볼륨과 매핑되는 것이 아니라 볼륨 타입과 매핑된다는 것입니다. 그래서 QoS를 더 상세하게 정의하려면 먼저 볼륨 타입을 더 세부적으로 정의해야 합니다. 당연한 이야기이지만 설정한 IOPS나 스루풋이 반영되려면 백엔드 스토리지의 성능이나 네트워크의 물리적인 사양이 이를 충분히 뒷받침할 수 있어야 합니다.

---

13 2015년 후반 시점의 사양

14 역자 주 : 이에 반해 2장에서 소개한 이페머럴 스토리지는 서버 리소스에 직접 연결된 것과 같은 형태입니다.
　• http://docs.aws.amazon.com/ko_kr/AWSEC2/latest/UserGuide/Storage.html

15 블록 스토리지의 성능 분석에 대한 기본적인 내용을 익히고 싶다면 《絵で見てわかるシステムパフォーマンス》(翔泳社、ISBN 978-4-7981-3460-4)를 참고하기 바랍니다.

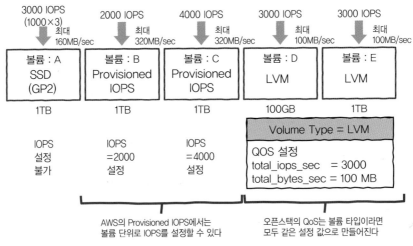

3000 IOPS (1000×3) ↓ 최대 160MB/sec	2000 IOPS ↓ 최대 320MB/sec	4000 IOPS ↓ 최대 320MB/sec	3000 IOPS ↓ 최대 100MB/sec	3000 IOPS ↓ 최대 100MB/sec
볼륨 : A SSD (GP2)	볼륨 : B Provisioned IOPS	볼륨 : C Provisioned IOPS	볼륨 : D LVM	볼륨 : E LVM
1TB	1TB	1TB	100GB	1TB
IOPS 설정 불가	IOPS =2000 설정	IOPS =4000 설정		

Volume Type = LVM

QOS 설정
total_iops_sec = 3000
total_bytes_sec = 100 MB

AWS의 Provisioned IOPS에서는
볼륨 단위로 IOPS를 설정할 수 있다

오픈스택의 QoS는 볼륨 타입이라면
모두 같은 설정 값으로 만들어진다

▲ 그림 6.7 스루풋, IOPS

Amazon EBS를 사용하는 경우, 앞서 설명한 것처럼 IOPS가 볼륨 타입에 따라 달라집니다. Magnetics타입은 평균 100 IOPS 정도, SSD타입은 기가Giga 단위 용량의 3배가 기본이라 최대 10,000 IOPS까지 나옵니다. 처음 일정 기간 동안은 3,000 IOPS를 보장하는 특징이 있습니다.[16]

보통 SSD 타입에서 IOPS를 올리고 싶다면, 용량을 많이 할당하여 IOPS를 높이는 방법을 쓰기도 합니다. 단, 3TB를 넘어서면 IOPS가 상한에 이르러 더 이상 늘어나지 않으므로 이미 3TB까지 늘린 상태라면 볼륨 용량을 더 늘리기보다는 볼륨을 분할하는 것이 IOPS면에서 더 유리합니다. Provisioned IOPS 타입에서는 IOPS 값을 'CreateVolume'[17] API의 IOPS 파라미터로 직접 설정할 수 있습니다. 설정한 값에서 더하기, 빼기 10%의 범위를 99.9% 보장한다고 사양에 정의되어 있습니다. 다만 이 설정도 용량의 10배까지만 설정할 수 있고, 용량이 2TB이하라면 최대 20,000 IOPS까지 설정할 수 있습니다.

---

16 Credit이라고 하며 용량에 따라 기간이 길어집니다(2015년 후반 기준).

17 역자 주 : http://docs.aws.amazon.com/ko_kr/AWSEC2/latest/APIReference/API_CreateVolume.html

스루풋의 상한 값에 대해서는 2015년 후반 시점의 사양에 따르면 볼륨에서는 변경할 수 없고 볼륨 타입에 따라 달라집니다. Magnetics 타입은 초당 40~90MB, SSD 타입에서는 초당 160MB, Provisioned IOPS 타입에서는 초당 320MB 정도가 나옵니다. 볼륨을 대량으로 연결attach시킴으로써 전체적인 스루풋을 향상시킬 수는 있지만 거꾸로 서버 측의 네트워크에 병목이 걸릴 수도 있습니다. Amazon EC2에서는 인스턴스 유형에 따라 최대 스루풋이 결정됩니다. 만약 Amazon EC2의 스루풋 제한 때문에 병목이 발생하고 있다면 인스턴스 유형을 좀 더 상위의 것으로 바꿔줄 필요가 있습니다.

블록 스토리지는 네트워크를 경유해서 접근하기 때문에 시스템의 구성 방식이 원인이 되어 병목이 발생할 수도 있습니다.

병목이 발생하거나 성능을 개선해야 한다면 대부분 앞서 설명한 것과 같은 방법으로 IOPS나 스루풋을 튜닝하면 되지만 서버 측에서 SR-IOVSingle Root I/O Virtualization을 활용해야 할 때도 있습니다. SR-IOV는 가상화된 환경에서 여러 대의 가상 머신이 하이퍼바이저를 통해 처리하던 것을 [그림 6.8]과 같이 PCI 디바이스가 처리하도록 만들어 하이퍼바이저에서 발생할 수 있는 병목을 제거하는 기법입니다. 단, 이 기법은 SR-IOV를 지원하는 네트워크 카드와 Intel VT-d, 혹은 AMD IOMMU 확장을 지원하는 호스트 하드웨어(혹은 인스턴스 유형), 가상 장비에 할당하기 위한 PCI 어드레스 등이 필요합니다. 상세한 내용은 다음 문서를 참고하기 바랍니다.

- 오픈스택에서 SR-IOV 활성화하기
  http://docs.openstack.org/networking-guide/adv_config_sriov.html
- AWS에서 SR-IOV 활성화하기
  http://docs.aws.amazon.com/AWSEC2/latest/UserGuide/enhanced-networking.html

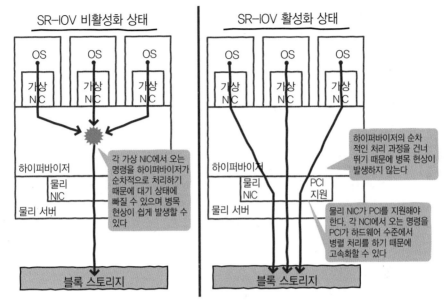

SR-IOV 비활성화 상태

OS OS OS

가상 NIC 가상 NIC 가상 NIC

하이퍼바이저

물리 NIC

물리 서버

각 가상 NIC에서 오는 명령을 하이퍼바이저가 순차적으로 처리하기 때문에 대기 상태에 빠질 수 있으며 병목 현상이 쉽게 발생할 수 있다

블록 스토리지

SR-IOV 활성화 상태

OS OS OS

가상 NIC 가상 NIC 가상 NIC

하이퍼바이저

물리 NIC PCI 지원

물리 서버

하이퍼바이저의 순차 적인 처리 과정을 건너 뛰기 때문에 병목 현상이 발생하지 않는다

물리 NIC가 PCI를 지원해야 한다. 각 NCI에서 오는 명령을 PCI가 하드웨어 수준에서 병렬 처리를 하기 때문에 고속화할 수 있다

블록 스토리지

▲ 그림 6.8 SR-IOV

6.1.7 스냅샷, 백업, 클론

스냅샷snapshot이란 특정 시점에 볼륨에 기록된 블록 단위의 데이터를 보존하는 것으로 저장 속도가 상당히 빠른 것이 특징입니다. 백업backup은 볼륨에 저장된 데이터를 내구성이 높은 오브젝트 스토리지에 보존하는 것이고 클론clone은 볼륨을 직접 복제하는 것입니다. 이 중, 오브젝트 스토리지에 대해서는 10장에서 자세히 다룹니다.

오픈스택 Cinder로 예를 들어보겠습니다([그림 6.9] 참고). 스냅샷은 기존의 볼륨에서 만들어서 URI 'https://{storage}/v2/{tenant_id}/snapshots'를 POST 방식으로 호출하되 volume_id라는 파라미터에 스냅샷을 뜰 볼륨의 UUID를 설정하면 됩니다. 클론은 앞서 설명한 'Create volume'[18] API를 사용하는데 source_volid 파라미터에 원본 볼륨의 UUID를 설정합니다.

---

18 역자 주 : http://developer.openstack.org/api-ref/block-storage/v2/index.html?expanded=create-volume-detail#volumes-volumes

Amazon EBS에서는 스냅샷을 만들기 위해 'CreateSnapshot'[19] API를 실행하는데 내부적으로는 Amazon S3에 저장되어 사실상 백업을 하는 것과 같은 효과가 납니다.[20] 참고로 Amazon EBS의 스냅샷은 블록 수준에서 만들어져서 같은 볼륨에 대해 두 번 이상 스냅샷을 만들면 앞에서 만든 블록에 대한 변경된 부분만 S3에 보내집니다. 변경된 내용이 적을수록 백업 처리는 빨라지고 최종적으로 S3에 저장되는 형태는 처음 저장된 내용에서 바뀐 부분까지 병합하여 만들어집니다. 클론에 해당하는 기능은 2015년 시점에서는 AWS에 존재하지 않기 때문에 일단 스냅샷을 한번 만든다음, 그 스냅샷에서 블록을 생성하는 방법을 사용해야 합니다. 대신 AWS에는 스냅샷을 복제하는 기능이 있는데 리전을 넘나들면서 복제할 수 있습니다. Amazon EBS에서는 스냅샷을 기준으로 모두 처리하는데 AMIAmazon Machine Image를 공개하는 것처럼 스냅샷도 공개할 수 있습니다. 실제로 AWS에서는 누구나 무료로 이용 가능한 다양한 공개 데이터셋을 스냅샷 형태로 제공하고 있는데 다음에서 확인 가능합니다.

- https://aws.amazon.com/datasets

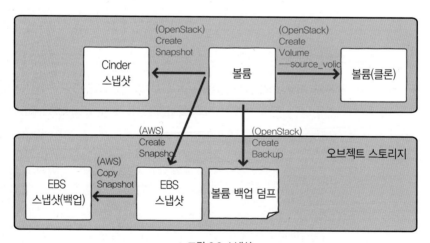

▲ 그림 6.9 스냅샷

---

19 역자 주 : http://docs.aws.amazon.com/ko_kr/AWSEC2/latest/APIReference/API_CreateSnapshot.html

20 10장에서도 소개합니다만 Amazon S3는 버킷(Bucket)이라는 통 안에 파일을 저장합니다. 다만 스냅샷은 내부적으로만 S3를 사용하기 때문에 버킷 안에서 스냅샷 파일을 찾아볼 수는 없습니다. 만약 S3에 저장된 스냅샷 정보가 필요하다면 'DescribeSnapshot' API를 사용해야 합니다.

6.1.8 스냅샷과 이미지의 관계

블록 스토리지가 내구성이 좋다 보니 루트root 볼륨에 이페머럴 스토리지를 사용하지 않고 블록 스토리지를 대신 사용하는 경우가 종종 있습니다.[21] 이미 서버를 구동하는 방법에 대해 몇 가지 방법을 익혔습니다만 5장에서 살펴본 이미지를 이용해서 가상 머신을 기동하는 방법과 2장에서 살펴본 블록 스토리지를 이용해서 가상 머신을 기동하는 방법에는 어떤 차이가 있는 것일까요?

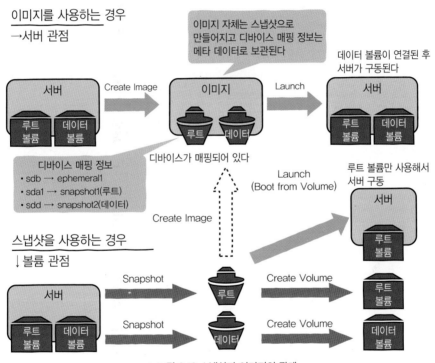

▲ 그림 6.10 스냅샷과 이미지의 관계

21 역자 주 : 이페머럴 스토리지를 AWS에서는 '인스턴스 스토어'라고 하는데 엄격히 말하면 인스턴스 스토어도 블록 수준의 스토리지입니다. 이 책에서 이페머럴 스토리지와 블록 스토리지라고 말하는 것은 AWS에서는 인스턴스 스토어와 EBS라고 이해하면 됩니다.

이미지에서 기동하는 방식과 스냅샷에서 기동하는 방식은 얼핏 보면 서로 비슷해 보입니다. 자세히 보면 이미지는 서버를 기동할 때 사용되는 반면, 스냅샷은 볼륨을 기동할 때 사용된다는 차이가 있습니다([그림 6.10] 참고). 단순히 루트 볼륨 하나만으로 리눅스 서버를 기동한다면 스냅샷을 사용한 경우나 이미지를 사용한 방법이 크게 다르지 않습니다. 다만, 이미지를 사용한 방법은 여러 개의 스냅샷을 함께 다루며 블록 디바이스와의 매핑 관계도 정의할 수 있습니다. 이미지를 사용해서 가상 머신을 기동시키면 블록 디바이스를 매핑한 내용에 따라 여러 개의 스냅샷을 원하는 마운트 포인트에 연결attach 시켜서 가상 서버를 만들 수 있습니다.[22]

6.2 블록 스토리지의 내부 구성

볼륨을 생성할 때 실제로 처리되는 내용은 앞 장에서 본 [그림 5.9]와 거의 비슷합니다. API를 통해 요청이 들어오면 우선 메시지 큐에 요청 메시지를 넣은 후, 스케줄러가 요청 메시지를 꺼내 어떤 스토리지에 볼륨을 생성할지 판단한 다음 다시 메시지 큐에 요청 메시지를 넣습니다. 이번에는 스토리지를 제어하는 에이전트가 메시지 큐에서 요청 메시지를 꺼낸 다음 실제 볼륨 생성 작업을 합니다. 5장에서 살펴 본 내용과의 차이는 단지 생성하는 대상이 가상 서버냐, 볼륨이냐의 차이에 불과합니다.

가상 서버와 볼륨을 연결하는 API는 조금 다른 방식으로 동작합니다. 이 둘을 연결하려면 가상 서버와 스토리지 각각의 API를 연계해야 하기 때문입니다. 여기서는 서로 다른 리소스를 연계하는 경우를 오픈스택을 예로 들어 살펴 봅니다.

6.2.1 가상 서버와 블록 스토리지의 연결

가상 서버와 볼륨을 연결하는 API가 호출될 때 오픈스택 내부에서 벌어지는 작업들은 [그림 6.11]과 같습니다. 사용자는 가상 서버와 볼륨을 연결하기 위해 가상 서버

---

22 역자 주 : http://docs.aws.amazon.com/ko_kr/AWSEC2/latest/UserGuide/block-device-mapping-concepts.html

를 제어하는 API인 'https://{compute}/'를 호출합니다. API를 통해 연결 요청이 접수되면 일단 메시지 큐에 요청 메시지를 넣게 되고, 이후 스케줄러가 하이퍼바이저를 선택하고 그 하이퍼바이저가 연결 처리를 하게 됩니다.

좀 더 구체적으로 살펴 보면 각 하이퍼바이저 안에는 오픈스택 에이전트가 실행되고 있으며 이 에이전트 프로세스가 큐에 등록된 연결 요청 메시지를 꺼내갑니다. 이때, 하나의 하이퍼바이저에서 끝낼 수 있는 작업이라면 에이전트가 그 하이퍼바이저에서 작업을 처리하게 합니다. 이번 예와 같이 하이퍼바이저 외에도 스토리지와 연결해야 하는 경우라면 블록 스토리지 리소스를 제어하는 엔드포인트를 통해 API를 호출하여 서버와 스토리지의 연결에 필요한 일종의 협상 과정을 시작하게 됩니다.

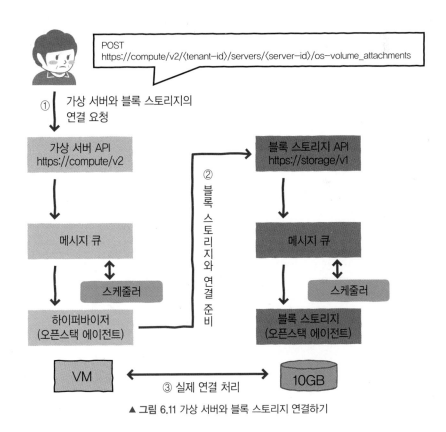

▲ 그림 6.11 가상 서버와 블록 스토리지 연결하기

[그림 6.11]의 ② 부분이 스토리지 연결 요청을 받은 에이전트가 연결 작업을 위한 협상을 하는 부분으로, 스토리지를 제어하기 위해 'https://{storage}/'로 API를 실행하고 있는 것을 알 수 있습니다. 요청을 받은 엔드포인트는 지정된 볼륨을 연결할 수 있도록 준비 작업을 하는데 가상 서버와 볼륨, 각각의 준비가 완료되면 이 둘을 연결합니다. 이와 같이 오픈스택의 API는 사용자만 사용하는 것이 아니라 리소스와 리소스 간의 연계에서 발생하는 자동화된 협상 과정에서도 사용됩니다.

6.2.2 서로 다른 인프라 리소스 간의 자동 협상

앞에서 설명한 자동 협상 과정의 API들에 대해 좀 더 깊게 파보겠습니다. 이 과정의 API 흐름을 [그림 6.12]로 표현했습니다. 이 그림에서는 가상 서버와 스토리지의 연결 요청 API가 실행된 후, 그 요청을 하이퍼바이저의 에이전트가 접수한 부분부터 시작합니다. 이후에 실행되는 API는 모두 동일한 'https://{storage}/v1/{tenant_id}/volumes/{volume_id}/action'에 대해 POST 방식으로 실행되고 있는데 엔드포인트는 같지만 각각 서로 다른 데이터가 전달되고 있다는 점을 주목해야 합니다.

① 볼륨 예약

접속 요청을 받은 하이퍼바이저는 우선 스토리지의 API를 통해 사용할 볼륨을 예약합니다. 이 과정은 이른바, 락 lock을 거는 것과 같은데 다른 연결 요청이 또 들어와 이중으로 연결되지 않도록 하기 위한 것입니다. 요청한 볼륨의 상태가 이미 사용 중으로 확인되거나 다른 요청에 의해 락이 걸린 상태라면 이 시점에서 에러가 발생합니다.

예약에 성공하면 볼륨의 상태가 'available'에서 'attaching'으로 바뀝니다. 이때 볼륨의 상태는 API를 통해 확인할 수 있는데 'https://{storage}/v1/{tenant_id}/volumes/{volume_id}'를 GET 방식으로 요청하면 됩니다.

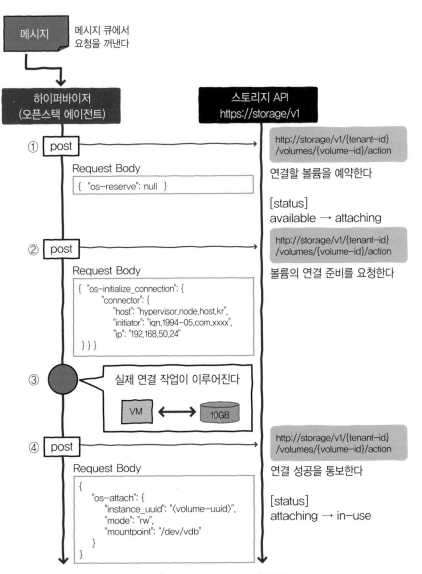

메시지

메시지 큐에서
요청을 꺼낸다

하이퍼바이저
(오픈스택 에이전트)

스토리지 API
https://storage/v1

① post

http://storage/v1/{tenant-id}
/volumes/{volume-id}/action

연결할 볼륨을 예약한다

Request Body

{ "os-reserve": null }

[status]
available → attaching

② post

http://storage/v1/{tenant-id}
/volumes/{volume-id}/action

볼륨의 연결 준비를 요청한다

Request Body

```
{ "os-initialize_connection": {
      "connector": {
          "host": "hypervisor.node.host.kr",
          "initiator": "iqn.1994-05.com.xxxx",
          "ip": "192.168.50.24"
} } }
```

③ 실제 연결 작업이 이루어진다

VM ←→ 10GB

④ post

http://storage/v1/{tenant-id}
/volumes/{volume-id}/action

연결 성공을 통보한다

Request Body

```
{
   "os-attach": {
       "instance_uuid": "〈volume-uuid〉",
       "mode": "rw",
       "mountpoint": "/dev/vdb"
   }
}
```

[status]
attaching → in-use

▲ 그림 6.12 서버와 스토리지의 자동 협상

② 연결 준비

예약에 성공했다면 이번에는 하이퍼바이저 측의 정보를 스토리지 측에 전달하여 접속을 위한 준비를 합니다. 이 예에서는 iSCSI를 사용하고 있기 때문에 하이퍼바이저 측의 iSCSI 이니시에이터initiator 정보를 스토리지에 전달합니다.[23] 이 정보를 받은 스토리지는 iSCSI 이니시에이터에서 볼륨으로 연결할 수 있도록 설정 작업을 합니다.

③ 실제 접속 처리

스토리지 측의 준비가 끝나면 가상 서버와 볼륨의 연결이 실제로 이루어집니다. 이 예에서는 하이퍼바이저가 'iscsiadm' 명령을 사용해서 연결하고 있습니다. 다른 스토리지 방식이 사용된다면 그에 맞는 접속 방식이 자동으로 실행됩니다.

④ 연결 성공 통보

볼륨 연결이 성공하면 하이퍼바이저가 스토리지 측으로 연결 성공 사실을 통보합니다. 이 API가 실행되면 볼륨 상태가 'attaching'에서 'in-use'로 변경되어 연결을 위한 처리가 마무리됩니다.

6.2.3 클라우드 내부에서도 사용되는 API

이 예를 보면 인프라의 각 리소스들이 추상화되어 있고 필요로 하는 기능들이 API로 제공됨에 따라 프로그램 간의 연계도 쉽게 되는 것을 알 수 있습니다. 여기서 설명한 리소스 간의 협상 과정은 오픈스택을 사용하지 않더라도 별도의 프로그램을 개발하면 구현할 수 있습니다. 사용 중인 하이퍼바이저를 조작하는 프로그램과 스토리지를 조작하는 프로그램을 조합하면 클릭 한 번으로 가상 서버와 볼륨을 만들고 이 둘을 연결하는 조작을 할 수도 있을 것입니다.

---

23 iSCSI 이니시에이터는 iSCSI 프로토콜을 사용하여 디스크 장치를 연결하는 서버 측의 컴포넌트로 SCSI 프로토콜을 IP 패킷으로 캡슐화 처리를 합니다.

하지만 이들 프로그램은 리눅스 KVM 하이퍼바이저와 GlusterFS 스토리지에 특화되어 만들어져 있기 때문에 다른 하이퍼바이저나 스토리지를 사용할 경우, 프로그램을 다시 수정해야 합니다. 또한 독자적으로 만든 기능은 호환성이나 인터페이스 등의 문제로 다른 기능들과의 연계를 어렵게 만들기도 합니다. 직접 만든 자동 구축 프로그램을 다른 소프트웨어와 연계해서 동작시키려면 연계 처리를 위한 또 다른 추가 개발이 필요해지기 때문에 작업 공수(工數)도 늘어납니다.

이러한 문제들은 일부러 별도의 프로그램을 개발하기보다는 오픈스택 기능을 활용하여 해결하는 것이 좋습니다. 그리고 OSS의 생태계를 통해 만들어지는 오픈스택 호환 툴들을 활용하면 바퀴를 두 번 만들지 않고 효율적으로 작업할 수 있습니다.[24]

6.3 블록 스토리지 리소스를 조작할 때의 주의사항

이제까지 스토리지를 제어하는 API의 개요와 사용법에 대해 살펴 보았고 이러한 API가 스토리지를 추상화함으로써 쉬워진 연계에 대해 설명했습니다. 여기에는 주의할 점이 있습니다. API를 사용하면 스토리지의 기능이 추상화되어 특정 스토리지 제품의 하드웨어나 소프트웨어의 차별성에 대해서는 신경 쓰지 않아도 된다는 장점이 있는 반면, 그 특정 스토리지 제품만이 가진 고유의 기능은 써보지도 못한다는 단점이 있습니다([그림 6.13] 참고).

예를 들면 스토리지 A제품은 온라인 상태에서 사용 중이라 하더라도 백업을 할 수 있다고 가정해봅니다. 대다수의 스토리지 제품에는 그런 기능이 없다면 API로 추상화되는 과정에서 그 백업 기능은 사용할 수 없도록 설계되어 나옵니다. 그래서 이전의 물리적인 환경에서 특정 스토리지의 고유 기능에 의존해서 운영하고 있었다면 클라우드 환경에서는 그런 기능의 혜택을 받지 못할 수도 있습니다.[25]

---

24 예를 들어 최근 인기 있는 자동화 툴로 '앤서블(ansible)'이나 '쉐프(chef)' 등은 오픈스택과의 호환 기능을 제공합니다.

25 반대로 대다수의 스토리지 제품에 있는 기능이 일부 스토리지에만 지원되지 않는다면 API상에서는 그 기능을 사용 가능하도록 설계되어 나옵니다.

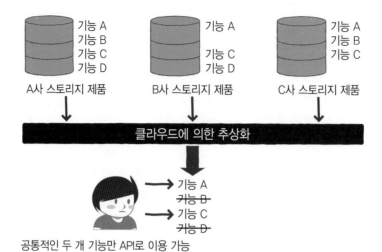

공통적인 두 개 기능만 API로 이용 가능

▲ 그림 6.13 추상화 과정에서 숨겨지는 기능

하지만 크게 걱정하지 않아도 되는데 이제까지 스토리지가 가지고 있는 고도의 기능들은 OS의 파일 시스템이나 논리 볼륨 기능으로도 대체가 가능합니다. 실제로도 게스트 OS의 기능과 클라우드의 스토리지 API를 연계시킴으로써 이전에 스토리지 제품이 제공하던 기능을 똑같이 혹은 더 나은 기능으로 제공하고 있습니다.

이전의 물리적인 환경에서는 스토리지 제품이 제공하는 기능만 잘 활용하면 시스템을 문제없이 구축할 수 있었습니다. 하지만 클라우드 환경에서는 그것만으로는 부족합니다. 스토리지 API를 어떤 기능과 연계하면 더 안전하고 효율적인 시스템을 만들 수 있는지, 그리고 이러한 연계 작업을 어떻게 하면 자동화를 할 수 있는지 고민하고 설계해보는 노하우가 필요합니다. 이러한 패러다임의 변화를 환영할지, 말지는 각자의 입장에 따라 다를 수 있겠지만 새로운 지식을 배울 수 있는 기회라는 것은 분명한 사실인 것 같습니다. 보다 나은 시스템을 만드는 것을 목표로 삼아 클라우드 시대의 새로운 기술을 학습하는 일은 분명히 가치가 있습니다.

클라우드 환경에서 API를 사용하는 것이 익숙한 비교적 젊은 세대의 엔지니어들은 API 형태로는 공통으로 사용하기 어렵다는 이유로 미처 써보지 못하고 숨겨지는 기능이 있을 수 있다는 것을 이해해야 합니다. 그리고 특정 용도에서는 클라우드를 사용하는 것보다 물리적인 환경에서 제품의 고유의 기능을 활용하는 것이 더 유리할 수 있다는 것도 알고 있어야 합니다.

어떤 경우에서도 절대적인 만병통치약은 없습니다. 엔지니어라면 폭 넓은 지식과 기술을 적재적소에 잘 활용할 수 있어야 합니다. 그리고 그러기 위해서는 기회가 되는 대로 클라우드 이면의 숨은 기능들을 찾아보면서 학습할 것을 권합니다.

6.4 블록 스토리지 리소스의 컴포넌트

이제까지 살펴본 블록 스토리지 관련 리소스들의 상관 관계를 ER 다이어그램으로 표현해 보았습니다([그림 6.14] 참조). 이 그림을 보면 볼륨과 스냅샷과의 관계가 블록 스토리지의 근간이 되는 것을 알 수 있습니다.

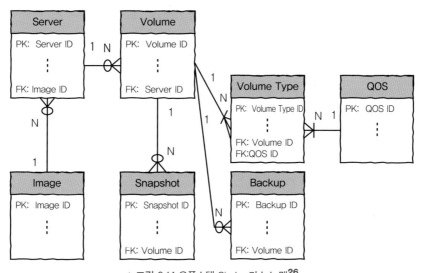

▲ 그림 6.14 오픈스택 Cinder 리소스 맵[26]

---

26 역자 주 : 리소스 맵은 관계를 추상적으로 표현한 것으로 실제 구현된 내용과는 다를 수 있습니다.

볼륨의 백업이 스냅샷이라는 것을 생각해 보면, 하나의 볼륨이 여러 개의 스냅샷과 관계가 있다는 것이 쉽게 이해됩니다. 한편, 서버는 반드시 이미지로부터 만들어지기 때문에 하나의 이미지에서 여러 개의 서버로 관계가 맺어집니다. 하나의 서버에는 여러 개의 볼륨을 연결할 수 있으므로 결국 이미지 → 서버 → 볼륨 → 스냅샷과 같은 트리 형태의 구성이 만들어집니다. 이렇게 이미지로 형상화하면서 이해를 하면 클라우드 환경을 관리하는데 큰 도움이 됩니다. 참고로 오픈스택에서는 볼륨과는 분리된 리소스 형태로 볼륨 타입, QoS 등을 정의하는 반면, Amazon EBS에서는 그러한 내용들이 볼륨과 스냅샷의 속성 안에 정의됩니다.

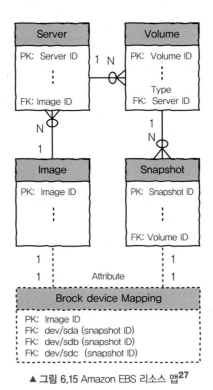

▲ 그림 6.15 Amazon EBS 리소스 맵[27]

---

27 역자 주 : 리소스 맵은 관계를 추상적으로 표현한 것으로 실제 구현된 내용과는 다를 수 있습니다.

이제 Amazon EBS에서 이미지와 스냅샷과의 관계를 살펴 봅시다. 구조상으로는 이미지에서 스냅샷 방향으로 연관 관계가 이어지는데 사실 이 둘은 직접적인 관계로 연결되지는 않기 때문에 ER 다이어그램에서 자주 볼 수 있는 중간 매핑 테이블 형태로 관계를 맺게 됩니다. AWS의 이미지인 AMI에는 블록 디바이스 매핑이라는 디바이스와 스냅샷 ID를 매핑하는 속성이 있습니다. 이 속성 정보를 리소스처럼 표현하면 [그림 6.15]와 같은 관계가 그려집니다. 표면적으로는 직접적인 관계가 없는 듯한 리소스들의 관계를 규명해야 할 때에는 이와 같이 속성으로 연결되는 정보가 있는지 찾아 보는 것도 좋은 방법입니다.

6.5 그 외의 스토리지 기능

여기까지 살펴 보면서 혹시 블록 스토리지의 컴포넌트 사이의 연관 관계에서 뭔가 이상한 점을 발견하셨나요? 하나의 서버에 여러 개의 볼륨이 연결되는 서버:볼륨 = 1:N 인 관계는 이미 앞서 설명했습니다. 이러한 관계만으로는 여러 대의 서버가 하나의 볼륨을 공유하는 형태를 만들지 못합니다. 서버 리소스에 NSF를 구성하면 공유 디스크와 같은 역할을 할 수는 있으나 이 서버가 단일 장애점SPOF: Single Point of Failure이 되거나 대규모 시스템에서는 병목으로 작용할 수 있습니다. 이와 같이 여러 서버에서 공유 디스크를 사용하고 싶다는 요구와 NFS만으로는 장애 대응이 어렵다는 제약에 대해 해결 방법으로 등장한 것이 바로 NFS 서비스입니다.

오픈스택에서 NFS 서비스에 해당하는 것이 Manila[28]인데 NFS의 대표 주자인 Netapp 사가 개발에 기여를 하고 있습니다. Manila는 컴퓨팅 서비스인 Nova에서 NFS 등의 프로토콜로 마운트하는 방식으로 사용되며 접속 인터페이스와 관리형 공유 스토리지managed share storage를 제공하는 역할을 합니다.

---

28 역자 주 : https://wiki.openstack.org/wiki/Manila

AWS에서 NFS 서비스에 해당하는 것은 EFS Elastic File Services[29]인데 사용 방법은 오픈스택과 크게 다르지 않습니다. EFS는 각 가용 영역들에 접속 인터페이스를 두고 스토리지를 분산 배치할 수 있기 때문에 내구성을 높습니다. [그림 6.16]은 이러한 NFS 서비스를 그림으로 표현한 것입니다.

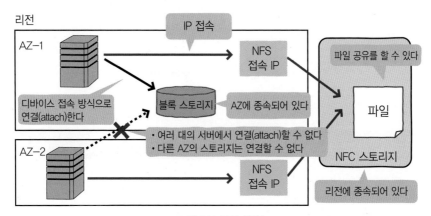

▲ 그림 6.16 NFS 서비스

---

29 역자 주 : https://aws.amazon.com/ko/efs/

네트워크 리소스를 제어하는 방법

네트워크의 리소스 제어는 클라우드 환경에서 가장 기본적이면서도 중요한 작업 중의 하나입니다. 그래서 네트워크 부분을 제대로 이해하고 있어야 보안에 취약하지 않고 효율적으로 관리할 수 있는 네트워크를 설계할 수 있습니다.

클라우드 환경에서도 네트워크는 기본적으로 TCP/IP를 기반으로 하고 있기 때문에 이전의 물리적 환경과 거시적 관점에서는 큰 차이가 없습니다. 다만, 미시적인 접근 방식이나 실제 구현 방법은 클라우드 서비스마다 조금씩 차이가 있습니다. 우선은 클라우드 환경에서의 네트워크에 대해 개념을 잡아보고 이를 제어하기 위한 API를 확인한 후, 오픈스택의 Neutron을 예로 들어 내부 동작을 살펴봅니다.

7.1 네트워크 리소스의 제어를 위한 기본 API

클라우드에 어떤 종류의 네트워크 리소스가 있는지, 그 리소스를 제어하는 API에 대해 알아 봅니다.

7.1.1 클라우드 네트워크의 특징과 기본 사상

2장에서 잠깐 언급한 있는 네트워크 리소스에서 조금 더 파고 들어가 봅니다. 클라우드 환경이라고 하더라도 네트워크의 기본은 TCP/IP입니다. 네트워크의 기능은 크게 같은 네트워크에 속한 장비끼리 연결되는 L2 네트워크(OSI 참조 모델의 데이터링크 계층) 기능과 서로 다른 L2 네트워크끼리 연결되는 L3 네트워크(OSI 참조 모델의 네트워크 계층) 기능으로 구분됩니다([그림 7.1] 참고).

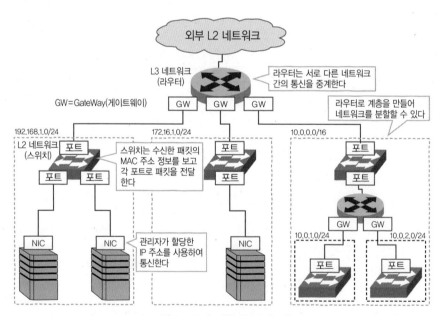

▲ 그림 7.1 L2 네트워크와 L3 네트워크

클라우드 환경의 네트워크는 기존의 물리적인 네트워크에 비해 몇몇 편리한 기능이 더 많습니다. 가령 L3 네트워크는 보통 L2 네트워크끼리 연결할 때 사용하는데 클라우드의 내부와 외부를 연결하는 기능을 하기도 합니다. 또한 클라우드 환경의 네트워크 리소스에는 시큐리티 그룹이라는 방화벽 기능이나 접근 제어, 부하 분산, VPN 기능과 같은 다양한 기능들도 적용할 수 있습니다. 이러한 네트워크 리소스 중에서도 L2와 L3 네트워크는 특히 중요하므로 이들을 중심으로 네트워크 기능에 대해 알아봅니다.

네트워크에서 중요한 포인트는 IP 주소를 얼마나 잘 다루느냐인데 클라우드 환경의 네트워크에는 IP 주소 관리 기능이 기본적으로 포함되어 있습니다. 과거의 물리적 환경에서는 네트워크 관리자가 관리 대장과 같은 문서를 만들어 IP 주소가 중복되지 않게 관리해야 했고 허용되지 않은 주소를 임의로 사용하지 못하게 세심한 주의를 기울여야 했습니다. 하지만 오픈스택이나 AWS와 같은 클라우드 환경의 네트워크에는 이러한 작업을 줄여주기 위해 IP 주소 관리를 시스템이 자동으로 처리하게 하고, IP 주소 할당은 DHCP를 통해 받아가도록 만들어져 있습니다. API로 가상 서버를 만들거나 스토리지를 할당하는 마당에 가상 네트워크를 만들 때, 사람이 직접 IP 주소를 관리한다면 이는 곧 병목으로 작용할 수밖에 없습니다. 3장에서 다룬 DNS를 활용한 확정성Scalability이나 뒤에서 다룰 오토스케일링Auto Scaling, 오토힐링auto-healing과 같은 클라우드 환경만의 장점을 제대로 살리기 위해서는, 시스템 구성 시, IP 주소 정보에 종속되지 않도록 설계하는 것이 중요합니다.

이 책에서는 IP 주소가 서버에 할당될 때 DHCP를 사용하는 것을 전제로 합니다. 참고로, 관리자가 고정 IP 주소를 수동으로 할당하는 것 자체가 불가능한 것은 아닙니다.

7.1.2 네트워크 리소스의 전체 그림

이제 클라우드 환경의 네트워크 리소스에는 어떤 것들이 있고 API로 어떻게 제어할 수 있는지 살펴 보겠습니다. 서버 리소스나 스토리지 리소스는 오픈스택과 AWS 사이에 큰 차이가 없었지만 네트워크 부분에서는 모델링 방식에 일부 차이가 있습니다. 책을 읽으면서 두 클라우드 서비스의 네트워크 모델 방식이 헛갈리지 않도록 주의해야 합니다. 이러한 차이는 기존 물리적 환경의 네트워크 장비 구성 방식이나 사람이 하던 작업 방식을 프로그램 형태로 바꿔나가는 과정에서 생기는 차이로, 추상화된 기능을 매핑하는 단위와 대상이 다르기 때문에 발생하는 차이입니다. 다만, 모델의 차이는 있지만 기본적인 개념과 접근 방법은 크게 다르지 않기 때문에 너무 걱정하지 않아도 됩니다.

기능 매핑

우선 네트워크 기능을 매핑해보면 [그림 7.2]와 같습니다. 네트워크의 기본 기능들은 L2 네트워크상에서 만들어지는 서브넷의 기능과 그 서브넷들을 서로 연결하기 위한 라우팅 기능, 그리고 서버를 네트워크에 연결하는 논리 포트 기능입니다. 그러면 이러한 기능들이 오픈스택과 AWS 간에 어떻게 다르게 표현되는지 살펴 보겠습니다.

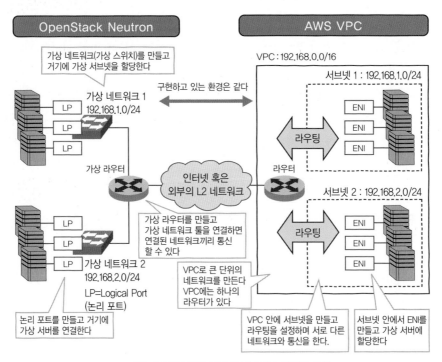

▲ 그림 7.2 오픈스택과 AWS의 네트워크 모델의 차이

오픈스택 Neutron

Neutron은 비교적 물리적 환경과 유사한 형태로 모델링이 되어 있는데 테넌트 안에 가상 스위치(가상 네트워크), 가상 라우터, 논리 포트로 구성되는 형태입니다.

AWS VPC

AWS에서는 가상 네트워크 전체에 해당하는 VPC라는 리소스를 먼저 만든 후, 그 안에 기능적인 요소로 서브넷, 라우팅 테이블, ENIElastic Network Interface로 구성되는 형태입니다. 오픈스택과 비교해보면 오픈스택은 실제 물리적인 네트워크 장비를 흉내 내어 모델로 만든 반면, AWS는 논리적인 네트워크의 기능을 모델로 표현하고 있다는 것을 알 수 있습니다.

오픈스택과 AWS의 네트워크 리소스 비교

[표 7.1]에 오픈스택과 AWS에서 사용하는 네트워크 리소스들을 나열하고 같은 기능을 하는 것끼리 연결해 보았습니다. 참고로 이 표에는 9장에서 다룰 보안 관련 기능도 함께 표현했습니다.

이 표에서 말하는 '네트워크 전체'라는 것은 스위치, 라우터, 포트와 같은 개별 네트워크 리소스를 생성하는 상위 개념의 리소스를 말합니다. 그리고 이해를 돕기 위해 2장의 [그림 2.7]을 [그림 7.3]으로 다시 가져왔습니다. 그림을 보면 알 수 있듯이 오픈스택 Neutron에서는 테넌트에 스위치, 라우터와 같은 리소스를 직접 생성하는 반면, AWS에서는 VPCVirtual Private Cloud라는 독립된 사설 네트워크를 생성한 후, 그 안에 서브넷이나 라우터와 같은 리소스를 만들게 됩니다. 이때 VPC는 테넌트 안에 여러 개 만드는 것이 가능합니다.

한편, 클라우드 환경의 네트워크에서는 이러한 리소스들을 테넌트 사용자가 자유롭게 만들고 삭제할 수 있습니다. 이전의 물리적인 인프라 환경이었다면 네트워크 장비에 직접 손을 댈 수 있는 권한을 가진 담당자에게 요청을 해야 했던 반면, 클라우드 환경에서는 클라우드 사용자가 직접 작업할 수 있는 권한이 있습니다.

이제 앞에서 살펴본 네트워크 리소스들, 각각에 대하여 살펴 보겠습니다.

▼ 표 7.1 오픈스택과 AWS의 네트워크 리소스 비교

네트워크 리소스	오픈스택 Neutron	AWS VPC
네트워크 전체	대응하는 리소스 없음[1]	VPC(Virtual Private Cloud)
스위치	네트워크	대응하는 리소스 없음[2]
서브넷	서브넷	서브넷
라우터	라우터	게이트웨이, 라우팅 테이블
포트	포트	ENI(Elastic Network Interface)
시큐리티 그룹	시큐리티 그룹	시큐리티 그룹
네트워크 접근 제어	(Fwaas 개발 중)	네트워크 액세스 컨트롤 리스트(NACL)

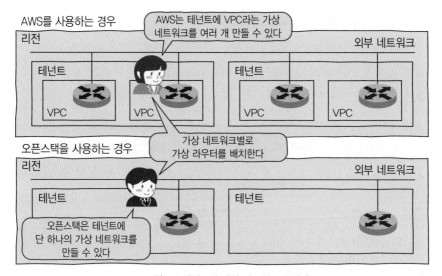

▲ 그림 7.3 테넌트와 가상 네트워크의 관계

---

1 테넌트 안에 리소스를 직접 생성합니다.

2 스위치에 해당하는 리소스는 없는 대신 서브넷에 기능이 포함되어 있습니다.

7.1.3 스위치와 서브넷

스위치

가상 스위치는 물리적인 네트워크 스위치를 흉내낸 것으로 L2 네트워크 기능을 수행합니다([그림 7.4] 참고). 같은 가상 스위치에 연결된 가상 서버들은 별도의 라우팅 설정 없이도 서로 통신할 수 있습니다.

가상 스위치에는 L3 네트워크에서 사용하는 IP 주소 범위(CIDR이라고도 하며 172.16.1.0/24와 같이 표현함)를 '서브넷subnet'이라는 이름으로 할당 받습니다. IP 주소 범위는 사용자가 자유롭게 정의할 수 있습니다. 클라우드 환경의 네트워크들은 서로 완전히 분리되어 있기 때문에 네트워크끼리 직접 연결되지만 않는다면 같은 IP 주소가 사용되어도 무방합니다. 보통은 공인 IP와 중복되지 않게 하기 위해 사설 IP 주소의 범위에서 할당하는 것이 일반적입니다.

오픈스택 Neutron

오픈스택 Neutron에서는 가상 스위치를 '네트워크network'라고 하고, 서브넷은 그대로 '서브넷'이라고 부릅니다.[3] 서브넷의 IP 주소 범위는 사용자가 임의로 정할 수 있습니다. 하나의 네트워크에 여러 개의 서브넷을 부여할 수도 있는데(예를 들어 IPv4 서브넷과 IPv6의 서브넷) 이것만 보더라도 Neutron의 네트워크 모델이 물리적인 네트워크를 흉내내고 있다는 것을 알 수 있습니다.

AWS VPC

AWS VPC에서는 가상 스위치에 대응하는 리소스는 없고 서브넷에 그 가상 스위치의 개념과 기능이 함께 녹아 있습니다. 이런 형태가 가능한 이유는 대부분의 경우에서 가상 스위치와 서브넷은 1:1의 관계이고 TCP/IP를 사용한다는 것을 전제로 하면 서브넷만 정의하더라도 통신하는 데는 충분하기 때문입니다.

---

3 Neutron에서는 L2 네트워크에 해당하는 '가상 스위치'를 '네트워크'라고 부르는데 일반적으로 그냥 네트워크 혹은 가상 네트워크라고 하면 '가상 네트워크 전체'로 이해될 수도 있습니다. 그러므로 '네트워크'라는 단어를 보았다면 앞뒤 문맥을 잘 보고 의미를 판단해야 할 필요가 있습니다.

IP 주소 범위는 사용자가 자유롭게 정의할 수 있는데 보통은 두 단계로 나누어서 정의합니다. VPC를 생성할 때 그 VPC에서 사용할 IP 주소 범위를 우선 정하고, 이후 서브넷을 생성할 때 앞서 정의한 IP 주소 범위 안에서 서브넷에 사용할 범위를 선택하는 방식으로 총 두 번에 걸쳐 정의합니다. VPC 안에서는 여러 개의 서브넷을 만들 수 있으나 VPC가 이미 확보한 IP 주소 범위를 나중에 변경하지는 못하기 때문에 향후 사용할 IP 주소 범위까지 미리 예측하여 IP 주소의 범위를 여유 있게 정할 필요가 있습니다.

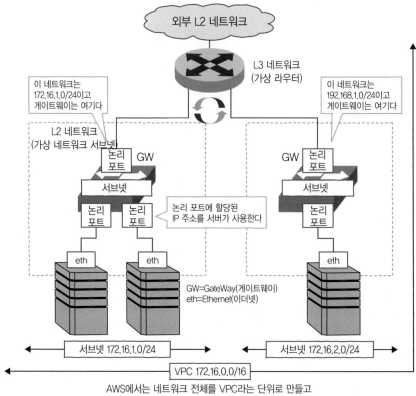

▲ 그림 7.4 가상 스위치와 서브넷

서브넷

서브넷에 연결된 서버는 기동 시 DHCP를 통해 IP 주소를 할당 받고 그 IP 주소로 통신하게 됩니다. 여기서 DHCP로 IP 주소를 받는다고 해서 매번 기동할 때마다 다른 IP 주소가 할당되는 것은 아니라는 것을 주의해야 합니다. 클라우드 환경에서는 이미 IP 주소가 할당이 되어 있는데 단지 그 IP 주소가 DHCP를 통해서 전달될 뿐입니다. 그래서 한번 기동한 서버는 몇 번을 재기동을 하더라도 같은 IP 주소가 부여됩니다. 이렇게 서버가 존재하는 한 같은 IP 주소가 고정되기 때문에 이를 '고정 IPFixed IP'라고도 합니다.

이러한 가상 네트워크 즉, 서브넷은 '할당된 IP 주소에만 통신을 허용한다'라는 특징이 있어서 사용자가 서버 안에서 임의로 IP 주소의 설정을 바꾼다고 하더라도 변경된 IP 주소로는 통신하지 못합니다.

서브넷의 네트워크는 해당 네트워크 범위에서만 통신할 수 있는 폐쇄된 형태여서 다른 테넌트가 사용하고 있는 서브넷이나 IP 주소와 중복된 값을 사용하더라도 충돌을 걱정할 필요가 없습니다.

클라우드 환경에는 이렇게 IP 주소를 자동 할당한다거나 통신 범위를 격리시키는 기능이 있기 때문에 과거의 물리적인 인프라 환경에서 관리자가 엄격하게 관리되던 네트워크 작업들을 일반 사용자도 손쉽게 제어할 수 있게 되었습니다.

IP 주소의 범위

오픈스택이나 AWS 상관없이 서브넷을 생성할 때 지정하는 IP 주소의 범위를 '사이더'CIDR라고 부릅니다. CIDR은 Classless Inter Domain Routing를 줄인 말로 굳이 번역하자면 '클래스가 필요 없는 내부 도메인 라우팅'이라는 말로 풀이됩니다. 그런데 왜 라우팅에 관련된 용어가 IP 주소 범위를 표현하는 단어에 쓰이는 것일까요?

그 이유는 IP 주소 할당과 라우팅 기법의 변화 과정에서 답을 찾을 수 있습니다. IP 주소는 크게 서브넷을 식별할 수 있는 네트워크 부(部)와 서브넷 안에서 개별 통신 장비를 식별할 수 있는 호스트 부(部)로 나뉩니다. 이때 네트워크 주소address의 비트 길이를 서브넷 마스크로 표현합니다.

인터넷 초창기에는 IP 주소의 상위 비트 값이 무엇이냐에 따라 서브넷 마스크가 결정되었습니다([그림 7.5] 참고). 한 예로 최상위 비트가 0인 IP 주소는 클래스 A(0.0.0.0~127.255.255.255)라고 불렀고 서브넷 마스크는 8비트, 서브넷 크기로 는 약 1600만 개의 주소를 할당할 수 있는 크기를 가졌습니다. 같은 방식으로 상위 의 세 개 비트가 110인 IP 주소는 클래스 C(192.0.0.0~223.255.255.255)라고 했 는데 서브넷 마스크는 24비트로 서브넷 크기로는 256개의 주소를 할당할 수 있는 크기입니다.

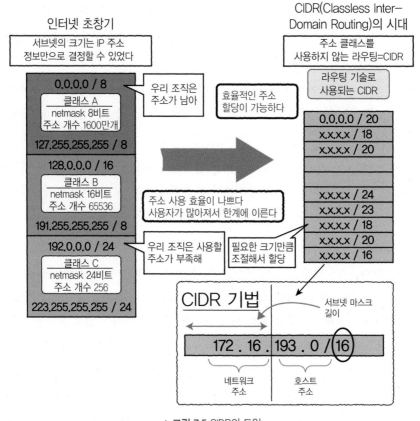

▲ 그림 7.5 CIDR의 도입

하지만 하나의 조직에서 1600만 개의 IP 주소를 쓸만한 대규모 사용자는 거의 없기 때문에 실제로 사용하지 않는 IP 주소가 많았습니다. 이후 인터넷 사용자가 점점 늘어나는 상황이 되어 IP 주소를 보다 효율적으로 할당할 필요가 있었으나 이전의 방식으로는 한계가 있었습니다. 그래서 클래스 A, B, C와 같이 고정 길이의 서브넷 마스크 결정 방식을 대신하여, 가변 길이의 서브넷 마스크 결정 방식이 도입되었습니다. 클래스를 사용하지 않는 라우팅 방식이라고 해서 이름이 'Classless Inter Domain Routing'이라 불렸고 이를 줄여 CIDR이라고 부르게 되었습니다. 그래서 애당초 CIDR은 원래 라우팅 기술을 의미하는 단어가 맞습니다.

CIDR는 주소 클래스 방식을 더는 사용하지 않기 때문에 서브넷 마스크의 길이를 표현하는 다른 방법이 필요했습니다. 그래서 이때 도입된 방식이 'xxx.yyy.zzz.sss/N'과 같은 표기 방식입니다. 우리가 주변에서 '172.16.1.0/24'와 같이 표기된 것을 쉽게 볼 수 있는데 이것을 CIDR 방식으로 표기되었다고 합니다. '/' 뒤에 이어지는 숫자가 서브넷 마스크의 비트 수를 의미합니다. 이 예와 같이 24라고 한다면 24비트이므로 C클래스와 동일한 범위에 해당합니다. CIDR은 이렇게 IP 주소 범위를 한 눈에 확인할 수 있게 해주어 IP 주소의 주소 범위를 표기할 때 널리 쓰이고 있습니다

7.1.4 라우터

라우터는 물리적인 라우터 장비와 마찬가지로 서로 다른 네트워크를 연결하는 기능을 합니다. '① 내부 → 내부', '② 내부 → 외부', '③ 외부 → 내부'와 같은 세 가지 유형의 연결 방식이 가능한데 여기서 '내부'는 클라우드 네트워크를 의미합니다. 이러한 기능을 [그림 7.6]에 표현했습니다.

첫 번째 유형인 '① 내부 → 내부' 방식은 서로 다른 네트워크에 속한 서버끼리 통신하는 것으로, 기본직으로 테넌트 내부나 VPC 내의 네트워크들을 서로 연결하게 됩니다. 경우에 따라 서로 다른 테넌트의 네트워크와 테넌트의 경계를 넘나들면서 라우팅해야 하는 경우도 있는데 이때는 AWS에서는 VPC Peering이라는 기능을, 오픈스택 Neutron에서는 네트워크 공유 기능을 사용하면 됩니다.

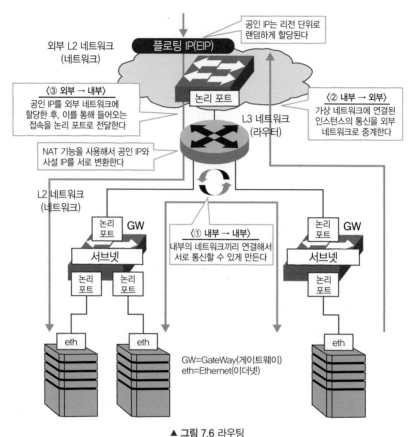

외부 L2 네트워크
(네트워크)

플로팅 IP(EIP)

공인 IP는 리전 단위로
랜덤하게 할당된다

논리 포트

〈③ 외부 → 내부〉
공인 IP를 외부 네트워크에
할당한 후, 이를 통해 들어오는
접속을 논리 포트로 전달한다

L3 네트워크
(라우터)

〈② 내부 → 외부〉
가상 네트워크에 연결된
인스턴스의 통신을 외부
네트워크로 중계한다

NAT 기능을 사용해서 공인 IP와
사설 IP를 서로 변환한다

L2 네트워크
(네트워크)

논리
포트 GW

서브넷

논리
포트

논리
포트

〈① 내부 → 내부〉
내부의 네트워크끼리 연결해서
서로 통신할 수 있게 만든다

논리
포트 GW

서브넷

논리
포트

eth

eth

GW=GateWay(게이트웨이)
eth=Ethernet(이더넷)

eth

▲ 그림 7.6 라우팅

라우터의 주요 역할 중에는 클라우드 환경의 사설 네트워크와 인터넷과 같은 외부 네트워크를 서로 연결해주는 것이 있는데, 이는 두 번째 유형인 '② 내부 → 외부' 연결에 해당합니다. 즉, 가상 네트워크에 연결된 서버가 인터넷을 통해 외부에 접속되는 경우를 말하는데, 이때 라우터에서는 내부 네트워크에서 사용되는 사설 IP 주소를 공인 IP로 변환하는 IP 마스커레이드를 하게 됩니다.

세 번째 유형인 '③ 외부 → 내부' 방식은 외부에서 클라우드 내의 서버에 접근하는 방식으로 오픈스택에서는 플로팅 IP[4], AWS에서는 EIP(엘라스틱 IP)가 사용됩니다.

---

4 플로팅 IP는 서버에 할당되는 IP 주소(Fixed IP)와는 다른 것으로 해당 IP를 자유롭게 할당하고 회수할 수 있기 때문에 Fixed IP와 다른 개념으로 Floating IP라고 부릅니다.

이러한 기능은 공인 IP를 어드레스 풀pool에서 확보한 다음, 서버의 논리 포트에 할당하고 다시 이 공인 IP 주소가 사설 IP 주소로 연결되도록 만듭니다. 이렇게 하면 클라우드 외부에서 클라우드 내부로 접근할 수 있게 되는데 이런 기능을 NATNetwork Address Translation라고 합니다. 참고로 공인 IP의 주소 풀은 리전별로 관리되는데 AWS의 경우, 'AWS IP Address Ranges'[5]에서 공인 IP 주소의 범위 정보를 JSON 형식으로 받아볼 수 있습니다.

실제 리소스

이제까지 가상 라우터에 대해 설명을 했는데 실제 리소스는 오픈스택 Neutron과 AWS VPC가 조금 다르기 때문에 이 둘을 나눠서 설명하도록 하겠습니다.

오픈스택 Neutron

Neutron의 리소스 모델은 크게 가상 라우터와 서브넷의 연결 관계로 구성됩니다. 이것은 실제로 물리적인 네트워크 환경에서 라우터 인터페이스에 네트워크 케이블을 꽂는 것과 유사해서 라우터를 생성한 다음, 이 라우터의 인터페이스에 서브넷을 연결하는 방식이 됩니다. 그래서 Neutron 내부에서는 서브넷이 할당된 네트워크에 논리 포트를 만들고 이 논리 포트를 라우터에 연결합니다. 외부와의 연결에서도 같은 방법으로 외부 네트워크에 논리 포트를 만들고 이 논리 포트를 라우터에 연결하면 됩니다. 참고로 논리 포트에 대해서는 뒤에서 자세히 설명합니다.

연결된 후에는 가상 라우터와 서브넷의 연결 상태에 따라 가상 라우터의 라우팅 테이블이 갱신되고 이 라우팅 테이블 정보에 따라 전송 트래픽이 흘러갑니다. 이와 같이 오픈스택은 물리적인 네트워크와 형태가 거의 비슷한 것을 알 수 있습니다. 구체적인 예는 7.2.1의 [그림 7.14]에서 설명합니다.

[그림 7.6]에서는 두 개의 서브넷이 라우터를 통해 연결되어 있지만, 경우에 따라서는 이 두 네트워크 사이에서 통신을 차단하고 싶을 수도 있습니다. 이때는 가상 라우

---

5 https://ip-ranges.amazonaws.com/ip-ranges.json

터를 두 개 만들고 외부 네트워크에 연결한 다음 서로 다른 두 서브넷을 앞서 만들어 놓은 가상 라우터 각각에 하나씩 연결하면 됩니다. 이렇게 하면 두 서브넷끼리는 통신하지 못하지만 외부와의 통신은 할 수 있게 됩니다.

AWS VPC

AWS VPC의 가상 라우터는 오픈스택의 Neutron과는 조금 다른 형태로 모델링되어 있는데 크게 게이트웨이와 라우팅 테이블로 구성됩니다. AWS에서는 외부로 연결하기 위해 VPC 안에 게이트웨이를 만듭니다. 그런 후, 서브넷의 '라우팅 테이블'에서 외부로 통신할 때는 이 게이트웨이를 통과하도록 라우팅 정보를 설정해주면 됩니다.

게이트웨이는 그 역할에 따라 몇 가지 분류가 가능한데, 인터넷 통신을 하기 위한 인터넷 게이트웨이IGW, 거점과 사설 네트워크 통신을 하기 위한 버추얼 게이트웨이VGW, 리전 안에서 서로 다른 VPC끼리 연결하기 위한 피어링 커넥션PCX, 인터넷에 연결된 매니지드 서비스(예: Amazon S3)에 VPC에서 인터넷을 경유하지 않고 연결하기 위한 VPC 엔드포인트 등으로 나눌 수 있습니다.

[그림 7.7]과 같이 수신지가 Any인 '0.0.0.0 → IGW'와 같은 라우팅 규칙을 공용public 세그먼트인 '172.168.1.0/24'에 적용하면 공용 세그먼트만 인터넷이 접속 가능하게 만들 수 있고 온프레미스 거점의 CIDR에서 시작하는 '10.0.0.0/8 → VGW'와 같은 라우팅 규칙을 사설private 세그먼트인 '172.168.2.0/24'에 적용하면 사설 세그먼트만 거점에 접속 가능하게 만들 수 있습니다.

AWS에서는 개념적으로 라우터가 VPC에 속하는 형태입니다만 실제로 라우터가 리소스 형태로 관리되지는 않습니다. 대신 라우터에 설정하는 '라우팅 테이블'을 리소스 형태로 사용하게 되는데 이 리소스는 VPC 전체와 개별 서브넷에서만 적용할 수 있습니다. VPC 전체에 적용한 것을 '메인 라우팅 테이블'main routing table이라고 하고 특정 서브넷에만 적용한 것을 '서브 라우팅 테이블'sub routing table이라고 합니다. 다음 그림은 그 중에서도 '서브 라우팅 테이블'을 적용한 예입니다.

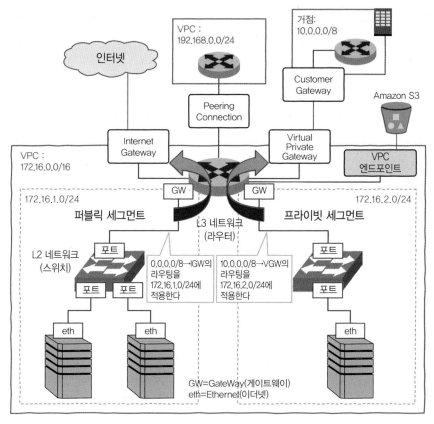

▲ 그림 7.7 VPC의 게이트웨이와 라우팅

7.1.5 포트

논리 포트는 가상 네트워크상에 만들어지는 스위치의 포트 같은 개념입니다. 오픈
스택 Neutron과 AWS, 두 서비스 모두에 있는 공통적인 개념으로 Neutron에서
는 가상적인 스위치의 접점이라는 의미가 강하고 '논리 포트'라고 합니다. AWS에서
는 서버에서 네트워크에 연결하기 위한 인터페이스 접점이라는 의미가 강하고 'ENI:
Elastic Network Interface'라고 부릅니다.

이렇게 만들어진 논리 포트에 서버나 가상 라우터를 연결해서 사용하면 되는데 물리적인 네트워크 환경에서는 스위치가 단순히 네트워크 케이블을 연결하여 전기적인 신호를 주고 받는 일종의 커넥터 역할을 했다면 논리 포트는 여기에 몇 가지 유용한 기능이 더 추가되어 있습니다.

논리 포트는 생성될 때 자신이 소속된 가상 서브넷으로부터 IP 주소를 할당 받게 됩니다([그림 7.8] 참고). 그리고 이때 할당된 IP 주소 이외의 통신은 모두 차단시킵니다. 논리 포트에는 IP 주소를 여러 개 할당할 수 있기 때문에 가상 서버의 NIC 하나에 여러 개의 IP 주소를 부여하는 것이 가능합니다. 또한 하나의 가상 서버에 여러 개의 논리 포트를 할당할 수도 있습니다.

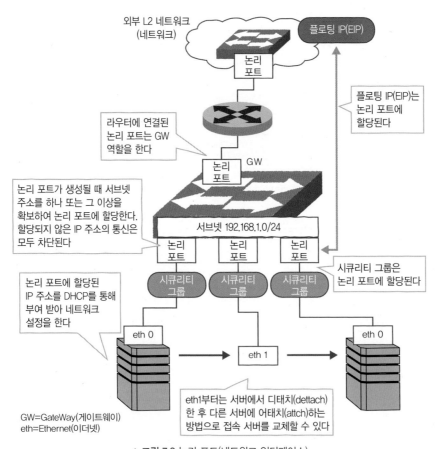

▲ 그림 7.8 논리 포트(네트워크 인터페이스)

일단 가상 서버에 할당된 논리 포트는 서버에서 자유롭게 제거하거나 추가할 수 있습니다. 하지만 서버에 할당된 논리 포트를 모두 제거해버리면 통신 자체가 안 될 수도 있기 때문에 실제로 제거할 수 있는 논리 포트의 개수에는 제한이 있습니다. 예를 들어 AWS에서는 기본적으로 가상 서버에 할당되는 ENI를 eth0이라고 하고 서버에서 제거하지 못하도록 고정시켜 두었습니다.[6] 반면, 두 번째 이후부터 만들어지는 논리 포트는 eth1과 같이 이름이 붙여지는데 서버에 자유롭게 제거하거나 추가할 수 있습니다. 그래서 한 서버에서 사용하던 포트를 다른 서버에 붙여주게 되면 같은 IP 주소를 사용해서 다른 서버로 접속하도록 만들 수 있습니다.[7]

이러한 논리 포트는 서버를 가상 네트워크에 연결할 때만 쓰는 것이 아니라 가상 네트워크와 가상 라우터를 연결할 때도 사용됩니다. 이것은 물리적 환경의 네트워크에서 물리 스위치의 포트에 물리 라우터를 연결하는 것과 같은 형태가 됩니다. 이렇게 논리 포트와 가상 라우터가 연결되고 나면 논리 포트에 할당된 IP 주소는 가상 서브넷의 게이트웨이의 역할을 합니다. 결국 논리 포트를 통해 서브넷에 연결되어 있는 가상 서버는 이 게이트웨이를 통해서 클라우드 안팎에 있는 다른 네트워크와 통신할 수 있게 됩니다.

비슷한 방식으로 외부에서 내부로 접근할 때 사용되는 플로팅 IP(AWS VPC에서는 엘라스틱 IP)도 이 논리 포트에 할당됩니다. 플로팅 IP를 통해 들어오는 요청은 가상 라우터에 의해 NAT 처리된 후, 논리 포트의 IP 주소로 전달됩니다.

논리 포트는 IP 주소 외에도 MAC 주소도 가지는데 IP 주소가 논리적인 L3 네트워크의 정보인 반면, MAC 주소는 물리적인 L2 네트워크의 정보입니다. 이 MAC 주소는 나중에 논리 포트와 가상 서버가 연결될 때 가상 서버 NIC의 MAC 주소로 사용됩니다.

---

6 역자 주 : eth는 'Ethernet'을 줄여서 쓴 표현입니다.

7 AWS에서는 서버에 장애가 발생하면 라우팅 교체와 ENI 교체 기능을 활용하여 서버를 전환(failover)하기도 합니다.

7.1.6 시큐리티 그룹

클라우드 환경의 네트워크를 이해하는데 또 한 가지 중요한 개념이 바로 시큐리티 그룹입니다. 시큐리티 그룹은 가상 서버에 들어가고 나가는 트래픽을 필터링하는 역할을 합니다. 보통 서버를 운영할 때에는 불필요한 통신이 이루어지지 않도록 패킷 필터링을 하게 됩니다. 참고로 물리적인 네트워크 환경에서는 방화벽 장비로 L2 네트워크 간의 트래픽을 제어하는 것이 일반적입니다([그림 7.9] 참고).

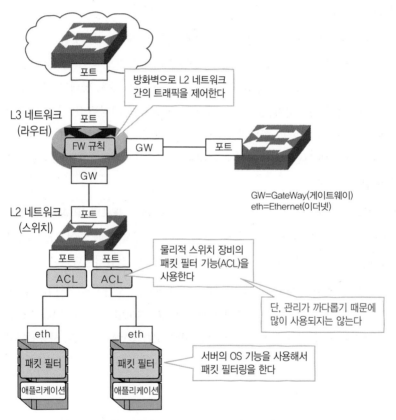

▲ 그림 7.9 물리적 네트워크 환경에서의 패킷 필터링

서버 단위로 더 세부적인 제어가 필요할 때에는 서버의 OS에서 iptables와 같은 기능을 사용해서 제어하기도 합니다. 다만 이 방식은 '서버 설정 전에 방화벽 규칙을 정의한다.'라거나 '방화벽 규칙은 네트워크 수준에서 관리한다.'와 같은 요구 사항이 있는 경우, 적절하지 않습니다. 한편, 물리적인 스위치 장비가 제공하는 ACL Access Control List 기능을 활용해서 접근 제어를 할 수도 있습니다. 다만, 실제로는 서버가 늘어나거나 줄어들 때마다 설정을 바꿔줘야 합니다. 유지보수 측면에서 손이 많이 가다보니 많이 활용되고 있지는 않습니다.

클라우드 환경에서는 시큐리티 그룹이라고 하는 패킷 필터링 기능이 제공되는데 서버의 인터페이스 단위로 세부적인 패킷 제어를 할 수 있습니다([그림 7.10] 참고).

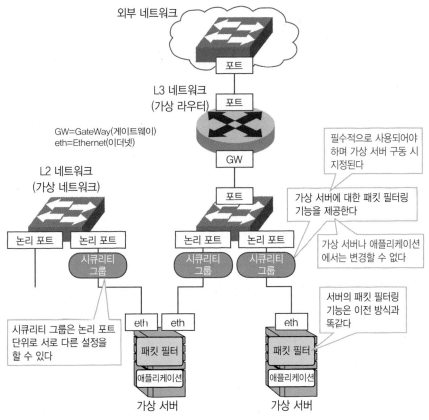

▲ 그림 7.10 시큐리티 그룹을 사용한 패킷 필터링

시큐리티 그룹은 논리 포트 단위로 적용되며 가상 서버가 기동될 때 적용할 시큐리티 그룹을 지정할 수 있습니다. 시큐리티 그룹은 아무런 설정을 하지 않을 경우, 기본적으로 모든 트래픽을 폐기drop하도록 되어 있어서 꼭 허가해주고 싶은 트래픽에 대해서만 방화벽 규칙을 등록하도록 만들어져 있습니다.

클라우드의 테넌트 네트워크를 관리하는 관점에서 보면 시큐리티 그룹의 적용을 네트워크 차원에서 한다는 개념이 상당히 중요합니다. 시큐리티 그룹은 가상 서버 OS 나 애플리케이션과 종속 관계가 없기 때문에 보안 정책을 관리하거나 적용 여부를 설정하는 것을 비교적 손쉽게 할 수 있습니다.

서버와 네트워크의 구성 방식을 결정하고 나면 그 내용만 보더라도 서버가 통신하는 패턴을 대략적으로 파악하는 것이 가능합니다. 한편, 예측 가능한 범위에서의 보안 정책을 미리 시큐리티 그룹에 설정해 두면, 나중에 서버가 잘못 동작하더라도 외부와의 통신 자체는 네트워크 차원에서 차단하거나 통제를 계속할 수 있고, 서버가 복원된 이후에도 서버에 별다른 추가 설정 없이 같은 보안 정책을 계속해서 적용할 수 있습니다.

시큐리티 그룹의 규칙

이제 시큐리티 그룹을 활용해서 방화벽 규칙을 어떻게 정의하는지 살펴 봅시다. 방화벽 규칙에는 트래픽이 발생하는 방향(입력, 출력)과 프로토콜의 종류(TCP, UDP, ICMP 등), 포트 번호(TCP, UDP인 경우에 지정), 그리고 통신 상대를 지정할 수 있습니다. 트래픽 방향에서 '입력'은 외부에서 가상 서버로 들어오는 방향이고, '출력'은 가상 서버에서 외부로 나가는 방향을 의미합니다.

통신 상대의 경우, 입력 방향의 규칙에서는 송신지에 해당하고, 출력 방향의 규칙에서는 수신지를 의미합니다. 통신 상대를 지정하는 방법은 '10.65.20.0/24'와 같은 IP 주소 범위를 지정하는 방식과 또 다른 시큐리티 그룹을 지정하는 방식이 있습니다. 통신 상대로 시큐리티 그룹을 지정하는 방식은 지정된 시큐리티 그룹에 속하는 모든 가상 서버들을 통신 상대로 인식하게 되는데 자세한 내용은 뒤에서 더 자세히 설명하겠습니다. 각 시큐리티 그룹에는 여러 개의 규칙을 정의할 수 있고 시큐리티 그룹도 여러 개를 정의할 수 있습니다.

이렇게 정의된 시큐리티 그룹을 논리 포트에 할당하면 시큐리티 그룹의 방화벽 규칙이 논리 포트에 적용됩니다([그림 7.11] 참고). 하나의 논리 포트에는 여러 개의 시큐리티 그룹을 적용할 수 있는데 여러 개의 시큐리티 그룹 중 어느 하나라도 맞는 것이 있다면 통신을 허용accept하고 어느 것에도 해당되는 것이 없다면 폐기drop됩니다. 이를 암묵적 Deny 정책이라고 합니다.

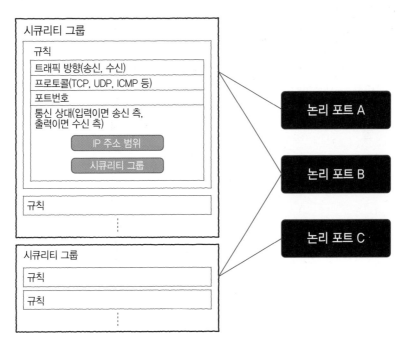

▲ 그림 7.11 시큐리티 그룹의 규칙과 논리 포트의 관계

반대로 하나의 시큐리티 그룹을 여러 개의 논리 포트에 할당할 수도 있습니다. 이 방법을 사용하면 반복되는 방화벽 규칙을 공통 시큐리티 그룹으로 만든 후, 유사한 역할을 하는 논리 포트들에게 할당하여 방화벽 규칙 관리를 보다 효율적으로 할 수 있게 됩니다.

시큐리티 그룹의 규칙을 수정하면 이 규칙을 사용하는 모든 논리 포트에 일괄적으로 수정 사항이 반영됩니다. 하나의 논리 포트에는 여러 개의 시큐리티 그룹을 할당할 수 있어서 실제로 웹 서버용 그룹, DB 서버용 그룹, 관리용 그룹처럼 시큐리티 그룹을 역할별로 만든 후, 웹 서버에는 웹 서버용과 관리용 시큐리티 그룹을 할당하는 방식으로 운영할 수 있습니다.

방화벽 규칙에 시큐리티 그룹 지정하기

마지막으로 시큐리티 그룹을 통신 상대로 지정하는 방식에 대해 설명하겠습니다. 클라우드에서는 특정 역할을 하는 서버의 대수를 늘리거나 줄여야 하는 경우가 종종 발생합니다. 바로 이런 상황에서 통신 상대를 시큐리티 그룹으로 지정하는 방식을 사용하면 보다 효율적인 시큐리티 그룹 관리가 가능합니다. 언뜻 생각하면 패킷 필터링 규칙을 정의하는 시큐리티 그룹이 왜 통신 상대로 다시 시큐리티 그룹을 지정하는지 의아할 수도 있습니다. 이해를 돕기 위해 [그림 7.12]를 살펴 보겠습니다.

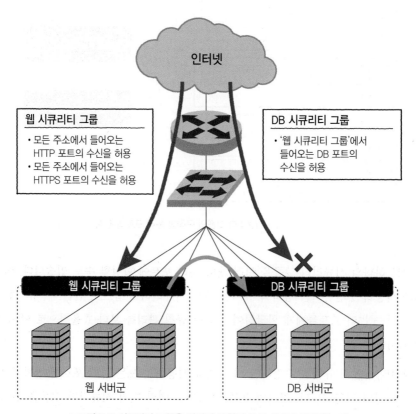

▲ 그림 7.12 시큐리티 그룹을 방화벽 규칙의 통신 상대로 지정하는 예

[그림 7.12]와 같이 웹 서버와 DB 서버가 각각 여러 대 있는 상황을 가정해봅니다. DB 서버에 적용할 시큐리티 그룹의 규칙은 웹 서버로부터 들어오는 요청을 모두 허가하는 것입니다. 이런 상황에서 서버의 대수가 앞으로 점점 더 늘어나게 된다고 생각해보면 늘어나는 서버 각각을 규칙에 추가할 것이라 아니라 '웹 서버를 대표하는 그룹'을 만들고, 이 그룹을 통신 상대로 지정하는 것이 더 효과적임을 짐작할 수 있습니다.

웹 서버에는 '웹 서버를 위한 시큐리티 그룹'을 적용합니다. 이 시큐리티 그룹은 모든 웹 서버에 적용되기 때문에 '웹 서버를 대표하는 그룹'의 역할을 할 수 있습니다. 바로 이런 점을 이용해서 시큐리티 그룹 규칙의 통신 상대로 기존의 다른 시큐리티 그룹을 지정할 수 있습니다. 이렇게 함으로써 이후 서버 대수의 증감에 상관없이 일관된 규칙 적용이 가능하고 웹 서버를 대표할 또 다른 그룹을 만들지 않아도 됩니다. 상당히 효율적으로 잘 만들어진 관리 방법이라 볼 수 있습니다.

7.1.7 네트워크 액세스 컨트롤 리스트(NACL)

AWS에서는 서브넷에 대해 필터링을 하는 네트워크 액세스 컨트롤 리스트NACL: Network Access Control List[8]라는 기능이 있습니다. 네트워크를 설계할 때, 서브넷에 역할을 부여하게 되는데 명시적으로 패킷 필터링을 하거나 권한을 분리하는 것이 가능합니다.

기본적인 필터링 방법은 크게 다르지 않지만 차이가 있다면, NACL이 기본 설정이 암묵적으로 접근을 허가합니다. 반면 시큐리티 그룹은 기본 설정이 암묵적으로 접근을 금지하도록 만들어져 있습니다. 그래서 NACL은 접근 제어를 할 때 명시적으로 금지하는 방식으로 설정하고 시큐리티 그룹은 명시적으로 허용하는 방식으로 설정합니다([그림 7.13] 참고).

접근 제어를 언급할 때 스테이트state, 혹은 상태의 유지 여부에 따라 동작 방식이 달라질 수 있는데, 여기서 상태라는 것은 통신에 대한 허용 여부 정보에 대한 상태라고 생각하면 됩니다.

---

8 역자 주 : 이 부분은 원서의 설명과 그림이 헛갈릴 수 있어 같은 내용을 좀 더 이해하기 쉽도록 설명은 다시 쓰고 그림은 일부 표현을 수정했습니다. 원서의 표현이나 그림에 차이가 있다는 점 양해바랍니다.

NACL의 규칙은 상태가 없는 스테이트리스stateless입니다. 그리고 암묵적인 접근 허가 방식입니다. 통신이 들어오는 인바운드inbound도 기본적으로 허용이고 나가는 아웃바운드outbound도 기본적으로 허용입니다. 나가는 통신을 막고 싶다면 아웃바운드만 명시적으로 금지하면 됩니다.

시큐리티 그룹은 상태를 가지는 스테이트풀stateful이며, 암묵적인 접근 금지 방식입니다. 통신이 들어오는 인바운드inbound도 기본적으로 금지이고 나가는 아웃바운드outbound도 기본적으로 금지입니다. 들어오는 인바운드 통신을 허용해주면 나가는 아웃바운드가 기본적으로는 금지였지만, 인바운드 통신을 명시적으로 허용해주었고 그 상태도 유지되기 때문에 아웃 바운드로 나가는 통신이 허용되는 효과가 나옵니다.

참고로 오픈스택 Neutron에도 이와 같은 기능이 FWaasFirewall-as-a-Service라는 이름으로 개발 중이고 이 책의 집필 시점에서는 아직 공식 릴리즈는 되지 않은 상태입니다.

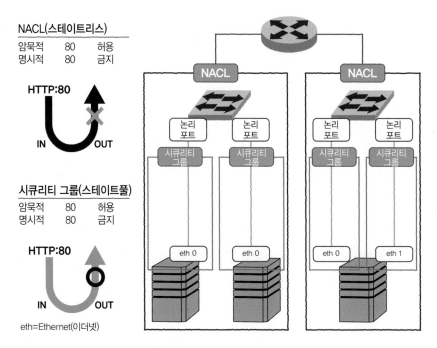

▲ 그림 7.13 NACL과 시큐리티 그룹의 차이

7.2 네트워크 리소스와 API

7.2.1 네트워크를 구성하기 위한 API의 처리 흐름

이제 본격적으로 API를 사용한 네트워크 리소스의 제어 방법에 대해 살펴 봅니다. 우선 API의 처리 흐름부터 알아봅니다. [그림 7.14]는 오픈스택 Neutron에서 가상 네트워크를 만들고 이 가상 네트워크에 서브넷을 할당한 다음, 마지막으로 논리 포트를 만드는 과정을 표현하고 있습니다. 실제로는 사용자가 논리 포트를 직접 생성하는 경우는 드물고 뒤에 7.3절에서 설명하는 것처럼 Neutron을 사용하는 Nova와 같은 모듈이 내부적으로 논리 포트를 생성하는 만드는 경우가 대부분입니다.

Neutron의 API 실행 방식은 상당히 단순합니다. 네트워크와 서브넷, 포트 각각에 대응하는 URL 'https://{network}/v2.0/networks.json', 'https://{network}/v2.0/subnets.json', 'https://{network}/2.0/ports.json'으로 JSON 데이터를 전달하기만 하면 됩니다. 참고로 {network} 부분에는 Neutron의 접속 정보가 들어 가면 됩니다. 여기서 중요한 포인트는 네트워크의 CIDR과 같은 각종 정보들을 3장에서 설명한 JSON 형식으로 정의할 수 있다는 점입니다. 기존의 물리적인 인프라 환경에서는 네트워크 관련 설정 정보들을 일관되게 관리하는 것이 상당히 중요했었는데 이 점은 클라우드에서도 마찬가지입니다. 다만 차이가 있다면 클라우드 환경에서는 일관되게 관리하기 위해 설정 정보의 포맷을 JSON 형식으로 채택하고 있습니다.

가상 네트워크를 만들 때는 네트워크의 이름 정보만 전달하면 네트워크가 생성되는 반면, 서브넷을 만들 때는 CIDR과 게이트웨이의 IP 주소, 서브넷이 할당될 가상 네트워크의 UUID 정보도 전달해야 합니다. 논리 포트를 만들 때는 가상 네트워크의 UUID만 지정하면 포트가 만들어지면서 IP 주소가 할당되는데, 실제로 Neutron은 논리 포트를 생성하는 POST 요청에 대한 응답으로 자동으로 할당된 IP 주소나 MAC 주소와 같은 정보를 응답으로 보냅니다.

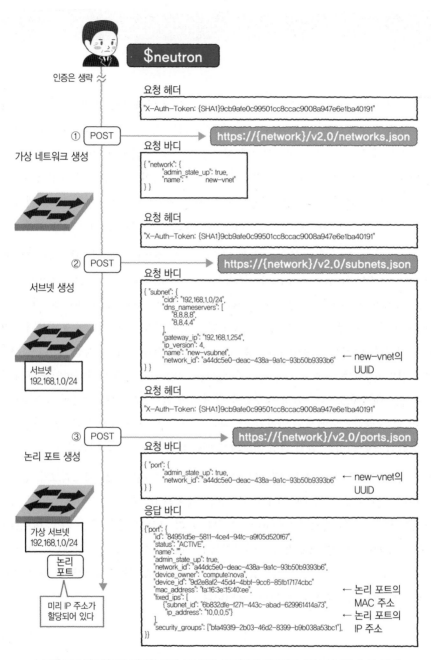

\$neutron

인증은 생략 ∼

요청 헤더

"X-Auth-Token: {SHA1}9cb9afe0c99501cc8ccac9008a947e6e1ba40191"

① POST → https://{network}/v2.0/networks.json

가상 네트워크 생성

요청 바디

{ "network": {
    "admin_state_up": true,
    "name": "   new-vnet"
} }

요청 헤더

"X-Auth-Token: {SHA1}9cb9afe0c99501cc8ccac9008a947e6e1ba40191"

② POST → https://{network}/v2.0/subnets.json

서브넷 생성

요청 바디

{ "subnet": {
    "cidr": "192,168,1,0/24",
    "dns_nameservers": [
        "8,8,8,8",
        "8,8,4,4"
    ],
    "gateway_ip": "192,168,1,254",
    "ip_version": 4,
    "name": "new-vsubnet",
    "network_id": "a44dc5e0-deac-438a-9a1c-93b50b9393b6"   ← new-vnet의
} }   UUID

서브넷
192,168,1,0/24

요청 헤더

"X-Auth-Token: {SHA1}9cb9afe0c99501cc8ccac9008a947e6e1ba40191"

③ POST → https://{network}/v2.0/ports.json

논리 포트 생성

요청 바디

{ "port": {
    "admin_state_up": true,
    "network_id": "a44dc5e0-deac-438a-9a1c-93b50b9393b6"   ← new-vnet의
} }   UUID

응답 바디

{"port": {
    "id": "84951d5e-5811-4ce4-94fc-a9f05d520f67",
    "status": "ACTIVE",
    "name": "",
    "admin_state_up": true,
    "network_id": "a44dc5e0-deac-438a-9a1c-93b50b9393b6",
    "device_owner": "compute:nova",
    "device_id": "9d2e8af2-45d4-4bbf-9cc6-85fb17174cbc",
    "mac_address": "fa:16:3e:15:40:ee",   ← 논리 포트의
    "fixed_ips": [MAC 주소
        {"subnet_id": "6b832dfe-f271-443c-abad-629961414a73",
        "ip_address": "10,0,0,5"}
    ],   ← 논리 포트의
    "security_groups": ["bfa493f9-2b03-46d2-8399-b9b038a53bc1"], IP 주소
}}

가상 서브넷
192,168,1,0/24

논리
포트

미리 IP 주소가
할당되어 있다

▲ 그림 7.14 네트워크를 제어할 때의 API 처리 흐름(가상 네트워크, 가상 서브넷, 논리 포트)

[그림 7.15]에서는 가상 라우터를 만든 다음, [그림 7.14]에서 만든 서브넷을 연결하고 있습니다. 가상 라우터를 만들 때는 이름 정보만 전달하면 되고 서브넷을 연결할 때는 가상 라우터 리소스에 서브넷 정보를 PUT하면 됩니다.

마지막으로 가상 라우터를 외부 L2 네트워크와 연결합니다. 외부 L2 네트워크도 다른 일반 가상 네트워크와 마찬가지로 UUID를 가지고 있고 이것을 가상 라우터에 연결함으로써 인터넷과 같은 외부 망과의 통신이 가능하게 됩니다.

AWS에서는 가상 네트워크 전체를 의미하는 VPC를 만드는 'CreateVPC'[9] API를 호출하고 생성된 VPC에 대해 'CreateSubnet'[10]이나 'CreateNetworkInterface'[11] API를 호출합니다. CIDR과 같은 정보는 쿼리 파라미터에 지정하는데 응답은 JSON 형식으로 돌아오기 때문에 8장에서 설명할 오케스트레이션 기능과 조합할 수도 있습니다. 물리적인 환경과 비교해보면 상당히 많은 작업들이 간소화된 것을 알 수 있습니다.

이후 논리 포트를 가상 서버에 연결하면 가상 서버는 그 즉시 통신이 가능한 상태가 됩니다. 과거의 물리적인 인프라 환경에서 같은 작업을 한다면 우선 라우터의 라우팅 설정은 어떻게 할지, 서버에 할당할 주소는 어떤 것을 사용할지 등과 같은 다양한 검토가 필요합니다. 그리고 각종 네트워크 장비를 설정하려면 각 장비별 설정 가이드를 숙지해야 하는 등, 하나의 네트워크 세그먼트를 만드는데도 상당한 많은 노력이 필요할 것입니다. 하지만 클라우드 환경의 네트워크는 과거에 수행했던 복잡한 작업들을 모두 은폐했고, 사람이 각종 의사결정을 해야 했던 부분 역시 자동으로 대신해 주어 과거에 비해 네트워크를 상당히 효율적으로 구축할 수 있습니다.

---

9 역자 주 : http://docs.aws.amazon.com/ko_kr/AWSEC2/latest/APIReference/API_CreateVpc.html

10 역자 주 : http://docs.aws.amazon.com/ko_kr/AWSEC2/latest/APIReference/API_CreateSubnet.html

11 역자 주 : http://docs.aws.amazon.com/ko_kr/AWSEC2/latest/APIReference/API_CreateNetworkInterface.html

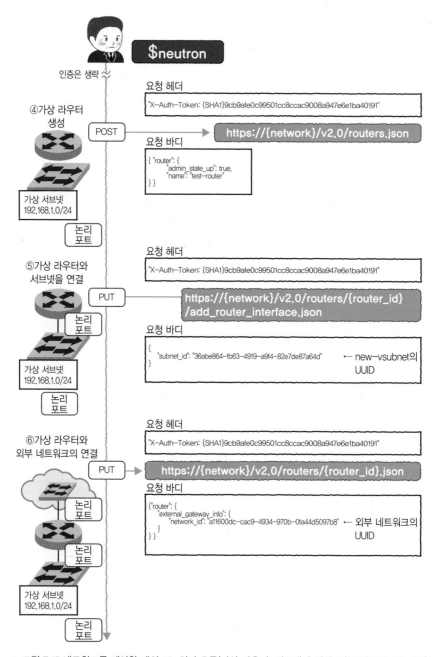

$neutron

인증은 생략

요청 헤더

"X-Auth-Token: {SHA1}9cb9afe0c99501cc8ccac9008a947e6e1ba40191"

④가상 라우터
생성

POST → https://{network}/v2.0/routers.json

요청 바디

{ "router": {
    "admin_state_up": true,
    "name": "test-router"
} }

가상 서브넷
192.168.1.0/24

논리
포트

⑤가상 라우터와
서브넷을 연결

요청 헤더

"X-Auth-Token: {SHA1}9cb9afe0c99501cc8ccac9008a947e6e1ba40191"

PUT → https://{network}/v2.0/routers/{router_id}
/add_router_interface.json

요청 바디

{
    "subnet_id": "36abe864-fb63-4919-a9f4-82e7de87a64d"   ← new-vsubnet의
}   UUID

논리
포트

가상 서브넷
192.168.1.0/24

논리
포트

⑥가상 라우터와
외부 네트워크의 연결

요청 헤더

"X-Auth-Token: {SHA1}9cb9afe0c99501cc8ccac9008a947e6e1ba40191"

PUT → https://{network}/v2.0/routers/{router_id}.json

요청 바디

{"router": {
    "external_gateway_info": {
        "network_id": "a11600dc-cac9-4934-970b-0fa44d5097b8"   ← 외부 네트워크의
    }   UUID
} }

논리
포트

논리
포트

가상 서브넷
192.168.1.0/24

논리
포트

▲ 그림 7.15 네트워크를 제어할 때의 API 처리 흐름(가상 라우터, 서브넷과 연결, 외부 네트워크와 연결)

7.2.2 네트워크 안에 서버를 할당하기 위한 API의 처리 흐름

이제까지 네트워크 관련 개별 리소스들의 API를 각각 호출하여 네트워크 환경을 구축하는 예를 살펴 보았습니다. 실제로 네트워크 API는 가상 서버를 생성할 때 함께 실행되는 경우가 많은데, 이때 서버와 어떤 식으로 연계가 되는지를 오픈스택을 예로 들어 설명하겠습니다.

[그림 7.16]은 Nova가 가상 서버를 생성하면서 Neutron과 연계 처리하는 과정을 표현하고 있습니다. 우선 사용자로부터 Nova에 가상 서버를 생성하라는 API가 전달됩니다. Nova는 요청된 데이터가 유효한지 확인하기 위해 데이터 검증을 수행합니다.

이때 네트워크나 시큐리티 그룹에 관한 질의는 Neutron에게 보내집니다. 그 후, 지정한 플레이버로 기동할 수 있는 서버를 찾았다면 Neutron에 논리 포트를 생성해 줄 것을 요청합니다. 논리 포트 생성 요청을 받은 Neutron은 논리 포트에 IP 주소, MAC 주소 등을 할당한 후, Nova에 알려줍니다. IP 주소는 서브넷의 IP 주소 범위 안에서 사용 가능한 것이 할당되며, 가상 서버가 기동될 때 DHCP를 통해 부여 받게 됩니다.

이후, Neutron으로부터 논리 포트가 생성되었다는 응답을 Nova가 받게 되면 가상 서버 기동에 필요한 모든 정보들이 준비되었다고 판단합니다. 이 단계는 어디까지나 준비만 되었다는 의미이고, 가상 서버가 아직 만들어진 상태는 아닙니다.

여기까지 되었다면 이제 드디어 가상 서버를 기동할 준비를 합니다. 구체적으로는 Nova가 가상 서버의 인터페이스를 만들고, 하이퍼바이저상의 브릿지에 연결합니다. 연결만 하는 것으로는 아직 네트워크 측의 처리가 모두 끝난 상태가 아니기 때문에 Nova는 대기 상태에 들어갑니다.

Neutron은 가상 서버의 인터페이스가 브릿지에 연결되었다는 것을 알게 되고 Neutron API를 통해 전달된 정보를 참고하여 가상 서버의 인터페이스를 적절한 가상 네트워크에 연결합니다. 그리고 논리 포트에 대해서도 IP 스푸핑(IP 위변조) 방어를 위한 설정을 한 다음, 시큐리티 그룹도 적용합니다. 이러한 Neutron 측의 작업이 완료되면 Nova에 논리 포트가 준비되었다고 통보합니다.

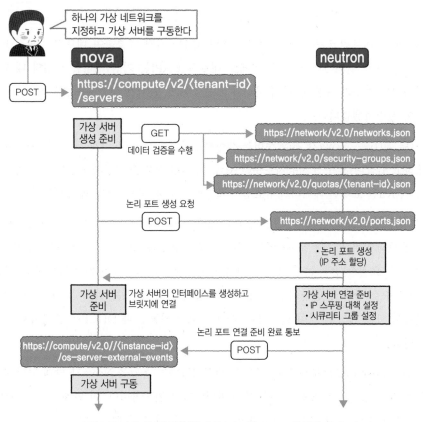

▲ 그림 7.16 가상 서버를 생성할 때의 Nova와 Neutron의 연계 처리

대기 상태였던 Nova는 이 통보를 받은 후에야 비로소 실제 가상 서버를 생성하는 수순을 밟게 됩니다.

이렇게 클라우드 환경의 API는 단지 기능을 호출하는 것뿐만 아니라 현재 상태를 통보하여 다른 리소스와의 연계 처리도 할 수 있습니다. 이렇게 관련된 리소스들을 연계 처리하게 되면 인프라 환경을 보다 원활하고 효율적으로 구축할 수 있습니다.

7.3 네트워크 리소스의 내부 구성

이제 클라우드 환경에서 네트워크를 조작할 때 가상 네트워크가 어떻게 만들어지는 지를 알아 봅니다. 이를 위해 오픈소스로 공개되어 내부 구조를 알 수 있는 오픈스택 Neutron을 예로 들어 설명하겠습니다.

7.3.1 클라우드에서의 네트워크 분리

이제까지 클라우드 환경에서 네트워크를 제어하는 방법에 대해 알아 보았습니다. 클라우드 환경은 멀티 테넌트를 지원하기 때문에 여러 사용자들이 같은 서브넷을 사용해도 충돌이 나지 않도록 만들어져 있습니다. 그렇다면 이러한 네트워크의 분리는 어떻게 가능할까요?

Neutron은 사용하는 드라이버에 따라서 Cisco나 Juniper와 같은 다양한 네트워크 기기들을 제어할 수 있습니다. 네트워크 분리를 구현하기 위해 리눅스에서 오픈소스로 제공되는 OVSOpen vSwitch를 내부적으로 활용하고 있습니다. 이제 이러한 내용들을 조금 더 자세히 살펴 보겠습니다.

가상 네트워크를 제어하는 프로세스

우선 Neutron의 내부 동작에 어떤 것들이 등장하는지 [그림 7.17]로 확인해 봅시다. 오픈스택에서 사용자가 실행한 API는 nova-api나 neutron-server의 프로세스가 접수합니다. 이때 이들의 프로세스가 동작하는 호스트를 '컨트롤러 노드controller node'라고 합니다. 그리고 실제로 KVMKernel-based Virtual Machine에 의해서 가상 서버를 기동하고 OVS로 가상 네트워크를 구성하는 호스트를 '컴퓨트 노드compute node'라고 부릅니다. 이 컴퓨트 노드에는 KVM을 제어하는 nova-compute 프로세스와 OVS를 제어하는 L2-agent가 동작합니다. 한편, 사용자는 컨트롤러 노드에 가상 서버나 가상 네트워크에 대한 제어 요청을 보내고 컨트롤러 노드에서는 접수한 요청에 대해 nova-api와 neutron-server, 혹은 또 다른 오픈스택 프로세스들과 연계하면서 컴퓨트 노드를 제어하게 됩니다.

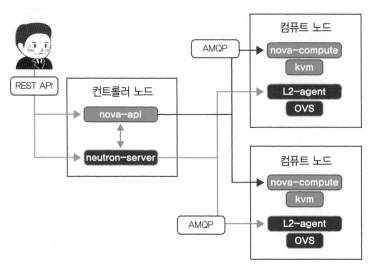

▲ 그림 7.17 가상 네트워크 조작 시 사용되는 오픈스택 프로세스

여러 노드를 가진 테넌트의 가상 네트워크

이제 [그림 7.17]과 같은 환경 위에 [그림 7.18]과 같이 가상 네트워크와 가상 서버가 구성되는 컴퓨트 노드가 있다고 가정해 보겠습니다. [그림 7.18]에서는 두 개의 테넌트가 있고 각 테넌트의 서브넷이 같은 IP 주소 범위를 가지고 있습니다. 각 테넌트는 두 대의 가상 서버를 기동하고 있고 각각은 서로 다른 컴퓨트 노트에 배치되어 있습니다. 그리고 각 테넌트에 배치된 가상 서버는 서로 같은 IP 주소가 할당되어 있습니다.

Neutron에서는 이와 같은 구성이 가능하지만 일반적인 인프라 환경이나 가상화 환경에서는 불가능합니다. 하나의 호스트에 같은 IP 주소를 가진 가상 서버를 두 대를 두는 경우, 각각 독립된 형태로 운영한다면 별문제가 없지만, 이들이 다른 호스트의 가상 서버와 통신을 하려고 하면 IP 주소가 같기 때문에 어떤 가상 호스트와 통신을 하고 있는지 알 수 없게 됩니다.

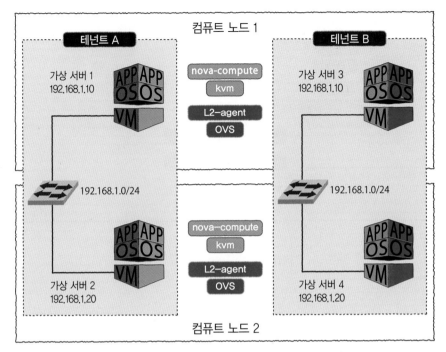

▲ 그림 7.18 여러 개의 노드에 걸쳐진 테넌트의 가상 네트워크

그래서 이전의 물리적인 인프라 환경에서는 네트워크 관리자나 가상 인프라 관리자가 이러한 충돌을 방지하기 위해 어떤 호스트에 어떤 가상 서버를 배치할지, 그 가상 서버에 어떤 IP 주소를 할당할지를 꼼꼼하게 관리해야만 했었습니다. 하지만 오늘날 Neutron에서는 이러한 충돌 자체를 회피하는 기법을 쓰기보다 오히려 충돌이 발생하더라도 문제가 발생하지 않도록 하는 기술이 구현되어 있습니다.

네트워크 식별

이제 Neutron이 이러한 충돌 문제를 어떻게 해결하고 있는지 알아 보겠습니다. [그림 7.19]는 Neutron이 컴퓨트 노드상에 구성하는 실제 네트워크를 도식화한 것입니다. 각 컴퓨트 노드에 가상 서버가 있고 각 가상 서버에 중복된 IP 주소가 할당되어 있는 것을 알 수 있습니다.

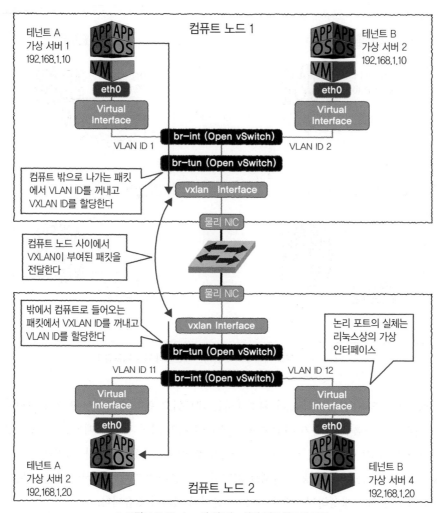

위쪽 상단:
테넌트 A
가상 서버 1
192.168.1.10

컴퓨트 노드 1

테넌트 B
가상 서버 2
192.168.1.10

br-int (Open vSwitch)

VLAN ID 1

VLAN ID 2

br-tun (Open vSwitch)

컴퓨트 밖으로 나가는 패킷
에서 VLAN ID를 꺼내고
VXLAN ID를 할당한다

vxlan Interface

물리 NIC

컴퓨트 노드 사이에서
VXLAN이 부여된 패킷을
전달한다

물리 NIC

밖에서 컴퓨트로 들어오는
패킷에서 VXLAN ID를 꺼내고
VLAN ID를 할당한다

vxlan Interface

논리 포트의 실체는
리눅스상의 가상
인터페이스

br-tun (Open vSwitch)

VLAN ID 11

VLAN ID 12

br-int (Open vSwitch)

테넌트 A
가상 서버 2
192.168.1.20

컴퓨트 노드 2

테넌트 B
가상 서버 4
192.168.1.20

▲ 그림 7.19 Neutron이 만드는 실제 네트워크의 구조

컴퓨트 노드에는 br-int와 br-tun이라는 OVS의 브릿지가 만들어져 있습니다. 가상 서버와 OVS 브릿지 br-init은 리눅스의 가상 인터페이스Virtual Interface로 연결되어 있습니다. 앞서 살펴본 논리 포트의 실체는 바로 이 가상 인터페이스에 해당합니다. [그림 7.16]에서 논리 포트 생성을 요청 받은 Neutron은 이 가상 인터페이스를 만든 후, 시큐리티 그룹의 규칙에 따라 패킷 필터링 설정을 하고, IP 스푸핑 방어를 위한 설정까지 완료한 다음 Nova에 준비 작업이 완료되었음을 통보합니다.

OVS 브릿지 br-int는 br-tun과 연결되어 있습니다. br-tun은 컴퓨트 노드 사이에서 패킷을 전송하는 역할을 합니다. 패킷을 전송할 때는 VXLAN이 사용되는데 VXLAN ID가 설정된 패킷을 br-tun에 보내면 그 뒤에 연결된 VXLAN 인터페이스를 통해 각 컴퓨트 노드까지 전달됩니다. 여기서 VXLANVirtual eXtensible Local Area Network는 이더넷 프레임을 캡슐화해서 L3 네트워크상에 논리적인 L2 네트워크를 구성하는 터널링 프로토콜입니다.

가상 서버에서 전송되는 패킷은 연결된 가상 인터페이스를 보고 자신이 어떤 네트워크에 속해 있는지 알 수 있습니다. 그래서 이 패킷이 이 가상 네트워크에서 나왔다는 것을 알 수 있도록 VLAN ID를 패킷에 할당합니다. 같은 컴퓨트 노드 안에서는 서로 다른 가상 네트워크들의 서로 다른 VLAN ID를 가지기 때문에 결과적으로 네트워크를 격리하는 효과가 있습니다. 그래서 같은 호스트 안에서 같은 IP 주소를 사용하더라도 패킷의 VLAN ID로 구분이 가능하여 충돌이 발생하지 않습니다.

[그림 7.19]에서 테넌트 A에 속한 서버 1과 서버 2가 서로 통신을 하는 경우처럼 컴퓨트 노드 밖으로 패킷이 나가게 되는 경우에는 br-tun이 VLAN ID를 제거하고 대신 VXLAN ID를 부여합니다. 이후 VXLAN ID가 부여된 패킷은 br-tun에 연결된 VXLAN 인터페이스를 통해 다른 컴퓨트 노드로 보내집니다. 수신 측의 컴퓨트 노드에서는 반대로 br-tun을 통해 외부에서 들어온 패킷에 대해 VXLAN ID를 제거하고 대신 VLAN ID를 할당합니다.

참고로 이 예에서는 VXLAN을 사용해서 가상 네트워크를 식별했는데 다른 네트워크 가상화 기술에서도 이런 원리를 이용하여 고유한 ID를 부여하고 가상 네트워크를 구분하는 기법이 사용됩니다. 그래서 어떤 네트워크 가상화 기술을 사용할지 결정할 때에는 식별해야 하는 가상 네트워크의 개수와 성능, 운영 효율 등의 여러 특성들을 고려하여 선택해야 합니다.

예를 들면 VLAN은 4094개의 가상 네트워크를 구분할 수 있고 오랫동안 사용된 탓에 적용사례가 많은 상당히 안정적인 기술입니다. 그래서 클라우드 환경에서 수용해야 하는 가상 네트워크의 수가 적은 경우 VLAN을 활용하는 경우가 많습니다.

VXLAN은 24비트 ID를 사용하기 때문에 1600만 개의 가상 네트워크를 구분할 수 있습니다. 최근 구축되는 대규모 네트워크 환경에서는 VLAN의 최대 개수인 4094개를 상회하기도 하므로 이런 경우에는 VXLAN을 사용하는 것이 해결 방안이 될 수 있습니다.

7.4 네트워크 리소스의 컴포넌트

7.4.1 네트워크 리소스의 컴포넌트

네트워크 리소스는 스위치, 서브넷, 라우터, 포트, 시큐리티 그룹, NACL로 구성됩니다. 이러한 리소스들의 관계를 ER 다이어그램으로 표현했는데 [그림 7.20]이 오픈스택 Neutron의 리소스 맵이고 [그림 7.21]이 AWS VPC의 리소스 맵입니다. 오픈스택과 AWS가 리소스들의 관계를 표현 방식에서 다소 차이가 있긴 하지만 네트워크, 서브넷, 포트가 기본 축이 되고 포트에 시큐리티 그룹이 N:N으로 대응하는 것은 서로 비슷하다는 것을 알 수 있습니다. 참고로 AWS는 여기에 서브넷과 NACL의 관계를 N:N으로 더 추가하고 있습니다. 특히, 라우터는 오픈스택과 AWS의 표현 방식의 차이가 두드러지는데 오픈스택에서는 라우터가 포트에 연결되고 AWS에서는 라우팅 테이블이 VPC와 서브넷에 연결되는 것을 알 수 있습니다.

---

12 역자 주 : 리소스 맵은 관계를 추상적으로 표현한 것으로 실제 구현된 내용과는 다를 수 있습니다.
13 역자 주 : 리소스 맵은 관계를 추상적으로 표현한 것으로 실제 구현된 내용과는 다를 수 있습니다.

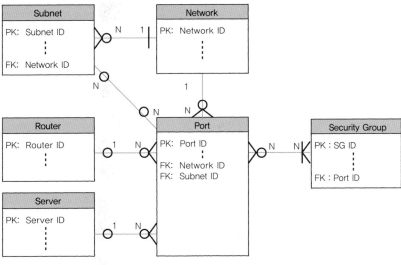

▲ 그림 7.20 오픈스택 Neutron 리소스 맵[12]

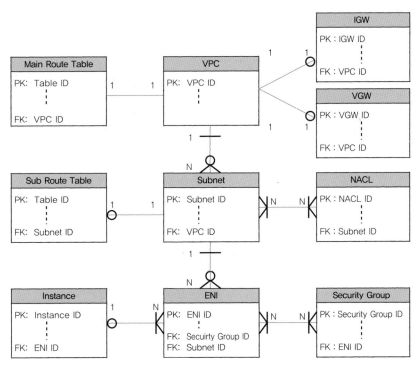

▲ 그림 7.21 AWS VPC 리소스 맵[13]

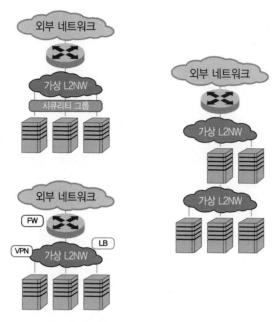

▲ 그림 7.22 다양한 네트워크 토폴로지를 자유롭게 구성

이 장에서는 클라우드 네트워크를 구성하는 기본적인 리소스의 개념으로 네트워크, 서브넷, 라우터, 포트, 시큐리티 그룹, NACL에 대한 개요와 API를 사용하는 방법 등에 대해 살펴 보았습니다. 이들을 조합하면 사용자가 네트워크의 토폴로지 구성과 구축 과정을 API를 통해 손쉽고 자유롭게 할 수 있다는 것을 알 수 있습니다([그림 7.22] 참고)

클라우드 환경에서의 시스템 구축에 있어서 네트워크 시큐리티는 상당히 중요한 부분입니다. 그래서 대규모 시스템을 구축할 때는 네트워크 설계와 필터링 정책을 반드시 검토해 두어야 합니다. 특히 시큐리티 그룹과 NACL은 설정에 대한 자유도가 높고 N:N 관계를 만들 수 있기 때문에 보다 이해하기 쉬운 형태로 설계하기 위해서는 어떤 규칙들을 만들지, 규칙이 변경될 때 어떻게 반영을 할지 등에 대해 충분히 고민해야 합니다. 그 외에도 VPC 피어링이나 VPC 엔드포인트의 최적화와 같은 서비스 간의 연계 방법이나 11장에서 다룰 멀티 클라우드의 네트워크 구성 방법 등도 검토 대상 중의 하나입니다.

네트워크는 앞 장에서 설명한 서버, 블록 스토리지에 비해 기존의 물리적 인프라 환경과 클라우드 환경 간의 변화 폭이 큽니다. 그리고 이제까지 다룬 내용 외에도 대역이나 MTU(패킷 사이즈) 등을 고려한 설계나 트러블 슈팅도 더 살펴볼 필요가 있습니다. 이 장에서 익힌 리소스에 대한 개념과 내부 구성을 상상하면서 실무에 응용하다 보면 한층 더 네트워크에 대해 이해하고 효율적으로 업무를 수행할 수 있을 것입니다. 이러한 개념은 SDN의 개념으로 이어지는데 SDN에 대해 알아 보며 마무리하겠습니다.

7.4.2 클라우드 네트워크와 SDN

클라우드 네트워크를 언급하면서 SDNSoftware Defined Networking을 빠뜨릴 순 없습니다. 마지막으로 SDN과 오픈스택, AWS와의 관계를 정리하겠습니다.

우선 SDN이라는 것은 기존에 물리적인 인프라 환경에서 일체형으로 구성되어 있었던 제어를 담당하는 컨트롤러와 전송을 담당하는 데이터 플랜을 서로 분리한 다음, API를 통해 이들을 제어하겠다는 개념입니다.[14] SDN에 관련된 구성 요소들은 클라우드 네트워크 컨트롤러, 네트워크 오케스트레이더, 네트워크 장비인데 [그림 7.23] 에 이들의 관계를 표현했습니다.

---

14 역자 주 : 컨트롤 플랜, 데이터 플랜 등에 대해서는 〈네트워크 엔지니어의 교과서〉 (로드북)에 자세히 설명되어 있습니다.

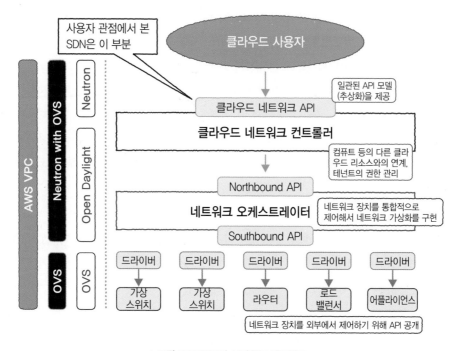

▲ 그림 7.23 SDN과 클라우드 네트워크

네트워크 장비는 실제로 패킷을 다루는 장비로 외부에서 장비를 제어할 수 있도록 API가 공개되는 것이 특징입니다. 네트워크 오케스트레이터는 각종 네트워크 장비를 제어하면서 가상 네트워크의 다양한 기능들을 구현합니다. 네트워크 오케스트레이터의 예로는 오픈소스로 개발된 Open Daylight, MidoNet, Ryu, OpenContrail 등이 있습니다.[15]

클라우드 네트워크 컨트롤러는 클라우드에서 가상 네트워크를 동작시키기 위해 태스크들을 실행하는 역할을 합니다. 예를 들면 컴퓨트와 같은 다른 클라우드 리소스(예: 오픈스택의 Nova)와의 연계, 테넌트 정보에 기반한 리소스의 권한 관리 등입니다. 컴퓨트 리소스와 비교하면 네트워크 오케스트레이터가 가상 서버를 구현하는 하이퍼

15 OpenDaylight https://www.opendaylight.org/, MidoNet https://www.midonet.org/,
Ryu http://osrg.github.io/ryu/, OpenContrail http://www.opencontrail.org/

바이저에 해당하고 클라우드 네트워크 컨트롤러는 오픈스택 Nova에 해당한다고 볼 수 있습니다.

클라우드 네트워크 컨트롤러의 또 다른 역할은 사용자에게 일관된 API 모델을 제공한다는 것입니다. 이 장에서 설명한 Neutron이나 AWS VPC의 API가 여기에 해당합니다. API는 사용자에게 직접 노출되는 부분이어서 클라우드 네트워크가 얼마나 사용하기 편리하게 만들어졌는지의 여부는 이 부분이 얼마나 유스케이스에 잘 맞게 추상화되었는지, 얼마나 적절하게 API가 만들어졌는지에 따라 결정됩니다.

[그림 7.23]의 왼쪽에 오픈스택 Neutron과 AWS VPC가 SDN의 구성 요소 중 어느 부분을 커버하고 있는지를 표현했습니다. Neutron을 예로 들면 7.2절에서 다루었던 OVSOpen vSwitch를 사용할 때는 Neutron이 클라우드 네트워크 컨트롤러와 네트워크 오케스트레이터 모두를, Open Daylight를 사용하는 경우에는 Neutron은 클라우드 네트워크 컨트롤러만 담당하는 형태로 구성됩니다.

이 그림을 보면 알겠지만 SDN을 이용함에 있어서 사용자의 접점이 되는 클라우드 네트워크 API는 상당히 중요한 부분으로, 오픈스택 Neutron이나 AWS VPC는 이미 SDN의 역할을 훌륭하게 구현하고 있다는 것을 알 수 있습니다. 이들 API를 단지 이용만 할 것이 아니라 왜 이런 형태로 설계되었는지 이 그림을 보면서 생각해 보길 권합니다. 클라우드 네트워크나 SDN에 대한 이해가 깊어져 이전보다 네트워크를 응용하고 활용하는 폭이 더 넓어질 것입니다.

오케스트레이션

3장부터 7장까지 API의 기본적인 구조와 서버, 스토리지, 네트워크에 대해 배웠으며 이러한 리소스들을 제어하는 API에 대해 알아 보았습니다. 오픈스택이나 AWS와 같은 클라우드 환경의 API들이 어떤 기능을 제공하고, 내부적으로는 어떤 처리가 이루어지는지를 알게 되었을 것입니다.

이러한 리소스들의 관계를 정의하고 구성을 자동화함으로써 사람의 판단과 수작업을 덜어주는 기능이 있는데 그러한 기능을 오케스트레이션(orchestration)이라고 합니다. 오픈스택에서는 Heat, AWS에서는 CloudFormation이 이에 해당합니다.

이 장의 전반부에서는 클라우드 리소스들의 관계를 정의하고 시스템의 배치를 자동화해주는 오케스트레이션의 기본적인 개념과 템플릿의 구문, 그리고 오케스트레이션 관련 툴 등에 대해 살펴 봅니다. 후반부에서는 리소스 지향 관점에서 오케스트레이션과 REST API와의 관계를 정리합니다. 오케스트레이션을 도입할 때의 장점과 효과적인 도입 방법에 대해서도 살펴 볼 것입니다.

8.1 오케스트레이션의 기본과 템플릿 구문

오케스트레이션이나 오토메이션과 같은 개념이 서버나 네트워크, 스토리지와 같은 개념보다 낯설게 느껴지는 독자들이 있을 것 같습니다. 먼저 오케스트레이션과 오토메이션의 개념에 대해 설명합니다. 이것들이 왜 필요한지에 대해서 생각해 보고 내부적인 구조에 대해서도 살펴 보겠습니다.

8.1.1 오케스트레이션과 오토메이션의 개요

독자들 중에는 소프트웨어 개발을 주 업무로 하는 사람들이 있을 것이고 그 중에는 DevOps라는 단어에 친숙한 사람도 있을 것입니다. DevOps란 개발팀과 운영팀이 협업하면서 시스템의 라이프사이클을 고도화하는 기법으로 주로 인터넷 서비스 기업을 중심으로 적용되어 확산되는 추세입니다.

사실 DevOps의 오케스트레이션, DevOps의 오토메이션, 클라우드의 오케스트레이션, 클라우드의 오토메이션 간에는 비슷해 보이지만 조금씩 차이가 있습니다. 이 책은 클라우드의 API가 주제이지만 독자마다 DevOps에 대한 인식의 차이가 있을 수도 있어 가볍게 다루고 넘어 가겠습니다.[1]

DevOps와 클라우드를 세로 축에, 오케스트레이션과 오토메이션을 가로 축에 둔 후, 이들의 관계를 표현하면 [그림 8.1]과 같이 정리할 수 있습니다.

DevOps의 관점에서 보면 오케스트레이션은 '소프트웨어 개발의 자동화를 위해 태스크를 만드는 작업'에 해당하고 오토메이션은 'CI(지속적 통합) 툴을 사용해서 빌드나 소스 코드 정적 검사를 자동화하는 작업' 등을 말합니다. DevOps에서의 오케스트레이션이나 오토메이션에서도 학습할 것은 많지만 이 책에서는 클라우드의 오케스트레이션과 오토메이션에 대해서만 초점을 맞춰 설명하겠습니다.

---

1 이 책은 DevOps의 해설서는 아니기 때문에 상세한 내용은 다루지 않습니다. DevOps나 CI에 대해 자세히 알고 싶은 경우 〈継続的デリバリー〉 (アスキー・メディアワークス, ISBN : 9784048707879)를 참고 바랍니다.

	오케스트레이션(자동화 태스크)	오토메이션(자동화)
DevOps	조직의 DevOps 프로세스를 자동화 툴의 태스크로 만든다 AWS나 오픈스택과 같이 API로 제어되는 클라우드 관리 플랫폼상에 구현된다	지속적 통합을 위해 CI 툴을 사용하여 소프트웨어 빌드를 한다 미들웨어와 같은 소프트웨어도 설정 관리 방식으로 자동화한다 설정 관리는 같은 툴을 사용
클라우드 인프라	클라우드 관리 플랫폼에는 다음과 같은 네 가지 기능 레이어가 있다 ① API 포털 액세스 레이어 ② 서비스 관리 레이어 ③ 오케스트레이션 레이어 ④ 리소스 관리 레이어	다음 절차를 클라우드 툴로 자동화한다 ① 베어메탈 서버에 가상 서버 디플로이 ② 운영체제 설치 ③ 네트워크 구축 및 설정 작업 ④ 애플리케이션 설치 및 설정 작업

Reference:http://www.networkcomputing.com/cloud-infrastructure/cloud-orchestration-vs-devops-automation/a/d-id/1319531

▲ 그림 8.1 DevOps, 클라우드, 오케스트레이션, 오토메이션의 관계[2]

클라우드의 오케스트레이션은 클라우드 관리 플랫폼cloud management platform에서 제공하는 리소스 API를 사용하여 사람의 판단과 수작업이 필요한 작업을 자동화하는 것을 말합니다. [그림 8.1]에서 클라우드 인프라와 오토메이션이 겹치는 칸, 즉 제4사분면에 있는 ①에서 ③까지의 내용은 클라우드 관리 플랫폼의 오케스트레이션 기능을 사용하여 자동화할 수 있는 부분입니다. 참고로 ④의 애플리케이션 설치deploy 및 설정에 관해서는 클라우드 관리 플랫폼의 오케스트레이션 기능 범위 밖의 내용이라이 책에서는 다루지 않습니다. 참고로 AWS Elastic Beanstalk과 같은 각종 PaaS들은 ④의 기능을 제공합니다.

Infrastructure as Code

최근들어 Infrastructure as Code라는 말을 종종 접하게 됩니다. 오케스트레이션이나 오토메이션에서는 클라우드 인프라나 시스템의 상태를 표현할 때 사람에게 친숙한 텍스트 파일(예: YAML이나 JSON)로 정의합니다. 그러면 오케스트레이션 툴이나 API, 각종 스크립트 언어, 혹은 오토메이션 툴들이 이 텍스트 파일을 입력받아 과거에 인간의 판단과 수작업으로 처리했던 작업들을 자동으로 처리합니다. 이와 같이 클라우드 인프라를 프로그래밍을 하듯이 텍스트 형태의 코드로 다루는 것을 Infrastructure as Code라고 합니다.

---

2 http://www.networkcomputing.com/cloud-infrastructure/cloud-orchestration-vs-devops-automation/1131226123

이런 기능과 툴들은 시스템의 설정 값과 실제 시스템의 상태와의 불일치를 줄이기 위해, 몇 번을 다시 실행해도 똑같은 환경이 만들어지도록 되어 있습니다. 이와 같이 몇 번을 실행해도 같은 결과를 재현할 수 있는 특성을 멱등성(驛燈性)이라고 합니다. 멱등성은 오케스트레이션이나 오토메이션에 요구되는 주요 요소 중의 하나이므로 단어의 의미만큼은 꼭 기억하기 바랍니다.

일반적으로 오케스트레이션 및 오토메이션의 접근 방법은 다음과 같이 크게 두 가지 형태로 분류됩니다.

- 프로그래밍 언어처럼 애플리케이션 설치나 설정 순서를 열거한 다음, 그것들을 자동화하도록 절차형 툴을 사용한 방법
- 애플리케이션에 최적화된 인프라 상태를 템플릿 형태로 정의하고 이것을 관리하는 선언형 기능을 사용한 방법

절차형 툴을 사용하는 대표적인 접근 방법으로는 쉐프Chef나 퍼펫Puppet, 앤서블Ansible 등을 활용하는 방법이 있습니다.[3] 이들은 구성 정보나 설정 정보를 관리하는 서버와 그 설정을 적용하는 클라이언트로 구성되는데, 서버 측은 클라이언트의 구성 정보나 설정 정보를 참조하면서 시스템의 상태를 확인합니다. 시스템의 현재 상태가 의도한 것과 다르면 원하는 상태로 만들기 위해 클라이언트에게 명령을 실행하게 하거나 설정을 변경하게 만듭니다. 가령 쉐프Chef에서는 설정 정보를 레시피recipes라고 하고 프로그래밍 언어로는 루비Ruby를 사용합니다. 그래서 레시피의 조건도 루비의 문법에 맞춰서 작성됩니다.

선언형 툴을 사용하는 대표적인 접근방법으로는 AWS CloudFormation이나 오픈스택 Heat가 있습니다. 이들은 절차형 툴의 접근 방법처럼 명령이나 설정을 직접 제어하는 대신, 시스템의 리소스들을 하나의 템플릿으로 정의하고 이 템플릿을 통해 인프라의 프로비저닝을 하도록 만들어져 있습니다. 선언형 툴이라고는 하나 실제로는 AWS CloudFormation이나 오픈스택 Heat와 같은 클라우드 관리 플랫폼에서 컴

---

3 Chef Solo, Puppet(스탠드 얼론 모드), 앤서블(Ansible)은 서버를 가지지 않는 stand alone 형태로 동작합니다.
   • Chef: https://www.chef.io/
   • Puppet: https://puppetlabs.com/
   • Ansible: http://www.ansible.com/

포넌트 형태로 구현되어 있기 때문에 '툴' 보다는 '기능'의 형태로 제공된다고 보는 것이 맞습니다.

좀 더 구체적으로 살펴 보면, AWS CloudFormation에서는 JSON을, 오픈스택 Heat에서는 YAML이나 JSON을 사용하여 시스템을 선언합니다. YAML과 JSON 과 같은 언어는 텍스트 형태로 되어 있어서 리소스를 정의하는데 적합하지만 조건에 따라 분기 처리를 하는 경우에는 적합하지 않습니다. 그래서 쉐프 사용자가 AWS CloudFormation을 쉽게 사용할 수 있도록 JSON 대신 루비로 제어하는 Kumogata[4]와 같은 변환 툴도 있습니다.

AWS CloudFormation이나 오픈스택 Heat를 직접 사용하는 방법 외에도 cfn-init[5]와 같은 CloudFormation의 헬퍼 스크립트helper scripts를 활용하여 선언형으로 처리하는 방법도 있습니다. 이렇게 실제로 작업할 때는 다양한 방법들이 있기 때문에 접근 방법의 차이에 대해서는 크게 신경 쓰지 않아도 됩니다. 대신 오케스트레이션과 오토메이션에 대한 개념만큼은 잘 잡아두는 것이 좋습니다.

선언형 툴과 절차형 툴의 적용 범위

앞서 4장에서는 시스템을 구축할 때 내부에서 일어나는 각종 작업들에 대해 살펴 보았습니다. 이번에는 시스템을 디플로이deploy하는 과정을 시스템의 레이어 관점에서 바라봅니다. 하위 레이어에서 상위 레이어 순으로 시스템이 구축되는 진행 과정을 나열해보면 대략 다음과 같이 정리할 수 있습니다

① 네트워크 및 블록 스토리지를 준비

② 이미지를 사용한 서버 기동

③ OS 설치

④ 애플리케이션 설치

---

4 Kumogata http://kumogata.codenize.tools/

5 역자 주 : http://docs.aws.amazon.com/AWSCloudFormation/latest/UserGuide/cfn-helper-scripts-reference.html

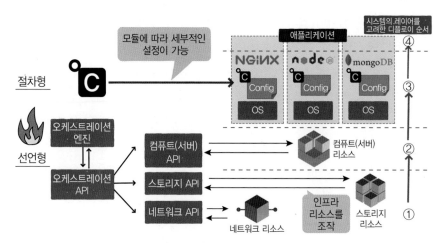

▲ 그림 8.2 선언형과 절차형 툴의 적용 범위

선언형 툴과 절차형 툴은 애당초 시스템의 레이어상에서 적용되는 범위가 서로 다릅니다([그림 8.2] 참고). 이것을 적용되는 대상 관점에서 보자면 ①과 ②는 인프라를, ③은 OS를, ④는 미들웨어와 애플리케이션 영역에 해당하는 것을 알 수 있습니다.

IaaS를 사용하는 경우라면 ①과 ②부분이 클라우드 서비스의 제어 범위에 들어가는 영역입니다. 이 영역에는 AWS CloudFormation과 오픈스택 Heat를 선언형 툴로 활용할 수 있습니다. 참고로 ③과 ④부분은 클라우드 서비스의 제어 범위에 들어가지 않기 때문에 쉐프Chef나 퍼펫Puppet, 앤서블Ansible 등이 절차형 툴로 활용됩니다. 다만 일부 기능에 대해서는 서로 겹치는 부분도 있기 때문에 각 툴의 기능과 적용 범위를 잘 이해한 다음, 충돌 없이 잘 선택하여 조합하는 것이 중요합니다.

절차형 툴을 사용하는 경우

대표적인 절차형 툴인 쉐프Chef는 여러 종류의 OS나 미들웨어를 미리 모듈 형태로 만들어 두고 필요에 따라 구성을 자동화할 수 있도록 만들어져 있습니다. 다만 서버, 네트워크, 스토리지와 같은 클라우드 리소스를 통합 관리하는 기능은 2015년말 기준으로 아직 완전한 형태로는 제공되지 않고 있습니다.

AWS OpsWorks는 쉐프와 OpsWorks의 기능을 조합해서 OS나 미들웨어 설정을 지원할 수 있습니다. 쉐프의 레시피로 구성할 수 있는 소프트웨어라면 앞서 살펴본 시스템의 레이어 중 ①에서 ④까지 전 영역을 AWS OpsWorks가 커버할 수 있습니다. 앤서블Ansible도 클라우드를 조작할 수 있는 플러그인을 제공하여 표면적으로는 ① 에서 ④까지 모든 레이어를 커버하고 있긴 하나 지원하는 클라우드의 컴포넌트와 리소스에 일부 제한이 있을 수 있습니다.

선언형 툴을 사용하는 경우

선언형 툴을 활용한 접근 방식은 클라우드의 리소스를 통합 관리하는 AWS나 오픈스택의 기능으로 구현되어 있기 때문에 리소스 간의 궁합이 잘 맞고 보다 최적화된 상태로 클라우드 리소스들을 프로비저닝할 수 있습니다. 반면, OS나 미들웨어의 설정에 관해서는 그다지 큰 역할을 하지 못합니다. 다만 AWS CloudFormation에서는 cfn-init, cfn-signal, cfn-get-metadata, cfn-hub와 같은 헬퍼 스크립트나 5장에서 소개한 Userdata 기능을 사용해서 설정할 수 있습니다.

- cfn-init: AWS::CloudFormation::Init 키에서 템플릿 메타 데이터를 읽어 들여 실행하는 기능으로 다음과 같은 형태로 설정[6]
- cfn-signal: Amazon EC2 생성 및 변경이 정상적으로 성공했는지 여부를 AWS CloudFormation 에게 통보하는 기능
- cfn-get-metadata: AWS CloudFormation에서 메타 데이터 블록을 가져오는 기능
- cfn-hub: 리소스 메타 데이터가 변경되었는지 감시하고 변경을 확인한 경우 사용자가 지정한 동작을 하는 데몬 기능

6　역자 주 : http://docs.aws.amazon.com/ko_kr/AWSCloudFormation/latest/UserGuide/aws-resource-init.html

```
"Resources": {
  "MyInstance": {
    "Type": "AWS::EC2::Instance",
    "Metadata" : {
      "AWS::CloudFormation::Init" : {
        "config" : {
          "packages" : {
            :
          },
          "groups" : {
            :
          },
          "users" : {
            :
          },
          "sources" : {
            :
          },
          "files" : {
            :
          },
          "commands" : {
            :
          },
          "services" : {
            :
          }
        }
      }
    },
    "Properties": {
      :
    }
  }
}
```

이러한 구문을 작성할 때 참고할 구문 형식이나 기타 상세한 내용에 대해서는 AWS의 레퍼런스 문서를 참고하기 바랍니다.[7] 쉐프[8]나 퍼펫[9]을 CloudFormation과 연계하는 가이드 문서와 샘플 템플릿도 제공하고 있습니다.

넓은 의미에서 Infrastructure as code는 ①에서 ④의 범위 모두를 총망라합니다. 단, ③과 ④의 범위는 플랫폼 성격이 강하기 때문에 이 책의 주제인 클라우드와 관련 있는 ①과 ②의 범위를 중심으로 설명해 나가겠습니다.

오케스트레이션

8.1.2 오케스트레이션과 리소스 집합체의 기본 사상

5장부터 7장까지는 서버, 블록 스토리지, 네트워크와 같은 개별 리소스에 대해 액션 역할을 하는 REST API를 실행하여 리소스의 생성, 조회, 변경, 삭제와 같은 오퍼레이션을 했습니다. 이와 같은 방식으로 리소스를 제어해도 무방하지만 리소스의 수가 더 많아지면 API의 요청 수도 따라서 증가합니다. 또한 리소스가 많아질수록 리소스 간의 의존성(앞서 리소스 맵에서 본 리소스 간의 관계)이 복잡해지고 의존성의 제약으로 인해 API를 호출할 수 있는 순서도 잘 고려해야 하는 등, 리소스들을 다루는 것이 점점 더 까다로워집니다. 또한 리소스 개수가 많아지면 사람이 모든 리소스 하나하나를 관리하기가 어려워져, 결국 그룹으로 묶어서 관리를 해야 할 상황에 이르게 됩니다.

오케스트레이션이란 궁극적으로는 리소스의 집합체를 정의하는 기술입니다. 뒤에서 더 자세히 설명하겠지만 오케스트레이션의 도입은 기존에 액션에 해당하는 API를 중심으로 처리하던 방식에서 리소스의 그룹을 중심으로 처리하는 방식으로의 패러다임의 전환이라고 볼 수 있습니다. 이것은 ROAResource Oriented Architecture의 관점에서 시스템을 설계하고 조작하는 접근 방식을 의미하기도 합니다.

---

7 CloudFormation 헬퍼 스크립트 레퍼런스 (cfn-init)cfn-init)
   • http://docs.aws.amazon.com/ko_kr/AWSCloudFormation/latest/UserGuide/cfn-init.html
8 AWS CloudFormation과 Chef의 연계 가이드 및 샘플 템플릿
   • https://s3.amazonaws.com/cloudformation-examples/IntegratingAWSCloudFormationWithOpscodeChef.pdf
9 AWS CloudFormation과 Puppet의 연계 가이드 및 샘플 템플릿
   • https://s3.amazonaws.com/cloudformation-examples/IntegratingAWSCloudFormationWithPuppet.pdf

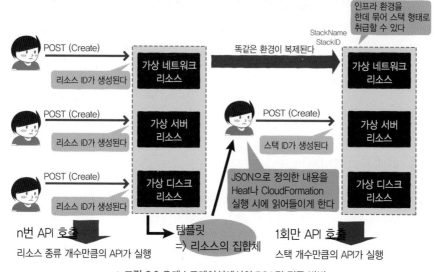

개별 생성을 하는 경우   오케스트레이션을 적용하는 경우

▲ 그림 8.3 오케스트레이션에서의 ROA적 접근 방법

[그림 8.3]을 살펴 봅시다. 개별 리소스를 다룰 때는 개별 리소스에 대한 API를 실행하는 반면, 오케스트레이션을 사용하면 리소스의 집합체를 템플릿에서 불러들인 후, '스택stack'이라는 리소스의 집합체에 대해 API를 실행하고 있다는 것을 알 수 있습니다.

결국 오케스트레이션을 사용하게 되면 API 요청 횟수가 줄어들고 초기 환경 구성 과정이 간단해지며, 시스템 구성이 완료된 이후에는 스택 단위로 리소스를 한데 묶어서 다룰 수 있기 때문에 변경이나 삭제도 쉽게 할 수 있습니다.

8.1.3 오케스트레이션과 API

API를 통해 오케스트레이션을 어떻게 할 수 있는지, 그 방법에 대해 자세히 알아 보겠습니다. 오케스트레이션에서는 각종 제어를 할 때 스택을 기본 단위로 합니다. 이해를 돕기 위해 오픈스택 Heat의 API를 예로 들어 스택에 대한 기본 제어 방법을 확인해 봅니다.

오픈스택 Heat에서 스택을 생성하려면 'Create stack'[10]이라는 API를 실행합니다. URI 'https://{orchestration}/v1/{tenant_id}/stacks'를 POST 방식으로 호출하면 생성할 수 있습니다. 참고로 {orchestration} 부분에는 오픈스택 Heat를 제공하는 서버의 접속 정보가 들어갑니다. 리소스 설정은 YAML이나 JSON으로 작성된 파일을 쿼리 파라미터에 지정하면 됩니다. API를 제공하는 호스트의 파일 시스템에 설정 파일이 있으면 '-template' 옵션을, 오브젝트 스토리지[11]에 설정 파일이 있는 경우에는 '-template_url' 옵션에 URL을 지정하면 됩니다. 스택이 성공적으로 생성되면 스택 리소스에 스택명과 스택 ID가 부여됩니다.

생성된 스택을 삭제하려면 'Delete stack' API를 실행합니다. URI 'https://{orchestration}/v1/{tenant_id}/stacks/{stack_name}/{stack_id}'를 DELETE 방식으로 호출하면 삭제 처리됩니다.

생성된 스택을 변경하려면 'Update stack'이라는 API를 실행하면 됩니다. 스택이 생성된 후에는, 잦은 변경 작업이 필요할 수 있으므로 비교적 호출 빈도가 높은 API에 해당합니다. 낮은 변경 작업에도 불구하고 리소스들의 변경 처리 작업을 효율적으로 할 수 있게 해주므로 오케스트레이션의 장점을 잘 살리는 API이기도 합니다([그림 8.4] 참고). URI 'https://{orchestration}/v1/{tenant_id}/stacks/{stack_name}/{stack_id}'를 PUT 방식으로 실행하면 변경 작업을 하게 되는데 구체적인 변경 내용은 '-template' 옵션이나 '-template_url' 옵션에 지정된 설정 파일에 기재되어 있습니다. 참고로 기본적으로는 설정 파일의 변경 분에 대해서만 작업되지만 리소스에 따라서는 완전히 새로 변경된 내용으로 재생성하는 경우도 있기도 합니다.

---

10 역자 주 : http://developer.openstack.org/api-ref/orchestration/v1/index.html?expanded=create-stack-detail#stacks

11 파일 단위로 데이터를 저장하는 스토리지를 의미합니다. 자세한 내용은 10장 참고.

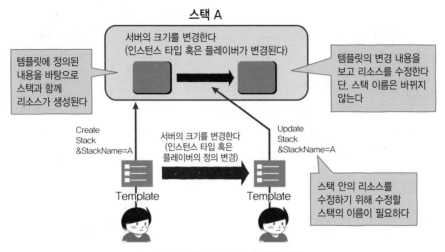

스택 A

서버의 크기를 변경한다
(인스턴스 타입 혹은 플레이버가 변경된다)

템플릿에 정의된
내용을 바탕으로
스택과 함께
리소스가 생성된다

템플릿의 변경 내용을
보고 리소스를 수정한다
단, 스택 이름은 바뀌지
않는다

Create
Stack
&StackName=A

서버의 크기를 변경한다
(인스턴스 타입 혹은
플레이버의 정의 변경)

Update
Stack
&StackName=A

Template

Template

스택 안의 리소스를
수정하기 위해 수정할
스택의 이름이 필요하다

▲ 그림 8.4 Update stack의 동작 방식

이러한 스택 단위의 제어 방식은 AWS CloudFormation에서도 사용되는데, URI 'https://cloudformation.{region}.amazonaws.com/'에 'CreateStack', 'DeleteStack', 'UpdateStack'과 같은 API를 사용할 수 있습니다.[12] 참고로 {region} 부분에는 해당 서비스가 제공되는 리전 정보가 들어갑니다. 조금 다른 점은 오픈스택 Heat에서는 '-template' 옵션을 사용한 반면 AWS CloudFormation에 서는 '-templateBody'를 사용한다는 점만 빼면 대부분의 사용 방식은 비슷합니다.

8.1.4 템플릿의 전체 정의

다음은 오케스트레이션의 근간이 되고 리소스를 정의할 때 사용하는 템플릿에 대해 살펴 보겠습니다. 참고로 오케스트레이션 템플릿은 클라우드 서비스 벤더에 따라 다른 형태로 제공되므로 자세한 내용은 AWS CloudFormation[13]과 오픈스택 Heat[14] 의 템플릿 가이드를 참고하면 됩니다.

---

12 역자 주 : http://docs.aws.amazon.com/ko_kr/AWSCloudFormation/latest/APIReference/API_Operations.html

13 AWS CloudFormation 템플릿 가이드
    http://docs.aws.amazon.com/AWSCloudFormation/latest/UserGuide/templateguide.html

14 OpenStack Heat 템플릿 가이드
    http://docs.openstack.org/developer/heat/template_guide/hot_spec.html

오케스트레이션 템플릿은 AWS CloudFormation이 발상지(發祥地)와 같은 격이라 많은 클라우드 서비스 벤더에서 AWS CloudFormation의 템플릿 방식을 참고하고 있습니다. 그래서 AWS CloudFormation의 템플릿 형식만 제대로 이해한다면 다른 클라우드에서도 큰 무리 없이 응용할 수 있습니다. 다만 AWS CloudFormation은 JSON 방식으로 표현하는 반면, 오픈스택 Heat는 YAML 방식을 사용한다는 점이 다릅니다.

[그림 8.5]는 AWS CloudFormation과 오픈스택 Heat의 템플릿을 비교한 내용입니다. 여러 개의 구성 요소section들이 있는데 많은 부분에서 상당히 닮은 형태라는 것을 알 수 있습니다. 이러한 구성 요소 중에서도 필수 입력 항목인 것은 오케스트레이션 기능의 근간이 되는 리소스 부분입니다. 그 외의 구성 요소들은 오케스트레이션을 보다 편리하게 이용하기 위한 보조 정보라고 생각하면 됩니다. 예를 들어 파라미터parameters와 아웃풋outputs을 활용하면 변수를 주고 받을 수가 있어서 템플릿의 재사용성을 높여줄 수 있습니다.

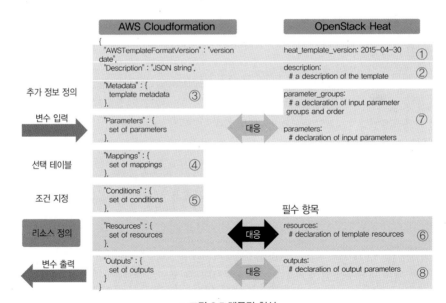

▲ 그림 8.5 템플릿 형식

각 요소의 첫 부분에는 정의할 대상의 이름을 기재합니다. 이름 아래부터는 계층적으로 개별 요소에 대한 속성properties가 들어가며 이러한 속성 정보를 활용함으로써 리소스의 의존 관계를 정의할 수 있습니다. 한편, [그림 8.5]의 템플릿에 나오는 구성 요소들은 다음과 같습니다

① 템플릿 버전
템플릿에는 버전이 있어서 버전이 다르면 파라미터의 옵션이 호환되지 않기도 합니다. 템플릿을 작성할 때는 사용 가능한 파라미터를 확인하여 이를 지원하는 버전을 선택해야 합니다.

② 디스크립션
해당 템플릿이 어떤 용도의 것인지 설명을 적습니다. 이 내용은 오케스트레이션 동작에는 전혀 영향을 주지 않기 때문에 사람이 알아 보기 쉬운 내용으로 자유롭게 기재하면 됩니다.

③ 메타 데이터(AWS CloudFormation만 해당)
템플릿에 관한 정보를 JSON 형식으로 추가할 수 있습니다.

④ 매핑(AWS CloudFormation만 해당)
리소스와 아웃풋 섹션에서 사용할 검색 테이블을 key, value 형식으로 지정 가능합니다.

⑤ 컨디션(AWS CloudFormation만 해당)
특정 리소스에 대해 생성할지 말지를 결정할 수 있는 조건을 지정할 수 있습니다. 예를 들어 운영 환경에서는 리소스 A를 사용하고 테스트 환경에서는 리소스 B를 사용하는 것과 같이 상황에 따라 다른 정의가 가능합니다

⑥ 리소스
템플릿 중에서 가장 핵심적인 부분으로 클라우드에서 사용하는 서버 리소스를 기술합니다.

⑦ 파라미터
리소스 안에서 사용할 변수를 파라미터 형태로 정의할 수 있습니다.

⑧ 아웃풋
오케스트레이션이 완료된 후의 출력을 제어합니다. 오케스트레이션된 결과를 표시한다거나, 완성된 시스템에 접근하기 위한 정보, 가령 웹 시스템에서는 관리자 화면으로 접근하기 위한 URL과 초기 사용자의 계정, 비밀번호 등을 표시할 수 있습니다.

위의 내용 중 AWS와 오픈스택 양쪽에서 사용할 수 있는 최소한 알아둬야 할 공통 요소는 ⑥, ⑦, ⑧에 해당하는 리소스, 파라미터, 아웃풋입니다. 이후부터는 이 세 가지 요소에 대해 JSON 형식을 예로 들어 꼭 알아야 할 포인트를 짚어 나가겠습니다.[15]

---

15 AWS CloudFormation 고유의 메타 데이터, 매핑, 컨디션 정보들은 실제 업무에서 활용 시, 상당히 편리한 기능이므로 AWS CloudFormation 사용자는 꼭 매뉴얼을 참고하기를 권합니다.

8.1.5 리소스

템플릿의 근간이 되는 리소스에 대해 알아 봅니다. 이제까지 서버, 블록 스토리지, 네트워크를 설명하면서 각 장의 끝 부분에 리소스 간의 관계를 ER 다이어그램으로 표현했던 것을 떠올려 봅니다. 그 내용이 바로 이 리소스 부분에 해당합니다.

앞서 살펴본 ER 다이어그램 형식의 리소스 맵에서의 엔티티는 리소스에 해당하고 엔티티의 속성attribute은 리소스의 프로퍼티에 해당됩니다. AWS CloudFormation[16]과 오픈스택 Heat[17]가 리소스와 프로퍼티에 대해 어떤 이름으로 정의를 하고 있는지에 대해서는 각 서비스의 관련 문서 중 '리소스 프로퍼티 타입' 관련 부분에서 확인할수 있습니다. 클라우드는 기능 추가나 업그레이드 주기가 상당히 짧고 개선 작업이활발하게 이루어지기 때문에 시간이 갈수록 지원하는 리소스나 프로퍼티가 점점 더늘어날 수 있습니다. 그래서 사용 전에는 활용 가능한 정보들에 어떤 것이 있는지 확인해두는 것이 좋습니다. 참고로 오픈스택 Heat는 AWS와 호환되는 리소스나 프로퍼티를 일부 제공하기도 합니다.[18]

리소스에 대한 정의는 [그림 8.6]과 같이 'Resources' 항목의 중괄호 안에 기재합니다. 이름, 타입, 프로퍼티를 한 세트로 정의하는데 만약 리소스가 여러 개 있다면리소스가 표현된 부분을 여러 번 반복해서 병렬로 기재하면 됩니다.

"Type"은 "클라우드명::컴포넌트명::리소스명"과 같은 형식으로 기술합니다. "Properties"에는 리소스가 가지는 속성을 순서대로 정의합니다. 이때 사용되는 명명 규칙은 앞서 언급한 리소스 프로퍼티 타입 문서를 참고하면 됩니다.

---

16 AWS CloudFormation의 리소스 프로퍼티 타입
   • http://docs.aws.amazon.com/ko_kr/AWSCloudFormation/latest/UserGuide/aws-template-resource-type-ref.html
17 오픈스택 Heat의 리소스 프로퍼티 타입
   • http://docs.openstack.org/developer/heat/template_guide/openstack.html
18 오픈스택 Heat의 AWS 호환 리소스 프로퍼티 타입
   • http://docs.openstack.org/developer/heat/template_guide/cfn.html

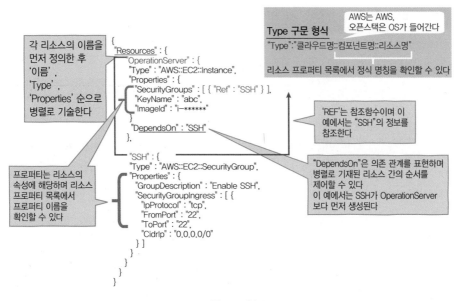

각 리소스의 이름을
먼저 정의한 후
'이름',
'Type',
'Properties' 순으로
병렬로 기술한다

Type 구문 형식

AWS는 AWS,
오픈스택은 OS가 들어간다

"Type":"클라우드명::컴포넌트명::리소스명"

리소스 프로퍼티 목록에서 정식 명칭을 확인할 수 있다

'REF'는 참조함수이며 이
예에서는 "SSH"의 정보를
참조한다

프로퍼티는 리소스의
속성에 해당하며 리소스
프로퍼티 목록에서
프로퍼티 이름을
확인할 수 있다

"DependsOn"은 의존 관계를 표현하며
병렬로 기재된 리소스 간의 순서를
제어할 수 있다
이 예에서는 SSH가 OperationServer
보다 먼저 생성된다

```
{
  "Resources" : {
    "OperationServer" : {
      "Type" : "AWS::EC2::Instance",
      "Properties" : {
        "SecurityGroups" : [ { "Ref" : "SSH" } ],
        "KeyName" : "abc",
        "ImageId" : "i-******"
      }
      "DependsOn" : "SSH"
    },

    "SSH" : {
      "Type" : "AWS::EC2::SecurityGroup",
      "Properties" : {
        "GroupDescription" : "Enable SSH",
        "SecurityGroupIngress" : [ {
          "IpProtocol" : "tcp",
          "FromPort" : "22",
          "ToPort" : "22",
          "CidrIp" : "0.0.0.0/0"
        } ]
      }
    }
  }
}
```

▲ 그림 8.6 리소스

리소스들은 UUID와 같은 정보를 활용해서 리소스들 간의 생성 순서를 제어하기도 합니다. 서버를 생성하기 위해서는 이미지가 먼저 준비되어야 하는 것처럼 여러 리소스들이 관계를 맺고 있을 때는 생성 순서가 중요합니다. 그래서 리소스들의 관계에 대한 정합성을 유지하기 위해, 리소스들의 속성 정보를 참조하거나 기동 순서를 조율하게 됩니다.

다른 리소스의 속성 정보를 참조해야 하는 경우에는 "Ref"라는 참조 함수를 사용해서 "Ref" : "***"와 같은 형태로 기술합니다. 이렇게 하면 "***"에 해당하는 정보를 참조하여 활용할 수 있습니다. 리소스 간의 의존 관계를 정의하여 리소스의 기동 순서를 조절할 수 있습니다. "DependsOn" : "***"과 같이 기술하면 "***"에 해당하는 리소스가 먼저 기동된 후에 자신이 기동되도록 순서가 조정됩니다.

다음은 Amazon EC2에서 웹 서버를 만든 후, AWS CloudFormation으로 시스템 구성을 정의한 JSON형식의 템플릿과, 오픈스택 Nova에서 애플리케이션 서버를 만든 후, 오픈스택 Heat로 시스템 구성을 정의한 YAML 형식의 템플릿을 서로 비교해 보겠습니다([그림 8.7] 참고).

기본적인 구문 형식에는 큰 차이가 없는데 오픈스택이 AWS의 일부 리소스를 지원한다는 점이 특이사항입니다. 간혹 오픈스택 Heat가 Amazon EC2 인스턴스의 일부 프로퍼티를 지원하지 못할 때가 있는데, 이런 현상은 AWS 클라우드의 업그레이드 속도가 빨라 오픈스택이 지원하기까지의 속도 차이가 나기 때문입니다. 오픈스택 Heat에서 AWS 호환 설정을 사용한다면 미리 사용 가능한 속성 정보가 무엇인지 확인해둘 필요가 있습니다.

오케스트레이션을 성공시키는 관건은 클라우드 인프라의 요구 사항을 제대로 분석한 후, 관련된 리소스들의 관계를 정의하고 이에 맞게 템플릿을 잘 구성해내는 것입니다. 부디 여기서 익힌 기본적인 리소스 정의 방법을 충분히 이해한 후, 성공적인 오케스트레이션을 위해 응용할 수 있게 되기를 바랍니다.

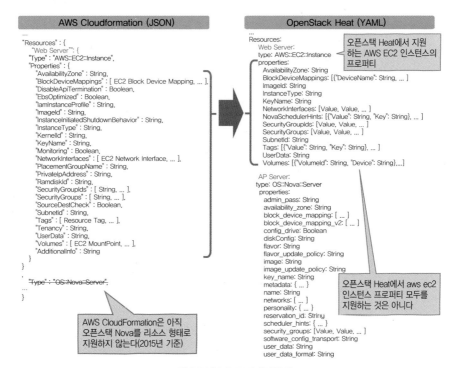

▲ 그림 8.7 리소스 프로퍼티의 비교

8.1.6 파라미터

템플릿의 근간은 리소스입니다. 그런데 템플릿의 리소스나 프로퍼티 값이 고정되어 있으면 이 템플릿은 해당 설정으로만 사용할 수 있고 다른 용도로는 재사용하기 어렵습니다. 일부 다른 설정으로 구성하고 싶다면 템플릿을 복사한 후, 설정을 바꿔서 써야 합니다. 그렇게 사용하다 보면 자연스럽게 템플릿의 일부 정보를 가변적으로 만들어 재사용할 수 있는 템플릿을 만들고 싶어지게 됩니다. 이때 사용할 수 있는 것이 파라미터parameter인데, 파라미터는 템플릿의 가변적인 정보에 입력 값을 전달하기 위해 사용됩니다.

[그림 8.8]은 파라미터의 활용 예를 보여주고 있습니다. 기본적인 구문 형식은 리소스와 비슷한데 파라미터의 값에 들어갈 내용이 클라우드가 제공하는 리소스의 프로퍼티라면 'Type' 부분에 리소스 프로퍼티 타입을 표기 형식에 맞게 기재하면 됩니다. 반면, 파라미터에 들어갈 내용이 클라우드가 제공하는 리소스와 상관이 없다면 일반적인 타입을 문자열로 기재하면 됩니다. 참고로 파라미터에서 정의한 내용을 리소스에서 읽어 들일 때는 앞서 다룬 적이 있는 '"Ref"' 참조 함수를 사용하고 참조하고 싶은 파라미터의 이름을 기재하면 됩니다.

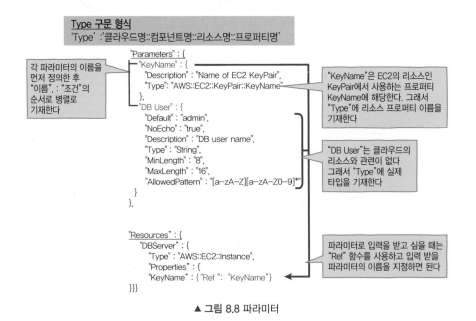

▲ 그림 8.8 파라미터

8.1.7 아웃풋

템플릿이 실행된 후, 어떤 정보를 출력으로 남기고 싶을 때가 있습니다. 이때 사용하는 것이 아웃풋output인데 템플릿 처리 과정에서 외부로 출력하고 싶은 정보가 있을 때 아웃풋을 통해 값을 전달할 수 있습니다([그림 8.9] 참고).

기본적인 구문은 리소스나 파라미터와 비슷한데 'Value' 부분에 텍스트나 파라미터, 혹은 리소스의 프로퍼티 정보에 해당하는 변수를 넣으면 되고 Ref와 같은 참조 함수도 사용할 수 있습니다. '"Fn::GetAtt"'는 리소스의 프로퍼티 정보를 직접 인용할 수 있는 함수로 '"리소스명"'과 '"프로퍼티명"' 정보를 기재하여 필요한 정보를 받아낼 수 있습니다.

[그림 8.9]에서는 앞서 파라미터로 선언했던 'KeyName'을 참조하고 있고 웹 사이트의 URL 정보를 출력할 수 있도록 아웃풋을 정의하고 있습니다. 이때 웹 사이트 URL 정보를 만들기 위해 GetAttr 함수로 Elastic Load Balancer의 DNS명을 가져오고 Join 함수를 사용해서 문자열 'http://'을 앞에 덧붙인 것을 알 수 있습니다.

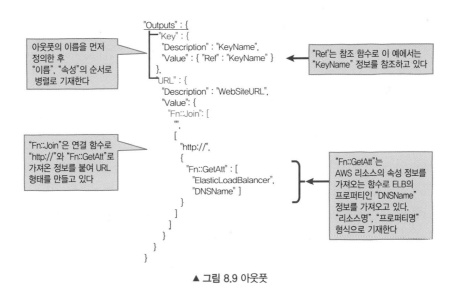

▲ 그림 8.9 아웃풋

8.1.8 템플릿의 검증

템플릿을 만들다 보면 내용이 많아지고 복잡해져서 작성된 구문에 오류가 생기기도 합니다. 이런 경우에 대비하기 오픈스택 Heat와 AWS CloudFormation에서는 템플릿을 검증하기 위한 API를 제공하고 있습니다.

오픈스택 Heat에서는 URI 'https://{orchestration}/v1/{tenant_id}/validate'[19] 를 호출하면 되고 검증할 템플릿은 파라미터 'template'에 템플릿 내용을 담거나 'template_url'에 템플릿 파일의 경로를 기재하면 됩니다.

AWS CloudFormation에서는 URI 'https://cloudformation.{region}. amazonaws.com/?Action=ValidateTemplate'[20]를 호출하면 되고 검증할 템플릿은 파라미터 'TemplateBody'에 템플릿 파일의 경로를 기재하면 됩니다. 단, 이 검증은 어디까지나 템플릿에 대한 구문 검증에 불과하고 실제 환경을 고려한 리소스나 프로퍼티의 유효성이 검증되는 것은 아닙니다. 이 책의 집필 시점에서 AWS CloudFormation에는 아직 실행 환경에서 검증을 하는 드라이 런dry run 기능이 구현되어 있지 않습니다. 때문에 템플릿의 검증과 실제 환경에서의 리허설을 병행하면서 템플릿의 이상 유무를 확인해볼 필요가 있습니다.

8.1.9 템플릿의 호환성

이와 같이 AWS와 오픈스택의 오케스트레이션 기능은 템플릿이 이해하기 쉽게 기술되어 있고 많은 부분에서 호환성을 고려하거나 공통된 형태로 만들려는 노력이 있다는 것을 알 수 있습니다. 하지만 아직까지는 오픈스택의 인프라 구성을 AWS에 그대로 가져오거나, 그 반대로 AWS의 인프라 구성을 오픈스택으로 가져오는 멀티 클라우드 환경, 혹은 하이브리드 클라우드 환경을 만족시키기에는 호환성 측면에서 아직넘어야 할 산들이 많이 남아 있습니다([그림 8.10] 참고).

---

19 역자 주 : http://developer.openstack.org/api-ref/orchestration/v1/index.html?expanded=validate-template-detail#templates

20 역자 주 : http://docs.aws.amazon.com/ko_kr/AWSCloudFormation/latest/APIReference/API_ValidateTemplate.html

그럼에도 불구하고 멀티 클라우드 환경이나 하이브리드 클라우드 환경이 필요한 경우에는 Fog[21]와 같은 클라우드 오케스트레이션 라이브러리를 사용하거나 각 클라우드의 API나 클라이언트를 조합하여 스크립트를 직접 개발할지 여부 등을 검토해 봐야 합니다. 이런 방법에 대해서는 11장에서 다룹니다.

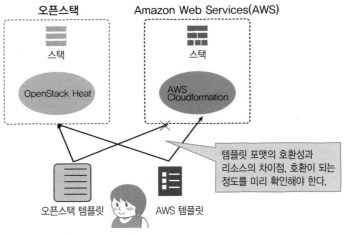

▲ 그림 8.10 템플릿의 호환성

8.1.10 실행 상태와 트러블 슈팅

오케스트레이션 기능은 리소스의 집합체이기 때문에 실행 중에 에러가 발생하거나 시간이 초과하여 처리가 실패할 수 있습니다. 이런 경우, 상태 확인이나 트러블 슈팅이 어려울 수 있는데 이때에 대비하여 각 클라우드 서비스에서는 리소스나 이벤트의 상태를 확인할 수 있는 API를 제공하고 있습니다.

오픈스택 Heat에서는 'List stack resources'[22] API가 제공되는데 URI 'https:// {orchestration}/v1/{tenant_id}/stacks/{stack_name}/{stack_id}/resources/'

---

21 역자 주 : http://fog.io/

22 역자 주 : http://developer.openstack.org/api-ref/orchestration/v1/index.html?expanded=list-stack-resources-detail

를 GET 방식으로 실행하면 지정한 스택 ID에 속하는 리소스들의 상태를 확인할 수 있습니다.

AWS CloudFormation에서는 'Listing Resources'[23] API가 제공되는데 URI 'https://cloudformation.{region}.amazonaws.com/'을 GET 방식으로 실행하면 지정한 스택에 속하는 리소스들의 상태를 확인할 수 있습니다.

[그림 8.11]은 오픈스택 Heat에서의 상태 확인 예시입니다. 참고로 그림에 사용된 각종 경로나 값들은 예시로 입력된 내용이므로 실제 사용되는 환경과는 다를 수 있습니다.

그 외에도 스택을 생성하고 변경할 때의 상태 변화를 시간 순서로 상세하게 확인하고 싶다면 이벤트 상태를 확인하는 방법도 있습니다.

오픈스택 Heat에서는 'List stack event' API가 제공되는데 URI 'https://{orchestration}/v1/{tenant_id}/stacks/{stack_name}/{stack_id}/events'[24]를 GET 방식으로 호출하면 지정한 스택의 이벤트 목록을 확인할 수 있습니다.

```
{
    "resources" : [
        {
            "creation_time" : "2015-06-25T14:59:53",
            "links" : [
                {
                    "href" : "http://hostname/v1/1234/stacks/mystack/629a32d0-ac4f-4f63-b58d-f0d047b1ba4c/
resources/random_key_name",
                    "rel" : "self"
                },
                {
                    "href" : "http://hostname/v1/1234/stacks/mystack/629a32d0-ac4f-4f63-b58d-f0d047b1ba4c",
                    "rel" : "stack"
                }
            ],
            "logical_resource_id" : "random_key_name",
            "physical_resource_id" : "mystack-random_key_name-pmjmy5pks735",    리소스를 식별하기 위한 UUID가 표시된다
            "required_by" : [ ],
            "resource_name" : "random_key_name",
            "resource_status" : "CREATE_COMPLETE",    리소스의 생성 상태가 표시된다
            "resource_status_reason" : "state changed",
            "resource_type" : "OS::Heat::RandomString",    리소스의 프로퍼티 타입이 표시된다
            "updated_time" : "2015-06-25T14:59:53"
        }
    ]
}
```

▲ 그림 8.11 리소스 생성 상태

---

23 역자 주 : http://docs.aws.amazon.com/ko_kr/AWSCloudFormation/latest/UserGuide/using-cfn-listing-stack-resources.html

24 역자 주 : http://developer.openstack.org/api-ref/orchestration/v1/index.html?expanded=list-stack-events-detail#events

말로만 설명하면 이해가 어려울 수 있으므로 AWS Management Console을 예로 들어 에러가 발생한 이벤트를 살펴 보겠습니다. [그림 8.12]는 AWS CloudFormer 를 기동하는 스택이 실행할 때의 이벤트 결과를 보여주고 있습니다.

아래에서 위쪽으로 시간이 흐르는 순서라고 보고 중간에 Amazon EC2가 기동될 때 인스턴스 개수에 대한 쿼터 상한 값을 초과하여 에러가 발생한 것을 확인할 수 있습니다. 이후 롤백rollback 처리가 되면서 같은 스택 안에 기동한 리소스에 대한 삭제 처리가 실행되고 리소스가 모두 삭제가 되고서야 롤백 처리가 끝났음을 알 수 있습니다.

이와 같이 오케스트레이션 기능을 사용하면 오토메이션 기능을 사용하는 것보다 에 러를 확인하기가 쉽고 스택 전체를 깔끔하게 롤백 처리할 수 있어 트러블 슈팅도 보 다 손쉽게 할 수 있습니다.

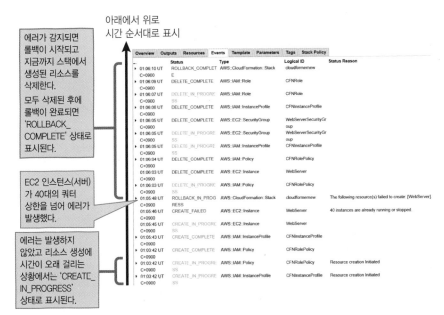

▲ 그림 8.12 이벤트 출력 상황

8.1.11 기존 리소스에서 템플릿 자동 생성하기

처음부터 템플릿을 수작업으로 만들려면 상당한 노력과 시간이 필요합니다. 이미 클라우드상에 만들어 둔 환경이 있다면 그것을 그대로 템플릿 형태로 만들고 싶을 수 있습니다.

AWS CloudFormation에서는 이미 만들어진 기존 환경의 리소스 정보를 메타 데이터로 수집한 후, 템플릿으로 변환할 수 있는 CloudFormer라는 기능을 제공합니다. CloudFormer 자체는 Amazon EC2상에서 동작하기 때문에 [그림 8.13]과 같이 미리 만들어진 CloudFormer용 템플릿을 사용해서 자기 자신이 스택을 만들면서 기동됩니다. 스택이 성공적으로 만들어지면 아웃풋에 접근할 수 있는 URL이 표시되는데 이것을 클릭하면 CloudFormer의 화면으로 들어갈 수 있습니다.

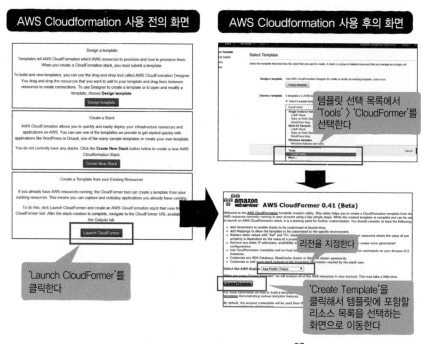

▲ 그림 8.13 AWS CloudFormer 기동 방법[25]

---

25 역자 주 : 두 번째 그림 이후에 CloudFormer의 Stack을 생성하는 화면들이 생략되어 있고 CloudFormer Stack이 완성된 후, 아웃풋(output) 탭에 표시된 URL을 클릭하면 세 번째 그림이 표시됩니다.

CloudFormer는 기존 리소스 정보를 내부적으로 추출한 다음, 화면에 각 컴포넌트 순으로 리소스 목록을 표시합니다. 이 중 템플릿에 포함하고 싶은 리소스를 순서대로 지정합니다([그림 8.14] 참고). 최종적으로는 선택한 리소스의 집합체인 템플릿이 JSON 형식으로 자동 생성되는데 이 템플릿으로 리소스를 기동하면 기존의 리소스와는 별개로 새로운 리소스가 안에 만들어 집니다.

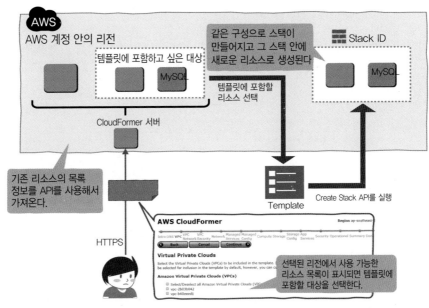

▲ 그림 8.14 CloudFormer 동작 방식

8.1.12 템플릿의 가시화

JSON이나 YAML 형식의 템플릿은 사람이 알아 보기 쉬운 선언적인 형태의 문법으로 되어 있지만 시스템 규모가 커지면 템플릿의 내용도 많아져 시스템의 구성이나 리소스의 관계를 파악하기 힘듭니다.

AWS CloudFormation Designer는 템플릿 정보를 기반으로 리소스들의 관계를 아이콘 형태로 가시화해 주는 기능을 제공합니다. [그림 8.15]는 AWS CodeDeploy라는 기능을 사용하는 템플릿을 예로 들어 보여주고 있는데, 표시된 리소스 아이콘을 클릭하면 리소스 프로퍼티, 정책 설정, 컨디션과 같은 설정 정보를 확인할 수 있어서 유지보수에도 큰 도움을 줄 수 있습니다. 또한 설정 정보를 수정한 후, 직접 템플릿에 반영하거나, 새로운 리소스를 만드는 것을 아이콘을 사용해서 눈으로 확인하면서 작업할 수도 있습니다.

소프트웨어의 특정 기능을 널리 보급하려면 이를 지원하는 툴의 역할이 상당히 중요합니다. 앞서 살펴본 템플릿의 자동 생성 기능이나 가시화 툴들은 오케스트레이션을 도입할 때 걸림돌이 될 수 있는 진입 장벽을 낮추는 효과를 낼 수 있습니다.

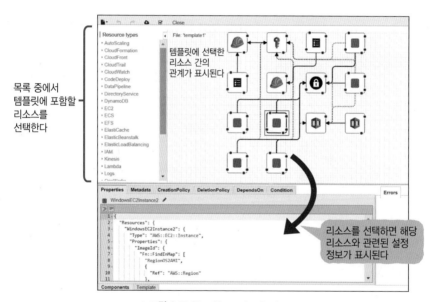

▲ 그림 8.15 CloudFormation Designer

8.2 오케스트레이션의 장점, 적용 방법, 주의 사항

템플릿을 만드는 방법과 기본적인 동작 방식을 살펴 보았습니다. 이제부터는 오케스트레이션을 사용하면 어떤 점에서 도움이 되고, 어떤 방식으로 적용해야 하며, 주의해야 하는 내용은 무엇인지에 대해 설명합니다.

클라우드 사용자는 시스템을 구성할 때, 일반적으로 GUI나 CLI를 사용해서 리소스 단위로 제어합니다. 사용자 관점에서는 오케스트레이션을 군이 사용할 필요가 없다고 생각할 수도 있습니다. 하지만 이렇게 단순한 경우에서도 오케스트레이션 툴을 활용하여 얻을 수 있는 장점은 많습니다. 이러한 장점들을 이해한 후에 오케스트레이션을 적용한 시스템으로 전환하게 되는데, 이때 필요한 것은 기존의 시스템 관리에 대한 접근 방법을 리소스 중심적인 관리 방법으로 전환하는 것입니다. 물론 운영 환경에 오케스트레이션을 적용하면서 주의할 사항들도 있습니다. 이러한 내용들에 대해 그간 필자가 겪었던 경험들을 바탕으로 하나하나 설명하겠습니다.

8.2.1 인프라 환경 구축 단계에서의 장점

서버, 네트워크, 스토리지를 생성하는 경우, API를 직접 호출합니다. 또한, 웹 기반의 콘솔을 사용하거나, 내부적으로 API를 조합한 CLI 명령어를 실행하거나, 혹은 SDK를 활용한 프로그램을 사용합니다. 클라우드 환경에서는 사용자가 지정한 내용을 입력받은 후, 리소스의 상태를 판단하면서 필요한 작업을 자동으로 처리합니다. 이때 API를 통해 손쉽게 작업을 한다고는 하나, 생성하는 서버의 종류가 달라지면 명령어도 달라져야 하므로 종류의 개수만큼 그에 맞는 명령어를 따로 실행해줘야 합니다.

[표 8.1]은 오픈스택의 CLI에서 서로 다른 가상 머신을 기동하는 예입니다. 플레이버와 부트 이미지, 기동하는 인스턴스 개수가 서로 다르기 때문에 비슷한 명령을 세 번 실행한다는 것을 알 수 있습니다.

▼ 표 8.1 서로 다른 가상 머신을 기동하는 예

횟수	명령
1	`nova boot --flavor **small** --image **ubuntu15.10** --key-name secret --security-groups sshable --num-instance **10**`
2	`nova boot --flavor **learge** --image **ubuntu14.04** --key-name secret --security-groups sshable --num-instance **5**`
3	`nova boot --flavor **small** --image **fedora** --key-name secret --securitygroups sshable --num-instance **20**`

[표 8.1]에서는 서버 리소스를 다루는 nova 명령만 예로 들고, 다른 명령들은 생략되어 있습니다. 하지만 시스템 전체로 보면 네트워크 리소스를 다루는 neutron 명령과 같이 시스템 구성에 필요한 다른 명령들도 함께 실행해줘야 합니다.

CLI가 아닌 쉘 스크립트나 오토메이션 툴 등을 조합할 때도, 지정해야 하는 옵션의 개수에는 차이가 없고, 가변적인 부분에 대한 경우의 수가 많아질수록 처리 결과를 검증하는 데도 오래 걸립니다. 그 외에도 보통 이러한 작업들은 사람이 직접 처리하기 때문에, 가상 머신 10대를 만들 것을 100대로 잘못 지정한다거나, 더는 사용하지 않는 가상 머신을 삭제하지 않고 방치해 요금 폭탄을 맞는 일도 있습니다. 미리 설정해둔 상한 조건을 초과하는 경우도 있습니다. 예를 들어 오픈스택에서는 미리 제한해둔 리소스의 사용량을 소진하게 될 경우, 같은 테넌트에 속한 다른 사용자가 그 리소스를 사용하지 못하는 상황도 벌어집니다. 명령어를 많이 입력해야 할 때는 이러한 조작상의 실수에 대해서도 각별히 주의해야 합니다.[26]

오케스트레이션 기능을 활용하여 템플릿으로 리소스의 관계나 상태를 정의해두면 오케스트레이션 엔진이 자동으로 판단하여 적절한 리소스를 배치하고 시스템 상태를 유지해줍니다. 이전에 사람이 직접 하던 리소스들의 상태 확인 과정을 줄여줄 수 있습니다. 즉, 관리자는 오케스트레이션 기능에서 스택의 상태를 보고 정상인 것이 확인되면 그에 속하는 리소스들의 상태도 정상이라고 판단할 수 있습니다. 각종 설정의

---

26 입력이나 설정 실수가 발생했더라도 서비스가 중지되지 않도록, 클라우드 관리자는 사용자나 테넌트별로 사용량에 대한 쿼터 제한을 걸어두고 리소스가 부족해지지 않도록 주의해서 관리해야 합니다. AWS의 경우, 미리 상한 값이 정해져 있는데 이 상한 값을 넘어서 사용해야 한다면 상한 값을 상향 조정위한 신청을 별도로 해야 합니다.

입력 실수나 리소스 사용량에 대한 쿼터 상한 초과와 관련해서도, 템플릿에 설정 값이나 상한 값을 미리 정의하는 방식으로 관리할 수 있습니다.

즉, 오케스트레이션 기능은 환경 구축을 자동화하는 것을 도와주고, 운영에 필요한 작업을 최적화해주는 효과가 있습니다. 실제로 리소스의 종류나 개수가 늘어나더라도 API의 호출 횟수가 늘어나는 것을 억제해주고, 사용자의 실수로 인한 장애도 줄여줍니다. 그 외에도 리소스의 상태 관리 방법도 보다 효율적으로 할 수 있게 되는 등, 오케스트레이션을 적용하면 환경 구축 관점에서 많은 부분에 도움이 됩니다.

8.2.2 인프라 환경 운영 단계에서의 장점

오케스트레이션의 장점이 환경 구축 자동화 관점에서는 '작업의 효율화'였던 반면, 운영 환경 적용 관점에서는 '구축 기간의 단축'을 기대할 수 있습니다. 즉, 각종 작업에 대한 공수의 절감과 운영 과정에서의 실수를 방지하는 효과가 있습니다. 여기서는 운영 자동화라는 관점이 중요해지는데 이제부터 운영 단계에 오케스트레이션을 적용할 때의 장점에 대해 설명하겠습니다.

이제까지는 템플릿을 활용할 때, 리소스를 구성하고 설정 정보들을 관리하며 단순히 준비를 한다는 관점에서 사용했습니다. 아래의 ①, ②에서는 리소스를 준비하는 것 외에도 준비하는 과정과 준비가 끝난 후의 관점에서도 템플릿을 활용할 수 있는 부분을 설명해 줍니다. 예를 들면 리소스 간의 의존 관계를 정의하는 방법으로 자동화 과정에서 발생할 수 있는 서버 자원의 무단 사용이나 잘못된 순서로 리소스가 기동되는 문제를 방지할 수 있습니다. 또한 이전에는 장애가 발생하면 사람이 문제를 분석하고 수작업으로 조치를 해야 했던 것을 템플릿의 기능을 활용하여 부분적으로 자동화할 수도 있습니다.

① 리소스 간의 의존 관계 정의

템플릿에는 리소스 간의 의존 관계를 정의할 수가 있는데 예를 들어 데이터 베이스 서버를 생성한 후, 애플리케이션 서버를 기동하는 경우 [그림 8.16]과 같이 표현할 수 있습니다.

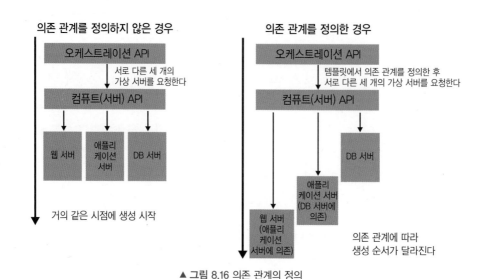

▲ 그림 8.16 의존 관계의 정의

② 오토스케일링과 오토 힐링

오케스트레이션 엔진을 감시 서버나 감시 API와 연계하면 시스템의 이상 증상이 나타났을 때, 자동으로 리소스를 재배치하도록 만들 수 있습니다([그림 8.17] 참고).

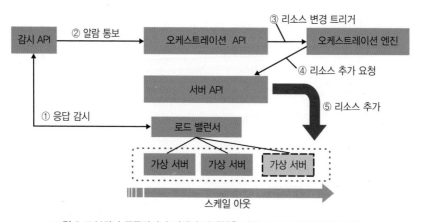

▲ 그림 8.17 부하가 급증하거나 장애가 발생했을 때의 오토스케일링 작동 방식

오토스케일링은 미리 설정해둔 조건에 따라 서버 대수를 자동으로 늘리거나 줄일 수 있는 기능이고, 오토 힐링은 미리 설정된 조건에 따라 서버를 자동으로 정상 상태로 되돌려 놓는 기능입니다.

일반적인 IT 인프라에서는 감시 소프트웨어를 사용해서 장애를 감지한 후, 그 장애 내용에 따라 시스템 운영자가 수작업으로 문제를 해결했었습니다.

필자의 경험에서 비추어 볼 때, 시스템 운영자가 평소에 시스템 구축 작업을 늘 해왔거나 오랜 기간 시스템을 관리했다면 별 문제가 없지만, 그렇지 않을 경우에는 장애가 발생하면 원인을 분석하고 복구를 위한 전략을 세우기까지 적지 않은 시간이 필요합니다. 또한 시스템 운영 부서에는 시스템 운영에 많은 인원을 유지하거나, 신규 인력 투입하기 곤란할 때가 많아서 운영 인력이 충분하지 않으면 철야 작업을 하거나 주변에 경험이 많은 엔지니어를 찾아 다니며 자문을 구하는 일도 종종 발생합니다.

대규모 장애가 발생한 경우에도 서비스 품질이 떨어지지 않게 하려면, 가능한 한 많은 사람을 끌어들여 문제를 빨리 해결하려고 합니다. 하지만 사람이 많아지면 많아질수록 인건비는 올라가 전체적인 운영 비용 또한 따라 올라가기 때문에 회사 입장에서는 이익이 줄어드는 결과를 낳게 됩니다.

이런 경우에는 오케스트레이션 엔진이 API를 통하여 리소스의 이상 상태를 확인하고 오토 힐링 기능이나 오토스케일링 기능을 실행시킵니다. 참고로 오토스케일링 기능이나 오토 힐링 기능은 오케스트레이션과는 상관없이 별도로 사용할 수 있습니다. 예를 들면 API를 호출하는 스크립트에 특정 조건이 발생하면 오토스케일링이나 오토 힐링을 작동시키는 것도 가능합니다.

AWS에서 오토 힐링 기능을 구현할 때는 EC2 Action의 'Recover this instance'나 'Reboot this instance'를 AWS CloudWatch의 EC2 상태 확인 경보와 연동하면 됩니다.[27] 오토스케일링 기능은 AWS Auto Scaling이라는 독립된 컴포넌트 형태로 제공되며 기동에 필요한 머신 이미지를 직접 지정할 수 있습니다. 이러한 오토 힐링이나 오토스케일링 기능은 상당히 중요한 내용인데, 다루어야 할 리소스 수가 많

---

27 역자 주 : http://docs.aws.amazon.com/ko_kr/AWSEC2/latest/UserGuide/UsingAlarmActions.html

아지면 설정할 내용도 많아지고 관리 또한 어려워집니다. 이때는 오토 힐링과 오토 스케일 설정을 템플릿으로 정의한 후, 오케스트레이션 기능을 활용하면 보다 효과적으로 안정적인 시스템을 운영할 수 있게 됩니다.

오케스트레이션 기능을 사용할 때는 클라우드 환경의 구성을 JSON 형식의 템플릿으로 관리합니다. 수작업으로 환경을 구축할 때보다는 시스템의 논리적인 구성을 쉽게 파악할 수 있고 구성상의 오류나 변경된 부분도 빨리 찾을 수 있습니다. 실제로 운영 환경에서는 시스템의 변경이 필요하더라도 주변에 파급되는 영향을 꼼꼼히 살펴 보기가 어렵습니다. 하지만 템플릿을 사용하면 기존의 시스템 환경을 복제한 다음, 변경에 대한 영향도를 확인하면서 재현 테스트를 해보는 것이 가능합니다.

시스템 운영 중에 발생하는 장애의 대부분은 변경 작업 과정의 실수에서 발생한다고 알려져 있습니다. 클라우드 환경은 물리적 인프라 환경보다 상대적으로 변경 작업을 손쉽게 할 수 있다는 장점이 있습니다. 여기에 오케스트레이션 기능까지 활용하면 운영 환경의 변경 작업을 보다 안정적으로 진행하는데 도움이 될 것입니다.

8.2.3 재사용 템플릿을 활용한 환경 복제 방식에서의 장점

오케스트레이션 기능을 사용할 때, 환경 정보를 정의하는 템플릿은 JSON 파일 형식으로 만들어집니다. 이 JSON 파일은 일부 변경이 필요한 부분을 파라미터로 치환하도록 만들어 재사용이 가능한데, CreateStack[28] API를 호출하면서 필요한 파라미터를 전달해주면 기존과 유사한 환경을 손쉽게 복제할 수 있습니다([그림 8.18] 참고).

이런 방식은 운영 환경을 여러 버전으로 만든 후, 필요에 따라 교체하는 이뮤터블 인프라스트럭처immutable infrastructure에 활용할 수도 있습니다. 필요에 따라 검증 환경을 여러 개 만들고 다양한 목적에 맞춰 검증 작업을 병행으로 진행할 수도 있습니다. 또한 리전 정보를 파라미터로 전달하면 DRDisaster Recovery을 구성하는 템플릿으로도 사용할 수 있습니다.

---

28 역자 주 : http://docs.aws.amazon.com/ko_kr/AWSCloudFormation/latest/APIReference/API_CreateStack.html

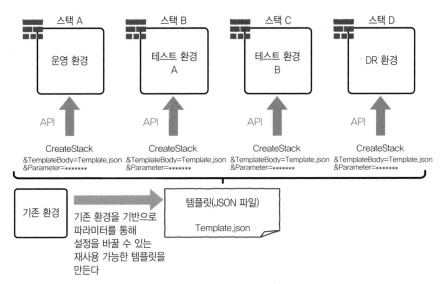

▲ 그림 8.18 환경의 복제

위와 같이 같은 시스템을 다른 목적을 위해 다시 구축해야 할 때 템플릿을 재사용하면 됩니다. 애당초 서버의 대수나 스펙 등을 파라미터로 지정하도록 만들어 두면 파라미터 값을 변경하는 것만으로도 시스템의 전체적인 설계나 구성을 해치지 않으면서 시스템의 성능을 환경에 맞춰 조절할 수 있게 됩니다. 그 외에도 리소스 정보를 기술할 때에는 리소스별로 따로 작성할 수도 있어서, 검증 단계에서 운영 단계로 이행할 때 기존의 리소스 정보는 변경하지 않고 새로운 리소스만 추가시킬 수도 있습니다.

특히 AWS에서는 과거의 물리적인 인프라 환경과 클라우드 환경과의 결정적인 차이를 이러한 환경 복제 기능으로 꼽기도 합니다. 무한에 가까운 리소스의 용량과 리소스 정보를 템플릿으로 만들어 코드처럼 정의할 수 있는 것은 클라우드를 사용하는 가장 큰 장점 중의 하나일 것입니다.

8.2.4 오케스트레이션을 활용한 지속적 통합의 장점

오케스트레이션은 Infrastructure as Code를 클라우드가 제공하는 컴포넌트들을 활용해서 구현하는 기능입니다. 그리고 Infrastructure as Code는 DevOps에서 말하는 CIContinuous Integration 즉, 지속적 통합을 지원하기도 합니다.

CI를 적용하면 애플리케이션을 릴리즈하는 라이프사이클을 단축시킬 수 있고 그 결과 서비스를 조기에 제공할 수 있어 애플리케이션의 경쟁력을 높이는데 기여할 수 있습니다. 과거에 CI를 적용하던 방식은 애플리케이션을 특정 환경에 디플로이하는 용도로 많이 사용했기 때문에, 애플리케이션을 수정한 후 릴리즈하는 것처럼 비교적 좁은 범위의 시스템 반영에 적합했습니다. 반면, 서버, 스토리지, 네트워크의 구성 변경과 같은 넓은 범위의 시스템 변경에는 적용하기 어려웠습니다.

클라우드 환경에서는 인프라가 추상화되어 있어서 오케스트레이션 기능으로 서버, 스토리지, 네트워크와 같은 인프라도 코드처럼 다룰 수가 있어서 CI의 작업 대상에 포함시킬 수 있습니다. 이렇게 오케스트레이션 기능을 통해 인프라 구성 변경을 포함한 대규모 릴리즈 작업도 CI로 처리할 수 있게 되고 더불어 다음과 같은 경우에도 활용 가능합니다.

① 애플리케이션 릴리즈와 인프라 변경 병행 작업
② 업무량 예측을 통한 리소스 튜닝
③ 클라우드의 최신 기능 적용

① 애플리케이션 릴리즈와 인프라 변경 병행 작업

실제로 애플리케이션을 릴리즈하다 보면 인프라의 설정 내용과 맞지 않아서 오동작이 일어날 때가 있습니다. 이럴 때 오케스트레이션 기능을 사용하여 템플릿에 애플리케이션과 인프라 환경 모두를 정의한 다음, 같은 스택 안에 공존시키는 것이 가능합니다. 일반적으로는 실행 가능한 애플리케이션을 가상 머신 이미지로 만들어두거나 깃Git과 같은 형상 관리 서버에 넣어 두고 리소스가 기동될 때 애플리케이션을 새로 디플로이하는 방법을 많이 사용합니다([그림 8.19] 참고).

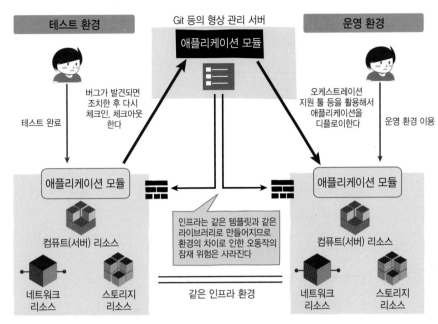

테스트 환경

Git 등의 형상 관리 서버

애플리케이션 모듈

운영 환경

테스트 완료

버그가 발견되면
조치한 후 다시
체크인, 체크아웃
한다

오케스트레이션
지원 툴 등을 활용해서
애플리케이션을
디플로이한다

운영 환경 이용

애플리케이션 모듈

애플리케이션 모듈

컴퓨트(서버) 리소스

인프라는 같은 템플릿과 같은
라이브러리로 만들어지므로
환경의 차이로 인한 오동작의
잠재 위험은 사라진다

컴퓨트(서버) 리소스

네트워크
리소스

스토리지
리소스

같은 인프라 환경

네트워크
리소스

스토리지
리소스

▲ 그림 8.19 CI에 인프라 환경 구성까지 포함한 예

이렇게 애플리케이션과 인프라 환경이 공존하는 스택을 활용하면 테스트가 정상적으로 완료된 스택을 운영 환경에서도 큰 부담 없이 사용할 수 있어 애플리케이션과 인프라 환경의 설정 불일치로 인한 오동작을 최소화할 수 있습니다.

이렇게 인프라까지 포함한 CI는 구글, 아마존, 페이스북과 같은 대규모 서비스 기업을 중심으로 널리 활용되어온 기법입니다. 클라우드 환경에서 오케스트레이션을 사용하면 비슷한 방식으로 애플리케이션 배포와 인프라 환경 구성을 함께 할 수 있습니다. 이러한 방식은 환경을 복제한 후, 그 중 일부만 교체하는 이뮤터블 인프라스트럭처의 개념을 만들었는데 이에 대한 상세한 내용은 12장에서 알아 봅니다.

② 업무량 예측을 통한 리소스 튜닝

앞서 인프라 환경 운영 단계에서의 장점에서도 언급한 것과 같이 오토스케일링, 오토힐링과 같은 자동 확장 기능을 활용하면 가끔 발생하는 시스템 폭주나 장애 상황에도 신속하고 원활한 대응이 가능해집니다. 다만 리소스 사용량에 대한 상한 값 및 하한 값이나 기동 조건 등을 근본적으로 바꾸어 튜닝하고 싶다면 리소스의 정의 내용을 수정해야 합니다. 오케스트레이션 기능을 통해 이러한 변경 작업 과정이 실수나 이후에 뒤따르는 오동작을 최소화할 수 있고, 설정 변경과 확인 과정을 반복하면서 최적의 튜닝 결과를 만들어 낼 수 있습니다.

③ 클라우드의 최신 기능 적용

클라우드를 일단 사용해 보면 기능 확장을 위해 추가적인 컴포넌트나 리소스를 점점 더 많이 적용하게 됩니다. 이렇게 새로운 기능을 점진적으로 추가할 때에도 오케스트레이션 기능을 활용할 수 있습니다.

8.2.5 구성 관리, 리버스 엔지니어링에서의 장점

대규모 시스템을 관리할 때 중요한 항목으로 '구성 관리configuration management'라는 것이 있습니다. 시스템의 구성 정보나 변경 이력 등을 관리하면서, 향후 시스템 변경이 필요할 때 영향도를 분석하는 용도로 활용됩니다. 클라우드 환경을 도입하기 전에는 CMDBConfiguration Management DataBase[29], 즉 구성 관리 데이터베이스를 사용해서 인프라의 구성 정보를 관리하거나, CMDB와 같이 시스템화가 되지 않은 경우에는 문서 형태로 관리하기도 했습니다.

오늘날 클라우드 환경에서는 템플릿으로 사용하는 JSON 파일이 리소스들의 집합체이자 구성 정보의 집합체 역할을 하고 있습니다. 심지어 템플릿 정보를 읽어서 시각화를 해주는 VisualOps[30]와 같은 툴들도 있습니다. AWS에서는 CloudFormation Designer[31]가 이에 해당하는데 시스템을 구성하는 각 리소스들의 관계를 AWS 아이콘으로 보여주는 기능이 있습니다.

---

29 역자 주 : IT 서비스 운영에 필요한 인프라 구성 데이터를 수집, 저장, 관리하는 리포지터리를 의미합니다.

30 역자 주 : http://www.visualops.io/

31 역자 주 : https://aws.amazon.com/ko/blogs/korea/new-aws-cloudformation-designer-support-for-more-services/

기존의 시스템 환경이나 프로그램에서 시스템 구성도나 설계서를 자동으로 생성하여 분석이나 문서화를 효율적으로 지원하는 기법을 '리버스 엔지니어링reverse engineering' 이라고 합니다. 오케스트레이션 기능을 활용하면 이러한 리버스 엔지니어링에도 도움이 되는데 오케스트레이션 기능으로 시스템을 구축했다면, 이때 사용된 원본 템플릿 정보를 확인하여, 현 시스템의 구성 정보를 알아낼 수 있습니다.

다만, 구성 관리 대상에 포함되는 것은 오케스트레이션 기능을 통해서 만들어진 스택과 그 안에 포함된 리소스로 국한됩니다. 그래서 AWS CloudFormer가 기존 환경에서 JSON을 만들어 낼 수 있다고 하더라도, 스택 형태로 만들려면 일부러 CreateStack API를 실행하여 신규 스택을 생성해야 합니다. 결국 기존의 인프라 환경은 오케스트레이션 기능으로 재생성되지 않는 한, 오케스트레이션 기능으로 스택을 관리하지 못합니다.

대신 AWS에서는 AWS Config[32]라고 하는 리소스의 변경 상태를 관리하는 기능이 제공됩니다. 이 기능을 활용하면 오케스트레이션 기능을 활용하지 않고 디플로이된 리소스라 하더라도, 각종 정보나 리소스 상태들의 변경 내용을 관리할 수 있습니다.

8.2.6 액션 지향에서 리소스 지향으로의 패러다임 전환과 디자인 패턴

이제까지 설명된 오케스트레이션의 기능과 특징들을 보다 보면 앞서 설명한 각종 장점들을 취하기 위해 기존의 디플로이 방식을 오케스트레이션을 이용한 방식으로 바꾸고 싶기도 합니다. 이때 오케스트레이션을 적용할지에 대한 판단 기준이 필요하다면 아래와 같은 두 가지 요소를 고려해 보면 됩니다.

- 운영자가 시스템 접근 방식을 액션 지향에서 리소스 지향으로 전향할 수 있는가?
- 이 전향에 대해 개발자도 공감하고 있는가?

앞서 인프라 환경 구축 단계에서의 장점을 설명하면서 언급한 내용이지만, 결국은 개별 리소스에 대해 순차적으로 API 액션을 실행했던 액션 지향 방식에서, 모든 리소스

---

32 역자 주 : https://aws.amazon.com/config/

를 하나의 0집합체로 간주하고 스택 형태로 처리하는 리소스 지향 방식으로의 패러다임이 전환된 것입니다.

클라우드에서는 비교적 쉽고 간단한 방법으로 시스템을 구축할 수 있지만, 대규모 시스템을 구성할 때는 리소스를 구성하고 변경하는 과정에 일정한 절차와 형식을 갖춰야 합니다. 장기적인 관점에서는 이러한 작업 방식이 조직에서 안정화된 다음, 본 궤도에 오르면, 이후에는 시스템에 대한 요구 사항이 변경되어도 큰 어려움 없이 대응할 수 있게 됩니다. 그리고 그간 축적된 템플릿의 패턴들을 통해 결과적으로는 표준화된 시스템의 구성도 가능해집니다.

8.2.7 오케스트레이션을 사용할 때 주의사항

오케스트레이션을 사용할 때는 일종의 그라운드룰처럼 지켜야 할 것이 있는데 이에 대해 하나씩 짚어봅니다.

    ① 스택으로 생성한 리소스는 개별 액션 API를 사용해서 변경하지 않는다

    ② 스택 반영 후 각 리소스에 정상 반영되었는지 결과를 확인한다

    ③ 오케스트레이션 기능을 지원하지 않는 컴포넌트와 리소스를 미리 식별한다

위 세 가지에 대해서 하나씩 자세히 살펴 봅니다.

① 스택으로 생성한 리소스는 개별 액션 API를 사용해서 변경하지 않는다

당연한 이야기이지만 오케스트레이션으로 생성한 리소스는 템플릿으로 정의한 리소스와 같습니다. 그래서 리소스를 변경할 때는 오케스트레이션 API만 사용해서 조작을 해야지 따로 별도의 API로 조작을 하게 되면 원래 템플릿의 설정 내용과 변경된 스택의 설정 상태에 차이가 생겨 정합성이 깨지게 됩니다([그림 8.20] 참고).

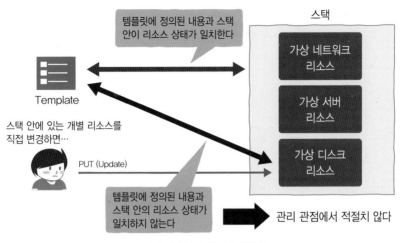

▲ 그림 8.20 템플릿과의 정합성

직접 리소스를 변경하면 구성 관리를 도입하는 취지에 위배됨과 동시에 최신 리소스가 어떤 상태인지 알 수 없게 되기 때문에 오케스트레이션 기능을 사용하지 않은 변경 작업은 절대 피해야 합니다. 반면, 아주 사소한 변경 작업이 필요한 경우에도 오케스트레이션 기능을 사용하면 실제로 변경하는 작업에 비해 오케스트레이션을 통해 처리해야 할 작업이 더 많아 처리 속도가 더뎌지고 손이 많이 가는 부작용이 생기기도 합니다. 그래서 실제 프로젝트에서는 오케스트레이션 기능으로 제어할 리소스와 제어하지 않을 리소스를 구분하기도 하는데 이 방법에 대해서는 뒤에서 다시 설명하겠습니다.

② 스택 반영 후 각 리소스에 정상 반영되었는지 결과를 확인한다

오케스트레이션에는 스택을 갱신하는 기능이 있어서 템플릿의 변경된 내용을 읽어 리소스에 최신 정보를 반영할 수 있습니다.[33] 이 변경 작업으로 인한 각 리소스의 상태 확

---

33 역자 주
• AWS: http://docs.aws.amazon.com/ko_kr/AWSCloudFormation/latest/APIReference/API_UpdateStack.html
• 오픈스택: http://developer.openstack.org/api-ref/orchestration/v1/index.html?expanded=update-stack-detail#stacks

인 방법은 각 클라우드의 리소스 타입 매뉴얼[34]에 기재되어 있으니 참고 바랍니다.

AWS의 리소스로 예를 들어보겠습니다. 매뉴얼에 'Update requires: No interruption'이라고 표시된 리소스는 UpdateStack을 실행해도 리소스가 정지되지 않고 서비스 다운 타임 없이 디플로이가 가능합니다. 이에 반해 'Update requires: Replacement'라고 표시된 리소스는 UpdateStack이 실행될 때 리소스가 새로 만들어지기 때문에 일시적으로 다운 타임이 발생합니다. 만약 다운 타임을 허용할 수 없는 경우에는 다른 스택에서 만든 후, 스택을 바꿔 치는 이뮤터블 인프라스트럭처를 도입할지 여부를 검토해봐야 합니다.

③ 오케스트레이션 기능을 지원하지 않는 컴포넌트나 리소스를 미리 식별한다

클라우드에서 사용되는 컴포넌트나 리소스, 각종 속성 정보들은 기능이 개선되거나 추가되는 속도가 빠릅니다. 그러다 보니 오케스트레이션 기능의 템플릿에서는 미처 지원되지 않는 리소스나 속성 정보가 있습니다. 이런 경우에는 오케스트레이션 기능을 활용하지 못하기 때문에 미리 리소스 타입 레퍼런스에서 지원 가능 여부를 확인해 두어야 합니다.

참고로 AWS CloudFormation과 오픈스택 Heat 모두 처음 릴리즈 했을 때보다 사용자가 지속적으로 증가하다 보니, 새로운 요구 사항에 맞춰 신규 기능이 추가되는 빈도가 잦아지고 동시에 이전 기능에 대한 호환성 보장을 위한 기능들도 보강되고 있습니다.

8.2.8 스택과 템플릿의 적정한 크기와 스택 중첩 시키기

대규모 시스템을 관리하다 보면 리소스의 개수는 점점 많아지고 릴리즈의 빈도나 서비스 수준이 다른 시스템군(群)이 많아집니다. 이럴 때 고려해야 하는 것이 바로 스택의 분리입니다.

---

34 AWS CloudFormation의 리소스 타입: http://docs.aws.amazon.com/ko_kr/AWSCloudFormation/latest/UserGuide/aws-template-resource-type-ref.html
• 오픈스택 Heat의 리소스 타입: http://docs.openstack.org/developer/heat/template_guide/openstack.html

스택을 분리하는 덩어리의 크기나 패턴은 상황에 따라 다를 수 있는데 시스템 설계상 공통 요소와 서브 시스템으로 분리하는 것이 가장 일반적인 방법입니다. 이 서브 시스템이 클라우드에 올라가면 종속 관계가 느슨한 아키텍처로 만들어져, 서브 시스템 간의 의존도가 낮아지고 릴리즈의 속도가 더 빨라집니다. 이러한 접근 방법은 마이크로서비스 아키텍처microservices architecture의 사상과 맥이 닿는 부분입니다. 한편, 공통 요소는 AWS CloudFormation의 경우, 다음과 같은 것이 대표적입니다([그림 8.21] 참고).

- 공통 운영 서비스
- 네트워크(VPC)
- 인증(IAM)
- 프론트엔드(DMZ)
- 데이터스토어(DB, Storage)

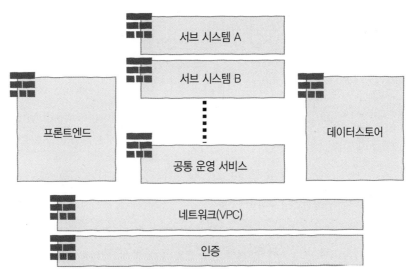

▲ 그림 8.21 스택 분리

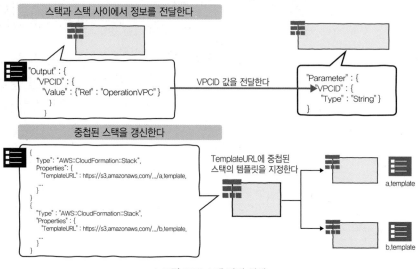

스택과 스택 사이에서 정보를 전달한다

```
"Output" : {
    "VPCID" : {
        "Value" : {"Ref" : "OperationVPC" }
    }
}
```

VPCID 값을 전달한다

```
"Parameter" : {
    "VPCID" : {
        "Type" : "String" }
    }
```

중첩된 스택을 갱신한다

```
Type" : "AWS::CloudFormation::Stack",
Properties" : {
    "TemplateURL" : https://s3.amazonaws.com/.../a.template,
    ...
}

"Type" : "AWS::CloudFormation::Stack",
"Properties" : {
    "TemplateURL" : https://s3.amazonaws.com/.../b.template,
    ...
}
```

TemplateURL에 중첩된
스택의 템플릿을 지정한다

a.template

b.template

▲ 그림 8.22 스택 간의 연계

분리된 스택 사이에서도 정보 전달이 필요한데 이때 연계 방법으로 활용되는 것이 앞서 살펴본 적이 있는 파라미터와 아웃풋입니다. 이 방법은 정보를 제공해야 하는 스택에서 아웃풋으로 정보를 출력한 후, 이 정보를 필요로 하는 스택에서 같은 이름의 파라미터로 정보를 받아내는 방식을 사용합니다([그림 8.22] 참고).

참고로 AWS의 CloudFormation은 템플릿 안에 또 다른 CloudFormation 스택의 리소스 프로퍼티를 지정하는 방법으로 여러 개의 스택을 중첩시키는 것이 가능합니다.

8.2.9 오케스트레이션의 모범 사례

AWS는 오케스트레이션 기능을 대규모 환경에서 활용한 다양한 성공 사례들을 공개하고 있습니다. AWS 관련 각종 문서나 매뉴얼을 통해 공개되거나 매년 열리는 AWS 최대 컨퍼런스인 Re:Invent에서 발표되기도 합니다. CloudFormation 매뉴얼과 CloudFormation Best Practice @Re:Invent2015, 혹은 CloudFormation

Best Practice @Re:Invent2014와 같은 자료는 온라인에 공개되어 있습니다.[35] 해당 자료에는 보안이나 파라미터의 제어 방법에 대해서도 다루고 있으므로 관심이 있는 분들은 꼭 한번 살펴 보길 바랍니다.

8.3 오케스트레이션의 제어를 위한 기본 API

이제까지 오케스트레이션의 동작 방식과 기능에 대해 알아 보았습니다. 이제부터는 오케스트레이션 API와 다른 리소스들의 API 사이에서 내부적으로는 어떤 일들이 벌어지는지를 살펴 봅니다. 내부의 구성과 동작을 이해하기 위해 소스가 공개된 오픈스택 Heat를 예로 들어보겠습니다. 오픈스택 Heat의 API 레퍼런스[36]를 보면 다른 리소스의 API에 비해 제공하는 기능이 상당히 간결하고 응집된 형태로 만들어진 것을 알 수 있습니다.

예를 들어 스택을 생성할 때는 HTTP의 POST 메소드로 API를 실행하면 되는데 이 때 파라미터로 테넌트와 템플릿을 정의한 JSON 파일을 지정해주면 됩니다. 이후의 작업은 Heat 엔진이 자동으로 처리해주는데 템플릿에 정의된 리소스가 원하는 상태가 될 때까지 환경을 구성합니다. 이러한 작업에는 일시적으로 리소스 자원을 반납하거나 자동 관리 기능을 시작시킬 수 있어야 하기 때문에 스택을 정지하거나 재기동하는 API가 사용됩니다.

일단 스택이 만들어진 이후에도 가상 머신의 사양을 변경해야 할 때가 있습니다. 이 때는 가상 머신의 설정을 직접 변경하는 것이 아니라 스택을 변경해야 하고 이후에 자동으로 가상 머신에도 반영되도록 만들어야 합니다.

---

35 CloudFormation 매뉴얼
　http://docs.aws.amazon.com/AWSCloudFormation/latest/UserGuide/bestpractices.html
　CloudFormation Best Practice @Re:Invent2015
　http://www.slideshare.net/AmazonWebServices/dvo304-aws-cloudformation-best-practices
　CloudFormation Best Practice @Re:Invent2014
　http://www.slideshare.net/AmazonWebServices/app304-aws-cloudformation-best-practices-awsreinvent-2014

36 http://developer.openstack.org/api-ref-orchestration-v1.html
　http://developer.openstack.org/api-ref-guides/bk-api-ref-orchestration-v1.pdf

8.3.1 오케스트레이션 API의 동작 원리

오픈스택 Heat는 Heat API와 Heat 엔진의 두 부분으로 구성됩니다. Heat API는 클라이언트로부터 들어오는 API 요청을 받거나, 또 다른 API로 요청을 보내거나, 혹은 그 결과로 응답을 받는 것과 같이 API와 관련된 다양한 일들을 처리합니다. 특히 다른 API로 요청을 보내고 응답을 받는 방식을 여러 리소스에 걸쳐서 실행하다 보면 결국, 클라우드 전체의 리소스를 제어할 수도 있습니다. 그래서 Heat API를 일종의 리소스들을 통합 제어하는 API로 볼 수 있습니다. Heat 엔진은 Heat API을 통해 전달 받은 템플릿을 보고 스택이라고 하는 리소스들의 집합을 관리하게 됩니다. 경우에 따라서는 Heat 엔진에서 Heat API로 리소스 제어를 요청하기도 합니다.

템플릿을 등록한 후부터의 Heat의 동작 방식과 순서는 다음과 같습니다.

① 템플릿을 등록하면 기재된 리소스의 정보를 보고 스택을 생성한다

② Heat 엔진에서 Heat API를 거쳐 각 리소스의 API로, 원하는 구성 형태가 되도록 필요한 지시를 내린다

③ 각 리소스의 API들과 상호작용하면서 템플릿에서 정의된 형태를 만들어낸다. 단, 이 과정에서 리소스가 부족하면 스택 생성이 실패한다

④ 모든 API들과의 상호작용이 끝나고 템플릿에 정의한 형태가 완성된 후, 의도했던 상태가 된 것이 확인되면 리소스는 정상적이라고 판단한다

⑤ Heat 엔진이 정기적으로 상태를 확인하고 이상 징후가 보이면 해당 리소스에게 이상 상태에 대응하는 필요한 조치를 취하게 한다

8.3.2 오케스트레이션 API의 실제 동작 방식

실제로 오케스트레이션이 동작하는 방식을 살펴 보겠습니다.

스택 생성을 위한 API의 실행 예

스택을 만들 때는URI 'http://{orchestration}/v1/{tenant_id}/stacks'를 POST 방식으로 실행합니다. 이때 요청 바디에 템플릿 정보를 함께 담아서 요청해야 합니다. 요청 내용에 템플릿 정보가 포함되어 있기 때문에 다른 리소스의 API를 호출하는

것에 비해 상대적으로 내용이 길게 나오는 것이 보통입니다. 참고로 아래 내용은 예시이므로 기재된 내용은 실제 환경과 다를 수 있습니다.

스택을 생성하는 API의 실행 예

```
curl -g -i --cacert "/opt/stack/data/CA/int-ca/ca-chain.pem" -X POST
http://{orchestration}/v1/{tenant_id}/stacks?...생략...
-d '{
  ...생략...
  "disable_rollback": true,
  "parameters": {

  },
  "stack_name": "teststack",
  "environment": {

  },
  "template": {
    "heat_template_version": "2015-04-30",
    "description": "Simple template to deploy a single compute instance",
    "resources": {
      ...생략...
      "my_instance": {
        "type": "OS::Nova::Server",
        "properties": {
          "key_name": "my_key",
          ...생략...
          "flavor": "m1.small",
          "networks": [{
            "port": {
              "get_resource": "my_instance_port"
            }
          }]
        }
      }
    }
  }
}
```

응답 내용

```
{"stack": {"id": "36a0faa0-1fd8-4178-9732-131b8c4b57b8", "links":
[{"href": "http://192.168.33.10:8004/v1/aee128258f514dbf95696587ea9fff3f/
stacks/teststack/36a0faa0-1fd8-4178-9732-131b8c4b57b8", "rel": "self"}]}}
```

이와 같이 오케스트레이션 API를 실행하는 것 자체는 그리 어렵고 복잡한 내용은 아닙니다. 어렵고 복잡한 내용은 주로 사람이 생각하고 판단하는 부분인데 이러한 작업은 오케스트레이션 엔진인 Heat 엔진이 대신 하게 됩니다. 즉, Heat 엔진이 그 외의 여러 리소스에게 필요한 요청을 보내고, 그 결과에 대한 응답을 받으면서 전체적인 통제를 하고 있는 셈입니다.

Heat 엔진이 구체적으로 어떤 일을 했는지는 Heat 엔진이나 리소스의 API 로그를 보면 확인할 수 있습니다. 예를 들어 네트워크와 서버 리소스를 포함한 템플릿을 사용한다면 네트워크와 서버 API 로그를 살펴 봄으로써 해당 리소스를 제어하는 클라이언트가 무엇인지 알 수 있습니다.

네트워크를 예로 들어 로그를 확인해 보겠습니다. 이 로그를 보면 Heat 엔진에서 python-neutronclient를 통해 네트워크의 리소스인 port를 활성화하고 있다는 것을 알 수 있습니다.

Heat 엔진의 로그 내용 중 neutron client의 요청 예

```
REQ: curl -i http://192.168.33.10:9696//v2.0/ports.json -X POST -H "User-
Agent: python-neutronclient" -H "X-Auth-Token: e9f09e904c7446cf97f764861d
36eb8c" -d '{"port": {"name": "stacker-my_instance_port-bbkutstlhd5o",
"admin_state_up": true, "network_id": "fbd7fe69-d511-4fd1-907db56af6c148f1",
"security_groups": ["1ed81a91-8b96-4c9e-a3cc-
8a70e0cada60"]}}'
```

8.4 오케스트레이션 리소스의 컴포넌트

마지막으로 오케스트레이션과 관련된 리소스들의 관계를 ER 다이어그램으로 표현해 보았습니다([그림 8.23] 참고). 오케스트레이션은 리소스의 집합체인 템플릿을 JSON 형식으로 만들고 이것을 스택Stack이라는 개념에 담아내고 있습니다.

오케스트레이션 관점에서 보면 스택 자체가 리소스가 됩니다. 그래서 스택 안에 있는 속성에 이벤트나 템플릿이 들어가는 형태로 표현됩니다.

이 장에서는 오케스트레이션에 대한 기본 개념과 선언형 오케스트레이션의 사용 방법, 그리고 API의 동작 방식 등에 대해 살펴 보았습니다. IT 엔지니어들에게 이러한 기술이 왜 필요한지, 어떤 장점이 있는지에 대해서도 알아 보았습니다.

독자 여러분 중에는 사내 인프라 담당자나 시스템 운영 엔지니어가 있을 것이고 제한된 자원 속에서도 하루하루 주어진 작업을 성실하게 해내고 있을 것입니다. 아직 오케스트레이션 기능을 활용하고 있지 않다면, 앞서 살펴본 기능들을 도입함으로써 구축 작업을 좀 더 정확하고 빠르게 하면서도 장애가 발생하더라도 자동으로 복구가 되는 등, 운영 과정에서의 부담을 좀 더 줄일 수 있을지도 모릅니다.

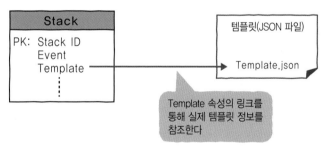

▲ 그림 8.23 오픈스택 Heat와 AWS CloudFormation의 리소스 맵[37]

---

37 역자 주 : 리소스 맵은 관계를 추상적으로 표현한 것으로 실제 구현된 내용과는 다를 수 있습니다.

최근 애플리케이션이나 컴퓨터 리소스에서 API를 제공하는 것이 당연한 추세가 되어가고 있습니다. 코드로 인프라 자원을 정의하고 기술할 수 있다는 것은 과거에 소프트웨어 개발에서 사용된 툴들을 인프라를 설계하는 코드(템플릿)에도 그대로 적용할 수 있다는 말이 됩니다. 예를 들어 버전 관리 툴인 깃Git, 서브버전Subversion, Mercurial, RCS 등을 사용할 수 있고 gerrit[38]과 같은 코드 리뷰 툴에 Jenkins와 같은 지속적 통합 빌드 툴을 사용하면 커밋commit하거나 푸시push한 템플릿에 대한 승인 프로세스, 워크 플로우, 그리고 코드 테스트를 실행할 수 있는 환경도 만들 수 있을 것입니다. 이 책을 다 읽은 후에는 이러한 응용에도 도전하여 오케스트레이션, 오토메이션, Infrastructure as Code의 장점을 누리기 바랍니다.

이 책은 인프라에 특화되어 있기 때문에 자세히 다루고 있지 않지만 AWS에서는 깃Git이나 Jenkins와 같은 지원 툴에 상응하는 기능을 관리형 서비스로 제공하고 있습니다. 소스 코드의 리포지터리 서비스로는 AWS CodeCommit이, 지속적 통합, 빌드, 테스트 서비스에는 AWS CodeBuild가, 지속적인 릴리즈 서비스로는 AWS CodePipeline, 소스 코드 디플로이 서비스로는 AWS CodeDeploy가 제공됩니다.[39]

그 외에도 쉐프Chef와 비슷한 구성 관리 서비스로는 AWS OpsWorks가 있고 도커Docker와 비슷한 컨테이너 관리 서비스로는 AWS ECSEC2 Container Service가 있으며 애플리케이션 관리 서비스로는 AWS Elastic Beanstalk이 있습니다.

이러한 서비스들이 클라우드에서 제공된다는 말은 곧 API로 제어가 가능하다는 말이므로 리소스가 AWS CloudFormation과 같은 클라우드 기능에서 지원만 된다면 템플릿으로도 정의하여 일관된 방법으로 관리하고 제어할 수 있습니다.

Infrastructure as Code에는 이제까지 살펴본 오케스트레이션 기능과 리소스 지향적인 접근 방식, 멱등성(冪等性)idempotence과 같은 개념들이 바닥에 깔려 있습니다. 오케스트레이션 기능은 REST API의 ROAresource-oriented architecture 개념을 템플릿 형태로 녹여 넣은 것으로 클라우드의 특징을 가장 잘 살린 서비스라고 할 수 있습

---

38 역자 주 : https://www.gerritcodereview.com/
39 역자 주 : 이 책을 번역하는 중에 새롭게 AWS CodeBuild가 추가되었습니다.

니다. 이러한 기능들을 실제로 현장에 성공적으로 적용하려면 기본적인 개념을 확실히 이해해야 합니다. 클라우드 서비스에서는 샘플 템플릿[40]등을 제공하니, 자신만의 시스템을 구성할 때 어떻게 응용을 해볼지 고민해보면서 직접 돌려보는 것도 좋을 것 같습니다.

오케스트레이션

---

40 역자 주 : AWS: http://docs.aws.amazon.com/AWSCloudFormation/latest/UserGuide/cfn-sample-templates.html
   OpenStack: http://docs.openstack.org/developer/heat/templates/index.html

인증과 보안

클라우드 환경에서는 API나 각종 리소스를 공유하기 때문에 보안을 최우선으로 고려할 필요가 있습니다. 특히 API는 HTTP 프로토콜을 통해 실행되는데 이때 전송 내용이 평문으로 노출될 수 있습니다. 그래서 보안이 필요한 환경에서는 HTTPS를 사용합니다. API가 호출되는 엔드포인트도 공유하기 때문에 API를 실행하는 사용자에 대해서도 명확하게 식별할 수 있는 방법이 필요합니다.
이 장에서는 이러한 인증 메커니즘과 보안에 관한 기본적인 내용을 알아 봅니다.

9.1 HTTPS

9.1.1 HTTPS의 동작 방식

API에서 사용하는 HTTP에서는 통신 내용이 평문으로 전달되기 때문에 도청(盜聽)을 할 경우 주고 받는 정보가 유출될 수 있습니다. 그래서 중요한 메타 데이터가 오고 가는 클라우드 환경에서는 HTTPS를 하는 것이 일반적입니다.[1]

HTTPS는 우리가 흔히 접속하는 웹 사이트에서 로그인이나 사용자 정보 변경과 같이 보안이 필요한 정보를 주고 받을 때 사용되는 기술입니다. 정확한 이름은 HTTP over SSL/TLS이고 포트 번호는 443번을 사용합니다. TCP/IP에 OSI 참조 모델 L5의 SSL/TLS를 적용하고 전자 인증서를 통해 통신 쌍방의 신뢰관계를 만드는 방식입니다. HTTPS는 데이터의 암호화뿐만 아니라 위변조를 방지하고 접속하려는 URI가 신뢰할 수 있는 상대의 것인지를 확인하는 기능도 갖추고 있습니다.

클라우드의 API 요청이나 응답 내용은 상당히 중요한 정보입니다. 그래서 도청이나 위변조를 막기 위해 API에는 기본적으로 HTTPS 프로토콜을 사용합니다.

9.1.2 인증서

인증서는 서버 인증서와 클라이언트 인증서로 분류합니다. 클라우드 환경에서는 클라우드가 신뢰할 수 있다는 것을 증명하기 위해 인증서가 필요한데, 클라우드의 엔드포인트가 서버 측에 있으므로 서버 인증서가 활용됩니다([그림 9.1] 참고).

클라이언트 측이 누구이며 어디에 있는지에 대한 정보는 주로 클라우드가 제공하는 인증 기능을 사용하거나 HTTP 헤더의 유저 에이전트user agent 정보들을 통해 알아냅니다.

---

1 오픈스택을 내부적으로만 사용하고 보안 이슈가 없을 경우, 예외적으로 HTTP를 사용하여 보안 수준을 완화시켜 사용하기도 합니다.

통신 내용을 암복호화하려면 암복호화 키key가 필요합니다. 대표적인 예로 공유 키 암호화 방식과 공개 키 암호화 방식이 있는데 HTTPS는 이 둘을 조합한 하이브리드 암호화 방식입니다. 처음에는 공유 키를 공개 키 암호화 방식으로 안전하게 전달한 다음, 전달된 공유 키를 사용해서 암호화 통신을 하게 됩니다.

클라우드의 엔드포인트에는 서버 인증서가 설정되어 있으므로 HTTPS로 API를 실행할 수 있습니다. 서버 인증서는 인증서의 사실상 표준인 Symantec(구 Verisign) 사의 인증서를 사용하는 것이 일반적입니다. 이때는 Symantec사의 인증기관, 즉 CACertification Authority가 해당 도메인에 대한 신뢰 여부를 인증하게 됩니다.

하지만 이것은 어디까지나 서버의 URI가 신뢰할 수 있는 것인지, HTTPS로 안전한 통신이 되는지에 대한 인증에 불과하고 접속하는 사용자를 인증하지는 않습니다. 일반적인 웹 사이트에서 ID와 패스워드로 인증을 하는 것처럼 클라우드에서도 접속자에 대한 사용자 인증을 해야 합니다. 이에 대해서는 조금 더 뒤에 자세히 살펴 보겠습니다. 한편, 엔드포인트에 HTTPS가 적용되고 사용자 인증까지 더해지면 9.2.6에서 설명하는 '서명' 프로세스가 가능해집니다.

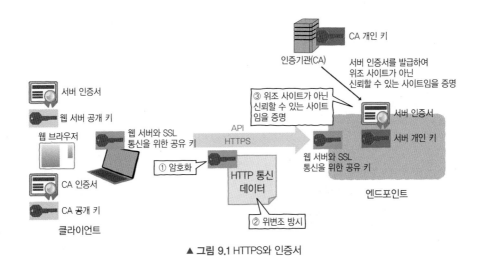

▲ 그림 9.1 HTTPS와 인증서

9.2 사용자, 그룹, 롤, 정책

액터(사용자)[2]에 대한 인증을 처리하는 컴포넌트는 오픈스택에서는 Keystone이, AWS는 IAMIdentity and Access Management이 담당합니다. 우선은 인증하는 단위와 권한 제어 방식에 대해 살펴 보겠습니다.

9.2.1 테넌트

2장에서 설명한 것과 같이 클라우드에는 최상위 개념으로 '테넌트'가 있습니다. 이 개념을 오픈스택의 Keystone에서는 '프로젝트'라고 표현하고 AWS에서는 '어카운트'라고 표현합니다.

하나의 테넌트는 또 다른 테넌트와 완전히 격리되어 있어서 원칙적으로 여러 테넌트에 걸쳐서 어떤 작업을 하는 것은 불가능합니다. 클라우드 환경에서는 인증도 리소스의 한 형태이고 모든 리소스는 테넌트 안에 포함됩니다. 그래서 인증 리소스는 적어도 하나의 테넌트에 반드시 속합니다. 원칙적으로는 여러 테넌트에 걸쳐서 인증하는 것은 불가능한데 예외적으로 설정을 확장하는 방법도 있습니다. 이 내용에 대해서는 뒤에 더 자세히 설명하겠습니다.

9.2.2 사용자

액터는 API를 실행하게 만드는 사람을 의미하고 사용자가 이에 해당합니다. 사용자도 리소스 형태로 분류되기 때문에 API를 통해 생성, 변경, 삭제를 할 수 있습니다. 하지만 처음 클라우드 환경을 만들 때는 리소스가 존재하지 않으므로 사용자도 없습니다. 그러면 클라우드를 어떻게 사용할 수 있을까요?

---

2 3장에서 설명한 것과 같이 API에서는 인증 대상이 되는 사용자를 '액터'라고 부릅니다.

클라우드에는 테넌트(어카운트)와 연결된 특별한 관리자 계정이 있습니다. 이것은 OS로 치자면 리눅스에서는 root, 윈도우에서는 Administrator에 해당합니다. 처음에는 이 관리용 계정을 사용자처럼 사용해서 리소스를 생성합니다. 이 관리자 계정은 OS의 관리자 계정과 마찬가지로 권한이 막강하기 때문에 실제 운영 시에는 사용하지 않도록 권장하고 있습니다. 이런 정책은 OS에서도 마찬가지입니다.

AWS에서는 AWS 계정을 생성할 때 입력한 이메일 주소로 사용자를 식별하고 이 정보를 기반으로 인증 정보를 다루게 됩니다.

오픈스택에서는 역할, 혹은 롤role이 있습니다. Admin(관리자)와 Member(일반 사용자)로 구분이 되며 Admin 롤을 부여 받은 사용자가 관리자가 됩니다.

실제로 클라우드를 이용할 사용자, 즉 일반 사용자를 생성하는 방법에 대해 알아 봅시다. 오픈스택에서는 URI 'https://{identity}/v3/users'[3]를 POST 방식으로 실행하면 사용자가 생성됩니다. 여기서 '{identity}' 부분에는 Keystone의 접속 정보가 들어가면 됩니다. AWS에서는 IAM이 리전 안에 속하지 않기 때문에 URI에 리전 정보가 포함되어 있지 않은 'https://iam.amazonaws.com/'으로 'CreateUser'[4] API를 실행하면 됩니다.

생성 직후의 사용자 계정에는 아직 권한이 할당되지 않는 상태이기 때문에 아무런 API도 실행하지 못합니다. 권한을 할당하려면 뒤에서 설명할 정책을 먼저 생성한 후, 사용자에게 할당해줘야 합니다([그림 9.2] 참고).

---

3 역자 주 : http://developer.openstack.org/api-ref/identity/v3/?expanded=create-user-detail
4 역자 주 : http://docs.aws.amazon.com/ko_kr/IAM/latest/APIReference/API_CreateUser.html

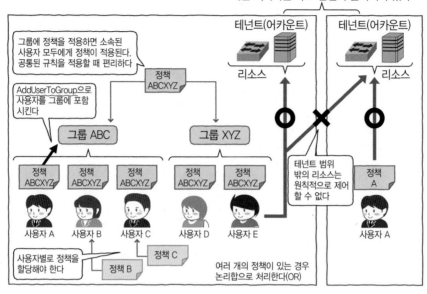

테넌트(어카운트)로 완전히 분리되어 있다

그룹에 정책을 적용하면 소속된
사용자 모두에게 정책이 적용된다.
공통된 규칙을 적용할 때 편리하다

테넌트(어카운트)

리소스

AddUserToGroup으로
사용자를 그룹에 포함
시킨다

정책
ABCXYZ

테넌트(어카운트)

리소스

그룹 ABC

그룹 XYZ

정책
ABCXYZ

정책
ABCXYZ

정책
ABCXYZ

정책
ABCXYZ

정책
ABCXYZ

테넌트 범위
밖의 리소스는
원칙적으로 제어
할 수 없다

정책
A

사용자 A

사용자 B

사용자 C

사용자 D

사용자 E

사용자 A

사용자별로 정책을
할당해야 한다

정책 B

정책 C

여러 개의 정책이 있는 경우
논리합으로 처리한다(OR)

▲ 그림 9.2 테넌트와 사용자, 그리고 그룹

9.2.3 그룹

클라우드에도 OS와 마찬가지로 사용자를 묶은 그룹이라는 개념이 있습니다. 사용자
에게는 정책을 적용해주어야 하는데 사용자 수가 많아지면 많아질수록 정책을 할당
하는 것이 번거로운 작업이 됩니다.

하지만 여러 사용자를 그룹으로 묶어두면 그룹 단위로 정책을 할당할 수 있으므로 사
용자별로 정책을 적용시키는 것보다 작업 시간도 줄어들고 정책 관리도 효율적으로
할 수 있습니다. 그래서 사용자의 수가 많거나, 부서나 직무 분류와 같은 권한 집단으
로 사용자들을 분류할 수 있다면 그룹 개념을 적용하는 것이 좋습니다.

오픈스택에서는 URI 'https://{identity}/v3/groups'[5]를 POST 방식으로 호출하면
그룹이 생성되고 URI '/v3/groups/{group_id}/users/{user_id}'[6]를 PUT 방식으

---

5 역자 주 : http://developer.openstack.org/api-ref/identity/v3/?expanded=create-user-detail,list-groups-
   detail,create-group-detail

6 역자 주 : http://developer.openstack.org/api-ref/identity/v3/?expanded=create-user-detail,list-groups-
   detail,create-group-detail,add-user-to-group-detail

로 호출하면 특정 그룹에 사용자를 할당할 수 있습니다.

AWS에서는 URI 'https://iam.amazonaws.com/'에 'CreateGroup'[7] API를 호출하면 그룹이 생성되고 'AddUserToGroup'[8] API를 호출하면 특정 그룹에 사용자를 할당할 수 있습니다.

9.2.4 정책

'정책'은 권한을 제어할 때 사용하는 기능입니다. 클라우드에서는 많은 컴포넌트나 액션 API, 리소스가 있는데 아무나 마음대로 손을 대면 곤란한 상황이 발생할 수 있습니다. 그래서 통제가 필요한 대상에는 정책을 적용하여 접근이나 실행을 제한하도록 만들어야 합니다.

정책은 JSON 형식으로 정의되는데 기본적으로는 API를 제어합니다. 그래서 [그림 3.6]에서 보았던 API의 구성 요소 중 액션과 리소스의 관계를 정책으로 정의하면 [그림 9.3]과 같이 표현할 수 있습니다. 즉, 권한을 제어한다는 것은 곧 API의 접근과 실행을 제어한다는 것과 같습니다.

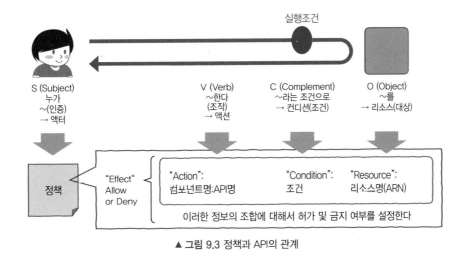

▲ 그림 9.3 정책과 API의 관계

---

7 역자 주 : http://docs.aws.amazon.com/ko_kr/IAM/latest/APIReference/API_CreateGroup.html

8 역자 주 : http://docs.aws.amazon.com/ko_kr/IAM/latest/APIReference/API_AddUserToGroup.html

클라우드 서비스의 종류에 따라 기술하는 방법이 조금씩 다를 수는 있으나 기본적으로 액션과 리소스의 집합체에 대해 이펙트effect를 허가allow하거나 거부deny하는 방식으로 설정하게 되고 이러한 정보를 JSON 형식으로 나열하게 됩니다.

AWS IAM 정책의 기본 요소

AWS IAM에서 사용 가능한 정책의 기본 요소는 이펙트, 액션, 그리고 리소스의 세 가지로 구문 형태는 다음과 같습니다.

- 이펙트(Effect): 허가인 경우 'Allow'를, 거부인 경우 'Deny'를 기재
- 액션(Action): 허가하거나 거부할 액션 API를 기재
- 리소스(Resource)[9]: 허가하거나 거부할 리소스를 ARN 형식으로 기재

AWS IAM의 정책 구문[10]

```
{
  "Version": "연도-월-날짜",
  "Statement": [
    {
      "Sid": "정책문ID",
      "Effect": "Allow",
      "Action": "컴포넌트명:API명",
      "Resource": "리소스명(ARN)"
      "Condition": "조건"
    },
    {
      "Sid": "정책문ID",
      "Effect": "Deny",
      "Action": "컴포넌트명:API명",
      "Resource": "리소스명(ARN)"
      "Condition": "조건"
    }
  ]
}
```

---

9 리소스는 컴포넌트 중 일부만 지원하고 있으므로 모든 컴포넌트를 정책으로 제어할 수 있는 것은 아닙니다. ARN 표기 방법에 대해서는 3장의 3.2.6을 참고 바랍니다.

10 역자 주 : 정확한 정보 전달을 위해 원서에 일부 생략된 정보를 AWS 가이드를 참고하여 함께 포함했습니다.
   • http://docs.aws.amazon.com/ko_kr/IAM/latest/UserGuide/access_policies.html

아무것도 지정하고 있지 않다면 묵시적인 거부deny로 인식합니다. 같은 액션이나 리소스에 대해 여러 개의 이펙트effect가 정의되어 있다면 다음과 같은 우선 순위로 적용됩니다.

> 명시적인 Deny > 명시적인 Allow > 묵시적인 Deny

정책을 지정할 때는 여러 개를 배열 형태로 나열할 수 있는데 대괄호 '['와 ']' 문자로 둘러싼 다음 쉼표 ','로 구분합니다. 'Statement' 안에는 'Effect'를 포함한 서로 다른 정보들을 여러 개 지정할 수 있는데 이때는 중괄호 '{'와 '}'로 둘러싼 다음 쉼표 ','로 구분합니다.

그 밖에 액션을 정의할 때는 API명이나 리소스명에 와일드카드를 사용할 수 있습니다.[11] 예를 들어 Action에 'Get'으로 시작하는 API 전체를 지정하고 싶다면 's3:Get*'과 같이 표기할 수 있고 모든 리소스에 대해 적용하고 싶다면 '*'라고 표기할 수도 있습니다.

AWS IAM 정책의 기타 요소

그 외에도 AWS IAM에는 아래와 같은 구성 요소들이 있습니다.

- Condition: 송신 측의 IP 주소나 시간 등의 다양한 조건들을 각종 조건 연산자[12] 형태로 지정 가능
- Version: AWS IAM의 정책 구문 문법은 계속 업그레이드될 수 있어 적용한 버전을 명시[13]
- ID: 정책에 부여하는 ID로 'Id'라고 표기
- Statement: 이펙트 구문을 여러 개 묶은 단위
- Statement ID(Sid): 정책 문(statement)에 부여하는 ID로 'Sid'라고 표기
- Principal: 뒤에 설명할 리소스 지정 정책에서 제어하려는 액터의 ARN을 지정
- NotPrincipal, NotAction 등: 'Principal', 'Action'에 'Not' 접두어를 붙일 수 있는데, 리소스 개수가 늘어날 경우, 기재할 행 수를 줄이는 효과가 있음

---

11 와일드 카드 문자는 '*'로 표기되는데 어떤 문자가 들어가든 상관 없음을 의미합니다.
12 역자 주 : http://docs.aws.amazon.com/ko_kr/IAM/latest/UserGuide/reference_policies_elements.html#AccessPolicyLanguage_ConditionType
13 집필 시점의 최신 버전은 '2012-10-17' 입니다.

AWS IAM의 정책 설정 예

AWS IAM의 정책이 어떻게 설정되는지를 [그림 9.4]를 예로 들어 설명하겠습니다.

이 예에서는 다음과 같은 세 가지 규칙으로 정책이 만들어져 있습니다.

① IAM의 사용자 'abc'에게 사용자 정보 조회를 허용한다

② Amazon S3의 모든 버킷에 대해 모든 기능을 허용한다

③ Amazon S3의 important라는 버킷에 대해 변경과 삭제를 금지시킨다

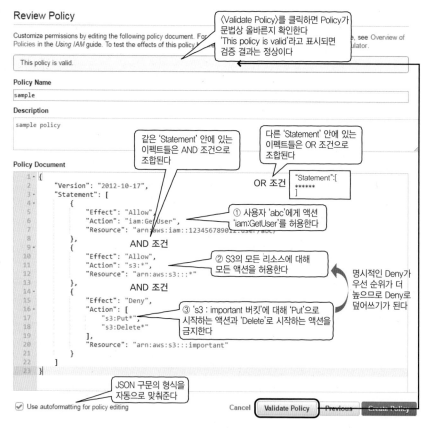

▲ 그림 9.4 정책 설정 예

내용을 살펴 보면 앞서 설명한 적이 있는 와일드카드가 액션_{action}이나 리소스_{resource}를 지정할 때 활용되고 있는 것을 알 수 있습니다. ①에서는 IAM만 별도의 리소스로 정책이 정해져 있어서 별 상관이 없지만 ②에서는 S3의 모든 버킷을 지정하고 있고, ③에서는 S3의 important 버킷에 대해 정책이 정해져 있습니다. 즉, S3 버킷에 대해 ②와 ③의 정책이 충돌하는 형태가 됩니다.

이런 경우, 같은 스테이트먼트_{statement} 안에 있는 이펙트들은 AND 조건이 적용됩니다. 즉 '② AND ③'이 되는데 명시적인 Allow보다 명시적인 Deny가 더 강하기 때문에 최종적으로 Deny의 이펙트가 적용됩니다. 참고로 서로 다른 스테이트먼트 안에 있는 이펙트와 이펙트들은 OR 조건이 적용됩니다.

AWS에서는 IAM의 정책을 정의한 구문이 문법적으로 올바른지 검증하는 기능을 제공합니다. 이 예에서는 이해를 돕기 위해 콘솔에서 검증한 것을 보여주고 있는데, API 방식으로도 검증할 수도 있습니다. 콘솔 방식을 사용하는 경우, 'Valid'라고 나오면 검증 결과가 정상이라는 뜻이고 만약 에러가 발생하게 되면 에러가 발생한 행과 에러 내용이 표시됩니다. 다만 어디까지나 구문의 유효성 검사이므로 정의된 내용의 논리적인 정합성까지 보장하는 것은 아닙니다.

오픈스택 Keystone의 정책 설정 예

오픈스택 Keystone에서도 기본적인 접근 방법은 비슷합니다. 다만, 명시적인 Deny나 조건이 없으면 AWS IAM에서는 묵시적 Deny가 적용되는 반면, 오픈스택 Keystone에서는 사전에 정의된 롤이 적용된다는 것이 조금 다릅니다.

다음 예에서는 인스턴스 생성(compute:create)은 누구나 할 수 있지만 인스턴스를 생성할 때, admin 롤을 가진 사용자만 기동할 호스트를 지정(compute:create:forced_host)은 할 수 있도록 제한되어 있습니다. 롤은 Keystone에 등록된 것이면 무엇이든 지정할 수 있습니다. 참고로 Keystone에는 별도의 롤을 추가하지 않으면 기본적으로 admin 롤이 미리 등록되어 있습니다.

그 밖에 인스턴스는 해당 인스턴스의 소유자와 관리자만 삭제(compute:delete)할 수 있도록 'admin_or_owner'라는 규칙으로 정책이 정의되어 있습니다.

오픈스택 Keystone의 정책 설정 예

```
"admin_or_owner": "role:admin or project_id:%(project_id)s",
"compute:create": "",
"compute:create:attach_network": "",
"compute:create:attach_volume": "",
"compute:create:forced_host": "role:admin",
"compute:delete": "rule:admin_or_owner",
...생략...
```

이제까지 설명한 API와 JSON에 대한 기본 지식이 있다면 위와 같은 정책의 대략적인 내용은 이해할 수 있을 것입니다.

정책 정의하기

AWS IAM이나 오픈스택 Keystone, 둘 중 어느 것을 사용하더라도 API를 정책으로 제어하거나 그 내용을 JSON 파일 형태로 정의하는 방식 등은 두 서비스가 크게 다르지 않습니다. 다만 정책을 정의하는 세부적인 문법에는 차이가 있기 때문에 정책을 정의할 때는 각 서비스의 매뉴얼을 미리 살펴볼 것을 권합니다.[14]

▲ 그림 9.5 AWS Policy Generator

---

14 • AWS IAM Policy 매뉴얼
  http://docs.aws.amazon.com/IAM/latest/UserGuide/reference_policies.html
  • OpenStack Keystone 설정 매뉴얼
  http://docs.openstack.org/developer/keystone/#configuration

이러한 정책들은 JSON 파일로 직접 기술해도 상관 없으나 올바르게 작성되도록 도와주는 지원 툴을 사용하는 것이 더 효과적입니다. 예를 들어 AWS에서는 콘솔에서 IAM을 선택하고 Policies 설정 화면으로 이동한 후 〈Create Policy〉 버튼을 누르면 [그림 9.5]와 같은 'Policy Generator'를 실행할 수 있습니다.

조건이 복잡하면 JSON 구문도 길어져 언뜻 보아 어떤 액션이 허가되었고 혹은 금지되었는지 쉽게 파악하기 힘들어집니다. 그래서 AWS에서는 [그림 9.6]과 같이 'AWS Policy Simulator'라는 툴을 제공하여 API의 사용 가능 여부를 쉽게 파악할 수 있도록 만들어져 있습니다. 어떤 API가 허가되고 어떤 API가 금지되는지 쉽게 파악할 수 있습니다. 이 예에서는 [그림 9.6]의 정책을 분석해서 표시하고 있는데 'GetUser'는 'Allow' 허가하도록 설정되어 있고, 그 외의 IAM 액션에 대해서는 'Deny'로 거부하는 것을 알 수 있습니다.

이전에는 하나의 정책은 반드시 하나의 사용자나 그룹에 할당하여 한 덩어리로 만드는 인라인inline 방식으로 정의했습니다. 하지만 AWS에서는 사용자나 그룹과는 독립된 형태로 관리 정책을 생성할 수 있습니다. 그 결과 하나의 정책을 여러 사용자나 그룹에게 할당할 수 있어 한 번 만든 정책을 재사용하는 것이 가능합니다. AWS에서는 정책이 바뀔 때마다 변경 이력을 관리하고 있기 때문에 필요할 경우, 변경 전으로 복원할 수도 있습니다.[15]

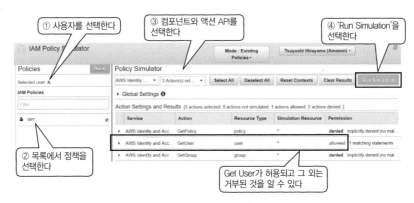

▲ 그림 9.6 AWS Policy Simulator

---

15 • AWS Policy Generator: https://awspolicygen.s3.amazonaws.com/policygen.html
   • IAM Policy Simulator: https://policysim.aws.amazon.com/

9.2.5 인증 키와 토큰

인증 키

사용자가 요청한 API를 실행하려면 사용자의 ID 뿐만 아니라 패스워드에 해당하는 인증 키도 필요합니다. 이 인증 키는 클라우드 서비스에 따라서도 다르지만 사용하는 사용자 인터페이스 방식API, CLI, SDK, 콘솔에 따라서도 조금씩 차이가 있습니다.

오픈스택에서는 비교적 구성이 간단하게 만들어져 있는데 오픈스택 Keystone의 ID에 대해 패스워드를 지정하는 방식을 사용하고, 인터페이스가 모두 이 방법을 사용합니다.

반면, AWS에서는 콘솔에서는 IAM 사용자의 패스워드로 인증하지만 API나, CLI, SDK를 사용할 때는 IAM의 ID에 상응하는 액세스 키와 시크릿 액세스 키를 사용하게 됩니다.

토큰

앞서 살펴 본 패스워드를 전달하는 방식에는 상당한 주의가 필요합니다. 가령 CLI나 SDK를 사용할 때 설정 파일에 패스워드를 미리 넣어두거나, API를 실행할 때 요청 헤더나 쿼리 파라미터에 패스워드를 전달하는 방식은 보안상 상당히 취약합니다. 그래서 대부분의 클라우드 서비스에서는 유효 기간이 있는 임시 패스워드를 발급하는 방식을 사용하는데, 이때 발급되는 임시 패스워드를 토큰token이라고 합니다([그림 9.7] 참고).

오픈스택 Keystone에서는 토큰을 발급 받을 때 ID와 패스워드 방식을 사용합니다. 그래서 다음과 같이 요청 데이터 부분에 테넌트명과 사용자명, 패스워드를 설정한 후, API 요청을 보내면 토큰을 받을 수 있습니다.

오픈스택에서 토큰 발급 받기

```
$curl -s -X POST http://identity/v2.0/tokens \
-d '{"auth": {"tenantName": "'"$TENANT_NAME"'",
"passwordCredentials":
{"username": "'"$USERNAME"'", "password": "'"$PASSWORD"'"}}}'
```

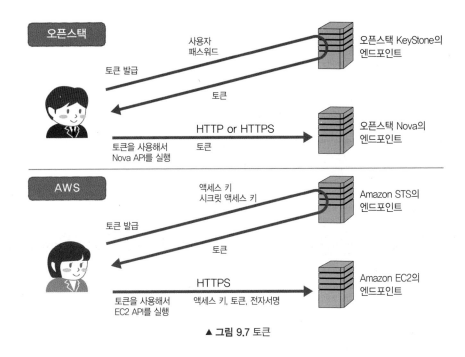

▲ 그림 9.7 토큰

이렇게 발급 받은 토큰은 이후 API를 호출할 때 다음과 같은 방식으로 헤더를 통해 전달됩니다.

토큰 정보를 HTTP 확장 헤더에 설정하기

```
$curl -s -X HTTP 메소드 -H "X-Auth-Token: 토큰 정보" URI
```

AWS에서도 이와 비슷하게 STS_{AWS Security Token Service}라는 서비스가 '임시 자격 증명'이라는 토큰을 발급합니다. 다만 토큰을 발급 받은 후에 액세스 키와 조합해서 사용한다는 것이 조금 다릅니다. AWS STS는 AWS IAM과는 다른 컴포넌트로 되어 있기 때문에 URI 'https://sts.amazonaws.com/'에 'GetSessionToken'이라는 API를 호출하면 토큰을 발급 받을 수 있습니다.

AWS에서 토큰을 발급 받은 결과

```
<GetSessionTokenResponse xmlns="https://sts.amazonaws.com/doc/2011-06-15/">
  <GetSessionTokenResult>
    <Credentials>
      <SessionToken>
        AQoEXAMPLEH4aoAH0gNCAPyJxz4BlCFFxWNE1OPTgk5TthT+FvwqnKwRcOIfrRh3c/L
        To6UDdyJwOOvEVPvLXCrrrUtdnniCEXAMPLE/IvU1dYUg2RVAJBanLiHb4IgRmpRV3z
        rkuWJOgQs8IZZaIv2BXIa2R4OlgkBN9bkUDNCJiBeb/AXlzBBko7b15fjrBs2+cTQtp
        Z3CYWFXG8C5zqx37wnOE49mRl/+OtkIKGO7fAE
      </SessionToken>
      <SecretAccessKey>
      wJalrXUtnFEMI/K7MDENG/bPxRfiCYzEXAMPLEKEY
      </SecretAccessKey>
      <Expiration>2011-07-11T19:55:29.611Z</Expiration>
      <AccessKeyId>AKIAIOSFODNN7EXAMPLE</AccessKeyId>
    </Credentials>
  </GetSessionTokenResult>
  <ResponseMetadata>
    <RequestId>58c5dbae-abef-11e0-8cfe-09039844ac7d</RequestId>
  </ResponseMetadata>
```

참고로 이런 토큰 기능은 유효 기간이 있는 임시 패스워드로도 사용되지만 뒤에 설명할 IAM 롤과 페더레이션에서도 내부적으로 사용됩니다.

9.2.6 서명

AWS와 같이 엔드포인트가 외부에 공개된 클라우드에서는 보안을 위해 HTTPS를 사용하여 통신합니다. 그와는 별개로 클라이언트가 실제로 존재하는 클라이언트인지 확인하거나, 클라이언트로부터 전송된 데이터가 위변조되지는 않았는지를 확인하는 방법도 필요한데 이때 사용하는 것이 전자 서명입니다. 참고로 CLI나 SDK를 사용하는 방식은 이러한 처리가 내부적으로 이루어져 따로 전자 서명을 쓸 필요가 없지만, API를 직접 사용한다면 전자 서명에 의존할 수밖에 없습니다. 전자 서명의 구조와 동작 방식에 대해서 좀 더 알아 보기 위해 AWS를 예로 들어 설명합니다.

API를 실행할 때 생성되는 HTTP 요청을 전자 서명하기 위해서는, 우선 요청 정보의 해시hash 값과 요청 값, 시크릿 액세스 키secret access key[16]를 조합해서 전자 서명을 만들어야 합니다. 이때 사용하는 알고리즘은 SHASecure Hash Algorithm라고 하며 해시 값의 길이에 따라 SHA-1, SHA-2와 같이 버전이 달라집니다. 2015년 기준으로는 SHA-3가 최신 알고리즘입니다.

AWS에서는 서명 방법의 차이를 버전 정보로 구분하고 있는데 사용하는 리전이나 서비스에 따라 버전이 다를 수 있으므로 반드시 사용 전에 확인해두어야 합니다. [그림 9.8]은 이 책의 집필 시점에서 최신 버전인 v4를 기준으로 그렸습니다.

서명 값은 필요한 서명 키와 서명 문자열을 HMACHash-based Message Authentication Code 함수를 사용해서 얻어냅니다. 이때 미리 알고 있어야 하는 정보는 시크릿 액세스 키와 페이로드[17]입니다.

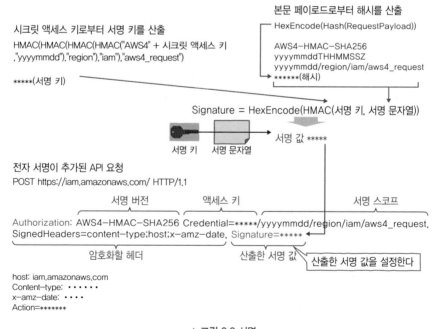

▲ 그림 9.8 서명

---

16 역자 주 : http://docs.aws.amazon.com/general/latest/gr/aws-sec-cred-types.html#access-keys-and-secret-access-keys

17 요청 바디에 대한 SHA256 다이제스트 값

HMAC 함수에서 서명 키를 생성하는 샘플 프로그램은 AWS 사이트에서 제공합니다. 생성된 서명 키를 해시 키로 사용하여 서명 문자열을 해시 처리하면 그 결과로 서명 값이 나옵니다. 최종적으로 이렇게 만들어진 서명 값을 HTTP 헤더의 'Authorization'에 설정되어 API를 실행할 때 전자 서명이 이루어집니다.

9.2.7 IAM 롤과 리소스 기반 정책

정책은 액터인 사용자나 그룹에 할당해야 합니다. 하지만 클라우드 환경에서는 리소스 지향적인 관점에서도 생각할 수 있어야 합니다.[18] 이를 위해서는 리소스에 정책을 할당할 수 있는 기능이 필요한데 이때 IAM 롤과 리소스 기반의 정책[19]이 필요합니다. 이런 접근 방식은 이제까지 액터 기준으로 시스템을 설계해온 사람들은 언뜻 이해하기 어렵습니다. 그래서 이와 관련해서 전체적인 개념을 풀어서 설명해 보겠습니다.

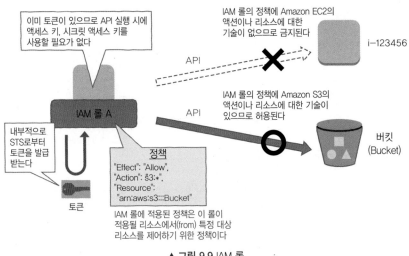

▲ 그림 9.9 IAM 롤

---

18 오픈스택 사용자나 그룹에 정책을 할당할 수 있습니다. 다만 여기서는 AWS의 IAM 롤과 리소스 기반 정책 초점을 두어 설명하고 있습니다.

19 역자 주 : 이 부분의 개념이 이해가 어려울 수 있습니다. 이해를 돕기 위해 공식 문서의 내용도 꼭 한번 살펴 보기 바랍니다. http://docs.aws.amazon.com/ko_kr/IAM/latest/UserGuide/id_roles_compare-resource-policies.html

AWS의 롤은 오픈스택에서 말하는 롤과 구별하기 위해 명시적으로 'IAM 역할' 또는 'IAM 롤'이라고 부릅니다. IAM 롤을 부여 받은 리소스는 인증 키가 없어도 API를 실행할 수 있는데 이유는 IAM 롤을 할당하는 과정에서 내부적으로 STS가 이미 사용되어 토큰을 발급했기 때문입니다. 이미 토큰이 있으므로 API 실행할 때 인증 키를 설정할 필요가 없는 셈입니다.

원래 IAM 롤은 API 호출에 필요한 시크릿 액세스 키를 API를 사용하는 곳마다 복사해서 쓰는 것을 방지하고 STS를 보다 더 효율적으로 사용할 수 있게 하기 위해 만들어 졌습니다. 최근 AWS에서는 Amazon EC2가 백엔드로 사용되는 관리형 서비스가 늘어나고 있는데 이러한 서비스들이 내부적으로 API를 호출할 때 IAM 롤을 활용하고 있습니다.

IAM 롤과 이 롤에 적용된 정책을 이해할 때 중요한 것은 이 정책이 제어를 하려는 주체를 위한 것이고 'from'의 개념이 있다는 점이 중요합니다([그림 9.9] 참고). 서버 (Amazon EC2)에 IAM 롤이 할당되어 있고, 마침 그 IAM 롤에 부여된 정책이 오브젝트 스토리지(Amazon S3)를 변경할 수 있는 허가 정책이라면 'Amazon EC2에서(from) 인증 키 없이 Amazon S3를 변경할 수 있다'라는 의미가 됩니다.

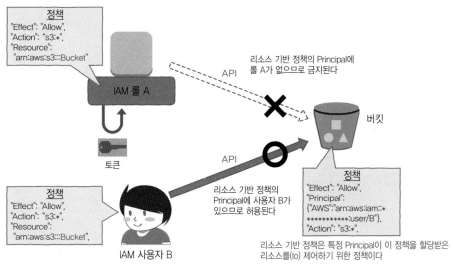

▲ 그림 9.10 리소스 기반 정책

이에 반해 리소스 기반 정책은 이 정책이 제어를 당하는 대상을 위한 것이고 'to'의 개념이 있다는 점이 핵심입니다([그림 9.10] 참고). 이 정책에는 '누가'에 해당하는 Principal의 개념이 추가되는데 예를 들어 Amazon S3의 버킷에 리소스 기반 정책이 할당되어 있고, 마침 그 정책의 내용이 누군가가 오브젝트 스토리지(Amazon S3)를 변경할 수 있는 허가 정책이라면 'Principal에 해당하는 누군가가 Amazon S3(to)를 변경할 수 있다'라는 의미임과 동시에 'Principal은 Amazon S3(to)를 변경할 수 없다'라는 의미가 됩니다.

이와 같이 IAM 롤과 리소스 기반 롤 정책에는 그 정책에 대한 방향성이 있으니 그 차이를 이해하고 구분할 수 있다면 보다 더 쉽게 정책을 정의할 수 있을 것입니다.

9.2.8 복수 테넌트에 대한 제어 권한[20]

앞서 9.2.1에서 테넌트는 다른 테넌트와 격리되어 있고 AWS에서는 인증 관련 리소스가 테넌트에 속하므로 테넌트를 넘나드는 작업은 불가능하다고 설명했습니다. 단, 예외적인 방법이 있는데 정책을 통해 권한을 부여하면 여러 테넌트를 제어할 수 있게 됩니다([그림 9.11] 참고). 오픈스택은 AWS와 달리 여러 테넌트에 속하는 사용자를 만들 수 있습니다. 그래서 롤을 부여할 때도 사용자와 테넌트의 조합에 맞춰 설정하게 됩니다. 이 말은 같은 사용자라고 하더라도 제어 대상이 되는 테넌트가 다르면 서로 다른 롤을 가질 수 있다는 말입니다.

예를 들어 두 개의 테넌트에 속한 사용자는 두 테넌트의 리소스를 모두 제어할 수 있지만 각 테넌트의 리소스를 제어할 때는 해당 테넌트의 롤에서 허용하는 제어만 가능합니다. 가령, 9.2.5에서 다루었던 토큰은 그 토큰을 발급한 테넌트에서만 사용 가능합니다. 그래서 다른 테넌트를 제어할 때는 그 테넌트의 토큰을 따로 발급받아야 하기 때문에 결국 여러 개의 테넌트를 제어하더라도 각 테넌트의 토큰을 사용한다는 말입니다.

---

20 역자 주 : 이 부분의 개념을 이해하기 어려울 수 있으니 공식 문서의 내용도 꼭 한번 살펴 보기 바랍니다.
　　http://docs.aws.amazon.com/ko_kr/IAM/latest/UserGuide/tutorial_cross-account-with-roles.html
　　https://aws.amazon.com/ko/blogs/korea/cross-account-access-in-the-aws-console/

여러 테넌트가 있을 때 여기에 사용자를 할당할 수 있는 것은 관리자 계정만 할 수 있는데 Keystone v3 API를 사용한다면 도메인 관리자도 같은 작업을 할 수 있습니다.

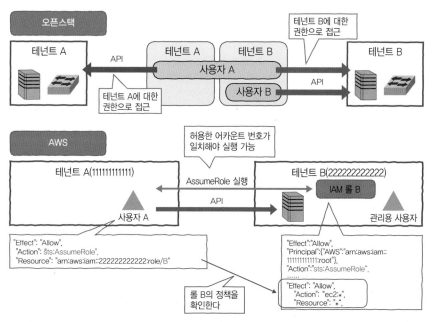

▲ 그림 9.11 복수 테넌트에 대한 제어 권한

AWS에서는 관리자용 계정과 IAM 사용자를 구분하고 있습니다. 특히 관리자용 계정은 가입 당시의 이메일 계정으로 식별되기 때문에 테넌트별로 이메일 계정이 다르고 이에 따라 관리자용 계정도 다릅니다. 결국 한 테넌트의 관리자 계정으로는 다른 테넌트, 즉 다른 어카운트의 컴포넌트를 제어하지 못합니다.

그럼에도 불구하고 다른 테넌트의 리소스에 접근해야 하는 경우에는 IAM 롤의 Principal에 접근을 허용할 테넌트의 어카운트, 혹은 계정 번호를 지정한 후, AssumeRole의 API를 실행하여 해당 테넌트로부터의 접근을 허용하게 만들 수 있습니다. AWS에서는 이런 설정 방식을 교차 계정 접근, 혹은 크로스어카운트cross-accounts access 접근이라고 합니다. 단, 리소스의 접근을 허용하는 측에서는 제3의 어카운트로부터 악의적인 부정 접근을 막기 위해 접근을 허용할 어카운트 번호를 관리하고 있어야 합니다.

클라우드 설계에 영향을 주는 요소는 여러 가지가 있지만 이와 같은 어카운트 관련 설계나 분리 정책 등은 어디에서나 고려해야 하는 중요한 사항입니다. 엄격하게 권한을 분리할지, 편의를 위해 다소 느슨하게 연계할지에 대해서는 시스템에 대한 요구 사항과 비즈니스 상황을 충분히 고려한 후에 설계해야 합니다.

9.3 페더레이션

토큰을 활용하는 방법 중에는 제3의 ID에 권한을 위임하는 페더레이션federation이라는 방식이 있습니다. API를 이용할 때는 인증이 반드시 필요한데, 이러한 인증 처리를 보다 효율적으로 하기 위해 많은 인터넷 서비스들이 인증 방식으로 페더레이션을 채택하고 있습니다.

실제로 구글, 아마존, 야후, 마이크로소프트, 페이스북, 트위터 등의 ID로 통합 인증 single sign on이 되는 사이트를 본 적이 있을 것입니다. 이러한 인증 방식은 대부분 웹 기반이어서 클라우드의 웹 API에서도 활용이 가능합니다. 페더레이션에서는 대체로 사용자 인증을 제공하는 소셜 서비스들을 ID 프로바이더IdP: Identity Provider[21]라고 하고 이 ID 프로바이더와 또 다른 ID를 사용하는 시스템이 상호 신뢰 관계를 맺는 방법으로 통합 인증을 구현하고 있습니다.

통합 인증 방식은 크게 SAMLSecurity Assertion Markup Language[22]이나 OIDCOpenID Connect[23] 등으로 접속하는 방식과 구글, 아마존, 페이스북과 같이 WebID[24]로 페더레이션을 하는 방법 등이 있는데 클라우드 서비스에 따라 지원하는 내용이나 정도에 차이가 있습니다.

---

21 역자 주 : https://en.wikipedia.org/wiki/Identity_provider
22 이 책이 집필 시점에서의 최신 버전은 2.0입니다(https://wiki.oasis-open.org/security).
23 역자 주 : https://en.wikipedia.org/wiki/OpenID_Connect
24 역자 주 : https://www.w3.org/wiki/WebID

SAML은 인증과 인가에 관련된 각종 정보들을 기술하는 마크업 언어입니다. SAML을 HTTP/HTTPS를 통해 주고 받으면 통합 인증이 되는 셈인데 이때 필요한 SAML 메타 데이터[25]는 클라우드 측에서 제공합니다. 이렇게 SAML을 활용하면 ID와 ID 프로바이더 간의 신뢰 관계를 만들 수 있습니다.

OIDC[26]는 HTTP 인증의 사실상 표준이라 할 수 있는 OAuth 2.0을 채용하여 웹 API를 통한 접근을 제어하는 방법입니다. OpenID[27]가 제공하는 인증 정보를 기반으로 다른 ID와 ID 프로바이더 간의 신뢰 관계를 형성합니다.

[그림 9.12]는 AWS를 예로 든 페더레이션의 흐름을 표현한 것입니다. 신뢰 관계를 맺은 후에는 [그림 9.12]와 같이 ID 인증과 페더레이션 처리가 가능해집니다. 인증이 성공하면 페더레이션용 토큰을 발급하는 API가 호출되고 이후 이렇게 발급 받은 토큰을 사용하여 API를 실행할 수 있게 됩니다.

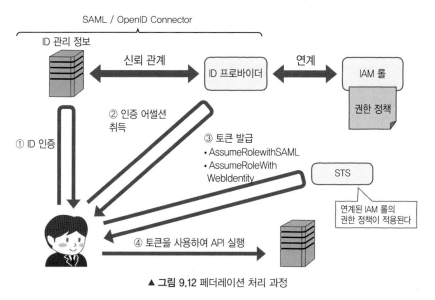

▲ 그림 9.12 페더레이션 처리 과정

---

25 https://signin.aws.amazon.com/static/saml-metadata.xml

26 http://openid.net/connect/

27 OpenID 재단이 운영하는 ID 표준화 단체

애플리케이션에 있어서 ID는 매우 중요합니다. 특히 클라우드 API를 사용하는 클라우드 네이티브native 애플리케이션에서는 보안 관점에서도 간과할 수 없는 요소입니다. 정책과 페더레이션의 구체적인 연계 방법은 각 클라우드 서비스에 따라 조금씩 차이가 있으므로 해당 서비스의 매뉴얼[28]을 참고하기 바랍니다.

9.4 인증 관련 리소스의 컴포넌트

인증과 관련된 리소스들의 관계를 ER 다이어그램으로 확인해 보겠습니다. 그룹과 사용자의 관계는 비교적 간단한 반면, 그 외의 관계는 클라우드 서비스마다 조금씩 차이가 있습니다. 오픈스택에서는 토큰과 롤은 프로젝트(테넌트)와 사용자의 조합에 연관되어 있고 정책은 롤을 통해 정의되는 것을 알 수 있습니다([그림 9.13] 참고)

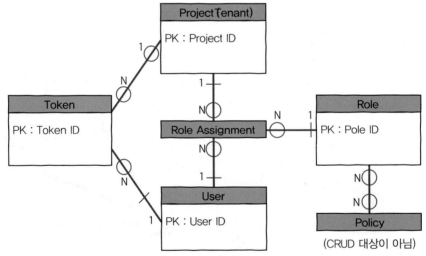

▲ 그림 9.13 오픈스택 Keystone의 리소스 맵[29]

---

28 오픈스택 Keystone에서의 페더레이션
　• http://docs.openstack.org/developer/keystone/configure_federation.html
　AWS에서의 페더레이션
　• http://docs.aws.amazon.com/IAM/latest/UserGuide/id_roles_providers.html
29 역자 주 : 리소스 맵은 관계를 추상적으로 표현한 것으로 실제 구현된 내용과는 다를 수 있습니다.

이에 반해 AWS에서는 정책을 독립적으로 생성할 수 있어서 사용자, 그룹, AWS 고유의 IAM 롤에 대해 N:N으로 할당할 수 있습니다([그림 9.14] 참고). 또한 토큰도 사용자, 롤, 각각에서 생성할 수 있다는 것이 다릅니다.

엔드포인트를 외부에 공개해야 하는 클라우드 환경의 대규모 시스템에서는 이러한 인증 설계를 반드시 할 필요가 있습니다. AWS에서는 IAM을 활용한 모범 사례를 매뉴얼에 공개하고 있으니 실제 업무와 유사한 내용이 있는지 참고하고 실전에 활용해 보기 바랍니다.[30]

이 책의 필자들은 그간 수많은 대규모 시스템들을 클라우드로 구축해 왔는데, AWS를 사용해서 클라우드를 설계하는 경우, VPC와 CloudFormation, 그리고 IAM이 통제의 관점에서 반드시 고려해야 하는 주요 공통 요소였습니다. 다행스럽게도 이들은 모든 내용을 리소스 지향적인 방법으로 프로퍼티를 통해 설계할 수 있었는데, 덕분에 각각의 부문을 서로 다른 전문 담당자가 맡아 설계 작업을 병행으로 진행할 수 있습니다.

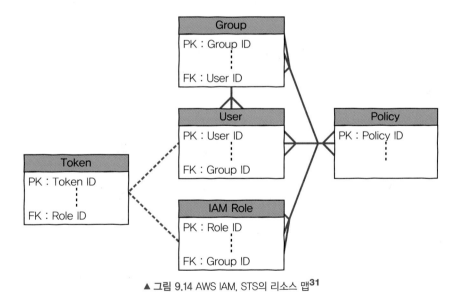

▲ 그림 9.14 AWS IAM, STS의 리소스 맵[31]

---

30 http://docs.aws.amazon.com/ko_kr/IAM/latest/UserGuide/best-practices.html

31 역자 주 : 리소스 맵은 관계를 추상적으로 표현한 것으로 실제 구현된 내용과는 다를 수 있습니다.

이 책은 그러한 경험을 살려 각 전문가들이 병행하여 집필했는데 7장에서는 네트워크를, 8장에서는 오케스트레이션을, 9장에서는 인증을 순서대로 다루었습니다. '클라우드 퍼스트cloud first[32]' 전략을 세우는데 있어서 이 영역들은 다른 주제에 비해 공통적으로 검토해야 하는 중요한 컴포넌트이므로 반드시 잘 이해하여 숙지하기 바랍니다.

이어지는 10장에서 12장까지는 분산 환경이나, 확장성scalability이 높은 환경을 만드는 방법에 대해 살펴 봅니다. 이를 위해 클라우드 네이티브native한 접근 방법과 이때 필요한 고려사항이나 각종 컴포넌트들에 대해서도 함께 살펴 보겠습니다.

---

32 역자 주 : http://www.govtech.com/blogs/lohrmann-on-cybersecurity/Cloud-First-Policy--121910.html

오브젝트 스토리지 리소스를
제어하는 방법

이 장에서는 클라우드 환경에서 많이 활용되는 컴포넌트의 하나로 오브젝트 스토리지에 대해 알아 봅니다. 오픈스택에서는 Swift가, AWS에서는 S3(Simple Storage Service)가 오브젝트 스토리지에 해당합니다. 이러한 분산 배치 가능한 오브젝트 스토리지를 기본적인 데이터 스토어로 구성한 아키텍처야말로 진정한 클라우드 네이티브 아키텍처라고 볼 수 있습니다. 2장에서 간단히 설명한 오브젝트 스토리지에 대해 더 자세히 배웁니다. 특히 오브젝트 스토리지의 특징과 REST API와의 관계, 그리고 내부 구조를 살펴 보겠습니다.

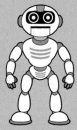

10.1 오브젝트 스토리지 리소스

10.1.1 스토리지의 분류 관점에서 본 오브젝트 스토리지

스토리지는 크게 세 종류로 분류할 수 있습니다.

> ① 블록 스토리지
>
> ② 네트워크 스토리지
>
> ③ 오브젝트 스토리지

①은 6장에서 배운 블록 스토리지입니다. 스토리지 관점에서는 블록 단위로 데이터를 인식하게 되고, OS 관점에서는 블록 스토리지 안의 파일들을 파일 시스템상의 다른 파일들과 동일하게 인식하고 처리할 수 있습니다. 서버 관점에서는 스토리지를 디바이스로 인식하는데 주로 로컬 디스크나 데이터베이스를 사용하면서 온라인 시스템의 정보 처리 용도로 많이 활용됩니다.

②는 네트워크 스토리지입니다. 서버가 이런 유형의 스토리지를 사용할 때는 TCP/IP로 네트워크에 연결해야 한다는 특징이 있는데 이때 사용되는 대표적인 프로토콜이 NFSNetwork File System입니다. 클라우드에서도 이와 유사한 NFS 서비스를 제공하는데 이에 대해서는 6장에서 간단히 언급한 적이 있습니다.[1] 한편, 이러한 네트워크 스토리지는 NFS 서비스를 마운트mount해서 사용하기 때문에 OS의 파일 시스템 관점에서는 다른 파일들과 다를 바 없이 똑같이 파일로 인식하게 됩니다.

③이 이 장에서 다룰 오브젝트 스토리지입니다. 이런 유형의 스토리지는 파일 단위로 데이터를 관리하고 HTTP/HTTPS 프로토콜로 데이터에 접근한다는 특징이 있습니다. 파일 시스템에 해당하는 기능들은 오브젝트 스토리지 측에서 제공하는데 서버의 OS 관점에서 이 스토리지를 마운트해서 사용하는 경우는 거의 없고 대부분 개별적인 파일 단위로 사용합니다. 이러한 스토리지는 만들어진 지 얼마 되지 않은 비교적 새로운 스토리지 유형입니다. 오브젝트 스토리지는 클라우드 서비스나 어플라이

---

1 역자 주 : 오픈스택의 Manila, AWS의 EFS(Elastic File Services)가 이에 해당합니다.

언스, 그리고 소프트웨어 형태로 제공되는데 최근에는 유독 클라우드 서비스에서 활용되는 빈도가 높아지고 있습니다. 그 이유를 오브젝트 스토리지의 내부 구조를 살펴보면서 알아 봅니다.

10.1.2 오브젝트 스토리지의 내부 구성과 특징을 살린 활용 방법

오브젝트 스토리지는 HTTP/HTTPS로 파일을 제어하기 때문에 내부에 HTTP 서버를 내장하고 있습니다. 웹 사이트를 운영하는 것처럼 HTTP 서버를 통해 파일을 공개할 수도 있습니다.

서버와 블록 스토리지를 사용해서 웹 사이트를 구성한다면 서버의 OS에는 Apache, Nginx, IIS와 같은 웹 서버를 설치하고 공개할 파일을 배치하는 등의 일련의 작업들이 필요합니다. 오브젝트 스토리지를 사용하면 이런 작업은 필요가 없기 때문에 비교적 손쉽게 웹 사이트를 만들고 서비스할 수 있습니다.

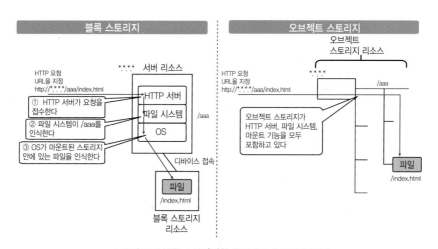

▲ 그림 10.1 블록 스토리지와 오브섹트 스토리지 비교

[그림 10.1]에 가상 서버와 블록 스토리지를 사용하여 웹 사이트를 구축한 경우와, 오브젝트 스토리지만 사용하여 웹 사이트를 구축한 경우를 비교했습니다. 오브젝트 스토리지에는 HTTP 서버, 파일 시스템, 네트워크 디바이스 접속까지 필요한 내용은 모두 포함하고 있기 때문에 복잡한 설정 작업이 많이 줄어듭니다. 가상 서버와 블록 스토리지를 조합하는 방식보다 상대적으로 쉽고 간단하게 웹 서버를 구성할 수 있다는 것을 알 수 있습니다.

블록 스토리지의 파일은 클라우드 환경에서는 리소스로 인식되지 않고, 서버 리소스의 파일 시스템에서 인식합니다. 6장에서 설명한 블록 스토리지 자체는 리소스로 인식되어 API로 제어할 수 있었지만, 파일은 API가 아닌 OS 명령으로 제어해야 합니다. 반면, 오브젝트 스토리지에서는 파일 자체를 클라우드에서 제어할 수 있기 때문에 API를 사용하여 제어가 가능합니다. 바로 이러한 특징이 블록 스토리지와 오브젝트 스토리지의 가장 큰 차이점이고, 3장에서 설명한 Restful API의 사상을 그대로 적용할 수 있다는 점에서 클라우드 네이티브한 애플리케이션을 만드는 기반 기술이 됩니다.

오브젝트 스토리지에는 기본적으로 파일을 여러 곳에 리플리케이션replication하는 기능이 있어 백업을 따로 할 필요가 없습니다. 반면 블록 스토리지를 사용할 때는 파일을 원격지에 분산 저장하여 동기화를 시킨다거나 스냅샷을 활용한 백업 등을 고려해야 합니다. 내구성 측면에서는 오브젝트 스토리지가 블록 스토리지보다 상대적으로 우수합니다.

오브젝트 스토리지를 사용할 때는 서비스에 필요한 용량 산정에 크게 고민하지 않아도 됩니다. 블록 스토리지를 사용한다면 미리 필요한 저장 용량을 예측한 다음 블록 디바이스를 OS에 마운트할 때 용량을 정해줘야 하고, 실제 서비스를 운영 중이라면 미리 상정한 용량을 초과하지 않도록 감시해야 합니다. 이에 반해 오브젝트 스토리지를 사용하는 경우에는 총 용량에 대해 신경 쓸 필요가 없습니다.[2]

---

2 단, 파일 크기에 대한 제약이 있는데 이 제약에 대한 대안에 대해서는 10.2.7에서 설명합니다.

이제 오브젝트 스토리지의 특징을 정리해 봅시다.

① 파일은 HTTP/HTTPS로 접근한다

② API로 파일을 제어할 수 있다

③ 여러 곳에 리플리케이션된다

④ 미리 용량 산정을 할 필요가 없다

클라우드에서는 이러한 오브젝트 스토리지의 특징을 살려서 정적인 웹 사이트나 용량이 큰 동영상 파일을 제공할 때 활용하거나, 빅데이터와 같이 데이터 양이 폭발적으로 늘어나서 분석이 쉽지 않은 로그 파일을 저장하는 데 활용하고 있습니다.

반대로 안정적으로 높은 I/O 성능을 내야 하고 파일의 정합성을 보장하기 위한 락lock까지 고려해야 한다면 블록 스토리지를 사용하는 것이 유리합니다. 이와 같이 클라우드에서는 각 스토리지의 특징을 잘 살릴 수 있도록 용도에 맞게 골라 쓰는 것이 중요합니다.

예전에는 오브젝트 스토리지를 OS에서 직접 파일 시스템의 형태로 접근하는 방식이 적절하지 않다고 여겨져 많이 사용되지는 않았습니다. 하지만 최근에는 오브젝트 스토리지를 데이터 스토어로 사용하는 빅 데이터 분석이나 백업 DR을 위한 클라우드 서비스나 서드 파티 소프트웨어가 만들어지고 있습니다. 데이터를 오브젝트 스토리지에 넣어두기만 하면 이러한 서비스나 소프트웨어에서 간단히 이용할 수 있기 때문에 주요 업무의 데이터 스토어로 오브젝트 스토리지가 활용되는 사례가 점점 늘고 있습니다.

10.2 오브젝트 스토리지의 제어를 위한 기본 API

오브젝트 스토리지 리소스에 대해 간단히 살펴 보고 오브젝트를 조작하기 위한 API에 대해 배워 보겠습니다.

10.2.1 오브젝트 스토리지를 구성하는 리소스

오브젝트 스토리지는 기본적으로 파일을 관리하는 목적으로 만들어졌고 '어카운트', '버킷(컨테이너)', '오브젝트'의 세 가지 리소스로 구성됩니다.

어카운트account는 2장에서 소개한 테넌트에 해당합니다.[3] AWS에서는 기본적으로 어카운트가 적용되어 있어서 평소에는 특별히 그런 개념이 있는지 의식하지 못합니다. 그래서 나중에 여러 개의 어카운트끼리 버킷을 공유하는 교차 계정 권한 혹은 크로스 어카운트 기능(9장에서 소개)을 사용할 때가 되어서야 비로소 어카운트의 존재를 알게 되기도 합니다.[4]

버킷bucket, 혹은 컨테이너container는 파일 시스템에 비유하자면 최상위 폴더와 비슷합니다. 이와 같은 개념을 오픈스택에서는 컨테이너, Amazon S3에서는 버킷이라 부릅니다.[5]

오브젝트 스토리지에서 특정 버킷에 접근할 수 있으려면 버킷의 이름이 고유해야 하는데, 오픈스택에서는 어카운트의 범위 안에서만 컨테이너(버킷) 이름이 고유하면 됩니다. 반면, Amazon S3에서는 버킷 이름이 인터넷 상에 FQDNfully qualified domain name으로 공개되기 때문에 어카운트의 범위 밖에서도 고유해야 할 필요가 있습니다.

오브젝트object는 버킷 안에 저장되는 파일을 말합니다. 버킷 안에 버킷을 중첩해서 넣는 것은 불가능하지만, 디렉터리나 폴더 경로처럼 프리픽스prefix를 접두어로 하여 분류 체계를 만드는 것은 가능합니다. 이때 프리픽스와 파일명을 포함한 것을 키key라고 부릅니다. 이러한 키는 오픈스택에서는 'Account/Container/Object'와 같은 형태를 사용하고 Amazon S3에서는 어카운트가 생략된 'Bucket/Object'와 같은 형태를 사용합니다.

---

3 역자 주 : 오픈스택에서는 테넌트(tenant), 프로젝트(project), 어카운트(account)와 같은 유사한 단어가 리소스나 컴포넌트의 상위 개념으로 사용되고 있습니다. Keystone이 v2에서 v3로 올라가면서 테넌트로 사용된 용어가 프로젝트로 대체되고 있고 Swift에서는 여전히 어카운트로 표현되고 있습니다.

4 다른 사용자와 파일을 공유할 때 사용하는 기능으로 클라우드의 특성을 잘 살린 파일 공유 방법 중 하나입니다.

5 '컨테이너'라는 표현이 도커(docker)와 같은 컨테이너 기술에서 사용하는 용어와 혼동할 수 있습니다. 이 책에서는 AWS의 표현을 빌어 '버킷'으로 적습니다. 오픈스택을 설명하는 부분에서는 '버킷'을 '컨테이너'라고 생각하면 됩니다.

이렇게 세 가지의 리소스가 조합된 형태를 [그림 10.2]에 표현했습니다. 최상위에 어카운트가 있고 그 아래에 버킷이 있습니다. 어카운트 안에는 여러 개의 버킷을 만들 수 있기 때문에 '어카운트:버킷 = 1:N'이라는 관계가 만들어 집니다. 버킷 아래에 오브젝트가 들어가고 버킷 안에는 여러 개의 오브젝트를 만들 수 있으므로 '버킷:오브젝트 = 1:N'의 관계가 됩니다. 앞의 두 관계를 조합하면 '어카운트:오브젝트 = 1:N'가 됩니다. 결국 어카운트가 없으면 버킷을 만들 수 없고 버킷이 없으면 오브젝트도 만들지 못합니다. 한편, 일반적인 파일 시스템에서도 마찬가지겠지만 같은 오브젝트라고 하더라도 저장되는 곳이 다르면 서로 다른 리소스로 취급됩니다. 그리고 이러한 리소스들은 각각 CRUDCreate, Read, Update, Delete 할 수 있는 API가 제공되며 리소스를 조작할 필요가 있을 때 사용됩니다.

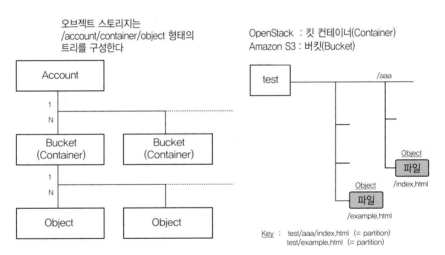

▲ 그림 10.2 오브젝트 스토리지를 구성하는 리소스들의 관계

10.2.2 어카운트 제어와 버킷 목록 조회하기

오픈스택 Swift에서는 어카운트[6]를 지정하고 GET을 실행하면 그 어카운트 안에 있는 컨테이너(버킷)의 목록 정보를 받아볼 수 있습니다.[7] curl을 사용한다면 'curl -i {object_storage}/v1/{account} -X GET -H "X-Auth-Token: $token"'과 같이 사용할 수 있습니다. 여기서 {object_storage}에는 OpenStack Swift의 서버 접속 정보를, {account}에는 Keystone에 등록된 테넌트의 ID를 넣으면 됩니다. 어카운트에서 참조할 수 있는 정보로는 컨테이너(버킷)의 목록 외에도 그 컨테이너 안에 있는 오브젝트 스토리지의 설정 내용, 저장된 오브젝트의 개수, 데이터 용량과 같은 메타 데이터들이 있습니다. GET을 사용하면 컨테이너 목록과 메타 데이터 정보를 참조할 수 있고 HEAD를 사용하면 메타 데이터만 참조할 수 있습니다.[8] 그리고 POST를 사용하면 어카운트 설정 정보를 수정할 수 있습니다.[9]

Amazon S3에서는 최상위의 어카운트에 해당하는 리소스가 정의되어 있지 않습니다. 대신 테넌트 안의 모든 버킷 목록을 가져오기 위해서는 'GET Service'[10]라는 API를 사용할 수 있습니다.

10.2.3 버킷 생성과 오브젝트 저장하기

이번에는 버킷[11]을 생성하고 그 버킷 안에 오브젝트를 만드는 것을 CLI 방식과 API 방식으로 살펴 보겠습니다.

---

6 오픈스택 Swift에서는 '테넌트'를 '어카운트'라고 부릅니다.

7 역자 주 : http://developer.openstack.org/api-ref/object-storage/?expanded=show-account-details-and-list-containers-detail

8 역자 주 : http://developer.openstack.org/api-ref/object-storage/?expanded=show-account-details-and-list-containers-detail,show-account-metadata-detail

9 역자 주 : http://developer.openstack.org/api-ref/object-storage/?expanded=show-account-details-and-list-containers-detail,show-account-metadata-detail,create-update-or-delete-account-metadata-detail

10 역자 주 : http://docs.aws.amazon.com/ko_kr/AmazonS3/latest/API/RESTServiceGET.html

11 역자 주 : AWS에서는 버킷, 오픈스택에서는 컨테이너라 표현하는데 이 책은 도커와 같은 컨테이너와 혼동하지 않도록 대부분 표현을 버킷으로 하고 있습니다. 다만 문맥상 오픈스택의 컨테이너인 경우 컨테이너라고 표현했습니다.

[그림 10.3]은 오픈스택에서 CLI를 사용한 제어 방식을 표현한 것입니다. CLI에서 버킷을 생성하기 위해 'swift post 〈container〉'[12]를 실행하면 내부적으로 Swift 의 엔드포인트로 API가 실행되어 컨테이너(버킷)이 만들어집니다. 참고로 이 명령의 '〈container〉' 부분에는 실제 컨테이너명(버킷명)으로 대체해줘야 합니다.

이 예에서는 test라는 이름의 컨테이너가 생성된 후, 그 안에 오브젝트를 저장하고 있습니다. 로컬에 있는 파일을 CLI를 통해 Swift에 전달하기 위해서 'swift upload 〈container〉〈file_or_directory〉'[13]을 실행하고 있는데, 그 결과 내부적으로 API 가 실행되어 index.html이 test라는 컨테이너 안에 업로드되는 것을 알 수 있습니다. 참고로 이 명령의 '〈container〉' 부분에는 실제 컨테이너명(버킷명)으로 대체하고 '〈file_or_directory〉' 업로드할 파일이나 디렉터리로 대체하면 됩니다.

사용자가 CLI를 통해 제어할 때는 내부적으로 어떤 API가 호출되었는지는 CLI 문서 를 보거나 패킷을 분석하기 전엔 알 수 없습니다. 이제부터 내부에서 벌어지는 처리 내용에 대해 좀 더 구체적으로 살펴 보겠습니다.

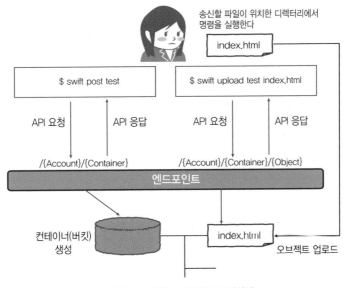

▲ 그림 10.3 버킷과 오브젝트 조작하기

---

12 역자 주 : http://docs.openstack.org/cli-reference/swift.html#swift-post

13 역자 주 : http://docs.openstack.org/cli-reference/swift.html#swift-upload

컨테이너를 만들기 위해서는 URI 'https://{object_storage}/v1/{account}/{container}'**14**를 PUT 방식으로 실행하면 됩니다. 참고로 여기서 {object_storage} 부분에는 오픈스택 Swift의 서버 접속 정보가 들어갑니다([그림 10.4] 참고). curl을 사용한다면 'curl -I $publicURL -X PUT -H "Content-Length: 0" -H "X-Auth-Token: $token"'을 실행하면 되는데 컨테이너명을 옵션이 아닌 리소스의 URI로 지정하게 됩니다. 이것은 3장에서 설명한 Restful API의 리소스 지정 방식을 따른 것입니다. 같은 컨테이너명이 중복해서 사용되면 리소스 중복 에러가 발생할 수 있습니다.

오브젝트 안에 파일을 저장하기 위해서는 URI 'https://{object_storage}/v1/{account}/{container}/{object}'**15**를 PUT 방식으로 실행하면 됩니다. 이때 사용되는 오브젝트명은 로컬 파일명과 반드시 같을 필요는 없습니다. 다만 CLI에서 'swift upload' 명령을 사용하는 경우에는 기존의 파일명 그대로 업로드하는 것을 전제로 하고 있기 때문에 결과적으로는 파일명과 오브젝트명이 같아집니다.

파일이 Swift로 업로드된 후, 오브젝트 형태로 저장이 성공했다면, API에서는 정상적으로 종료되었다는 HTTP 응답 코드를 되돌려 보냅니다. 앞서 버킷을 PUT할 때 URI에 컨테이너명을 포함시킨 것처럼 오브젝트도 PUT할 때 URI에 오브젝트명을 포함시킵니다. 단, 오브젝트는 실제로 파일에 해당되기 때문에 만약 같은 오브젝트명이 중복해서 사용되면 기존의 파일이 뒤에 PUT한 파일로 덮어씌워집니다.

두 API 모두 요청 바디 안에 상세한 조건이 들어가지 않는 상당히 단순한 형태입니다. 리소스를 신규 생성할 때의 HTTP 메소드가 '등록'을 의미하는 POST가 아닌 '추가'를 의미하는 PUT을 실행하는 것에 대해 조금 의아해할 수 있습니다. 오브젝트 스토리지와 관련된 리소스들은 어카운트를 기준으로 트리tree 구조로 만들어지는데, 트리의 루트가 되는 어카운트 입장에서는 컨테이너나 오브젝트를 만드는 것을 '생성'이 아니라 '추가'의 의미로 보기 때문입니다.

---

14 역자 주 : http://developer.openstack.org/api-ref/object-storage/#create-container

15 역자 주 : http://developer.openstack.org/api-ref/object-storage/#create-or-replace-object

참고로 HTML에서는 사용자 입력을 받아 서버 측의 상태를 변화시킬 때, 사용자 입력 양식으로 Form을 사용하고 POST 방식으로 전송하도록 사양에 정의되어 있습니다. 이와 유사하게 Amazon S3에도 POST 방식의 API가 제공되는데, 요청 시의 HTTP 헤더, 'Content-Type'의 값은 'multipart/form-data'로 설정됩니다.[16]

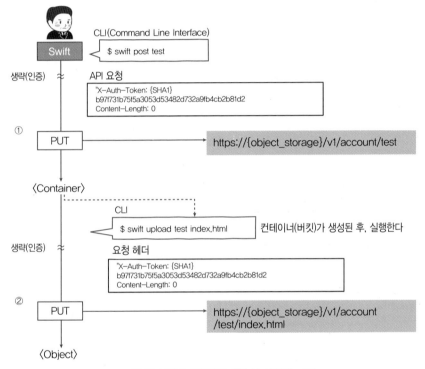

▲ 그림 10.4 버킷, 오브젝트 생성 시 실행되는 API

16 역자 주 : http://docs.aws.amazon.com/AmazonS3/latest/API/RESTObjectPOST.html

10.2.4 버킷과 오브젝트의 설정 정보 변경하기

오픈스택에서는 컨테이너(버킷)와 오브젝트의 설정 정보(메타 데이터)를 변경할 때 PUT을 사용합니다([그림 10.5] 참고). 오픈스택의 설정 정보는 HTTP의 확장 헤더 중 'X-Container-Meta-{name}'를 사용하는데, 이 '{name}' 부분에 메타 데이터 이름을 지정해서 변경합니다. 이때 사용하는 URI는 앞서 컨테이너와 오브젝트를 조작할 때 사용한 것과 같습니다. 참고로 설정 정보를 새로 생성하고 싶을 때는 POST를 사용합니다.

여기서 말하는 설정 정보라는 것은 무엇일까요? 컨테이너를 예로 든다면 ACL Access Control List, 버저닝, 웹 사이트 기능 등이 해당되고 이러한 설정 정보는 내부적으로 메타 데이터로 관리됩니다.

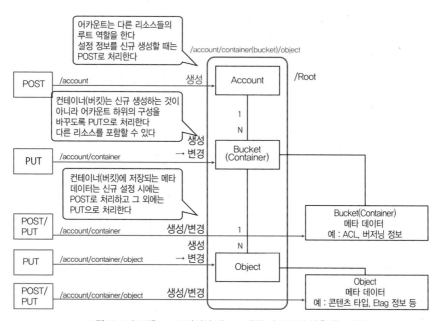

▲ 그림 10.5 오브젝트 스토리지의 리소스 생성 시 PUT이 사용되는 이유

이제 이러한 설정 정보를 API로 변경하는 것을 살펴 보기 위해 특정 컨테이너에 특정 사용자가 쓰기를 할 수 있도록 ACL을 설정해봅니다([그림 10.6] 참고). CLI에서는 'swift post test -write-acl-account1'과 같이 실행할 경우 내부적으로 'curl -i $publicURL -H "X-Auth-Token: $token" "X-Container-Write: account1"'이 실행되고 사용자 account1은 test 컨테이너에 대한 쓰기 권한을 받게 됩니다.

권한을 삭제할 때는 어떻게 해야 할까요? URI에 대해 DELETE를 실행하면 컨테이너 자체가 지워지기 때문에 설정 정보를 삭제할 때는 DELETE를 쓰지 않습니다. 대신 POST를 사용하되, 'X-Remove-Container-Meta-{name}'이라는 삭제를 의미하는 파라미터를 지정해서 기존의 설정 값을 빈 설정 값으로 덮어씁니다. 구체적으로는 'curl -i $publicURL -X POST -H "X-Auth-Token: $token" -H "X-Remove-Container-Meta-{name}: {value}"'와 같이 API를 실행하면 됩니다.[17]

Amazon S3에서는 설정 정보의 종류가 많아서 각 설정 정보만을 위한 API가 따로 있습니다. ACL을 변경할 때는 'PUT Bucket acl'[18]이라는 API를 사용합니다. 확장 HTTP 헤더의 x-amz-acl에 ACL명을 지정하고 x-amz-grant-{control}의 control에 Read나 Write를 설정하는 방식으로 권한을 설정합니다. Amazon S3에서도 오픈스택과 같이 ACL 관련 헤더 정보를 삭제해야 할 때에는 API에 DELETE 방식을 사용하지 않습니다. 다만 오픈스택이 POST를 사용해서 설정 정보를 덮어 쓰는 반면, Amazon S3에서는 PUT으로 덮어써서 값을 지워줍니다.[19]

---

17 역자 주 : http://developer.openstack.org/api-ref/object-storage/?expanded=show-account-details-and-list-containers-detail,show-account-metadata-detail,create-update-or-delete-account-metadata-detail

18 역자 주 : http://docs.aws.amazon.com/ko_kr/AmazonS3/latest/API/RESTBucketPUTacl.html

19 역자 주 : http://docs.aws.amazon.com/ko_kr/AmazonS3/latest/API/RESTBucketPUTacl.html

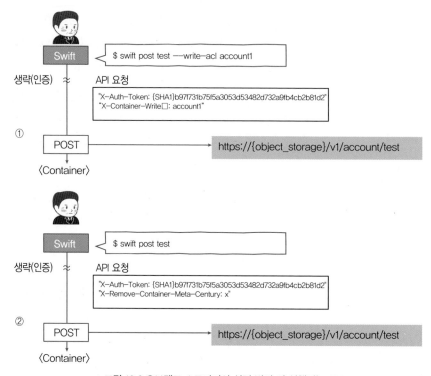

▲ 그림 10.6 오브젝트 스토리지의 설정 변경 시 실행되는 API

10.2.5 오브젝트 목록 조회하기

앞서 어카운트를 설명할 때는 컨테이너의 목록을 조회하는 것을 예로 들었는데, 실제로는 오브젝트의 목록을 조회하는 경우가 더 많을 것 같습니다. 오픈스택에서는 URI 'https://{object_storage}/v1/{account}/{container}'[20]를 GET 방식으로 실행하면 오브젝트의 목록 정보를 얻어올 수 있습니다. Amazon S3에서는 GET Bucket(List Objects)'[21]를 실행하면 됩니다.

---

20 역자 주 : http://developer.openstack.org/api-ref/object-storage/#show-container-details-and-list-objects
21 역자 주
    • http://docs.aws.amazon.com/ko_kr/AmazonS3/latest/API/RESTBucketGET.html
    • http://docs.aws.amazon.com/ko_kr/AmazonS3/latest/API/v2-RESTBucketGET.html

단, 표시할 수 있는 버킷(컨테이너)의 개수에는 제한이 있는데 이 책의 집필 시점을 기준으로 오픈스택 Swift는 10,000개까지, Amazon S3는 1,000개까지 조회할 수 있습니다. 오브젝트 목록을 조회할 때는 기본적으로 프리픽스 안에 있는 정보들도 함께 표시됩니다. 그래서 marker옵션[22]으로 오브젝트명을, prefix 옵션으로 프리픽스명을 조건으로 지정하면 오브젝트를 필터링해서 조회할 수도 있습니다.

10.2.6 오브젝트 복사하기

파일을 제어하다 보면 일반적인 CRUD의 동작에는 딱 들어 맞지 않고 HTTP 메소드의 POST, GET, PUT, DELETE의 동작에도 딱 들어 맞지 않는 액션이 있습니다. 바로 파일 복사입니다.

오픈스택 Swift에는 오브젝트를 복사하는 API가 있습니다. URI 'https://{object_storage}/v1/{account}/{container}/{object}'[23]에 COPY를 실행하면 되는데 파일 시스템에서 파일을 복사하는 것과 같은 방식으로 처리할 수 있습니다.

Amazon S3에서는 오브젝트를 복사하기 위해 'PUT Object - Copy'[24] API가 제공됩니다. 내부적으로는 GET한 것을 PUT하는 방식으로 처리되는데 확장 HTTP 헤더인 x-amz-copy-source를 활용하고 있습니다.

10.2.7 멀티파트 업로드하기

오브젝트 스토리지는 조작할 수 있는 파일의 크기에 제약이 있습니다. 또한 파일 크기가 커질수록 전송할 때 부하가 더 커져서 스루풋을 향상시킬 목적으로 파일을 분할한 후, 병렬로 처리하고 싶어질 수 있습니다.

---

22 역자 주 : GET Bucket(List Objects) Version 2부터 없어졌습니다.

23 역자 주 : http://developer.openstack.org/api-ref/object-storage/#copy-object

24 역자 주 : http://docs.aws.amazon.com/ko_kr/AmazonS3/latest/API/RESTObjectCOPY.html

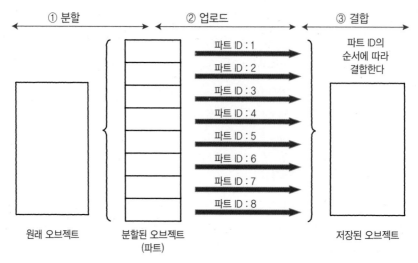

▲ 그림 10.7 멀티파트 업로드

오브젝트 스토리지는 이러한 요구 사항을 지원하기 위해 멀티파트 업로드multipart upload[25]라는 기능을 제공합니다. 이 기능은 [그림 10.7]과 같이 크게 세 단계로 동작합니다.

① 오브젝트를 분할해서 파트(parts)를 생성

② 생성된 파트를 업로드

③ 파트를 결합해서 원래 오브젝트를 생성

오픈스택 Swift에서는 오브젝트 API를 PUT 방식으로 실행할 때 쿼리 파라미터로 multipart-manifest를 지정하는 방법으로 위와 같은 세 단계의 과정을 한 번에 실행할 수 있습니다.[26] 반면, Amazon S3에서는 세 단계 각각에 대한 API가 따로 따로 준비되어 있습니다. 오브젝트를 멀티파트로 처리할 때, 초기 작업은 'Initialize Multipart'[27] API를 사용하는데 실행된 후에는 업로드 ID가 만들어집니다. 실제

---

25 역자 주 : http://docs.aws.amazon.com/AmazonS3/latest/dev/mpuoverview.html

26 역자 주 : http://docs.openstack.org/user-guide/cli-swift-large-object-creation.html

27 역자 주 : http://docs.aws.amazon.com/ko_kr/AmazonS3/latest/API/mpUploadInitiate.html

로 업로드할 때에는 'Upload Part'[28] API를 사용하는데 앞서 생성된 업로드 ID 와 분할된 각 파트의 파트 ID를 함께 전달합니다. 마지막으로 파트를 결합할 때는 'Complete Multipart Upload'[29] API를 실행하는데 이때 업로드 ID를 함께 전달 하면 관련된 파트 ID 순서대로 파일이 결합되고 최종적으로 오브젝트로 만들어지면 각 파트들은 삭제됩니다.

10.2.8 Amazon S3 CLI

오픈스택이나 AWS에는 CLICommand Line Interface가 제공되는데 내부에 API들을 가지 고 있어서 명령을 통해 여러 API들을 조합해서 실행할 수 있습니다.

Amazon S3의 CLI는 두 가지 형태가 제공되는데 하나는 유닉스나 리눅스의 파일 시스템처럼 오브젝트를 취급할 수 있는 CLI이고 다른 하나는 다른 서비스들과 마찬 가지로 API를 사용하는 CLI입니다. 파일 시스템처럼 취급할 수 있는 CLI 명령은 앞 부분이 'aws s3'로 시작하고 상위 레벨 명령High-Level s3 Commands[30]이라고 부릅니다. 반면, API를 지원하는 CLI 명령은 앞 부분이 'aws s3api'로 시작하고 API 레벨 명 령API-Level s3 Commands[31]이라고 합니다.

우선 유닉스나 리눅스에는 'ls'라는 명령이 있는데 디렉터리나 파일의 목록을 조회할 때 사용합니다. 'aws s3 ls'도 이와 같은 방법으로 사용할 수 있습니다([그림 10.8] 참고). 인수에 아무것도 지정하지 않으면 오브젝트의 목록을 표시하는데 내부적으로 는 'Get Bucket'[32] API를 사용합니다.

또한 유닉스나 리눅스에서는 'cp'라는 명령이 있어서 파일을 복사할 때 사용하는데 'aws s3 cp'도 이와 비슷하게 원본source의 경로와 파일명, 복사할 대상target의 경로 와 파일명을 지정하면 파일을 복사할 수 있습니다. 경로를 지정할 때는 CLI 환경에서

---

28 역자 주 : http://docs.aws.amazon.com/ko_kr/AmazonS3/latest/API/mpUploadUploadPart.html
29 역자 주 : http://docs.aws.amazon.com/ko_kr/AmazonS3/latest/API/mpUploadComplete.html
30 역자 주 : http://docs.aws.amazon.com/ko_kr/cli/latest/userguide/using-s3-commands.html
31 역자 주 : http://docs.aws.amazon.com/ko_kr/cli/latest/userguide/using-s3api-commands.html
32 역자 주 : http://docs.aws.amazon.com/AmazonS3/latest/API/v2-RESTBucketGET.html

접근 가능한 경로를 사용하는 방식과 Amazon S3의 프리픽스를 사용하는 방식 둘 다 사용할 수 있습니다. 이때 내부적으로는 'Put Object - Copy'[33]가 실행됩니다.

그 외에도 유닉스나 리눅스의 명령어와 비슷하게 사용할 수 있는 것으로는, 오브젝트를 이동할 때 쓰는 'mv', 오브젝트를 삭제할 때 쓰는 'rm', 버킷을 생성할 때 쓰는 'mb', 버킷을 삭제할 때 쓰는 'rb' 등이 있습니다.

시스템을 구축할 때 상당히 도움이 되는 기능으로는 'aws s3 sync'가 있습니다. 이 것은 일반적으로 파일명을 지정해서 원본 파일과 대상 파일을 동기화하는 복사 방식과는 달리 인수에 동기화할 원본 경로와 동기화될 대상 경로만 지정해주면 그 경로 아래의 오브젝트들을 모두 동기화해주는 방식으로 동작합니다. 단, 유닉스나 리눅스에서 메모리의 데이터를 디스크로 저장하는 'sync'와는 이름만 비슷하고 실제 동작은 다른 것이니 헛갈리지 않도록 주의해야 합니다.

cp, mv, sync 등의 오브젝트를 이동시키는 명령들은 내부적으로 파일 크기에 따라 'PUT' API나 'Multipart Upload' API 중 적절한 것을 상황에 맞게 골라서 실행되도록 만들어져 있습니다. API를 직접 사용한다면 두 개의 API 중 적절한 것을 직접 골라 써야 하지만 CLI을 사용하면 상황에 따라 최적의 API를 선택해서 실행해 주므로 직접 API를 호출하는 것보다 사용이 편리합니다.

AWS CLI는 오픈소스로 공개되어 있으므로 보다 자세한 내용을 알고 싶다면 관련 문서나 소스 코드[34]를 참고하기 바랍니다.

---

33 역자 주 : http://docs.aws.amazon.com/ko_kr/AmazonS3/latest/API/RESTObjectCOPY.html
34 역자 주 : https://github.com/aws/aws-cli

■ 오브젝트 확인

aws s3 ls(버킷/프리픽스)

> ■버킷 목록 가져오기
> \# aws s3 ls
>   yyyy-mm-dd hh:mm:ss aaaa
>   yyyy-mm-dd hh:mm:ss bbbb
>   · · · · · (버킷 목록이 표시된다)
>
> ■오브젝트 목록 가져오기
> \# aws s3 ls s3://aaaa
>   yyyy-mm-dd hh:mm:dd abc.txt
>   · · · · · (오브젝트 목록이 표시된다)

■ 오브젝트 복사

aws s3 cp source destination

> ■S3 간의 복사하기
> \# aws s3 cp s3://aaaa/index.html s3://bbbb/index2.html
> copy: s3://aaaa/index.html to s3://bbbb/index2.html
>
> ■로컬에서 S3로 복사하기
> \# aws s3 cp index.html s3://bbbb/index2.html
> upload index.html to S3://bbbb/index2.html

■ 오브젝트 동기화

aws s3 sync source destination

> ■S3 간의 동기화하기
> \# aws s3 sync s3://aaaa/ s3://bbbb/
> copy: s3://aaaa/index.html to s3://bbbb/a/index.html
> copy: s3://aaaa/a.txt to s3://bbbb/a.txt
>
> ■로컬에서 S3로 동기화하기
> \# aws s3 sync . s3://bucket/
> upload index.html to S3://bbbb/index2.html
> upload a.txt to S3://bbbb/a.txt

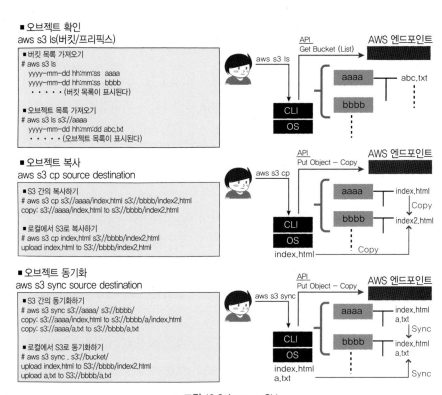

▲ 그림 10.8 Amazon CLI

10.3 오브젝트 스토리지의 설정 변경을 위한 API

오브젝트 스토리지의 각종 설정 기능 중 대표적인 것을 몇 가지 골라 기능 설명과 함께 API 사용법에 대해 간단히 살펴 보겠습니다. 클라우드는 비교적 짧은 주기로 기능 업데이트가 진행되므로 최신 기능 목록은 각 클라우드 서비스의 API 문서를 참고 바랍니다.

10.3.1 ACL 기능의 활성화

ACL은 버킷, 오브젝트, 모두를 대상으로 접근 제어를 할 수 있는 기능입니다. 이러한 리소스들에 접근을 시도하는 액터는 9장에서 설명한 사용자에 해당하는데 ACL에서는 이들을 오브젝트 스토리지의 그룹에 포함시켜 읽기나 쓰기 권한을 할당하게 됩니다(10.2.4 참고).

인증 방식은 클라우드 서비스마다 방식이 조금씩 다른데 오픈스택 Swift에서는 인증 시 사용자 정보를 활용하는 반면, Amazon S3는 그룹 정보를 활용합니다. 이 그룹은 크게 세 가지로 분류합니다. 인증이 필요하고 인증 후에는 관리 권한을 가진 그룹을 Authenticated Users 그룹, 인증이 필요하지 않고 일반적인 접근이 허용되는 그룹을 Everyone 그룹, 그 외 로그를 관리하는 사용자들의 그룹을 Log delivery 그룹이라고 합니다.

10.3.2 버저닝과 수명 주기

버저닝

버저닝versioning은 한 오브젝트가 변경될 때마다 그 사실을 이력으로 남겨 여러 버전을 보관하는 기능입니다. 버저닝을 사용할 때는 버킷 전체를 대상으로 설정하는데 버저닝된 오브젝트에는 버전 ID가 부여됩니다. 기본적으로 GET 명령이 실행되면 최신 버전의 오브젝트를 받게 되는데 이전 버전이 필요하다면 버전 ID를 명시적으로 지정하면 됩니다.

버저닝 기능이 활성화되어 있는 경우 최신 버전의 파일을 삭제하더라도 이전 버전의 오브젝트는 남게 되는데 이전 버전까지 삭제하려면 이전 버전 ID를 명시적으로 지정해야 삭제할 수 있습니다.

오픈스택 Swift에서는 URI 'https://{object_storage}/v1/{account}/{container}'를 PUT 방식으로 실행하되, 확장 HTTP 헤더인 'X-Versions-Location'에 값을 설정하면 버저닝 기능이 활성화되고, Amazon S3에서는 'PUT Bucket Versioning'[35]이라는 API를 사용하면 버저닝 기능을 활성화할 수 있습니다.

수명 주기

수명 주기는 일정 기간 후에 오브젝트를 물리적으로 삭제하도록 규칙을 정할 수 있는 기능입니다.

Amazon S3에서는 'PUT Bucket lifecycle'[36] API를 통해 활성화할 수 있습니다. 버저닝과 수명 주기를 조합하면 버저닝의 이력 기간을 제어할 수 있게 됩니다. 수명 주기의 규칙을 정하는 기준으로는 '오브젝트의 생성 일자 기준 며칠 후'와 같은 형태만 가능한 것이 아니라 '해당 오브젝트가 최신 버전이 되거나 최신 버전이 아니게 된지 며칠 후'와 같이 다양한 방식으로 구성할 수 있습니다.[37]

[그림 10.9]를 보면 파일을 1주 단위로 새로 갱신하되, 10일 단위로 아카이브archive 작업을 하도록 규칙이 정해져 있습니다. Amazon S3는 아카이브를 생성할 수 있으므로 수명 주기에 대한 기본 규칙은 대상을 오브젝트(키 이름)로 지정할지, 버전으로 지정할지를 고르고, 이에 대해 수행할 액션을 삭제로 할지, 아카이브로 할지를 고르면 총 네 가지의 경우의 수로 규칙 유형이 나옵니다.

---

35 역자 주 : http://docs.aws.amazon.com/ko_kr/AmazonS3/latest/API/RESTBucketPUTVersioningStatus.html

36 역자 주 : http://docs.aws.amazon.com/ko_kr/AmazonS3/latest/API/RESTBucketPUTlifecycle.html

37 역자 주 : http://docs.aws.amazon.com/ko_kr/AmazonS3/latest/UG/lifecycle-configuration-bucket-with-versioning.html

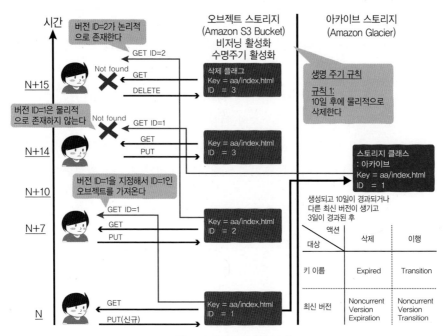

▲ 그림 10.9 버저닝과 수명 주기

10.3.3 암호화

보안에 민감한 주요 정보를 오브젝트 스토리지에 저장하는 경우가 있는데 이때는 암
호화 기능이 필요합니다. Amazon S3에서는 오브젝트 스토리지에 암호화를 적용하
기 위해 다음과 같은 두 가지 방식을 제공하고 있습니다.

① 서버 측 암호화[38]
② 클라이언트 측 암호화[39]

---

38 역자 주 : https://docs.aws.amazon.com/ko_kr/AmazonS3/latest/dev/serv-side-encryption.html
39 역자 주 : http://docs.aws.amazon.com/ko_kr/AmazonS3/latest/dev/UsingClientSideEncryption.html

서버 측 암호화

서버 측 암호화는 버킷 전체에 암호화를 적용하는 방법으로, 오브젝트를 버킷에 저장할 때 암호화하고 사용자가 오브젝트를 가져갈 때 복호화합니다. 그래서 접근 권한과 키 정보만 있으면 오브젝트의 암호화 여부와는 상관없이 파일에 접근할 수 있습니다. 즉, 서버 측 암호화는 클라우드 환경에서 오브젝트를 안전하게 보호하고 싶을 때 사용합니다. 서버 측 암호화에는 Amazon S3가 제공하는 키나 직접 등록한 키를 사용할 수 있습니다. 대신 사용자의 커스텀 키[40]를 사용하더라도 이 키를 설정할 수 있는 별도의 API나 옵션이 준비되어 있지는 않습니다. 그래서 'Put Object'나 'Get Object' API를 실행할 때, 확장 HTTP 헤더인 'x-amz-server-side-encryption-customer-algorithm'에 AES256과 같은 암호화 알고리즘을 지정하고 'x-amz-server-side-encryption-customer-key'에 사용자의 커스텀 키 값을 지정하는 방법을 사용합니다.[41]

클라이언트 측 암호화

클라이언트 암호화는 클라이언트가 오브젝트를 암호화한 후 업로드하는 방식을 말하며, 이때 사용된 암호화 키는 클라우드 안에서 메타 데이터로 관리합니다. 이 오브젝트는 다운로드하면 암호화된 상태 그대로 받아지기 때문에 복호화하기 전에는 그 내용을 알 수 없습니다.

클라이언트 측 암호화는 클라우드에 의존하지 않는 방법으로 암호화를 하고 싶은 경우에 사용합니다. 암호화 키 관점에서 보자면 암호화는 클라이언트 측에서 이루어 지기 때문에 Amazon S3가 제공하는 키는 사용할 수 없고 사용자가 커스텀으로 따로 준비한 키를 사용합니다. 서버 측 암호화와 마찬가지로 사용자의 커스텀 키를 암호화 키로 설정할 수 있는 별도의 API는 제공되지 않습니다. 그 대신 오브젝트 단위로 PUT을 할 때 SDK와 같은 클라이언트가 암호화 키를 지정하도록 되어 있습니다.

---

40 역자 주 : AWS 공식 문서의 한글 번역본에서는 '고객 제공 암호화 키'라고 표현하고 있습니다.

41 역자 주 : http://docs.aws.amazon.com/ko_kr/AmazonS3/latest/dev/ServerSideEncryptionCustomerKeys.html

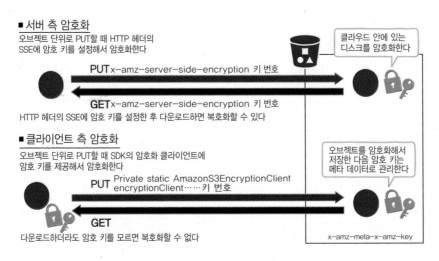

■ 서버 측 암호화
오브젝트 단위로 PUT할 때 HTTP 헤더의
SSE에 암호 키를 설정해서 암호화한다

클라우드 안에 있는
디스크를 암호화한다

PUT x-amz-server-side-encryption 키 번호

GET x-amz-server-side-encryption 키 번호

HTTP 헤더의 SSE에 암호 키를 설정한 후 다운로드하면 복호화할 수 있다

■ 클라이언트 측 암호화
오브젝트 단위로 PUT할 때 SDK의 암호화 클라이언트에
암호 키를 제공해서 암호화한다

오브젝트를 암호화해서
저장한 다음 암호 키는
메타 데이터로 관리한다

PUT Private static AmazonS3EncryptionClient
encryptionClient…… 키 번호

GET

다운로드하더라도 암호 키를 모르면 복호화할 수 없다

x-amz-meta-x-amz-key

▲ 그림 10.10 암호화

10.3.4 웹 사이트 기능

앞서 오브젝트 스토리지를 이용해서 웹 사이트를 만들 수 있다는 것을 확인한 바 있습니다. 애당초 오브젝트 스토리지는 HTTP 프로토콜로 입출력을 하기 때문에 오브젝트 파일이 HTML 파일이라면 공개 권한을 설정한 후에 HTTP/HTTPS를 통해 FQDN 형식의 URL을 요청하면 웹 페이지처럼 오브젝트의 내용을 볼 수 있습니다.

이러한 웹 사이트 기능은 단순히 접근 권한만 열어줘서 페이지를 볼 수 있게 표시하는 기능만 있는 것이 아니라, 일반적인 웹 서버에서 설정할 수 있는 도큐먼트 루트 document root나 커스텀 에러, 그리고 리다이렉트redirect와 같은 기본적인 웹 서버의 기능들을 지원합니다([그림 10.11] 참고). 파일이 공개되도록 권한만 열어주는 방식을 사용하면 접근 경로에 오브젝트명까지 지정을 해줘야 접근할 수 있지만 웹 사이트 기능이 활성화되어 있다면 오브젝트명을 군이 지정하지 않더라도 도큐먼트 루트 경로로 포워딩하는 것이 가능합니다. 에러가 발생한 경우에는 자체적으로 커스텀해서 만든 에러 페이지를 보여줄 수도 있고, 필요에 따라 다른 처리를 하기 위해 리다이렉트를 할 수도 있습니다.

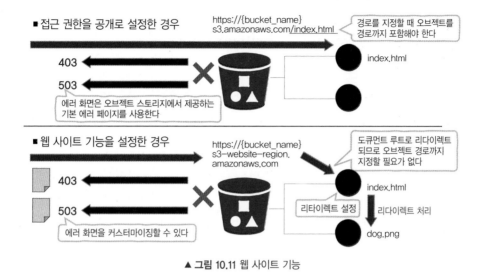

■ 접근 권한을 공개로 설정한 경우

https://{bucket_name}
s3.amazonaws.com/index.html

경로를 지정할 때 오브젝트를
경로까지 포함해야 한다

403

503

index.html

에러 화면은 오브젝트 스토리지에서 제공하는
기본 에러 페이지를 사용한다

■ 웹 사이트 기능을 설정한 경우

https://{bucket_name}
s3-website-region.
amazonaws.com

도큐먼트 루트로 리다이렉트
되므로 오브젝트 경로까지
지정할 필요가 없다

403

503

index.html

리타이렉트 설정

리다이렉트 처리

dog.png

에러 화면을 커스터마이징할 수 있다

▲ 그림 10.11 웹 사이트 기능

참고로 오픈스택 Swift에서는 URI 'https://{object_storage}/v1/{account}/{container}'를 PUT 방식으로 호출할 때 확장 HTTP 헤더인 'X-Web-Mode'[42]를 TRUE로 설정하면 웹 사이트 기능을 활성화할 수 있고 Amazon S3에서는 'PUT Bucket website'[43]라는 API로 웹 사이트 기능을 활성화합니다.

10.3.5 CORS

오브젝트 스토리지를 정적 웹 사이트로 활용할 때 반드시 고려해야 하는 것이 바로 CORSCross Origin Resource Sharing입니다. CORS는 XMLHttpRequest가 서로 다른 도메인을 넘나들 때 보안상 접근이 제한되는 제약이 있는데 이것을 해결하는 방법입니다. 예를 들어 Amazon S3를 정적 웹 사이트로 활용하는 경우 '{bucket_name}.s3-website-{region}.amazonaws.com'과 같은 도메인을 사용하게 됩니다.[44] 참고로 이때 '{bucket_name}'에는 사용 중인 버킷 이름을 넣으면 됩니다. 이 스토리

42 역자 주 : http://docs.openstack.org/user-guide/cli-swift-static-website.html

43 역자 주 : http://docs.aws.amazon.com/ko_kr/AmazonS3/latest/API/RESTBucketPUTwebsite.html

44 역자 주 : http://docs.aws.amazon.com/ko_kr/AmazonS3/latest/dev/WebsiteEndpoints.html

지에 CSS나 동영상, 각종 스크립트 파일 등을 저장한 후, 외부 도메인의 웹 사이트에서 XMLHttpRequest를 통해 접근을 시도하면 동일 출처 정책same-origin policy의 제약에 걸리게 됩니다.

Amazon S3에서는 이러한 제약을 극복하기 위해 CORS 설정을 할 수 있습니다. Amazon S3의 API 중 'PUT Bucket cors'[45]를 실행하면 되는데 바디 부분에 CORS를 위한 설정이 들어갑니다.

CORS 설정은 '〈CORSConfiguration〉'으로 시작하고 '〈CORSRule〉'에서 각종 허용 규칙을 병렬로 정의하게 됩니다. '〈AllowedOrigin〉'에 허용할 사이트, 즉 오리진origin의 도메인을 지정하고, '〈AllowedMethod〉'에 허용할 HTTP 메소드를 정의합니다. '〈AllowedHeader〉'에는 'Access-Control-Request-Headers' 헤더를 통해 사전 요청pre-flight OPTIONS request으로 허용된 HTTP 헤더가 지정되고 '〈MaxAgeSeconds〉'에는 사전 요청에 대한 응답을 얼마나 오랫동안 브라우저 캐시로 보관할 것인지를 초 단위로 지정하게 됩니다. 또한 '〈ExposeHeader〉'에는 애플리케이션이 접근 가능하도록 허가할 HTTP 헤더를 지정합니다. 예를 들어 [그림 10.12]에서는 index.com이라는 사이트에 대해 'x-amz-'으로 시작하는 헤더에 접근할 수 있도록 와일드카드 방식으로 설정되어 있는데 이는 사실상 Amazon S3가 확장한 HTTP 헤더 모두를 허용한다는 의미입니다.

사전 요청pre-flight OPTIONS request이란 크로스 도메인 접근을 허용하는지 사전에 확인하는 요청인데 이런 요청이 가능한지 여부는 웹 브라우저의 지원 여부에 따라 좌우됩니다. 크로스 도메인 접근이 가능한지는 오브젝트의 경로가 포함된 URI에 대해 'OPTION' 방식으로 API를 호출하면 확인할 수 있습니다.

---

45 역자 주 : http://docs.aws.amazon.com/ko_kr/AmazonS3/latest/API/RESTBucketPUTcors.html

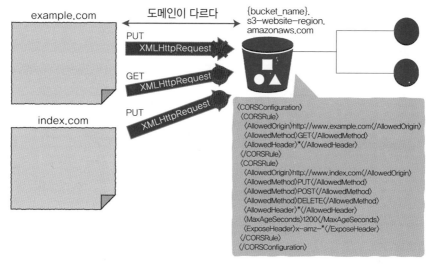

example.com

도메인이 다르다

{bucket_name}.
s3-website-region.
amazonaws.com

PUT
XMLHttpRequest

GET
XMLHttpRequest

index.com

PUT
XMLHttpRequest

```
〈CORSConfiguration〉
  〈CORSRule〉
    〈AllowedOrigin〉http://www.example.com〈/AllowedOrigin〉
    〈AllowedMethod〉GET〈/AllowedMethod〉
    〈AllowedHeader〉*〈/AllowedHeader〉
  〈/CORSRule〉
  〈CORSRule〉
    〈AllowedOrigin〉http://www.index.com〈/AllowedOrigin〉
    〈AllowedMethod〉PUT〈/AllowedMethod〉
    〈AllowedMethod〉POST〈/AllowedMethod〉
    〈AllowedMethod〉DELETE〈/AllowedMethod〉
    〈AllowedHeader〉*〈/AllowedHeader〉
    〈MaxAgeSeconds〉1200〈/MaxAgeSeconds〉
    〈ExposeHeader〉x-amz-*〈/ExposeHeader〉
  〈/CORSRule〉
〈/CORSConfiguration〉
```

▲ 그림 10.12 CORS

10.4 오브젝트와 API의 관계

10.4.1 최종 정합성

앞서 오브젝트 스토리지는 HTTP 프로토콜로 접근하고 내구성을 중시한다고 설명 했습니다. 내구성을 높이는 과정에서 시간 차에 의해 오브젝트의 상태가 예상과 달리 보일 수가 있는데 이것을 이해하기 위해서는 정합성(整合性)과 최종 정합성이라는 개념의 이해가 필요합니다.

정합성consistency이란 이름 그대로 오브젝트의 상태가 확정되면 그 상태를 확인할 때 모순 없이 현재 상태 그대로가 재확인된다는 특성입니다. 파일 시스템이나 관계형 네 이터베이스도 이와 같은 특성이 있습니다. 반면, 오브젝트 스토리지에서는 이러한 특 성이 오브젝트를 새로 만드는 신규 생성 시에만 적용됩니다. 좀더 정확하게 표현하자 면 오브젝트를 생성한 후, 읽기를 할 때만 정합성이 보장됩니다.

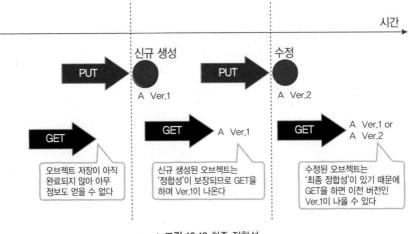

시간

신규 생성

PUT

A Ver.1

수정

PUT

A Ver.2

GET

오브젝트 저장이 아직
완료되지 않아 아무
정보도 얻을 수 없다

GET

A Ver.1

신규 생성된 오브젝트는
'정합성'이 보장되므로 GET을
하며 Ver.1이 나온다

GET

A Ver.1 or
A Ver.2

수정된 오브젝트는
'최종 정합성'이 있기 때문에
GET을 하면 이전 버전인
Ver.1이 나올 수 있다

▲ 그림 10.13 최종 정합성

이에 반해 최종 정합성eventual consistency이란, 분산 환경에서 나타나는 특성으로 오브젝트의 상태가 확정되더라도 그 상태를 확인하는 시기에 따라 현재 상태가 아닌 이전 상태가 확인될 수도 있다는 특성입니다. 이것은 PUT에 의해 파일 덮어쓰기나 DELETE에 의한 삭제 시에 발생합니다([그림 10.13] 참고).

PUT을 사용해서 파일을 변경할 때의 타임 스탬프는 클라이언트 측에서 실행된 시간이 아니라 변경 요청이 네트워크를 통과한 후의 서버 측의 시간을 따릅니다. 그래서 기존의 오브젝트에 대해 PUT이 두 번 이상 실행되는 경우, 처음 실행한 PUT 요청이 네트워크 지연으로 인해 두 번째 요청한 PUT보다 늦게 처리가 되었다면 처음 수정하려 시도했던 것이 나중에 다시 수정한 것을 뒤늦게 덮어 써버리는 역전 현상이 발생하기도 합니다. 이런 현상이 발생하는 이유는 변경 작업을 위한 락lock 처리가 되지 않기 때문인데 이 순서를 보장하기 위해 락 처리가 필요하다면 별도로 직접 제어 로직을 구현해야 합니다.

DELETE의 경우도 마찬가지입니다. 이는 파일을 삭제할 때 내부에서는 일시적으로 논리 삭제로 처리하기 때문에 앞서 살펴본 수정과 비슷한 현상을 보일 수 있습니다. 왜 이렇게 동작하는지에 대해서는 REST와 멱등성의 사상, 오브젝트 스토리지에서의 리플리케이션 방식에 의한 것인데 뒤에서 내부 구성을 설명할 때 다시 한번 다루겠습니다. 이 장을 마지막까지 읽고 나면 이러한 동작 방식에 대해 조금은 이해가 깊어져 있을 것입니다.

10.4.2 Etag를 사용한 오브젝트 확인

오브젝트 스토리지가 최종 정합성을 가지는 구조라는 것은 이미 설명했습니다. 그러면 이런 상황에서 오브젝트가 제대로 저장되었는지 확인하려면 어떻게 해야 할까요?

이럴 때는 HTTP의 Etag 헤더를 활용합니다. Etag는 엔티티 태그entity tag를 의미하는데 그 값이 MD5 해시 알고리즘으로 만들어집니다. HTTP 응답에 이 Etag 값이 포함되어 있다면 HTTP 처리뿐만 아니라 오브젝트에 대한 처리까지 완료되어 파일이 정상적으로 반영되었다고 판단할 수 있습니다.

다만, 암호화 방식을 자체적으로 커스마이징했다면 해시 이외의 다른 알고리즘이 사용되었을 수도 있어 주의해야 합니다. 또한 멀티파트 기능을 활용했다면 각 파트 오브젝트마다 따로 확인을 해줘야 하는 등 처리가 까다로워집니다.

10.4.3 Restful API와의 관계

앞서 3장에서 REST 방식의 웹 서비스에 필요한 네 가지 설계 지침에 대해 살펴 보았습니다. 오브젝트 스토리지는 상태를 가지지 않고, URI는 디렉터리 구조처럼 계층화되어 있으며, HTTP 메소드를 명시적으로 사용하고 있어 설계 지침을 잘 따른 서비스 중 하나입니다. 단, JSON이나 XML 응답을 활용한 다른 컴포넌트들과의 연계는 설계 지침을 다소 만족시키지 못하고 있습니다. 그래서 이 부분은, Amazon S3의 이벤트 통보 기능을 사용해서 다른 컴포넌트 간의 연계와 접속성을 보완하고 있습니다.

10.4.4 멱등성과의 관계

멱등성은 '몇 번을 실행해도 같은 결과가 나온다'라는 특성입니다. SOA나 REST의 설계 지침에는 이러한 특성이 기본적으로 녹아 있습니다.

오픈스택 Swift나 Amazon S3는 GET이나 HEAD는 물론, PUT과 DELETE까지도 멱등성이 보장되도록 만들어져 있습니다. 이 장의 앞에서 다루었습니다만 오브젝트를 생성할 때와 변경할 때의 두 경우에 모두 PUT이 사용된다는 것을 확인했습니다. 이는 똑같은 오브젝트를 몇 번이든 PUT 하더라도 그 오브젝트가 저장되어 있다는 사실은 변함이 없고 똑같은 오브젝트를 몇 번이든 DELETE 하더라도 그 오브젝트가 삭제되었다는 사실에는 변함이 없다는 것을 의미합니다. 이런 동작 방식은 기본적으로 이전 버전을 가장 마지막 버전으로 덮어 쓰면 된다는 단순한 논리로 만들어져 있기 때문에 비교적 단순한 형태로 최종 정합성을 구현한 것이라 말할 수 있습니다.

10.5 오브젝트 스토리지의 내부 구성

오브젝트 스토리지의 내부 구조가 어떻게 구성되어 있는지를 알아 보기 위해 오픈스택 Swift를 예로 들어 내부적으로 API가 어떻게 동작하는지 살펴 보겠습니다.

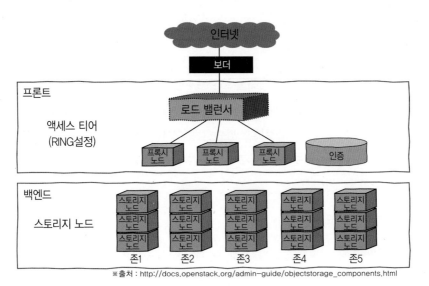

※출처 : http://docs.openstack.org/admin-guide/objectstorage_components.html

▲ 그림 10.14 Swift 아키텍처

Swift는 [그림 10.14]와 같은 아키텍처로 구성되어 있는데 크게 프론트와 백엔드로 나뉩니다.

① 프론트: HTTP 요청을 접수하는 액세스 티어(tier)
② 백엔드: 오브젝트를 데이터로 저장하는 스토리지 노드

이제 이 두 부분을 각각 살펴 보겠습니다.

10.5.1 액세스 티어의 아키텍처

오브젝트 스토리지는 HTTP 프로토콜을 통해 파일을 주고 받습니다. 그래서 오픈스택은 액세스 티어에 HTTP 프록시가 구성되어 있고 대량의 HTTP 요청에도 견딜 수 있도록 로드 밸런서를 두어 부하를 분산하고 있습니다.

실제로는 HTTP보다 HTTPS가 더 많이 사용되기 때문에 SSL 처리도 여기서 하게 됩니다. 요청한 오브젝트가 없거나 요청이 너무 많이 들어와서 허용된 상한 값을 초과하는 경우, 혹은 인증이 실패하는 경우와 같이 오류가 발생할 때는 HTTP 에러를 클라이언트에게 전달해줄 필요가 있는데 이 기능도 액세스 티어에서 해줍니다.

백엔드인 스토리지 노드에 대한 접근 제어 설정을 Ring이라고 하고, Ring은 스토리지에 저장된 엔티티의 이름과 실제 물리적인 저장 위치를 연결시킵니다.[46] Ring은 Swift의 핵심 컴포넌트로 스토리지 노드에 대한 복제replica 개수, 파티션, 디스크 정보가 설정됩니다.

Ring은 어카운트, 컨테이너(버킷), 오브젝트 각각에 대해 정적인 해시 테이블을 가집니다. 이 해시 테이블은 파티션 정보와 스토리지 노드의 존을 연결해주는 역할을 하는데 이때 파티션 정보에 MD5 해시 알고리즘을 적용해서 스토리지 노드의 존zone에 분산 배치하기 위한 매핑 정보를 만듭니다.

46 역자 주 : http://docs.openstack.org/developer/swift/overview_architecture.html#the-ring

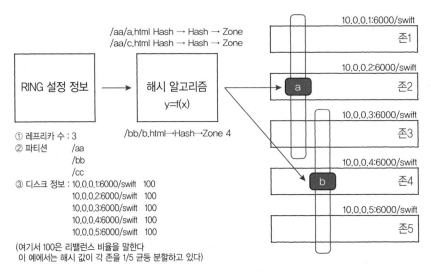

/aa/a.html Hash → Hash → Zone
/aa/c.html Hash → Hash → Zone

RING 설정 정보 → 해시 알고리즘 y=f(x)

10.0.0.1:6000/swift 존1
10.0.0.2:6000/swift 존2 a
10.0.0.3:6000/swift 존3
10.0.0.4:6000/swift 존4 b
10.0.0.5:6000/swift 존5

① 레프리카 수 : 3
② 파티션   /aa
           /bb
           /cc

/bb/b.html→Hash→Zone 4

③ 디스크 정보 : 10.0.0.1:6000/swift 100
             10.0.0.2:6000/swift 100
             10.0.0.3:6000/swift 100
             10.0.0.4:6000/swift 100
             10.0.0.5:6000/swift 100

(여기서 100은 리밸런스 비율을 말한다
이 예에서는 해시 값이 각 존을 1/5 균등 분할하고 있다)

▲ 그림 10.15 Ring 설정

[그림 10.15]는 파티션과 리플리케이션될 존의 관계가 정적인 해시 테이블로 연결된 형태를 표현한 것입니다. 스토리지 노드의 개수가 늘어나면 Ring을 다시 만들 필요가 생깁니다. 단, Ring을 다시 만들 때는 가능한 한 기존 노드에서 오브젝트의 이동이 최소화되는 방향으로 구성됩니다.

10.5.2 스토리지 노드의 아키텍처

오브젝트를 저장하는 스토리지 노드군(群)을 존zone이라고 부릅니다([그림 10.16] 참고). 내구성을 높이기 위해 존들은 서로 물리적으로 분리되어 있고, 오브젝트가 저장될 때에는 Ring에 설정된 레플리카 정보에 따라 분산 배치할 존이 정해집니다. 파일의 리플리케이션은 어카운트, 컨테이너(버킷), 오브젝트 각각의 파일에 대해 별도로 처리됩니다.

리플리케이션을 할 때는 ① 확인과 ② 복사의 두 단계로 처리하는데 내부적으로는 리플리케이터replicators[47]라는 파일 동기 프로세스가 이런 작업을 수행합니다.

---

47 역자 주 : http://docs.openstack.org/admin-guide/objectstorage-components.html#replicators

▲ 그림 10.16 존 리플리케이션

리플리케이터는 파일의 복사본이 Ring에 설정한 존에 제대로 잘 들어 있는지 확인하기 위해 정기적으로 각 파티션을 살펴 보는데 이때 해시와 타임스탬프 정보를 서로 비교합니다. 이렇게 하는 이유는 용량이 큰 오브젝트 자체를 서로 비교하려면 존과 존 사이에서 TCP 통신을 하면서 불필요한 오버헤드가 발생할 수 있기 때문입니다. 그래서 파일 자체를 비교하는 대신 메타 데이터로 관리되는 해시와 타임 스탬프 정보를 비교하는 것입니다. 이 방법을 사용하면 오브젝트의 크기나 종류에 상관없이 불필요한 통신 오버헤드를 줄이면서 파일을 분산하여 관리할 수 있습니다.

Ring 설정에서 파티션은 분산하여 저장할 곳의 크기를 결정하기도 합니다. 파티션의 개수가 많으면 많을수록 해시도 늘어나므로 실제로 저장될 존이 어느 한쪽으로 몰리는 편중 현상이 줄어듭니다. 이러한 내용에 대해서는 뒤에 다시 자세히 다룹니다. 참고로 Ring 설정에 들어가는 디스크의 정보로는 존, IP 주소, 디바이스명(마운트 포인트) 등이 있습니다.

10.5.3 읽기, 쓰기의 동작 방식

오브젝트를 읽고 쓰는 방식, API로 말하면 GET, PUT 하는 방식에 대해서 알아 보겠습니다.

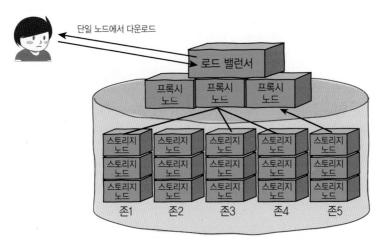

▲ 그림 10.17 Read, Write 처리

오브젝트는 여러 개의 존에 분산되어 있습니다. Read를 할 때는 GET 요청이 실행되는데 분산된 존 중 한 곳에서 오브젝트를 읽어옵니다. 이것은 API 요청이 들어오면 부하 분산을 해서 어느 한 존이 처리하도록 한다는 의미로, 같은 요청이 여러 번 들어오면 다른 존의 파일을 가져가도록 분산된다는 말이기도 합니다.

Write를 할 때도 기본적인 동작은 비슷합니다. POST나 PUT 요청이 실행되면 부하를 분산하고 여러 존 중에서 결정된 한 존에 오브젝트를 생성하거나 변경합니다. 생성이나 변경이 완료되면, 이후 Ring에 설정된 다른 존에 이 파일을 리플리케이션합니다.

이러한 동작 방식을 자세히 살펴 보면 Read를 할 때는 Ring에 설정된 존에만 접근하면되고 Write를 할 때는 Ring에 설정된 레플리카 전체에 접근해야 하기 때문에 HTTP 프록시에 병목만 걸리지 않는다면 Read를 Write보다 더 많이 처리할 수 있다는 것을 알 수 있습니다.

예를 들어 Amazon S3는 집필 시점의 공식 문서에 따르면 평상시 초당 100회의 PUT, LIST, DELETE 요청이 가능하고 초당 300회의 GET 요청을 처리할 수 있도록 설계되었다고 합니다. 이보다 많은 처리가 필요할 때는 별도로 상향 조정 신청을 통해 확장도 가능합니다. Amazon S3는 리플리케이션을 적어도 세 곳 이상에 하기 때문에 GET이 PUT 보다 적어도 세 배 이상의 요청을 처리할 수 있는 셈입니다. 물론 실제 시스템에서의 파일 조작은 사용하는 상황에 따라 성능이 달라질 수도 있겠지만, 그럼에도 불구하고 대부분 Read의 빈도가 Write보다 더 많기 때문에 그러한 상황을 고려한 아키텍처 설계라고 생각하면 됩니다.

10.5.4 분산 리플리케이션과 최종 정합성의 관계

이러한 동작 방식은 10.4.1에서 설명한 최종 정합성과도 관련이 깊습니다. Write는 PUT을 한 다음 내부적으로 리플리케이션을 하고, Read는 실행 빈도가 높으면서도 부하 분산도 됩니다. 그래서 Read를 실행하는 타이밍에 따라 변경 이전의 데이터를 참조할 수도 있는데 이런 현상이 바로 최종 정합성의 특성입니다. 이런 현상은 네트워크 상에서의 HTTP 응답 속도나 부하가 분산될 때 어느 존이 선택되느냐에 따라 영향을 받기도 하는데 이것을 표현한 것이 [그림 10.18]입니다.

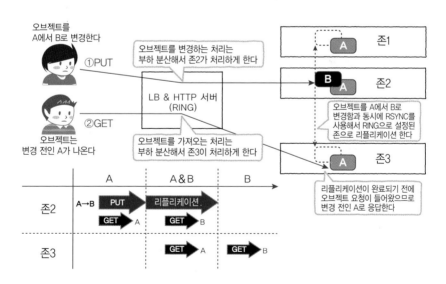

▲ 그림 10.18 분산 리플리케이션과 최종 정합성

10.5.5 파티션과 타임 스탬프의 관계

오픈스택 Swift에서는 파티션과 존을 매핑할 때 해시 알고리즘을 사용합니다. 이 해시 값은 내부적으로는 파티션 번호를 사용해서 산출하는데 자세히는 오브젝트의 키이름을 사용합니다. 파일이 변경되더라도 키 이름이 바뀌지 않는 경우라면 PUT 요청이 실행되더라도 해시 값이 바뀌지 않습니다. 리플리케이터는 해시 값과 타임 스탬프 정보를 보고 처리하기 때문에, 이때는 타임 스탬프 정보만 비교하게 됩니다. 오픈스택 Swift는 파일명을 만들 때 타임 스탬프를 활용하기 때문에 이 파일을 rsync로 동기화하면 바뀐 내용을 자동으로 반영할 수 있습니다.

이렇게 각종 메타 데이터와 해시 값, 리플리케이션을 나타낸 것이 [그림 10.19]입니다.

이러한 동작 방식을 잘 보면 삭제할 때는 제대로 동작하지 않을 수 있다는 것을 알 수 있습니다. 그래서 오픈스택 Swift에서는 삭제할 때는 .tStombstone 파일을 만들어서 논리적으로 삭제되었다고 인식시킵니다.[48] 이 방법은 DELETE를 할 때의 멱등성을 보장하기 위해 꼭 필요한 구현 기법입니다.

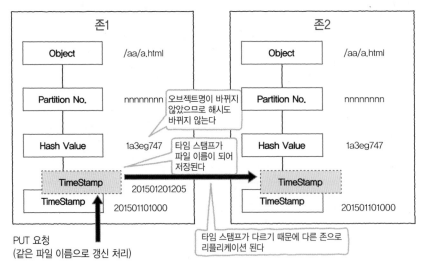

▲ 그림 10.19 해시와 리플리케이션의 관계

---

48 역자 주 : http://blog.bigbitbus.com/2015/09/this-is-test.html

10.5.6 프리픽스와 분산의 관계

앞서 Read와 Write를 할 때 여러 존으로 분산되어 처리되는 것을 살펴 보았습니다. 이때 사용되는 MD5 해시 알고리즘을 최적화할 수 있다면 파일을 각 존에 분산할 때 좀 더 고르게 저장되도록 만들 수 있습니다.

해시 값을 산출할 때는 파티션 정보를 사용하는데 그 정보에는 프리픽스가 포함되므로 결국 프리픽스를 잘 설계하는 것이 파일을 균일하게 분산하는 중요한 요소가 됩니다.

MD5는 입력으로 주어진 값을 받아 16진수, 128비트의 값을 만듭니다. 파티션 정보는 프리픽스로 시작하기 때문에 프리픽스의 첫 문자를 얼마나 무작위로 잘 만들어 내느냐가 분산시키는 정도를 결정합니다. 예를 들면 Amazon S3에서는 오브젝트 스토리지의 입출력 퍼포먼스를 향상시키기 위해 프리픽스의 첫 문자에서 3~4번째 문자까지를 16진수로 1에서 f까지 순차적으로 부여하는 방식이 사용됩니다. [그림 10.20]에 이러한 방식을 간단히 표현했습니다.

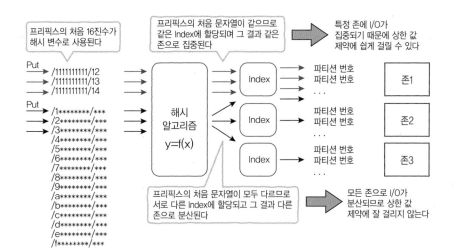

▲ 그림 10.20 프리픽스와 분산의 관계

10.6 오브젝트 스토리지 리소스의 컴포넌트

오브젝트 스토리지의 리소스 관계를 ER 다이어그램으로 표현해 보았습니다. 리소스는 어카운트, 버킷(컨테이너), 오브젝트가 있고 이들이 오브젝트 스토리지의 근간이 됩니다. 오픈스택에서는 버킷(컨테이너)과 오브젝트가 주요 리소스가 되어 각종 설정 정보를 메타데이터에 한데 모은 다음 관계 지어주고 있습니다([그림 10.21] 참고).

이에 반해 Amazon S3에서는 버킷과 오브젝트에 대해 각종 설정 정보들이 각각의 리소스 형태로 관계 지어집니다.

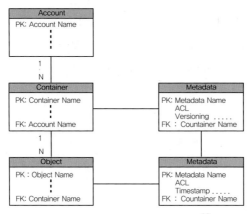

▲ 그림 10.21 오픈스택 Swift 리소스 맵[49]

---

49 역자 주 : 리소스 맵은 관계를 추상적으로 표현한 것으로 실제 구현된 내용과는 다를 수 있습니다.

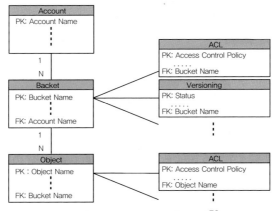

▲ 그림 10.22 Amazon S3 리소스 맵[50]

---

50 역자 주 : 리소스 맵은 관계를 추상적으로 표현한 것으로 실제 구현된 내용과는 다를 수 있습니다.

멀티 클라우드

이 장에서 다룰 내용은 멀티 클라우드와 에코 시스템입니다. 하이브리드 클라우드가 온프레미스 환경과 같은 사설 클라우드와 공용 클라우드를 서로 연결하여 사용하는 개념이라면 멀티 클라우드는 여러 개의 클라우드 환경을 서로 연결하여 사용하는 것을 의미합니다.

클라우드의 보급이 확대되면서 대형 ICT 기업들도 클라우드 쪽으로 무게중심을 옮기고 있습니다. 이런 시대적 변화 속에서 향후 운영할 시스템들을 생각해본다면 멀티 클라우드 환경에 대한 도입 검토가 의사결정에 중요한 사항이 되리라 봅니다. 우선 멀티 클라우드를 실현하기 위해 필요한 기술 요소들에 대해 살펴보려 합니다. 이 내용은 12장에서 설명할 이뮤터블 인프라스트럭처(immutable infrastructure)와도 관련이 있습니다.

클라우드에서는 사용량에 따라 요금을 내는 종량제(從量制)나 보유한 라이선스를 가져와서 적용하는 BYOL(Bring Your Own License) 방식으로 소프트웨어를 설치하고 사용할 수 있게 도와주는 마켓플레이스(Marketplace)를 운영하고 있습니다. 클라우드상에서 소프트웨어를 간편하게 구매하고 이용할 수 있다는 것은 클라우드 벤더 입장에서는 물론이고 소프트웨어 벤더, 사용자 모두에게 큰 장점으로 작용합니다 이 장의 끝에서는 클라우드 환경에 얽힌 에코 시스템에 대해 알아 보겠습니다.

11.1.1 멀티 클라우드를 구성하는 목적

멀티 클라우드를 도입하려는 이유는 크게 다음과 같은 두 가지로 분류할 수 있습니다.

① 특정 클라우드 환경의 기능이나 요금 체계에 락인(lock-in)되거나 종속되지 않도록 여러 클라우드 시스템들을 조합하고 이질감이 없게 만들어서 서로 다른 클라우드 환경을 상호 운영하고 싶은 경우

② 여러 개의 클라우드 중 각각에서 우수한 컴포넌트들을 골라 이들을 조합해서 최적의 클라우드 환경을 만들어 사용하고 싶은 경우

①에서는 이식성(移植性)과 호환성(互換性)을 고려해야 합니다. 가능한 한 적용 범위를 각 클라우드의 공통된 컴포넌트 범위로 한정하는 것이 좋습니다. 한 클라우드 환경에서 다른 클라우드 환경으로 이행하려고 해도 이전 클라우드에서 사용하던 컴포넌트와 같은 역할을 하는 컴포넌트가 이행할 클라우드 환경에 존재하지 않으면, 이행자체가 불가능하기 때문입니다.

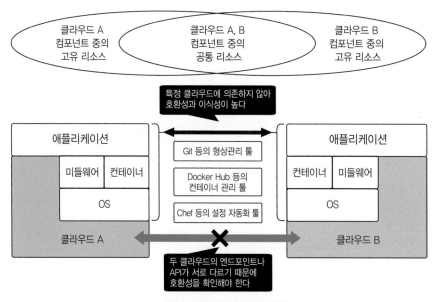

▲ 그림 11.1 멀티 클라우드의 범위

설령, 같은 역할을 하는 리소스가 있다고 하더라도, 클라우드마다 접근하는 API의 엔드포인트가 서로 다르기 때문에 이러한 차이에 대해서는 호환성 관점에서 반드시 고려해 두어야 합니다. 자세한 내용은 11.4에서 다루겠습니다.

②의 경우에는 이식성이 요구되는 것은 아니므로 각 클라우드의 고유한 컴포넌트 리소스를 조합해서 활용해도 문제가 되지 않습니다.

이러한 관계는 [그림 11.1]과 같이 표현할 수 있습니다. 기본적인 형태는 그림과 같고 시스템의 사용 목적에 따라 선택할 컴포넌트는 달라질 수 있습니다.

11.1.2 멀티 클라우드의 호환성을 고려해야 하는 범위

멀티 클라우드에서 호환성을 고려해야 하는 범위는 [그림 11.1]과 같이 클라우드에서 사용할 컴포넌트로만 국한됩니다. 이때 사용하려는 컴포넌트에 따라서 API와 같이 차이가 나는 부분이 있을 수 있는데, 이런 경우 이를 완충하기 위한 처리가 필요합니다.

반대로 클라우드상에 탑재되는 OS나 컨테이너, 미들웨어, 애플리케이션 등은 클라우드 환경에 종속되지 않고 어느 정도 독립된 형태입니다. 이들을 어느 클라우드에서 사용하더라도 쉐프Chef, 도커 허브Docker Hub, 깃Git과 같은 툴과 관리 스크립트를 사용하면 큰 무리 없이 서로 다른 클라우드 환경 사이를 이행할 수 있습니다. 한 가지 클라우드만 사용한다면 이러한 레이어의 차이를 의식하지 않아도 되지만 여러 클라우드를 혼용하는 멀티 클라우드 환경이라면 이러한 적용 가능 범위에 대해서 사전에 명확하게 이해해둘 필요가 있습니다.

11.1.3 멀티 클라우드 설계 시 고려사항

멀티 클라우드를 설계할 때는 크게 다음의 두 가지를 고려해야 합니다.

① 클라우드 간의 네트워크 접속 방식
② API의 호환성

첫 번째는 클라우드 간의 네트워크 접속 방식에 관한 것으로 이는 각 클라우드 환경이 서로 다른 데이터 센터에 위치하기 때문에 이 둘 사이에 네트워크가 연결되지 않으면 통신 자체가 불가능하기 때문입니다. 이렇게 서로 격리된 데이터 센터의 클라우드를 연동하는 방법으로는 사설 네트워크로 전용선을 사용하거나 VPN을 활용하는 방법 등이 있고 콘텐츠를 배포하는 CDN을 활용하는 방법도 있습니다.

두 번째는 API의 호환성에 관한 것으로 각 클라우드의 컴포넌트 기능들은 사실상 표준인 AWS나 오픈스택의 기능을 비슷하게 따르면서도 기능이나 버전에 조금씩 차이가 있기 때문에 완전한 호환성을 가지는 것은 사실상 불가능에 가깝습니다. 이러한 차이를 극복하면서 하나의 조합된 형태로 구성하려면 이들의 차이점을 내부에 은폐시키고 차이점을 완충시켜주어야 합니다.

클라우드에 의존하지 않는 미들웨어나 애플리케이션 레이어에서는 API 호환성은 고려 대상이 아닙니다. 그래서 호환성을 언급할 때는 이러한 레이어를 구분하여 접근하는 것도 시스템을 설계할 때 중요한 관점 중 하나입니다.

이렇게 첫 번째 언급한 네트워크 부분이 해결되면 이후 API 통신이 가능해지고, 한쪽 클라우드에서 반대편 클라우드의 API를 설치하면 서로의 클라우드 환경을 제어할 준비가 끝납니다. 참고로 네트워크에 접속할 때는 두 클라우드 간의 데이터 전송뿐만 아니라 API 실행을 위한 라우팅도 반드시 고려 대상에 포함해야 합니다.

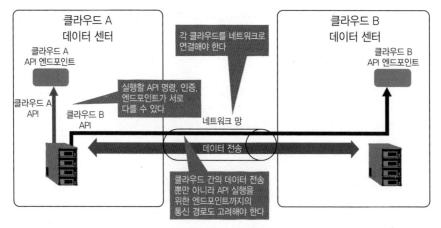

▲ 그림 11.2 멀티 클라우드 적용 시 고려사항

11.1.4 멀티 클라우드의 적용 패턴

멀티 클라우드는 '여러 개의 클라우드를 조합해서 사용한다'는 의미로 다음과 같은 네 가지 패턴으로 분류할 수 있습니다([그림 11.3] 참고). 이제 이들 각각에 대해 살펴 보겠습니다.

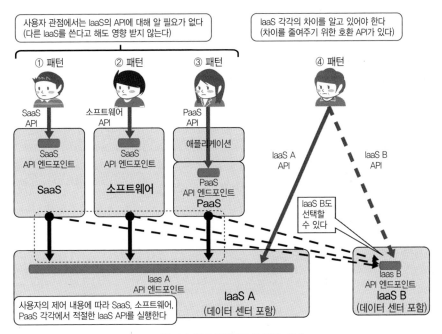

▲ 그림 11.3 멀티 클라우드의 적용 패턴

① 서로 다른 IaaS에 구성된 SaaS

이 패턴은 다른 패턴들에 비해 쉽게 상상이 가능합니다. 예를 들면 동영상을 제공하는 넷플릭스Netflix나 파일 공유 기능을 제공하는 드롭박스Dropbox가 그러한데 백엔드의 기반은 AWS를 사용하는 것으로 알려져 있습니다. 하지만 이들 서비스를 이용하는 사용자 관점에서는 백엔드에서 AWS의 API가 사용되는지의 여부는 관심 밖의 일입니다. SaaS는 IaaS의 API를 내부적으로 사용하기 때문에 사용자 관점에서는 IaaS

가 보이지 않습니다. 그래서 SaaS가 다른 IaaS를 사용하는 형태의 멀티 클라우드 구성이 가능합니다.

② 서로 다른 IaaS에 구성된 소프트웨어

이 패턴에서 사용되는 소프트웨어는 대부분 소프트웨어 내부에서 클라우드를 제어할 수 있는 기능을 포함하고 있습니다. 클러스터 소프트웨어나 소프트웨어 로드 밸런서가 좋은 예인데 물리적인 장비가 아니라 클라우드상에서 동작할 수 있는 소프트웨어 형태로 제공됩니다. 이들은 페일오버failover나 부하 분산 로직을 구현하기 위해서 소프트웨어 내부에서 클라우드의 API를 실행하도록 되어 있습니다. 또한 설정 조건에 따라 IaaS의 API를 실행하기 때문에 소프트웨어의 사용자는 IaaS의 API에 대해서는 알지 못합니다. 이러한 소프트웨어들은 보통 클라우드의 마켓플레이스를 통해 제공됩니다. 마켓플레이스에 대해서는 11.5에서 다시 다루겠습니다.

이러한 구성은 사용자 관점에서는 멀티 클라우드로 보이지 않지만 내부적으로는 멀티 클라우드 형태여서 해당 소프트웨어가 다른 IaaS를 선택하는 것이 가능합니다.

③ 서로 다른 IaaS에 구성된 PaaS

이런 유형의 PaaS의 예로는 피보탈Pivotal 사(社)[1]가 제공하는 피보탈 웹 서비스Pivotal Web Services가 있습니다. 이 서비스는 오픈소스 소프트웨어OSS 기반의 PaaS인 클라우드 파운더리Cloud Foundry를 AWS상에 제공하는 서비스로, 클라우드 파운더리 자체는 인프라 환경으로 AWS말고도 브이엠웨어VMware나 오라클Oracle의 VMvirtual machine도 선택할 수 있습니다. 다만, 브이엠웨어나 오라클의 VM을 사용할 때에는 인프라에 대한 관리를 AWS가 해주지 않기 때문에 직접 관리를 해야 합니다. 다른 패턴들과 유사하게 피보탈 웹 서비스 사용자는 백엔드의 AWS API에 대해서는 의식할 필요가 없습니다.

---

1 역자 주 : 구 VMware

그 밖에도 다른 유명한 PaaS로는 레드햇Red Hat이 제공하는 오픈시프트OpenShift와 세일즈포스Salesforce가 제공하는 헤로쿠Heroku가 있습니다. 이들도 AWS상에서 동작하는데 역시 사용자 관점에서는 그 밑바닥에서 AWS API가 사용되는지를 신경 쓸 필요가 없습니다(참고로 헤로쿠는 VPC를 설정할 수 있음). 즉 PaaS가 내부적으로 IaaS의 API를 제어하고 있기 때문에 사용자 관점에서는 멀티 클라우드라는 것을 직접 인지하지 못하고, PaaS입장에서는 다른 IaaS를 선택하는 것이 가능합니다.

④ 서로 다른 IaaS를 서로 연결

①에서 ③까지의 패턴은 각각 IaaS와는 다른 레이어를 사용하고 있었습니다. 다만, 데이터 센터와 네트워크만 IaaS가 제공하는 환경을 사용하고 있습니다. 반면, 이 패턴은 데이터 센터나 네트워크 각각이 서로 다른 IaaS의 것을 사용하기 때문에 API를 사용할 때도 서로 다른 IaaS의 존재를 정확하게 인지하고 사용해야 합니다. 그래서 이러한 형태는 다른 패턴에 비해 진입 장벽이 더 높은 편이고 앞서 멀티 클라우드 설계 시 고려사항에서 언급한 것처럼 '① 클라우드 간의 네트워크 접속 방식'과 '② API의 호환성'에 대한 검토가 상당히 중요해집니다.

이 책은 인프라와 API를 대상으로 하고 있기 때문에 이 장에서는 멀티 클라우드의 적용 패턴 중, 네 번째인 '④ 서로 다른 IaaS를 서로 연결'하는 패턴에 대해 알아 보고 이 패턴을 적용할 때 고려해야 할 기술 요소에 대해서 설명합니다.

11.2 전용 네트워크

서로 다른 IaaS로 멀티 클라우드를 구성하기 위해 우선적으로 고려해야 할 것은 바로 '클라우드 간의 네트워크 접속 방식'입니다. 당연한 이야기지만 클라우드 환경의 리전과 가용 영역이 어디에 위치하는지가 관건입니다.

예를 들어 한 클라우드 환경이 서울에 있고 또 하나의 클라우드 환경이 남미의 상파울루에 있다면 그 둘을 연결하기 위한 다양한 고려 사항이 나올 것이고 속도 지연 또한 무시할 수 없을 것입니다. 어찌되었거나 연결할 두 지점이 확인되었다면 이들을 네트워크로 연결하기 위해 다음과 같은 두 가지 방법 중 하나를 선택해야 합니다.

① 통신 사업자나 클라우드 벤더가 제공하는 전용 네트워크를 사용
② 공개된 인터넷을 활용

WANWide Area Network에 대한 기본적인 내용을 익히고 위 방법을 살펴 봅니다.

11.2.1 BGP와 AS

WAN은 앞서 언급한 전용선과 인터넷을 모두 포함하고 있으며, ASAutonomous System, 혹은 자율 시스템이라고 부르는 네트워크들의 집합을 말합니다. 각 AS는 고유한 AS 번호를 가지고 있으며 다른 AS들과 통신할 때는 BGPBorder Gateway Protocol라는 프로토콜을 사용해서 라우팅을 합니다([그림 11.4] 참고). 이렇게 BGP를 사용해서 AS끼리 연결하는 것을 피어링peering이라고 부릅니다.

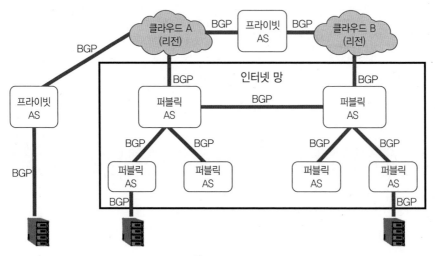

▲ 그림 11.4 BGP, AS

라우팅 프로토콜은 네트워크의 내부를 찾아가기 위한 IGPInterior Gateway Protocol와 네트워크의 외부를 찾아가기 위한 EGPExterior Gateway Protocol가 있는데 앞서 언급한 BGP[2]가 바로 EGP에 포함됩니다. 클라우드 환경이 다른 데이터 센터에 있다면 물리적으로 격리되어 있다는 말이기 때문에 EGP를 사용한 라우팅이 필요합니다. BGP는 CIDR를 지원하고 있어서 한 클라우드 환경에 정의된 네트워크의 CIDR을 다른 클라우드로 전달할 수 있습니다.

AS번호는 IP 주소처럼 공용(1번에서 64511번까지)과 사설(64512번에서 65535번까지)의 개념이 있습니다. 그래서 인터넷에 접속되어 공용 네트워크 주소를 갖는 Amazon S3는 사설 AS와 피어링할 수 없습니다. 반대로 사설 네트워크 주소로 구성되는 Amazon VPC는 사설 AS번호를 할당 받을 수 있습니다.

11.2.2 전용회선

클라우드를 전용회선으로 연결하려면 크게 두 가지 작업이 필요합니다.

   ① 전용회선의 종류를 선택하고 신규 회선이면 회선 부설과 물리적 결선을 한다
   ② 네트워크 API를 사용해서 클라우드 측의 게이트웨이와 논리적 결선을 한다

연결하려는 두 지점 사이에 기존에 연결된 전용회선이 없다면 API만으로는 연결할 수 없습니다. 이런 경우에는 물리적인 회선 부설과 물리적 결선 작업이 선행되어야 합니다.

회선의 선택과 물리적 결선

전용회선의 종류는 크게 두 종류가 있는데 필요에 따라 선택해서 쓸 수 있습니다.

   ① 거점 간 전용회선
   ② 광역 이더넷

이보다 앞서서 회선 사업자를 선택할 때는 다음 두 가지를 확인해야 합니다.

---

2 BGP를 비롯한 각종 프로토콜에 관한 자세한 설명은 〈네트워크 엔지니어의 교과서〉(로드북)를 참고 바랍니다.

- **두 거점 사이에 회선을 부설할 수 있는 통신 사업자가 있는가?**

  지역별로 물리적인 부설이 가능한 통신 사업자가 나눠진 경우가 있다. 국내 특정 지역의 망은 특정 업체만 관리한다거나, 해외 망과의 연결은 또 다른 업체가 담당할 수 있으니, 연결할 거점이 확인되면 각 지역을 중심으로 관련된 통신 사업자를 먼저 확인해야 한다.

- **클라우드 서비스 측에서 추천하는 통신 사업자가 있는가?**

  공용 클라우드 벤더라면 전용회선을 담당하는 통신 사업자가 이미 지정되어 있을 가능성이 높다. 보안상 실제로 존재하는 데이터 센터의 위치를 알려주지 않는 것이 특징이다. AWS를 예로 들면 전용회선을 담당하는 통신 사업자는 리전별로 다를 수가 있는데 집필 시점에서 서울 리전에 전용회선을 연결해야 한다면 KINX사(社)에 의뢰해야 한다.[3]

이렇게 각종 제약 조건과 요구 사항에 맞는 통신 대역, 가격, 기술지원, 품질 등을 검토한 다음, 통신을 연결할 거점과 거점 간을 전용선으로 연결할지, 광역 이더넷으로 연결할지를 결정되면 마지막으로 회선을 담당할 통신 사업자를 선택하면 됩니다([그림 11.5] 참고).

① 두 개의 거점이 물리적으로 가까운 경우

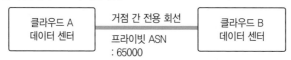

② 여러 개의 거점이 물리적으로 멀리 있는 경우

▲ 그림 11.5 물리적 결선의 개념도

---

3 AWS Direct Connect의 최신 목록은 아래 주소에서 확인 가능합니다.
  • http://aws.amazon.com/directconnect/details/

앞서 살펴 본 '① 거점 간 전용회선'은 연결할 두 거점만 피어링하고 싶을 때 사용합니다. 단, 향후 접속할 거점이 더 많아지면 매번 회선을 부설할 비용도 증가하기 때문에 장기적인 관점에서는 망을 재설계할 필요가 있습니다.

'② 광역 이더넷'은 기존의 광역 이더넷망(통신 사업자에 따라서는 IP-VPN망이라고도 함)을 사용하는 형태로, 거점과 클라우드 사이를 연결할 때 이 망을 이용합니다. 이러한 광역 이더넷망은 AS들로 분할되고 BGP를 사용해서 라우팅됩니다.

논리적 결선

물리적인 결선이 완료되었다면 논리적 결선을 할 차례입니다. 사설 네트워크로 연결한다면 7장에서 소개한 가상 네트워크의 사설 게이트웨이를 활용하면 됩니다. 이때 사설 IP 주소는 서로 중복되지 않도록 설계해야 합니다.[4]

클라우드 환경에서는 이러한 결선을 API로 처리할 수 있는 컴포넌트가 제공됩니다. 예를 들어 한국에 데이터 센터를 둔 AWS, Microsoft Azure, IBM SoftLayer의 글로벌 3사(社)의 클라우드 서비스로 보자면, AWS에서는 Direct Connect가, Microsoft Azure에서는 Express Route가, IBM SoftLayer에서는 Direct Link가 제공됩니다.

AWS에서는 논리적 결선을 할 때 가상 인터페이스로 구성하며 API를 호출할 때는 커넥션 ID를 사용합니다([그림 11.6] 참고). 참고로 커넥션 ID는 사설 AS 번호, VLAN 번호, 연결될 두 지점의 CIDR, 사설 게이트웨이 ID 등의 속성 정보와 연관 관계가 있습니다. AWS의 Direct Connect 서비스는 엔드포인트가 directconnect.{region}.amazonaws.com인데 여기에 'CreatePrivateVirtualInterface'[5] API를 실행하면 커넥션 ID가 만들어집니다. 'AllocatePrivateVirtualInterface'[6] API를 실행하면 접속이 완료됩니다. 여기서 '{region}'에는 연결할 지점의 리전 정보가 들어갑니다.

---

4 IP 주소가 중복될 경우, NAT를 사용해서 회피할 수도 있지만 상당히 구성이 복잡해집니다. 7장에서 다룬 것처럼 클라우드 측의 가상 네트워크에 제약이 있을 수도 있기 때문에 가능한 NAT를 사용하지 않고 설계할 것을 권합니다.

5 역자 주 : http://docs.aws.amazon.com/directconnect/latest/APIReference/API_CreatePrivateVirtualInterface.html

6 역자 주 : http://docs.aws.amazon.com/directconnect/latest/APIReference/API_AllocatePrivateVirtualInterface.html

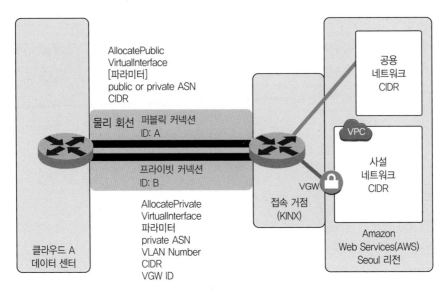

▲ 그림 11.6 논리적 결선의 개념도

여기까지는 사설 네트워크를 서로 연결하는 것을 전제로 했습니다. 하지만 AWS에는 글로벌 IP로 개방되는 서비스도 있습니다. 이러한 서비스에 대해서는 인터넷으로 접속할 수도 있지만 통신 대역이나 라우팅, 보안 등을 고려하여 필요에 따라 전용회선을 사용할 수도 있는데 이때는 공용 AS를 사용합니다. AWS에는 공용 AS번호로 커넥션 ID를 생성하는 API가 제공되는데 'CreatePublicVirtualInterface'[7] API를 실행하고, 공용 AS 번호를 사용해서 'AllocatePublicVirtualInterface'[8] API로 연결합니다.

피어링이 끝난 후, 잊지 말아야 할 것이 있는데, 그것은 바로 7장에서 설명한 라우팅입니다. 각 클라우드 환경의 가상 라우터에 CIDR 정보와 관련된 라우팅 설정을 한 후에야 거점 간의 경로가 만들어집니다. 참고로 AWS의 경우, 가상 사설 게이트웨이 VGW: Virtual Private Gateway가 연결 지점이 되기 때문에 목적지가 거점의 CIDR이면 경로가 VGW으로 향하도록 라우팅을 설정하면 됩니다.

---

7 역자 주 : http://docs.aws.amazon.com/directconnect/latest/APIReference/API_ConfirmPublicVirtualInterface.html

8 역자 주 : http://docs.aws.amazon.com/directconnect/latest/APIReference/API_AllocatePublicVirtualInterface.html

11.2.3 인터클라우드

통신할 물리적인 거점이 고정되어 있고, 이들을 최초로 연결하는 과정에 대해 설명했습니다. 반면, 대규모의 공용 클라우드 벤더를 이용한다면 데이터 센터와 데이터 센터 간의 통신은 누가 사용하더라도 같은 경로를 공유하게 될 것이고, 이미 기존에 설치된 회선이 있기 때문에 이 회선을 활용하는 것이 더 효율적일 수 있습니다. 이러한 방식은 특별히 네트워크를 의식하지 않아도 클라우드 환경을 원활하게 사용할 수 있기 때문에 '인터클라우드intercloud'라고도 합니다([그림 11.7] 참고).

기술적으로는 Cisco 사(社)가 만든 Intercloud Fabric이 유명합니다. 보통 국내에서는 공용 클라우드의 접점이 되는 데이터 센터가 KNIX 사인 경우가 많아 같은 리전 안에 서로 다른 클라우드를 사용할 때 KNIX의 KNIX Cloud Hub[9]를 활용합니다.

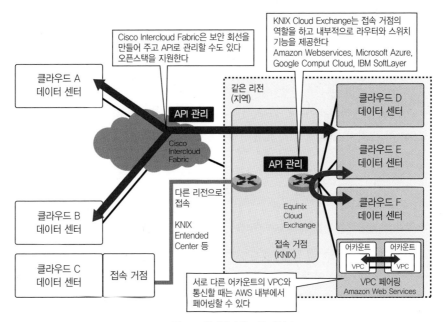

▲ 그림 11.7 인터클라우드의 개념도

---

9 역자 주 : www.knix.net/service/cloudhub

이때는 대역이나 QoS[10]와 같은 요구 사항이 충족되는지 미리 확인해둘 필요가 있습니다. KINX 제품은 API 관리 기능을 사용하거나 KINX사(社)가 관리하는 글로벌 네트워크도 다른 지역과 연결할 때 활용할 수 있습니다. 한편, 이번 경우와 같이 인터커넥트로 접속할 때는 IP로 통신을 하기 때문에 최종적으로는 각각에 대한 라우팅 설정을 해줘야 합니다.

같은 클라우드 서비스의 테넌트(어카운트)끼리 통신하려면 실제로 리전이 같고 데이터 센터도 같아서 물리적인 결선은 필요가 없습니다. 공용 네트워크에 연결된 서비스끼리 연결해야 한다면 9장에서 설명한 인증만으로도 충분하고, 서로 다른 테넌트의 사설 네트워크를 연결해야 한다면 피어링을 해주면 됩니다.

7장에서도 다룬 적이 있지만 AWS에서는 VPC 피어링Peering이라는 기능이 있는데 만약 같은 리전에 있다면 서로 다른 테넌트의 VPC끼리도 피어링을 할 수 있습니다. 'CreateVpcPeeringConnection'[11] API를 실행할 때 접속하려는 쪽의 VPC ID와 접속될 곳의 어카운트 ID, 그리고 VPC ID를 지정하면 커넥션 ID가 만들어 집니다. 이후 접속할 곳의 어카운트에 대해 'AcceptVpcPeeringConnection'[12] API에 앞서 만들어진 커넥션 ID를 지정하면 피어링이 완료됩니다. 라우팅을 설정할 때는 피어링 커넥션이 게이트웨이PCX: Peering Connection Gateway 역할을 하기 때문에 다른 VPC의 CIDR가 목적지면 PCX로 향하도록 라우팅을 설정해주면 됩니다.

11.2.4 인터넷 VPN

이제까지 전용회선을 사용한 접속 방식에 대해 설명했습니다. 이에 반해 성능은 다소 떨어지더라도 통신 비용은 절감할 수 있는 방법으로 인터넷 회선을 활용할 수도 있는데 이것을 인터넷 VPN이라고 합니다. 이 방식은 원격 접속과 같이 큰 성능이 필요하지 않을 때 주로 활용하며 대표적인 VPN으로는 IPsec VPN과 SSL-VPN이 있습니다.

---

10 Quality of Service의 두문자어(acronym)로 네트워크상에 제공되는 서비스 품질을 의미합니다.

11 역자 주 : http://docs.aws.amazon.com/AWSEC2/latest/APIReference/API_CreateVpcPeeringConnection.html

12 역자 주 : http://docs.aws.amazon.com/AWSEC2/latest/APIReference/API_AcceptVpcPeeringConnection.html

인터넷 VPN을 사용하려면 VPN 라우터가 필요한데 클라우드에서는 사용자가 보유한 물리적인 장비를 설치할 수 없으므로 소프트웨어 VPN을 서버상에 구성하는 방식을 사용합니다. 또한 AWS에서는 앞서 소개한 가상 사설 게이트웨이vGW가 IPsec 통신을 지원하기 때문에 VGW를 VPN 라우터로 활용하는 방법도 있습니다. VGW에는 여러 개의 IPsec VPN 통신을 연결할 수 있기 때문에 마치 허브처럼 동작하는 CloudHub[13]라는 구성 형태도 많이 사용됩니다([그림 11.8] 참고)

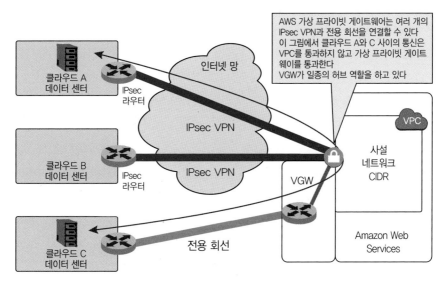

▲ 그림 11.8 VPN CloudHub의 개념도

---

13 역자 주 : http://docs.aws.amazon.com/ko_kr/AmazonVPC/latest/UserGuide/VPN_CloudHub.html

11.3 CDN

이제까지는 멀티 클라우드의 네트워크가 리전과 가깝고 폐쇄된 망이라는 전제로 설명했습니다. 여러 개의 리전에 흩어진 여러 개의 클라우드들을 연결해야 할 때에는 콘텐츠 딜리버리 네트워크CDN: Contents Delivery Network를 활용할 수도 있습니다. CDN 이란 웹 콘텐츠를 인터넷에 효과적으로 배포하기 위한 HTTP에 최적화된 네트워크를 말합니다.

앞서 배운 내용들을 잠시 되짚어 보면 클라우드의 근간 기술인 DNS는 3장에서 배웠고, 오브젝트 스토리지는 10장에서 다루었습니다. 구축할 시스템이 동영상처럼 대용량 파일의 비중이 높고, 클라우드 기반의 아키텍처를 사용할 수 있는 환경이 있다고 가정하겠습니다. 이런 환경에서 오브젝트 스토리지에 저장된 파일들을 사용자에게 제공할 때는 DNS를 활용하여 최적의 라우팅 경로로 파일이 전송되도록 만들 필요가 있습니다. 최근에는 웹 브라우저로 접속하는 사용자 외에도 모바일 기기로 접속자도 많아져서 일시적으로 요청이 많아 한 곳에 부하가 몰리는 경우도 종종 생깁니다. 이러한 문제를 해결하기 위해 DNS와 오브젝트 스토리지, 혹은 로드 밸런서 사이에 CDN을 구성하는 사례가 늘어나고 있습니다. CDN은 HTTP 통신에 최적화되어 있고, 사용자와 가장 가까운 엣지 서버를 통해 캐시 기능을 제공하는가 하면, 네트워크 라우팅 기능은 물론 보안 기능까지 두루 갖추고 있다보니 국제적으로 서비스하려는 시스템에 반드시 필요한 구성 요소 중의 하나로 꼽힙니다.

CDN을 제공하는 서비스로는 Akamai, Amazon CloudFront, EdgeCast, Limelight, CDNetworks 등이 있습니다. 이 책에서는 CDN의 사실상 표준인 Akamai와 AWS가 제공하는 Amazon CloudFront를 중심으로 설명합니다.

CDN을 클라우드로 정의하기에는 다소 논란의 여지가 있습니다. 리소스가 추상화되어 있고, API로 제어할 수 있으며, 인터넷을 통해 접근하면서도 클라우드 환경과 쉽게 조합할 수 있다는 면이 일반적인 클라우드 서비스에서 볼 수 있는 시스템에 대한 접근 방법과 매우 비슷합니다. 이 절에서는 CDN을 구성하는 기본 컴포넌트와 API를 설명한 후에, 멀티 클라우드에 있어서 CDN이 얼마나 중요한 역할을 하는지를 알아봅니다.

11.3.1 인터넷 구조와 CDN의 기본 아키텍처

CDN은 인터넷을 고속화하기 위한 기술입니다. 단, 통신 속도 자체를 높이는 것이 아니라 리소스를 적재적소에 분배하고 가까운 분배지로 통신 경로를 연결하는 방법으로 최적화합니다. 이때 통신 경로는 논리적으로 정의할 수 있기 때문에 API로 제어할 수 있습니다.

인터넷은 앞서 언급한 BGP 프로토콜을 이용해서 AS와 AS 사이를 라우팅하는 네트워크입니다. AS는 그 수가 많고 계층 관계를 형성하는데, 그 중에서도 하위에 많은 AS 계층을 포함한 최상위의 AS를 티어1tier1이라고 합니다. 이는 3장에서 소개한 DNS 트리와 비슷하다고 생각하면 됩니다. 통신 경로상에 수많은 AS들을 거쳐야 하는 경우라면 티어1을 통할 확률이 높습니다([그림 11.9] 참고). 티어1을 기준으로 그 하위 규모의 AS를 순서대로 티어2tier2, 티어3tier3와 같이 부릅니다.

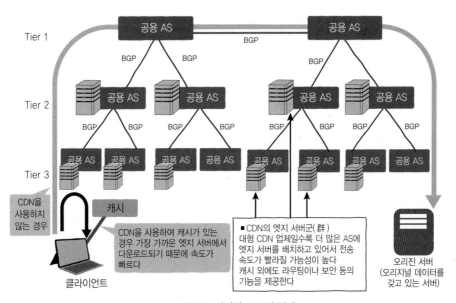

▲ 그림 11.9 티어와 CDN의 관계

인터넷은 수많은 라우터들의 집합이라고 볼 수도 있는데, CDN은 그 중에서도 사용자와 가장 가까운 라우터에 연결된 서버라고 생각할 수 있습니다. 이 서버는 고속처리를 위해 필요한 DNS, 라우팅 정보 관리, 캐시 관리와 같은 기능이 있으며 이러한 정보를 바탕으로 최적의 라우팅 정보를 만들게 됩니다. 이제 이러한 CDN을 구성하는 컴포넌트에 대해 알아 보고 DNS와의 관계나 캐시 기능, 그리고 라우팅 기능 등에 대해서도 살펴 보겠습니다.

11.3.2 엣지

CDN에서는 캐시 서버가 존재하는 데이터 센터를 리전이라고 하지 않고 엣지edge, 혹은 엣지 로케이션edge location이라고 부릅니다. 전세계 각지에 수많은 엣지가 분포되어 있는데 요청이 들어오는 곳에서 가장 가까운 엣지로 라우팅을 하도록 만들어 HTTP 응답 속도를 향상시키고 있습니다. 이때, 요청한 지역에서 얼마나 가까운 곳에 엣지가 위치하느냐에 따라 응답 속도가 결정되므로 CDN 서비스 제공자는 타 사업자와의 차별화를 위해 엣지의 개수와 운영 장소를 지속적으로 늘리고 있습니다.

11.3.3 오리진

사실 CDN은 네트워크 망에 불과하기 때문에, 실제로는 콘텐츠를 보관할 서버가 필요하고 이것을 오리진origin이라고 합니다. CDN에서는 HTTP 통신을 하기 때문에 오리진은 HTTP 서버로 구성해야 합니다. 통상 동적 웹 사이트에서는 웹 서버 앞에 로드 밸런서를 둘 때가 많아, 오리진은 HTTP 로드 밸런서를 중심으로 구성됩니다. 반면, 정적 웹 사이트에서는 오브젝트 스토리지가 HTTP 서버를 내장하고 있기 때문에, 오리진은 오브젝트 스토리지를 중심으로 구성됩니다.

11.3.4 디스트리뷰션

CDN은 DNS와 오리진 사이에 위치하고 있어서 URL을 통해 서비스를 이용하는 사용자는 CDN의 존재를 의식하지 못합니다. CDN에는 최적의 엣지를 구성할 수 있도록 각종 규칙을 정의하는 논리적인 단위가 있습니다. 이 논리적 단위를 Amazon CloudFront에서는 디스트리뷰션distribution, Akamai에서는 엣지 호스트edge host라고 합니다. 이들은 각각 오리진과 연관 관계가 있는데 이 책에서는 편의상 이들을 통틀어 디스트리뷰션으로 부르겠습니다. 참고로 디스트리뷰션에는 CDN이 정의하는 하나의 CNAME 레코드가 있고 여기에는 엣지를 가리키는 여러 개의 IP 주소가 할당되어 있습니다. 이것이 CDN의 동작 방식에서 핵심 요소인데 자세한 내용은 뒤에서 설명합니다.

Amazon CloudFront에서는 웹 관련 데이터를 다루는 디스트리뷰션과 스트리밍 관련 데이터를 다루는 디스트리뷰션으로 두 가지 형태가 제공되며, API와 리소스도 각각 별도로 존재합니다. Direct Connect를 포함해서 이제까지 살펴 본 대부분의 컴포넌트들은 엔드포인트에 리전 정보가 포함되어 있었는데 CloudFront는 리전 정보가 들어가지 않습니다. 즉 'cloudfront.amazonaws.com'과 같은 형태로 접근하는데 이것은 디스트리뷰션 리소스가 여러 개의 엣지를 포함하고 있기 때문에 어느 하나로 지정할 수 없기 때문입니다.

우선 웹 디스트리뷰션을 살펴 보겠습니다. URI 'cloudfront.amazonaws.com/{yyyy-mm-dd}/distribution'을 POST 방식으로 실행하면 디스트리뷰션 ID가 생성됩니다. 이렇게 생성된 디스트리뷰션 ID를 사용해서 'cloudfront.amazonaws.com/{yyyy-mm-dd}/distribution/{distribution_id}'를 GET 방식으로 실행하면 지정한 디스트리뷰션에 대한 메타 데이터를 확인할 수 있습니다. 이때 GET 방식 대신 DELETE 방식으로 실행되면 해당 디스트리뷰션은 삭제됩니다. 여기서 '{yyyy-mm-dd}'에는 날짜 형식을, '{distribution_id}'에는 생성된 디스트리뷰션 ID가 들어갑니다.

디스트리뷰션의 설정은 10장에서 설명한 CORS 설정과 비슷한 방법으로 HTTP 바디 부분의 〈DistributionConfig〉안에 정의합니다.[14] 설정할 부분으로는 오리진을 지정하는 〈Origin〉이나 캐시 설정을 할 〈CacheBehavior〉, 그리고 접근 이력을 남기기 위한 〈Logging〉 등이 있습니다.

14 역자 주 : http://docs.aws.amazon.com/ko_kr/AmazonCloudFront/latest/APIReference/DistributionConfigDatatype.html

스트리밍 디스트리뷰션도 이와 유사한데 URI만 조금 다릅니다. 즉, 'cloudfront.amazonaws.com/{yyyy-mm-dd}/streaming-distribution'에 대해 POST나 GET, DELETE 방식으로 디스트리뷰션을 제어하게 됩니다.

11.3.5 비헤이비어

비헤이비어behavior는 디스트리뷰션에서 정의하는 내용으로 사용자 요청을 오리진과 연결하고 오리진의 응답을 사용자에게 연결해주는 기능을 의미합니다. 이때 오리진은 오브젝트 스토리지일 수도 있고 로드 밸런서를 앞세운 웹 서버일 수도 있습니다. 디스트리뷰션이 FQDN이라고 비유한다면 비헤이비어는 URI의 패스 부분에 해당한다고 볼수 있는데, 이 패스의 내용이 무엇인지에 따라 어떤 오리진을 연결을 할지 결정하게 됩니다. 비헤이비어를 사용하면 HTTP 메소드나 캐시를 위한 TTL 정의, 그리고 분산할 엣지를 한정(限定)하는 등의 다양한 설정을 할 수 있습니다([그림 11.10] 참고).

비헤이비어는 〈CacheBehavior〉에 설정하게 되는데 Amazon CloudFront에서는 한번 정의한 디스트리뷰션을 수정하는 일이 많기 때문에 설정 관리를 위한 별도의 리소스가 제공됩니다. URI 'cloudfront.amazonaws.com/{yyyy-mm-dd}/distribution/{distribution ID}/config'를 PUT 방식으로 실행하면 기존의 설정을 덮어쓸 수 있습니다. 주의할 점은 설정을 비활성화할 때 DELETE 방식을 호출하는 것이 아니라 설정 값에 NULL을 넣어서 PUT으로 덮어써야 한다는 점입니다. 이렇게 설정된 내용은 GET 방식으로 그 내용을 확인할 수 있습니다.

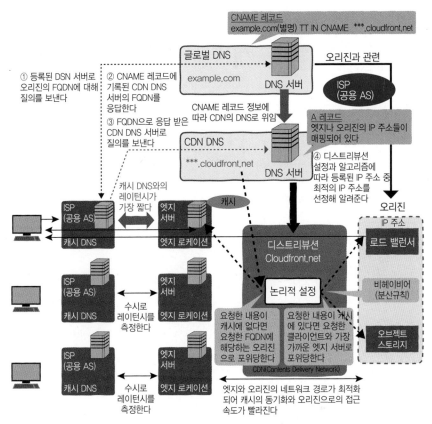

▲ 그림 11.10 엣지, 오리진, 디스트리뷰션, 비헤이비어의 관계

11.3.6 헤더 필터와 에러 페이지, 그리고 SSL 인증서

CDN은 HTTP에 특화된 네트워크입니다. 그래서 OSI 모델 중 L3 레벨에서 제어하지 않고 L7 레벨에서 제어합니다.

그래서 Amazon CloudFront를 예로 들면 접근 제어를 할 때, 화이트 리스트에 허용할 HTTP 헤더를 조건으로 걸 수 있다거나, HTTP 상태 코드에 따라 적절한 에러 페이지로 포워딩을 하도록 설정하기도 합니다([그림 11.11] 참고).

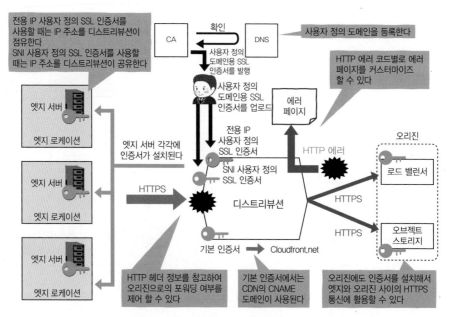

전용 IP 사용자 정의 SSL 인증서를
사용할 때는 IP 주소를 디스트리뷰션이
점유한다
SNI 사용자 정의 SSL 인증서를 사용할
때는 IP 주소를 디스트리뷰션이 공유한다

확인

CA

DNS

사용자 정의 도메인을 등록한다

사용자 정의
도메인용 SSL
인증서를 발행

HTTP 에러 코드별로 에러
페이지를 커스터마이즈
할 수 있다

엣지 서버

엣지 로케이션

사용자 정의
도메인용 SSL
인증서를 업로드

에러
페이지

오리진

엣지 서버 각각에
인증서가 설치된다

전용 IP
사용자 정의
SSL 인증서

HTTP 에러

로드 밸런서

엣지 서버

HTTPS

SNI 사용자 정의
SSL 인증서

디스트리뷰션

HTTPS

엣지 로케이션

HTTPS

오브젝트
스토리지

엣지 서버

기본 인증서

Cloudfront.net

엣지 로케이션

HTTP 헤더 정보를 참고하여
오리진으로의 포워딩 여부를
제어 할 수 있다

기본 인증서에서는
CDN의 CNAME
도메인이 사용된다

오리진에도 인증서를 설치해서
엣지와 오리진 사이의 HTTPS
통신에 활용할 수 있다

▲ 그림 11.11 헤더 필터와 에러 페이지, SSL 인증서

클라우드 환경에서는 웹 애플리케이션 방화벽 서비스WAF: Web Application Firewall[15]를 사용할 수 있는데 HTTP를 기반으로 하는 CDN과 조합이 가능하다는 점에서 향후, CDN의 주요 서비스로 활용되리라 예상됩니다.

앞서 9장에서는 통신이 대부분 HTTPS로 이루어진다고 설명한 바 있습니다. 그리고 HTTPS 통신을 위해서는 서버에 SSL 인증서가 설치되어야 합니다. CDN은 도메인을 사용한 통신에서 접점 역할을 하기 때문에 SSL인증서를 설치하는 최적의 장소가 됩니다. 실제로 CDN을 사용할 경우, SSL 인증서는 디스트리뷰션에 업로드하게 되는데[16], 별도로 구매한 사용자 정의 도메인을 사용하는 경우라면, 해당 도메인이 여러 개의 엣지에 할당된 IP 주소들을 대응할 수 있어야 하기 때문에 각 엣지로 SSL 인증서가 분배되어야 합니다.

15 역자 주 : http://docs.aws.amazon.com/waf/latest/developerguide/

16 역자 주 : AWS의 경우, 인증서 업로드는 CloudFront가 아닌 IAM에서 합니다.

SSL 인증서에는 일반적인 인증서와 여러 개의 CNAME(가상 호스트)를 지원할 수 있는 SNI~Server Name Indication~ 인증서의 두 종류가 있습니다. 일반적인 인증서는 엣지가 있는 IP 주소를 특정 디스트리뷰션의 CNAME에서 점유하는 형태가 되는 것에 반해, SNI 인증서는 각각의 엣지를 여러 개의 디스트리뷰션의 CNAME에서 공유하는 형태가 됩니다.

11.3.7 클라우드 사설 네트워크

CDN을 사용할 때, 디스트리뷰션과 오리진 사이에 사설 네트워크를 구성하도록 만들 수 있습니다. 이렇게 하면 오리진은 반드시 CDN을 통해서만 접근할 수 있어 일반적인 방법으로는 접근하지 못하도록 차단할 수 있습니다. 그 밖에도 HTTP 접근은 CDN을 통해 서비스를 계속하면서도 그 뒤의 오리진을 다른 클라우드로 교체하는 것도 가능합니다.

이러한 기능은 Amazon CloudFront에서 OAI~Origin Access Identity~라고 부르고 이 책의 집필 시점에서는 오리진으로 Amazon S3를 선택할 수 있습니다([그림 11.12] 참고).

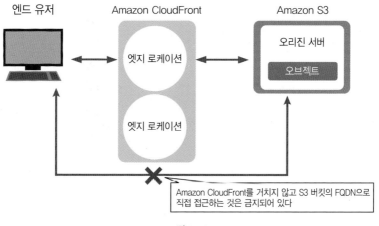

▲ 그림 11.12 OAI

Akamai에서는 Site Shield[17]라는 기능이 이에 해당하고, 오리진으로는 여러 다른 클라우드를 선택할 수 있습니다. Site Shield는 각 엣지 서버의 부모 역할을 하면서 반드시 정해진 방식으로 라우팅이 되도록 제어됩니다.

KINX사(社)에서는 퍼포먼스 허브를 이용한 사설 CDN[18]도 제공하고 있습니다.

11.3.8 CDN의 캐시 제어 방식

CDN의 핵심이 되는 캐시 기능은 HTTP 헤더와 디스트리뷰션의 설정 내용에 따라 제어됩니다([그림 11.13] 참고). 캐시를 제어하는 HTTP 헤더로는 Cache-Control 과 Expires의 두 가지인데 둘 다 설정된 경우에는 Cache-Control이 우선합니다.

Expires는 캐시가 무효화되는 시점을 지정할 때 사용하고, Cache-Control은 캐시 가 유효한 기간(초 단위)을 지정할 때 사용하기 때문에 용도를 구분해서 의도한 대로 잘 동작하도록 설정해야 합니다. 그 밖에도 CDN의 디스트리뷰션 설정에는 캐시의 수명을 제어하는 TTL 설정이 있습니다.

HTTP 헤더와 디스트리뷰션 둘 다 설정되어 있으면 엣지 서버의 캐시 제어는 디스트 리뷰션의 설정이 우선하고, 브라우저의 캐시 제어는 HTTP 헤더의 설정만 적용됩니 다([그림 11.13] 참고).

웹 애플리케이션의 URI에서 사용되는 쿼리 파라미터를 통해 캐시 여부를 판단하고 싶다면 디스트리뷰션에 'Forward Query Strings'를 활성화하면 됩니다.[19] 비슷 한 방법으로 HTTP 헤더의 쿠키cookie 값을 활용해서 캐시 여부를 확인하고 싶다면 'Forward Cookies'를 활성화하면 됩니다.[20]

---

17 역자 주 : https://www.akamai.com/kr/ko/solutions/products/cloud-security/site-shield.jsp

18 역자 주 : www.knic.net/service/cloudhub

19 역자 주 : http://docs.aws.amazon.com/ko_kr/AmazonCloudFront/latest/DeveloperGuide/QueryStringParameters. html

20 역자 주 : http://docs.aws.amazon.com/ko_kr/AmazonCloudFront/latest/DeveloperGuide/Cookies.html

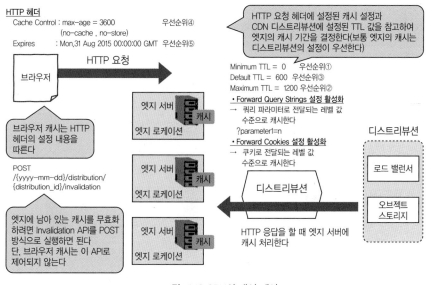

▲ 그림 11.13 CDN의 캐시 제어

엣지 서버의 캐시 데이터를 수동으로 무효화하고 싶을 수도 있는데, 이때는 URI 'cloudfront.amazonaws.com/{yyyy-mm-dd}/distribution/{distribution_id}/invalidation'를 PUT 방식으로 실행하되, InvalidationBatch[21]에 무효화할 경로를 지정해주면 됩니다.

11.3.9 CDN의 라우팅

캐시를 활용해서 콘텐츠의 제공을 최적화하는 방법에 대해 살펴 보았습니다. 대부분의 트래픽이 대용량 파일을 참조할 때 발생한다는 것을 감안하면 캐시를 활용하는 방법이 상당히 효과적이라는 것은 분명합니다. 다만 데이터가 변경되면 큰 효과를 보기 어렵습니다.

---

21 역자 주 : http://docs.aws.amazon.com/AmazonCloudFront/latest/APIReference/API_InvalidationBatch.html

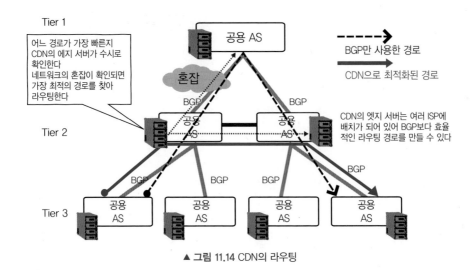

▲ 그림 11.14 CDN의 라우팅

최근에는 모바일 단말기의 수가 많아지고 동영상 데이터에 대한 처리량도 늘어나 CDN의 규모도 점점 더 커지고 있습니다. 이에 따라 기존의 인터넷을 구성하던 수많은 ISPInternet Service Provider들보다 특정 CDN 벤더의 서버 수가 더 많아지는 상황에 이르렀습니다. 그러다 보니 데이터를 전송 받기 위해 수많은 ISP를 거치는 AS 간의 BGP 통신보다 CDN 벤더의 라우팅이 더 빨라졌습니다([그림 11.14] 참고). 예를 들면 Akamai에는 Sure Route라는 서비스가 있는데 엣지 서버들 간에 가상 네트워크를 구성하여 최적의 라우팅 경로를 만들어낼 수 있습니다.

이와 같이 CDN을 활용하면 데이터를 참조하는 HTTP의 GET 처리에 대해서는 캐시 기능을 활용하여 성능을 향상시키는 효과가 있습니다. 데이터를 변경하거나 삭제하는 HTTP의 PUT이나 DELETE 처리에 대해서는 SSL을 통한 보안성 향상과 CDN 라우팅을 통해 네트워크 통신을 최적화하는 효과를 기대할 수 있습니다.

11.3.10 멀티 클라우드에서의 CDN의 역할

CDN은 원래 동영상과 같은 대용량 콘텐츠를 제공할 때, 캐시를 통해 전송 속도를 빠르게 하고 전송 효율을 높이기 위한 목적으로 만들어졌습니다. 예를 들어 AWS에서는 오브젝트 스토리지인 Amazon S3에 대용량 파일을 저장하고 그 앞에 Amazon

CloudFront를 두는 것이 일반적인 시스템 구성 형태입니다. 이러한 방식은 HTTP의 GET 처리에 효과적인데, 최근의 CDN은 이러한 기능뿐만 아니라 보안과 라우팅 기능도 보강되어서 HTTP의 PUT, POST 처리에도 잘 대응하고 있습니다. 그 외에도 동영상 트랜스코딩 처리[22]와 같은 확장 기능들도 조합이 가능해서 모바일망이나 기업망에서 활용되는가 하면, KINX사(社)를 이용하는 경우에는 사설 CDN도 사용할 수 있습니다.

특히 클라우드에는 웹 시스템의 비중이 많고 웹 API를 통해 제어할 때가 많기 때문에 대부분 HTTP으로 통신합니다. '국제적인 환경에 시스템을 구축하고 데이터를 동기화하되, 유사시에는 복구용 시스템으로 교체한다'거나 '멀티 클라우드를 구축해서 서버 리소스와 오브젝트 스토리지를 서로 다른 클라우드로 분리한다'와 같이 규모가 크고 복잡한 요구 사항이 들어오는 경우에는, 통신상의 지연이나 데이터의 공유 부분이 요구 사항을 충족하기 위한 중요한 핵심 요소로 작용합니다. 결국 이를 위해서는 데이터 센터 간의 HTTP 통신이 최적화되어야 하는데, 그런 의미에서라도 앞으로의 CDN은 클라우드 환경에서 더욱 중요한 컴포넌트로 자리 매김할 것입니다.

11.4 API의 통신 경로와 호환성

멀티 클라우드를 구성할 때는 서로 다른 클라우드가 사용하는 API의 차이에 대해서도 고려해야 합니다. 여기서는 대표적인 점검 포인트로 통신 경로와 호환성에 대해 살펴 봅니다.

11.4.1 API의 통신 경로

클라우드 간의 통신 경로는 데이터를 주고 받을 때도 사용하지만 API를 호출할 때도 필요합니다. 이때 확인해 두어야 하는 것은 DNS와 인증입니다. 이와 관련해서 오픈 스택 환경에서 AWS 환경으로 API를 호출하는 상황을 예로 들어 설명하겠습니다.

---

22 AWS에는 Elastic Transcoder라는 이름으로 제공됩니다.

- DNS
- 통신 경로

통신 경로를 설계할 때는 각 서비스의 API 엔드포인트가 어디에 있는지, 그 엔드포인트와 서비스의 FQDN을 어떻게 이름 붙일지를 생각해야 합니다.

예를 들어 AWS에서는 서비스의 엔드포인트가 amazonaws.com 도메인 안에 포함되고 공인 IP 주소를 지원할 수 있습니다. 반면, 오픈스택은 폐쇄적인 사내망에서 클라우드 환경을 만들 수 있고, 그 회사의 상황에 맞게 커스터마이징이 가능합니다. 이렇게 성격이 다른 두 클라우드 환경을 함께 쓸 때에는 어떤 상황에 어떤 환경을 쓸지 선택하는 것이 중요해 집니다. 올바른 판단을 하려면 API에 대한 근본적인 철학 활용 방법에 대해서도 제대로 이해할 필요가 있습니다. [그림 11.15]는 두 개의 클라우드 환경을 사설 네트워크를 통해 연결한 모습입니다. 여기서는 보안상 오픈스택에서는 인터넷으로 나갈 수 없고 대신 AWS 쪽으로 통해야만 인터넷으로 나갈 수 있다고 가정하고 있습니다.

오픈스택 환경에서는 AWS의 엔드포인트인 amazonaws.com에 대해 도메인명을 해석하여 접근할 수 있어야 합니다. AWS 환경이라면 VPC 내부에서 amazonaws.com에 대한 도메인명을 해석할 수 있겠지만 오픈스택 환경에서는 AWS의 엔드포인트에서 사용하는 네임스페이스를 알 수 없기 때문에 AWS 관련 도메인을 해석하지 못합니다.

결국 오픈스택 쪽에서는 오픈스택의 DNS 서버에 amazonaws.com 도메인이 나오면 AWS의 DNS 서버로 포워딩되도록 설정합니다. 그러면 이후부터는 오픈스택 환경에서도 AWS 관련 도메인명을 해석할 수 있으므로 AWS 환경의 서버로 연결할 수 있게 되어 원하던 처리를 할 수 있습니다.

이런 방식으로 포워딩하면 AWS의 엔드포인트로 접근해서 API를 호출할 때뿐만 아니라 AWS의 매니지드 서비스를 활용할 때도 유용합니다. 이 책에서는 다루지 않지만 로드 밸런서 서비스인 ELBElastic Load Balancing나 데이터베이스 서비스인 RDSRelational Database Services 등을 활용해야 할 수도 있는데 이들 서비스의 URL도 'amazons.com'으로 시작하는 FQDN를 사용하기 때문에 DNS 포워딩 방식을 통한 연계는 반드시 필요합니다.

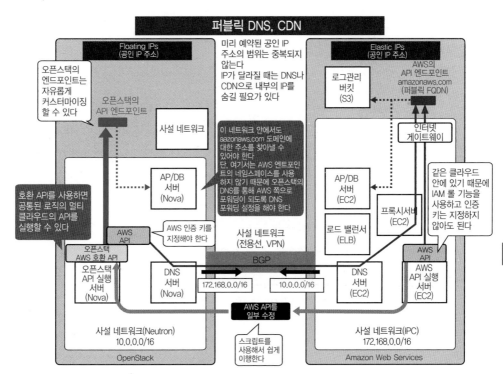

▲ 그림 11.15 멀티 클라우드 간의 API 연계 시 고려사항

라우팅

다음은 라우팅입니다. BGP를 사용한 피어링peering 방식에서는 인접한 VPC의 CIDR 만 전달advertise합니다. [그림 11.15]에서처럼 오픈스택 쪽에서는 AWS의 VPC인 172.168.0.0/16으로만 전용선을 타고 나갈 수 있고 공용 어드레스로 접근 가능한 AWS 엔드포인트에는 도달하지 못합니다. 그래서 AWS의 CLI에서 프록시proxy를 설 정해 준 다음, 오픈스택에서 전용선을 타고 들어오는 것을 프록시를 거쳐 공용 네트 워크 주소의 AWS 엔드포인트로 도달하도록 만들어 줍니다.

이 상황에서 나름 보안을 생각하여 프록시 서버의 통신을 ap-northeast. amazonaws.com에만 가능하게 설정했다고 가정해봅니다. AWS의 서비스에서는 리전에 종속되지 않는 서비스들이 있고 이들은 프록시 서버를 경유하지 않습니다. 결국 오픈스택에서는 AWS의 리전 독립적인 서비스로 접근하지 못하고 차단되는 결과를 낳게 됩니다. 그래서 여러 클라우드를 조합해서 사용할 때에는 이용할 엔드포인트와 서비스의 FQDN의 패턴을 제대로 확인해두어 프록시에서 통신 가능 여부를 결정할 때 제대로 된 설정을 할 수 있습니다.

인증

또 한 가지 고려해야 할 사항은 9장에서 다룬 적이 있는 인증입니다. 인증 중에서도 특히 더 잘 살펴봐야 할 것은 다음의 두 가지입니다.

> ① 사용자의 키 정보를 직접 입력하는 방법
> ② IAM 롤을 서버에 할당해서 내부적으로 인증하는 방법

AWS에서는 보안 관련 기능으로 IAM의 롤을 활용하는 것이 일반적인데 이 방법은 같은 클라우드가 아니면 인증이 되지 않습니다. 그래서 오픈스택 환경에서 AWS의 API를 호출하려면 키 정보를 직접 입력해줘야 합니다.

멀티 클라우드에서는 기본적으로 각 클라우드 환경의 엔드포인트를 통해 API를 실행해줘야 합니다. 서로 다른 클라우드 간에는 여러 가지 차이점이 있기 마련인데, 이러한 차이점을 숨기거나 완충하기 위해서는 API 호환 툴을 사용하는 것이 관리 측면에서 유리할 수 있습니다. 다음 절에서는 API 호환에 대해 좀 더 자세히 살펴 보겠습니다.

11.4.2 API의 호환성

서로 다른 클라우드 간의 차이에는 인증 키가 다르다는 것 외에도 컴포넌트의 차이도 있습니다. 예를 들어 Amazon EC2와 오픈스택 Nova는 둘 다 서버 리소스를 다룰 때 사용합니다. 이러한 리소스들을 각 클라우드 간의 차이를 의식하지 않고 이용하려면 API를 같은 형태로 사용할 수 있어야 하고, 그런 이유로 API 호환 툴이 필요하게 됩니다. 이제까지의 API 호환 툴은 AWS가 최초의 클라우드이자 가장 많은 활용 사례가 있다고 보기 때문에, 기본적으로 AWS의 API를 기준으로 만들어졌습니다. 하지만 실제로는 클라우드 서비스에 따라서 리소스에 대한 근본적인 모델링 방식이

나 접근 방식에 차이가 있는 것도 있기 때문에, 호환 API만으로는 대응하기는 어려운 경우도 있습니다. 그래서 최근의 멀티 클라우드 환경에서는 뒤에 설명할 jclouds나 Ansible, Teraform과 같은 라이브러리와 툴을 활용하여 이 차이를 극복하려는 경향이 있습니다. 이들은 클라우드를 한 단계 더 추상화시켜 제어 방법을 한 가지 형태로 통합시키는 역할을 하는데, 뒤에 호환 SDK를 설명할 때 jclouds와 fog를 예로 들어 설명하겠습니다.

API를 실행하는 유형으로는 API, CLI, SDK, Console의 네 가지로 분류할 수 있습니다. [그림 11.16]은 이러한 방식들과 각종 호환 툴들을 AWS와 오픈스택 간의 호환성 관점에서 정리한 내용입니다.

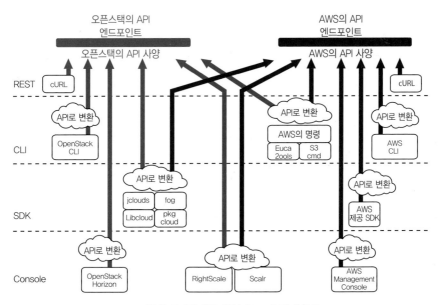

▲ **그림 11.16** API, CLI, SDK, Console과 호환성

API

API 자체는 가장 저수준의 제어 방법이라 호환 툴을 놓을 계층이 없습니다.

CLI

오픈스택의 CLI는 Amazon EC2, S3등의 호환 패키지를 제공하는 방식으로 멀티 클라우드를 지원합니다. 구체적으로는 Amazon EC2용으로 euca2ools, Amazon S3용으로 S3cmd를 지원하고 있는데 이러한 툴들은 AWS의 키(액세스 키, 시크릿 액세스 키) 정보가 필요합니다.

호환 CLI

- euca2ool: https://github.com/eucalyptus/euca2ools
- S3cmd: http://s3tools.org/
- Terraform: https://terraform.io/

오픈스택에서는 'ec2 credentials create' 명령을 사용해서 오픈스택에서 AWS용 인증 키를 생성할 수 있습니다. 그래서 환경 설정에 등록하거나 명령을 실행할 때 옵션으로 지정하여 사용할 수 있습니다. euca2ools를 사용하면 AWS에서 사용하던 'aws ec2 describe-regions' 명령을 'euca-describe-regions'라는 명령으로 대신하고 S3cmd를 사용하면 AWS에서 사용하던 'aws s3 ls'라는 명령을 's3cmd ls'로 대신할 수 있습니다. 이들은 모두 호환 API로 그 하부에는 각 클라우드에 맞는 전용 API가 숨겨져 있습니다.

다만, 오픈스택이 만든 AWS 인증 키는 AWS가 만든 AWS 인증 키는 서로 다르기 때문에, 두 클라우드의 조작을 한 곳에서 실행해야 한다면 각각의 키를 명령어의 옵션으로 지정하거나 프로파일로 지정해서 써야 합니다. 참고로 이러한 CLI 호환 툴들은 만들어진 지는 오래되었으나 이후 기능상의 큰 발전은 없는 상태입니다.

클라우드를 제어하는 내용이나 작업 빈도를 생각해보면, 사람의 판단이 필요한 비정형적인 처리는 콘솔에서 처리하는 경향이 강하고, CLI는 주로 정기적으로 반복 작업이 필요한 자동화의 목적으로 사용되는 것이 일반적입니다. 그래서 호환 CLI 형태로 자동화 작업이 한번 만들어지면 각 클라우드가 최신 버전으로 업그레이드 되더라도 큰 무리 없이 사용이 가능합니다. 다만, 호환성을 해칠 정도의 큰 변경이 발생할 경우에는 호환 툴이 클라우드의 최신 기능을 지원하기까지 다소 시간이 걸린다는 단점도 있습니다. 최근에는 호환 CLI 명령을 사용하는 것보다 8장에서 소개한 오케스트레이션과 비슷한 접근 방법으로, 멀티 클라우드에서 구성 관리를 할 수 있는 Terraform과 같은 툴을 사용하려는 경향이 강해지고 있습니다.

SDK

클라우드를 제어하는 또 다른 방법으로는 SDK가 있습니다. 다양한 개발 언어에서 사용 가능하도록 언어별로 SDK가 만들어지는데 API를 직접 실행하는 것보다는 비교적 관리가 쉽고 생산성을 높일 수 있기 때문에 클라우드 관련 응용 프로그램을 개발할 때 많이 활용됩니다. 이런 SDK에도 멀티 클라우드를 지원하기 위한 기능들이 들어가는데 대표적인 툴로는 자바에서는 jclouds가, 파이썬에서는 Libcloud가, 루비에서는 fog가, Node.js에서는 pkgcloud가 많이 활용됩니다. 참고로 이들은 AWS와 오픈스택 모두를 지원합니다.

호환 SDK

- jclouds(Java): http://jclouds.apache.org/

- Libcloud(Python): https://libcloud.readthedocs.org/

- fog(Ruby): http://fog.io/

- pkgcloud(Node.js): https://github.com/pkgcloud/pkgcloud

[그림 11.17]은 자바에서 사용 가능한 jclouds를 예로 들어 자체 API를 사용하는 경우와 호환 API를 사용한 경우의 소스 코드를 비교한 내용입니다.

인증 키는 각 클라우드 서비스의 자체 키를 사용하여 설정하고, API는 클라우드 자체 메소드와 API 호환 메소드 중에서 선택해서 쓸 수 있습니다. 참고로 컴포넌트를 있는 그대로 사용하고 싶은 경우에는, 굳이 호환 API를 일부러 쓸 필요는 없습니다.

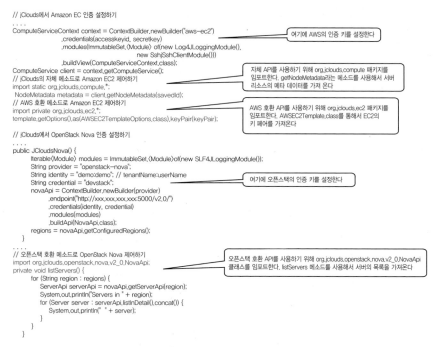

```
// jClouds에서 Amazon EC 인증 설정하기
....
ComputeServiceContext context = ContextBuilder.newBuilder("aws-ec2")
                .credentials(accesskeyid, secretkey)                    ──▶ 여기에 AWS의 인증 키를 설정한다
                .modules(ImmutableSet.⟨Module⟩ of(new Log4JLoggingModule(),
                                         new SshjSshClientModule()))
                .buildView(ComputeServiceContext.class);
ComputeService client = context.getComputeService();                      자체 API를 사용하기 위해 org.jclouds.compute 패키지를
// jClouds의 자체 메소드로 Amazon EC2 제어하기                              임포트한다. getNodeMetadata라는 메소드를 사용해서 서버
import static org.jclouds.compute.*;                                      리소스의 메타 데이터를 가져 온다
 NodeMetadata metadata = client.getNodeMetadata(savedId);
// AWS 호환 메소드로 Amazon EC2 제어하기                                    AWS 호환 API를 사용하기 위해 org.jclouds.ec2 패키지를
import private org.jclouds.ec2.*;                                         임포트한다. AWSEC2Template.class를 통해서 EC2의
template.getOptions().as(AWSEC2TemplateOptions.class).keyPair(keyPair);   키 페어를 가져온다

// jClouds에서 OpenStack Nova 인증 설정하기
....
public JCloudsNova() {
        Iterable⟨Module⟩ modules = ImmutableSet.⟨Module⟩of(new SLF4JLoggingModule());
        String provider = "openstack-nova";
        String identity = "demo:demo"; // tenantName:userName
        String credential = "devstack";                                ──▶ 여기에 오픈스택의 인증 키를 설정한다
        novaApi = ContextBuilder.newBuilder(provider)
                .endpoint("http://xxx.xxx.xxx.xxx:5000/v2.0/")
                .credentials(identity, credential)
                .modules(modules)
                .buildApi(NovaApi.class);
        regions = novaApi.getConfiguredRegions();
}

// 오픈스택 호환 메소드로 OpenStack Nova 제어하기
import org.jclouds.openstack.nova.v2_0.NovaApi;                          오픈스택 호환 API를 사용하기 위해 org.jclouds.openstack.nova.v2_0.NovaApi
private void listServers() {                                             클래스를 임포트한다. listServers 메소드를 사용해서 서버의 목록을 가져온다
        for (String region : regions) {
                ServerApi serverApi = novaApi.getServerApi(region);
                System.out.println("Servers in " + region);
                for (Server server : serverApi.listInDetail().concat()) {
                        System.out.println("   " + server);
                }
        }
}
```

▲ 그림 11.17 jClouds 자체 API와 호환 API의 비교

호환 API를 사용할 때는 각 클라우드를 지원하는 호환 모듈(자바에서는 패키지)을 사용해야 하는데 [그림 11.17]의 jclouds를 예로 들면 Amazon EC2를 사용할 때는 org.jclouds.ec2 패키지 전체를, 오픈스택 Nova를 사용할 때는 org.jclouds.openstack.nova.v2_0.NovaApi 인터페이스를 임포트하고 있는 것을 알 수 있습니다.

[그림 11.18]은 루비에서 사용 가능한 fog를 이용해서 멀티 클라우드를 구성한 것으로 입력 받은 인수(引數) 정보를 참조하여 하나의 코드로 여러 개의 서버를 동시에 기동하는 샘플 코드입니다. 각 클라우드의 호환 모듈을 사용하는 것은 자바와 큰 차이가 없는데 오픈스택과 AWS가 기동할 때, 사용하는 리소스 정보에서 차이가 있어 파라미터를 일부 교체하는 방법으로 대응하고 있습니다.[23]

23 〈OpenStackクラウドインテグレーション オープンソースクラウドによるサービス構築入門〉'(翔泳社、ISBN 978-4-7981-3978-4)에는 루비 환경에서 fog를 사용한 멀티 클라우드 구성 방식에 대해 상세히 설명하고 있습니다.

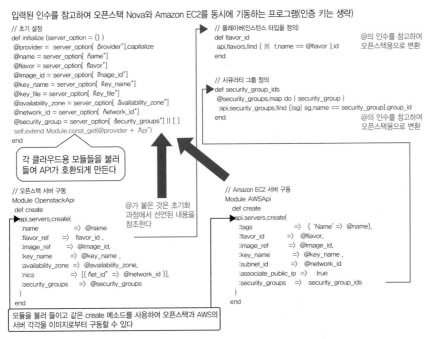

▲ 그림 11.18 fog 호환 API의 사용 예

콘솔

콘솔Console은 사용자 화면 자체가 API 실행을 대행하는 구조로 만들어져 있습니다. 화면 구성이 직관적이고 사용성이 좋다는 이유로 다양한 형태의 콘솔 툴들이 릴리즈 되고 있는데 그 중에서도 RightScale[24]이나 Scalr[25]등이 유명합니다. 최근에는 오픈 소스 통합 관리 툴인 Hinemos[26]도 사용되고 있습니다.

---

24 역자 주 : http://www.rightscale.com/

25 역자 주 : http://www.scalr.com/

26 역자 주 : http://www.hinemos.info/

11.4.3 환경과 데이터의 이행

이제까지 API의 호환성을 중심으로 설명했습니다만 멀티 클라우드를 사용하는 목적이 서로 다른 클라우드를 이질감 없이 상호 운영할 수 있게 하려면 환경과 데이터에 대한 이행에 대해서도 검토해야만 합니다. 클라우드로 이행할 때 고려할 수 있는 전략으로는 가트너 사(社)Gartner가 제시하는 5R[27]이라는 것이 있습니다. Rehost, Refactor, Revise, Rebuild, Replace의 다섯 가지 R로 이행 전략을 설명하고 있는데 Rehost를 제외하면 나머지는 PaaS나 SaaS로 이행하기 위한 전략에 해당합니다. 이 책은 IaaS를 다루고 있으므로 다섯 가지 R중, Rehost의 전략에 대해 알아 봅니다. [그림 11.19]는 환경과 데이터가 레이어별로 어떻게 이행되는지를 나타냈습니다.

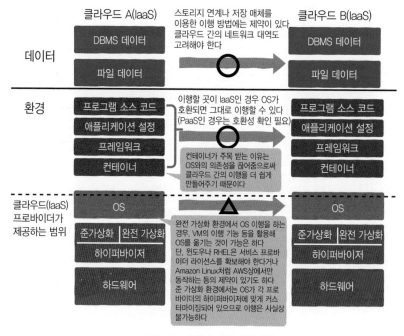

▲ 그림 11.19 환경과 데이터의 이행

---

27 http://www.gartner.com/newsroom/id/1684114

데이터의 이행

데이터를 이행할 때 이전의 온프레미스 환경에서 이행하는 방법과 크게 다를 것은 없지만 클라우드 환경이기 때문에 주의해야 할 사항이 몇 가지 있습니다.

이러한 제약에는 데이터 스토리지의 리플리케이션상의 제약이나 물리적인 저장 매체 반출입의 제약 등이 있습니다. 이행할 시스템이 다행히 같은 클라우드 안에 있다면 스냅샷을 복제하는 것으로 끝나겠지만, 서로 다른 클라우드 사이에서 데이터를 옮겨야 한다면 스냅샷이 서로 호환되지 않으므로 스토리지의 블록 단위로의 이행은 할 수 없고 대신 파일 단위로 이행해야 합니다.

클라우드 간의 네트워크는 사용하는 회선에 따라 대역에 차이가 있기 때문에 데이터의 양과 이행할 때의 스루풋에 대해서도 고려해야 합니다. 실제로 클라우드를 이행하는 초기는 전체 데이터를 옮겨 넣을 때, 데이터의 양이 너무 많아 이행하는 데 시간이 많이 걸립니다. 시스템을 전환하기 전에 미리 데이터 전송을 마친 다음 특정 시점에 시스템을 전환하면서 데이터의 변경분만 동기화하는 방법을 사용합니다.

온프레미스 환경에서는 물리적인 디스크와 같은 저장 매체를 분리한 다음, 무진동 차량으로 옮기고, 이행 목적지의 데이터 센터에서 다시 가져온 저장 매체를 설치할 수 있었습니다. 하지만 물리적인 환경이 은폐된 클라우드 환경에서는 통상 물리적인 장비 반출입이 쉽지 않습니다. AWS에서는 Import/Export Snowball 서비스나 저장 매체를 디바이스 통째로 접수하는 서비스가 있는데 이것조차 이용 가능한 리전이 제한적이고 경우에 따라서는 저장 장치 외에도 전원 장치도 함께 보내야 하는 불편이 따를 수 있습니다.

환경의 이행

IaaS에서는 컨테이너를 포함한 그 위의 레이어들이 클라우드가 아닌 OS에만 의존하도록 만들어져 있습니다. 그래서 옮겨갈 곳의 OS만 호환된다면 이행 자체에는 큰 무리가 없습니다. 반면, 하이퍼바이저를 포함한 그 아래의 레이어들은 클라우드에서 제공하는 환경이기 때문에 이행은 어렵지만 사실상 굳이 옮겨야 할 레이어가 아니기도 합니다.

이러한 레이어들 중 가장 골치 아픈 것은 다름아닌 OS 레이어입니다. IaaS에서는 OS가 사용자 측의 책임 영역에 들어가고 OS의 명령은 클라우드 환경에 의존하지도 않기 때문에 언제나 같은 방법으로 사용할 수 있습니다. 하지만 마이크로소프트 윈도우Microsoft Windows의 라이선스나 레드햇 엔터프라이즈 리눅스RHEL: Red Hat Enterprise Linux의 서브스크립션 등은 클라우드 서비스에서 제공하는 방식으로 맞추어져 있기 때문에 클라우드의 사용료에 라이선스나 서브스크립션 비용이 포함되는 방식으로 과금이 됩니다.[28]

그런가 하면 OS는 하이퍼바이저와의 조합에도 영향을 받기 때문에 클라우드가 제공하는 하이퍼바이저의 특성을 타게 됩니다. 준가상화(準假想化) 모드로 동작하는 경우라면 해당 OS가 그 클라우드 환경의 하이퍼바이저에 맞게 커스터마이징되어 있기 때문에 다른 하이퍼바이저로 동작하는 또 다른 클라우드 환경으로는 이행할 수 없습니다.

완전가상화(完全假想化)인 경우, OS의 커스터마이징은 없지만 하이퍼바이저의 종류나 버전에 따라 동작할 수 있는 OS의 버전에 제약이 있을 수 있기 때문에 있는 그대로 이행이 어렵기도 합니다. 오래된 버전의 윈도우나 RHEL는 하이퍼바이저에서 지원하지 않기도 하고 독자적인 CPU를 사용한다거나 하이퍼바이저의 의존성이 높아 이행되지 않는 경우도 있습니다. 대표적인 예로는 유닉스 OS인 오라클 솔라리스Oracle Solaris, IBM AIX 혹은 AWS 환경에서 특화된 아마존 리눅스Amazon Linux 등이 있습니다. 또한 완전가상화를 했다면 I/O를 준가상화 환경처럼 빠르게 동작시키기 위해 PV 드라이버[29]를 설치해서 사용하기도 하는데, 이 드라이버 자체도 하이퍼바이저에 의존하기 때문에 이행할 때는 이러한 드라이버도 다시 설정해야 할 필요가 있습니다. 결국 물리적인 환경에서 P2V[30]한 가상 환경은 OS나 하이퍼바이저의 버전에 따라 호환성을 미리 확인해야 합니다.

---

28 역자 주 : BYOL(Bring Your Own License)와 같이 이미 보유한 라이선스를 클라우드에 적용하는 방법도 있습니다.
　• https://aws.amazon.com/ko/windows/faq/
29 완전가상화 환경에서 준가상화 환경만큼의 성능을 내기 위해 개선한 드라이버입니다.
30 'Physical to Virtual'의 머릿글자(acronym)로 물리적 장비에서 동작하는 시스템을 가상 머신으로 변환하는 것을 말합니다.

이렇게 다루기가 어려운 OS를 이행할 때 쓸 수 있는 방법으로는 가상 이미지를 추출하고 다시 심어 넣는 VM Export/Import 기능을 활용하는 것입니다. 하지만 이제까지 언급한 호환성 관련 제약들과 같이 반드시 100% 이행에 성공하리라는 보장은 없습니다.

여기까지 살펴 보면 클라우드의 IaaS 간의 이행할 때에는 대량 데이터를 네트워크를 통해 이행하는 방법과 OS의 이행 방법이 가장 큰 검토사항인 것을 알 수 있습니다. 대량 데이터를 이행할 때는 IBM의 Aspera[31]라고 하는 파일 전송 고속화 소프트웨어를 도입할지 여부를 검토해 볼 수 있을 것입니다. 이어 OS를 이행할 때는 우선 버전을 맞추는 것에 주력한 다음, 클라우드가 제공하는 이미지를 사용해서 새롭게 OS를 기동하고 쉐프Chef와 같은 구성 관리 기능으로 기타 패키지들의 환경을 일치시키는 방법 등을 검토해봅니다.

이런 하이퍼바이저나 클라우드 환경에 의존성이 높은 OS 의 제약에서 벗어나기 위해서는 12장에서 소개할 도커Docker와 같은 이식성이 높은 컨테이너 기술을 적용해 볼 수도 있습니다. 이러한 컨테이너 기술은 IaaS뿐만 아니라 PaaS의 이행에도 효과적으로 활용할 수 있습니다.

11.5 마켓플레이스와 에코 시스템

11.1.4에서 설명한 멀티 클라우드의 유형 중 '② 서로 다른 IaaS상에 구성된 소프트웨어'의 패턴에 해당하는 환경이 있다고 가정하겠습니다. 이러한 환경에서는 소프트웨어를 설치할 때 서버 리소스의 OS상에 라이선스가 확보된 소프트웨어를 설치하는 전통적인 방법도 있겠지만, 클라우드가 제공하는 마켓플레이스를 통해 이미지를 선택하고 소프트웨어가 설치된 서버를 바로 기동하는 방법도 쓸 수 있습니다.

---

31 역자 주 : https://www.ibm.com/software/info/aspera/

애당초 소프트웨어를 설치한다는 작업 자체가 클라우드다운 접근 방식이 아니기도 하지만, 클라우드의 API로 설정이 가능한 소프트웨어를 개발하는 것도 그리 쉬운 일만은 아닙니다. 그래서 클라우드가 제공하는 플랫폼을 통해 소프트웨어를 설정할 수 있고, 이미 설치가 끝나 바로 쓸 수 있는 이미지를 제공하는 기능이 필요했는데, 그래서 만들어진 것이 바로 마켓플레이스입니다.

마켓플레이스는 각 소프트웨어별로 전용 페이지가 준비되어 있는데, 지원하는 인스턴스 유형이나 상세 버전, 각종 설정 방법 등이 안내되어 있습니다. 무엇보다 특이한 것은 소프트웨어 사용료를 종량제 방식으로 청구하는데 인스턴스 유형과 연관 지어 과금 체계가 달라집니다. 클라우드의 리소스가 종량제라고 하더라도 거기에 설치되는 소프트웨어가 이전과 같은 연 단위 라이선스 구입이나 서브스크립션 방식이라면 쓰는 만큼 과금되는 클라우드의 요금 절감 효과가 퇴색됩니다.

PaaS나 SaaS에서는 과금 체계나 청구 방식을 PaaS나 SaaS 쪽에서 결정하는데, 내부적으로는 IaaS의 이용 시간도 API를 통해 파악할 수 있기 때문에 IaaS의 이용료도 함께 관리할 수 있습니다. 다만 소프트웨어를 구입한 경우에는 서비스 이용료가 아닌 연 단위의 라이선스 사용료나 서브스크립션 형태로 비용을 지불하고, IaaS의 이용 시간은 소프트웨어 쪽에서는 알아낼 방법이 없습니다. 이런 제약을 극복하기 위해 거꾸로 소프트웨어의 이용 시간을 IaaS 쪽에서 판단하여 종량제 방식으로 과금되도록 만든 것이 마켓플레이스의 요금체계입니다. 이러한 방식을 도입하면 종량제 과금 방식을 적용하기가 쉬워지고, 과거의 방식과 같이 라이선스를 관리해야 하거나 별도로 구입을 해야 했던 번거로운 작업들이 사라집니다. 이러한 장점들은 소프트웨어 판매사, 즉 ISVIndependent Software Vendor들에도 혜택이 돌아갑니다.

보다 쉽게 이해할 수 있도록 AWS 마켓플레이스를 예로 들어 설명하겠습니다. AWS 마켓플레이스는 아래 URL을 통해 접속할 수 있습니다.[32]

---

32 오픈스택에서는 Murano라는 애플리케이션 카탈로그를 제공하는 프로젝트가 있는데, 이것으로 마켓플레이스를 구축할 수 있습니다. 오픈스택 Murano https://wiki.openstack.org/wiki/Murano

- AWS 마켓플레이스: https://aws.amazon.com/marketplace

첫 페이지에서는 소프트웨어들의 목록이 표시되고, 검색이나 카테고리를 통해 관심 있는 소프트웨어들을 찾아볼 수 있습니다. 원하는 소프트웨어가 선택되면 [그림 11.20]과 같이 상세 화면이 표시되는데, 이 화면에는 버전, 인스턴스 유형, 시간당 이용료와 같은 정보를 확인할 수 있습니다(경우에 따라서는 연 단위 청구가 가능한 소프트웨어도 있을 수 있음). 〈Continue〉 버튼을 누르면 인스턴스 타입을 선택하는 화면으로 전환되고 이후 필요한 설정을 마친 후에 최종적으로 인스턴스를 기동하면 시간 단위로 소프트웨어 이용료가 부과됩니다.

마켓플레이스는 아직 발전 중이지만 클라우드가 빠르게 보급되면서 더 많은 소프트웨어가 등록되어 점점 더 왕성하게 이용될 것으로 보입니다. ISV 입장에서도 더 많은 클라우드 환경의 마켓플레이스를 지원함으로써 많은 사용자들에게 노출되고 더 쉽게 선택을 받을 수 있는 기회를 얻을 수 있는 장점이 있습니다.

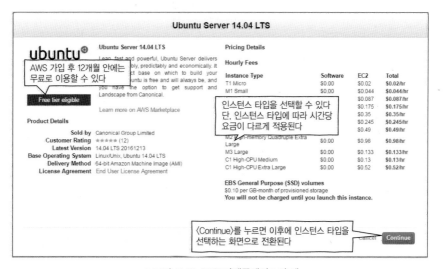

▲ 그림 11.20 AWS 마켓플레이스의 예

IT 환경에서는 벤더 간에 서로 호혜관계(互惠關係)를 만들어서 결속하는 것을 '에코 시스템'이라고 부릅니다. 이러한 에코 시스템에서는 참여자 사이에 파트너 관계를 형성하게 되는데 마켓플레이스도 ISV와 클라우드 프로바이더 간의 에코 시스템이라고 볼 수 있습니다([그림 11.21] 참고). 이러한 마켓플레이스는 향후, 클라우드 환경에서 소프트웨어를 공급하는 표준 플랫폼이 될 가능성이 높습니다.

현 시점의 클라우드 환경에서는 인프라 부문의 확장성이 좋아진 반면, 소프트웨어 부문은 라이선스 체계나 기능면에서 아직까지 인프라와 같은 확장성을 따라가지 못하는 제약이 있습니다. 하지만 향후에는 마켓플레이스의 활성화가 클라우드 API를 활용한 확장성 높은 소프트웨어 개발로 이어져, 소프트웨어 부문의 발전을 왕성하게 하는 계기가 될 것입니다. 또한 소프트웨어뿐만 아니라 네트워크 서비스나 컨설팅과 같은 서비스 딜리버리와 같은 상품 형태도 마켓플레이스를 통해 제공되리라 봅니다.

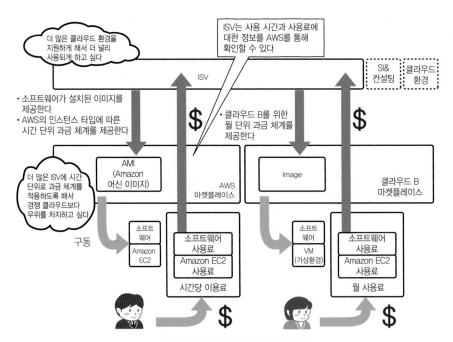

▲ 그림 11.21 마켓플레이스와 에코 시스템

이뮤터블 인프라스트럭처

지금까지 클라우드 환경에서 인프라를 구성하는 방법과 API를 사용해서 시스템 컴포넌트들을 제어하는 방법에 대해 설명했습니다. 이 장에서는 시스템을 쉽게 구축할 수 있게 만들고, 애플리케이션의 생명 주기에 맞춰 시스템을 관리할 수 있게 만들어주는 이뮤터블 인프라스트럭처에 대해 설명하겠습니다.

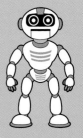

4장에서는 클라우드를 사용하기 이전의 인프라 구축 방법과 클라우드를 사용한 이후의 인프라 구축 방법을 서로 비교해 보았습니다. 그 결과 클라우드 환경에서는 시스템을 구성하는 절차가 비교적 간단해지고, 인프라 환경을 구성하는 작업도 상당히 효율적으로 할 수 있다는 것을 알게 되었습니다. 이 절에서는 애플리케이션과 인프라 환경을 생명 주기 관점에서 살펴 봄으로써, 클라우드를 사용하기 이전의 환경 구축 방법이 가졌던 제약 사항을 확인하려 합니다.

12.1.1 기존 시스템의 생명 주기

클라우드를 사용하기 이전의 인프라 환경, 즉 온프레미스 환경에서는 시스템의 생명 주기가 그 시스템을 구성하는 하드웨어나 소프트웨어의 유지보수 기간과 상관이 있었습니다. 시스템을 새로 구축해야 하는 경우에는 그 시스템에서 운영될 업무 서비스를 정하고 투자 금액을 산정한 후, 그 시스템을 몇 년 동안 활용할지 등을 결정합니다.

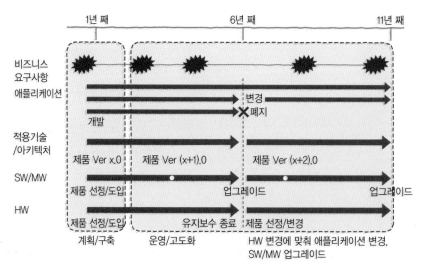

▲ 그림 12.1 과거의 시스템 생명 주기

일단 시스템에 돈이 투자된 상태라면, 운영할 업무 서비스나 프로세스에 큰 변화가 없는 한, 가능하면 이 시스템을 오랫동안 사용하는 것이 기업 입장에서는 유리할 수 있습니다. 하지만 실제로는 그렇게 오래 사용하지는 못하는데, 그 이유는 하드웨어나 소프트웨어의 생명 주기에 맞춰 몇 년 간격으로 시스템을 새로 구축해줘야 하기 때문입니다.

10년 동안 사용할 기업 시스템을 만든다고 가정해 보겠습니다. 보통 중간 규모의 업무 프로세스를 시스템으로 구축한다면, 6개월 정도 기획하고, 1년 6개월 안에 시스템을 완성하고, 운영에 들어가는 것이 일반적입니다([그림 12.1] 참고). 이렇게 완성된 시스템을 10년 동안 사용한다고 생각하면 총 12년이라는 시간이 나옵니다. 그런데 보통 하드웨어는 5년 정도 지나면 감가상각된다고 가정하고 그 기간에 맞춰서 유지보수 기간도 정해집니다. 똑같은 하드웨어를 별탈 없이 12년 동안 사용한다는 것은 사실상 어렵다고 봐야 합니다. 특히 하드웨어 자체가 해를 거듭할수록 전원 효율이 좋아지고 처리 속도도 향상되기 때문에, 12년이나 같은 하드웨어를 사용하게 된다면 오히려 전체적인 비용 측면에서 불리할 수 있습니다.

이제까지 하드웨어 관점에서 보았다면 이번에는 소프트웨어 관점에서 살펴봅니다. 12년 정도면 OS는 3~5번 정도의 메이저 업그레이드가 일어날 수 있습니다. 시스템을 구성하는 소프트웨어 중 핵심에 해당하는 데이터베이스나 애플리케이션 서버도 몇 차례의 메이저 업그레이드가 예상됩니다. 업그레이드를 하지 않고 처음 도입한 버전으로 계속 사용한다고 하더라도 소프트웨어에 대한 기술 지원에도 기간이 정해져 있기 때문에 일정 기간 이후에는 패치patch도 제대로 받지 못하고 보안 취약점이 발견되더라도 조치할 수 없게 됩니다.

그 밖에도 애플리케이션 아키텍처나 개발 방법론, 패러다임의 변화 등도 고려할 필요가 있습니다. 과거 10년을 되돌아보면 COBOL이나 C++에서 자바에 이르기까지 엔터프라이즈 환경의 개발 언어에 많은 변화가 있었고, 최근에는 Rails를 사용한 경량 웹 시스템이나 클라우드 환경을 활용한 SaaS 등, 애플리케이션 아키텍처와 개발 패러다임에도 큰 변화가 있었습니다. 한편, 아키텍처나 소프트웨어는 엔지니어의 생명 주기에도 영향을 줍니다. 예를 들어 시스템을 릴리즈하고 수년이 지난 후에 새로운

이큐터블 인프라스트럭처

기능이 필요해서 새로운 개발자를 데려왔다고 가정해봅니다. 이 엔지니어의 입장에서는 이 시스템에 적용된 기술이 5년, 혹은 10년 전의 것이라 자신의 알고 있는 기술 구조와 상이하여 애플리케이션을 제대로 수정하지 못할 수 있습니다.

이렇게 하드웨어, 소프트웨어, 아키텍처의 생명 주기는 시스템의 생명 주기에 직접적으로 많은 영향을 줍니다. 기존의 업무 서비스나 프로세스에 큰 변화가 없다고 하더라도 3년에서 5년 주기로 시스템을 업그레이드하기 위한 투자가 필요합니다. 결국 기존 인프라 환경의 생명 주기는 업무 서비스나 프로세스 본연의 비즈니스 생명 주기를 따르는 것이 아니라, 하드웨어나 소프트웨어의 생명 주기에 좌우된다는 문제가 있습니다.

과거의 인프라 환경에서 볼 수 있는 또 하나의 문제점은 시스템 구성 정보를 문서 형태로 관리하다보니 변경 사항이 제대로 반영되지 않는 등, 현행 시스템 정보의 관리가 어렵다는 점입니다. 일단 시스템이 한 번 구축되고 나면 그 상태로 오랫동안 사용하지 않습니다. 각종 애플리케이션의 요구 사항 변경, 보안 강화, 성능 개선, 소프트웨어의 버전 업그레이드와 같은 다양한 이유로 인해 시스템을 변경하는 작업이 발생합니다. 예를 들어 새로 추가하려는 기능이 현재의 자바 버전에서 제공하지 않는다면 새 버전으로 업그레이드를 할지 여부를 검토해야 하고, 처음 시스템을 릴리즈했을 때보다 접속자가 많아져 처리해야 할 일도 많아지고 있다면, 데이터베이스를 여러 대로 분산시키거나, 애플리케이션의 설정 옵션을 바꿔줘야 할 필요가 있기도 합니다. 그 외에도 현재 적용하고 있는 톰캣Tomcat이나 아파치Apache에 보안상의 취약점이 발견되어 긴급하게 보안 패치를 해야 하는 경우도 있을 수 있습니다.

이런 상황이 발생하면 과거의 인프라 환경이라면 설계서와 환경 구성을 함께 갱신해줘야 하고 그 과정에서 변경되는 내용들이 정합성이 맞는지도 보장하기 어려울 수 있습니다. 보통 긴급하게 패치를 하거나 시스템을 복구한 이후에는 어떤 변경 작업이 이루어졌는지를 문서에 기록해야 하는데 이 과정에서 소홀하여 정확하게 기록되지 않거나 정보가 누락되는 경험은 다들 한번씩 겪어 보았으리라 생각됩니다.

12.2 이뮤터블 인프라스트럭처의 개념

클라우드로 만들어진 인프라 환경에서는 가상 서버를 생성하거나 추가 및 삭제 작업을 할 때 API를 통해 쉽게 제어할 수 있습니다. 그러면 12.1에서 살펴본 것처럼 이런 클라우드 환경에도 기존의 인프라 시스템이 안고 있는 생명 주기의 제약 사항이 있을까요? 클라우드 환경에서는 시스템의 생명 주기나 유지보수 방법에 대해 조금은 다른 방법으로 접근이 가능합니다.

12.2.1 비즈니스 상황에 따른 시스템의 생명 주기

기업 시스템은 하드웨어나 소프트웨어의 생명 주기에 종속되기보다는 그 시스템 비즈니스 프로세스나 서비스의 생명 주기에 맞춰 새로 구축되거나 업그레이드되고 마지막에 폐기되는 것이 가장 이상적입니다. 하지만 실제는 이상과 다릅니다. 예를 들어 한 기업이 온라인 쇼핑몰을 운영하려 한다면 서비스의 기획, 애플리케이션 개발, 소프트웨어 라이선스의 확보, 서버나 네트워크 관련 하드웨어의 구입 등의 초기 투자 비용이 필요합니다. 이렇게 초기에 투자되는 자산 중, 하드웨어는 보통 5년 정도의 감가상각을 전제로 하고 있습니다. 그런데 시스템이 구축된 이후, 비즈니스 상황이 바뀌거나 예상한 것보다 서비스의 이용률이 저조해서 2년 정도만 운영하고 사업을 접어야 하는 상황이 되었다면, 이미 투자한 비용 때문에라도 서비스를 쉽게 종료하지 못할 수 있습니다. 이런 현상은 요즘처럼 변화의 속도가 빠른 비즈니스 환경에서는 걸림돌로 작용하는데, 특히 스타트업이나 온라인 게임처럼 유행의 지속 기간이 짧고, 빠른 시간 안에 개발이 되어야 하는 업계에서는 이런 걸림돌들에 의해 사업에 차질이 빚어지기도 합니다. 이런 비즈니스 환경에서는 필요할 때 바로 서비스를 릴리즈하거나, 변화에 맞추어 서비스를 확장할 수 있으며, 사업을 철수해야 할 때는 불필요한 자산을 남기지 않고 처분할 수 있는 시스템 환경이 필요합니다.

12.2.2 이뮤터블 인프라스트럭처의 생명 주기

이제 이뮤터블 인프라스트럭처의 개념에 대해 알아 봅시다. 이뮤터블 인프라스트럭처immutable infrastructure란 직역하면 '변하지 않는 서버 기반' 정도가 됩니다. 이 말은 리빙소셜LivingSocial 사(社)의 SVPsenior vice president인 채드 파울러Chad Fowler가 2013년 6월 23일에 자신의 블로그에 포스팅한 기사 'Trash Your Servers and Burn Your Code: Immutable Infrastructure and Disposable Components'[1]에서 처음 언급했습니다. '변하지 않는 서버'라고 하면 변경할 수 없는 기존의 온프레미스 인프라 환경이 연상될 수도 있겠지만 문맥상 'Disposable Components', 'Trash Your Servers and Burn Your Code', 즉 일회용 컨포넌트를 언급하고 서버와 코드를 쉽게 폐기할 수 있다는 점에서 기존의 온프레미스를 의미하는 것이 아니라는 것은 분명합니다. 또한 포스트의 내용에는 인프라 환경을 자동으로 구축하되, 시스템을 변경해야 할 때는 이미 구축된 환경을 수정하는 대신, 구축된 환경을 파괴하고 수정된 환경으로 다시 구축하라고 설명하고 있습니다. 해당 포스트에는 구체적인 구축 방법이나 절차에 대해서는 자세히 설명하고 있진 않지만 이러한 맥락에서 볼 때 '변하지 않는', 혹은 '불변'이라는 이뮤터블의 의미는 함수형 프로그래밍 언어나 REST의 멱등성에서 볼 수 있는 '몇 번을 실행해도 처리 결과는 달라지지 않는다'는 사상과 유사합니다. 또한 이 불변성을 유지하기 위해 인프라 환경을 코드로 생성하고 유지보수도 코드를 수정한 다음, 인프라를 새로 만들어 내는 방법으로 코드는 변경하더라도, 인프라 자체는 바꾸지 않는다는 의미를 담고 있습니다.

이제 이뮤터블 인프라스트럭처를 생명 주기 관점에서 살펴 보겠습니다. [그림 12.2]는 이뮤터블 인프라스트럭처의 생명 주기를 표현한 것인데 일반적으로 시스템의 생명 주기는 비즈니스의 요구 사항에 따르게 됩니다. 새로운 비즈니스를 만들어야 하거나 이미 서비스하고 있는 비즈니스에 변화가 필요한 경우, 그에 맞춰 애플리케이션에도 변화가 발생합니다. 의도한 대로 비즈니스가 문제없이 실현되려면 업무 기능 외에도 비기능적 요구 사항이 충족되는지 인프라 측면에서도 검토가 필요합니다. 이 변화의 시기에 발맞추어 인프라에도 변화를 줄 수가 있는데, 예를 들면 시스템 소프트웨

---

1   http://chadfowler.com/2013/06/23/immutable-deployments.html

어를 업그레이드한 결과 현재는 하지 못했던 새로운 기능을 활용해 보게 된다거나 완전히 새로운 인프라 환경을 만들고 개선된 애플리케이션을 새로 디플로이하고 릴리즈도 해 볼 수 있을 것입니다.

클라우드 환경에서는 필요한 시점에 필요한 리소스를 확보할 수 있습니다. AWS를 포함해서 일반적인 공용 클라우드에서는 종량제 과금 방식을 사용하기 때문에 서버 리소스를 사용한 시간만큼 비용을 지불합니다. 그래서 현재 운영 중인 인프라 리소스들도 정지시켜주면 사용료가 부과되지 않습니다. 그 결과 초기 투자 비용이나 감가상각에 크게 신경 쓸 필요가 없어집니다. 즉, 하드웨어 투자 비용과 하드웨어 업그레이드의 관점에서 볼 때, 기존의 인프라 환경에서 하드웨어 수명이 시스템의 생명 주기에 영향을 주던 제약사항을 최소화할 수 있게 됩니다.

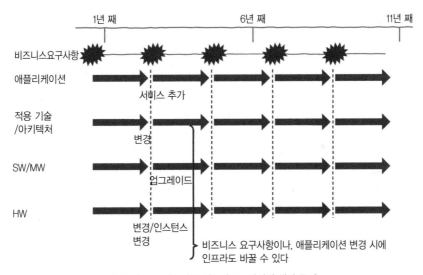

▲ **그림 12.2** 이뮤터블 인프라스트럭처의 생명 주기

소프트웨어의 업그레이드나 보안 패치 역시, 릴리즈 시점에 함께 실시할 수 있습니다. 예를 들어 AWS와 같은 공용 클라우드에서는 종량제로 이용할 수 있는 데이터베이스나 애플리케이션 서버와 같은 시스템 소프트웨어는 물론, Pass도 관리형managed 서비스 형태로 제공하고 있기 때문에, 릴리즈하는 시점에 가장 안정적인 최신 버전을 적용하도록 만들 수 있습니다. 그런가 하면 아키텍처 측면에서는 현 개발자가 능숙하게 다룰 수 있는 기술 구조로 아키텍처를 구성한 다음, 이전의 오래된 아키텍처를 대체할 수 있는데, 대체 후 남는 기존의 아키텍처도 손쉽게 폐기할 수 있어서 과거보다는 이행과 변경 작업에 대한 부담이 상당히 줄어듭니다.

12.3 이뮤터블 인프라스트럭처와 코드를 기반한 인프라스트럭처

이제 이뮤터블 인프라스트럭처를 유지보수하는 방법에 대해 알아 보겠습니다. 우선 인프라 환경의 구성 정보를 코드 형태로 정의한 후, 시스템 구축을 자동화하여 언제든 인프라 환경을 재구성할 수 있게 만들어야 합니다. 이러한 접근 방법은 클라우드 이전에 가상화 기술이 보급될 때부터 도입되었는데 이런 개념을 보통 'Infrastructure as Code'라고 부릅니다

시스템 구축을 자동화하는 방법으로는 쉐프Chef나 퍼펫Puppet, 앤서블Ansible 등을 활용하기도 하고 구축된 시스템 환경을 테스트하기 위해 Serverspec을 활용하기도 합니다. 이러한 툴들을 통해 Infrastructure as Code를 실현하기 위해서는 이제까지 설명해 온 클라우드 API가 반드시 필요합니다. 공용 클라우드 벤더도 이러한 툴에 준하는 서비스를 함께 제공하고 있는데, 8장에서 설명한 오케스트레이션 툴로 오픈스택의 Heat, AWS의 CloudFormation이 이에 해당합니다. 이러한 기술을 응용하면 기존의 인프라 환경의 설계서나 구성 정보를 코드 형태로 작성하고, 관리도 할 수 있어 유지보수를 더 효과적으로 할 수 있습니다.

대표적인 예로는 AWS의 경우, 웹 애플리케이션의 실행 환경 구축부터 디플로이까지를 PaaS 형태로 만들어 놓은 Elastic Beanstalk가 있습니다. 참고로 쉐프Chef나 Heat, CloudFormation이 처리할 수 있는 인프라 환경의 구축 범위는 가상 머신 레이어(IaaS 레이어)와 톰캣, 아파치와 같은 시스템 소프트웨어 부분, 자바나 파이썬 등을 포함한 애플리케이션 실행 환경, 그리고 함께 디플로이할 라이브러리와 애플리케이션 자체까지 포함합니다. 하지만 Elastic Beanstalk는 가상화 레이어를 은폐하여 PaaS 형태로 서비스되는데, 사용자가 실행 환경을 선택하고 디플로이할 애플리케이션 모듈을 지정하기만 하면 자동으로 용량에 대한 프로비저닝, 부하 분산, 오토스케일링 및 모니터링까지 관리해 줄 수 있습니다.

결국 Elastic Beanstalk를 이용하면 사용자는 IaaS 레이어를 의식하지 않아도 되고 설정(정확히 표현하면 코드)으로 인프라 환경을 구축하고 관리할 수 있게 됩니다. 이 책의 주제는 IaaS이기 때문에 더 상세하게는 다루지 않지만 AWS와 같은 공용 클라우드에서는 인프라 구성을 최대한 은폐시킨 서버리스serverless 아키텍처를 PaaS 서비스의 연장선으로 전개하는 움직임이 활발해지고 있습니다.

12.4 BLUE-GREEN 디플로이먼트

이뮤터블 인프라스트럭처에서는 기존의 인프라 환경에 변경이 필요한 경우, 기존의 인프라를 수정하면서 계속 사용하는 방식이 아니라, 기존 환경을 파괴하고 수정된 환경으로 새로 만드는 접근 방식을 사용합니다. 기업에서 사용하는 폐쇄적인 시스템은 휴일이나 업무가 마감된 시간처럼 사용자의 접속이 없는 틈에 시스템을 교체하거나 애플리케이션을 업그레이드하곤 합니다. 하지만 인터넷에 공개된 전자 상거래 사이트라면, 시스템 다운 타임이 곧 사용자의 이탈이나 매출 감소로 이어질 수 있습니다.

이 절에서는 시스템 다운 타임을 최소한으로 줄이면서 인프라 환경을 교체하는 방법에 대해 설명합니다. 보통 이미 서비스 중인 애플리케이션을 새로운 애플리케이션으로 교체하는 방법으로 다음과 같은 두 가지 방법을 생각해 볼 수 있습니다.

첫째, 이미 동작하고 있는 실행 환경에 새로운 애플리케이션 모듈을 배포하는 방법입니다([그림 12.3] 참고). 이것을 인플레이스 업그레이드in-place upgrade[2]라고 합니다. 인플레이스 업그레이드를 하면 사용자 요청을 일시적으로 받지 못하는 단점이 있는데, 그 밖에도 릴리즈가 완료되기 전까지는 애플리케이션이 정상 동작하는지 알 수 없습니다. 그래서 성능이나 리소스 이슈는 사용자가 장애 상황을 경험한 이후에나 확인이 되는 잠재 위험이 있습니다.

온프레미스 환경에서는 기존의 인프라 환경을 계속 사용해야 하기 때문에 보통 이와 같은 업그레이드 방식을 적용했습니다. 만약 웹 서버가 여러 대라면 서버를 한 대씩 릴리즈하여 전체 요청이 한 서버에 몰리는 것을 방지하도록 했습니다. 하지만 접속자에 따라서 어떤 사용자는 이전 버전을 사용하고 또 다른 사용자는 새 버전을 사용하는 정합성의 문제가 발생할 수 있습니다.

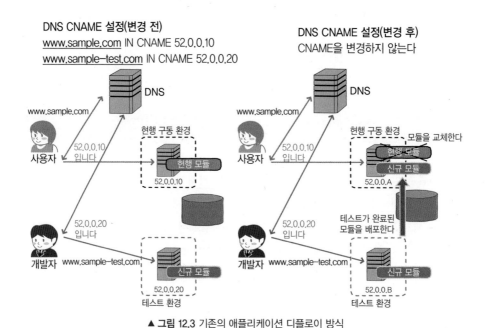

▲ **그림 12.3** 기존의 애플리케이션 디플로이 방식

---

2 역자 주 : http://www.pcmag.com/encyclopedia/term/61018/in-place-upgrade

두 번째 방법은 변경할 애플리케이션과 실행 환경을 포함하여 인프라를 새롭게 구성한 다음, 실제 동작까지 테스트를 완료하고 이상이 없으면, 현재 사용 중인 시스템의 URL로 교체하는 방법이 있습니다. 이 방법은 운영 장비를 두 대 이상 만들어두고 사용자가 점진적으로 업그레이드된 장비로 옮겨갈 수 있도록 만들어 주는데, 이러한 방식을 Blue-Green 디플로이먼트blue-green deployment라고도 부릅니다.

Blue-Green 디플로이먼트라는 용어는 이뮤터블 인프라스트럭처라는 용어가 사용되기 이전인 2010년 3월에 마틴 파울러Martin Fowler가 쓴 'BlueGreenDeployment'[3]라는 글에서 사용되었습니다. 이 방식은 새로 준비한 환경에서 충분한 테스트를 거친 다음, 이상이 없다고 판단될 때야 비로소 기존 환경을 파괴할 수 있는데, 새로 교체한 환경에서 문제가 확인되었다면 기존 환경으로 대체하는 것이 가능합니다. 이러한 접근 방법은 이뮤터블 인프라스트럭처에도 녹아 들어 있어서, 시스템을 교체하고 문제가 발생하면 복원시키는 방법으로 적용되어 있습니다.

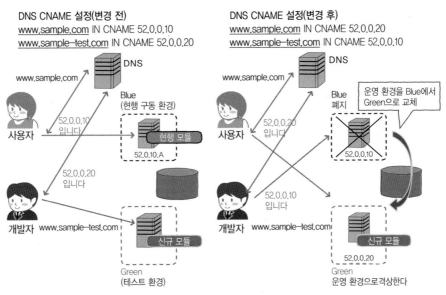

▲ 그림 12.4 Blue-Green 디플로이먼트

---

3 http://martinfowler.com/bliki/BlueGreenDeployment.html

12.5 이뮤터블 인프라스트럭처와 애플리케이션 아키텍처

이제까지 이뮤터블 인프라스트럭처를 구현하는 방법과 시스템의 생명 주기에 대해 살펴 보았습니다. 주의할 것은 모든 IT 시스템에 이러한 접근 방식을 적용할 수 있는 것은 아니기 때문에 미리 제약사항을 확인해야 합니다. 이뮤터블 인프라스트럭처를 구현하려면 중요한 전제 조건이 있는데, 변경 전의 인프라 환경과 변경 후의 인프라 환경 사이에 공유되는 것이 없는, 'Shared Nothing' 상태가 되어야 한다는 것입니다.

일반적인 3티어 아키텍처로 만들어진 웹 애플리케이션이 있다고 가정해보겠습니다. 클라이언트에서 가까운 쪽부터 '프레젠테이션 계층', '애플리케이션 계층', '데이터 계층'이라고 부를 때, 프레젠테이션 계층과 애플리케이션 계층은 보통 애플리케이션 서버에 위치합니다. 이들 계층은 비즈니스 요구 사항에 따라 빈번하게 바뀔 가능성이 높은가하면 외부로부터 악의적인 공격이 발생하는 부분이기도 해 보안 취약점에 대한 패치가 자주 발생할 수 있습니다. 그래서 이 영역이야말로 이뮤터블 인프라스트럭처의 적용이 가장 필요한 곳이기도 합니다.

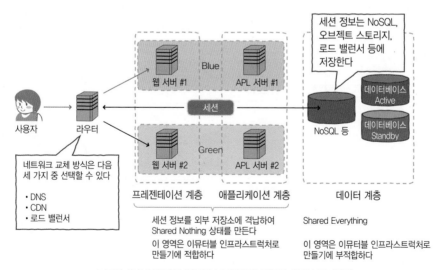

▲ 그림 12.5 이뮤터블 인프라스트럭처와 애플리케이션 아키텍처

보통 프레젠테이션 계층과 애플리케이션 계층은 하나의 요청에 대해 하나의 응답을 하고 통신이 종료되는 무상태stateless 방식으로 동작하는데, 한 사용자가 여러 요청을 보내는 것을 처리하기 위해 내부적으로 세션session이라는 정보를 관리합니다([그림 12.5] 참고). 온라인 쇼핑몰에서 로그인을 한 후, 카트에 구매할 상품을 담아 두었다가 결제할 때 담긴 상품을 한 번에 주문할 수 있는 것은 시스템이 바로 이 세션 정보를 활용하고 있기 때문입니다.

세션은 하나의 애플리케이션 서버에 저장되거나 가용성을 높이기 위해서 여러 대의 서버로 복제하여 저장됩니다. 이런 경우, Blue-Green 디플로이먼트로 서버를 교체하면 세션 정보가 없어서 접속자가 다시 로그인을 해야 한다거나 쇼핑몰의 카트에 상품이 사라지는 오동작을 겪기도 합니다. 이러한 오동작을 피하기 위해서 모든 접속자가 로그아웃한 후에 새로운 환경으로 이행하는 방법을 생각할 수는 있지만, 그런 경우에는 Blue-Green 디플로이먼트의 장점인 다운 타임 최소화의 혜택을 누리지 못합니다. 결국 프레젠테이션 계층과 애플리케이션 계층을 이뮤터블 인프라스트럭처로 구현하려면 세션 정보를 애플리케이션 서버의 내장 메모리에 두어서는 안되고 AWS의 Dynamo DB[4]와 같은 외부의 저장소에 보관하는 것을 검토해야 합니다

다음은 데이터 계층을 살펴 봅니다. 일반적으로 데이터 계층은 관계형 데이터베이스로 구성됩니다. 데이터베이스에는 트랜잭션 데이터나 마스터 데이터가 저장되는데 이러한 정보들은 여러 개의 애플리케이션에서 활동됩니다. 이뮤터블 인프라스트럭처가 되려면 'Shared Nothing' 상태이어야 한다고 했는데 데이터베이스 정보만큼은 이뮤터블하게 새로 구축하는 것보다 변경 전의 인프라 환경과 변경 후의 인프라 환경에서 공유하게 놔두는 것이 현실적입니다. 왜냐하면 데이터의 양에 따라 다르겠지만 하나의 데이터베이스에서 다른 데이터베이스로 정보를 복사하는 데는 상당한 시간이 소요되기 때문입니다. 한편, 데이터베이스가 설치된 서버에는 애플리케이션을 디플로이하지 않는 것이 일반적이고, 인터넷과 같이 외부에서 접속이 가능한 네트워크를 사용하지 않기 때문에, 보안 취약점에 대한 패치의 빈도도 상대적으로 적습니다. 이

4 역자 주 : AWS가 제공하는 Key-Value 형 데이터 스토어
https://aws.amazon.com/ko/documentation/dynamodb/

러한 이유로 데이터 계층은 이뮤터블 인프라스트럭처를 적용하기에는 적절하지 않다는 것을 알 수 있습니다.

즉, 하나의 IT 시스템을 구축하는 경우에도 'Shared Nothing'의 구성을 할 수 있는 프레젠테이션 계층과 애플리케이션 계층에는 이뮤터블 인프라스트럭처를 적용하되, 데이터 계층은 영속적인 인프라 기반으로 구분하는 것이 효과적인 유지보수를 위한 전략이라고 할 수 있습니다. 그렇다고 해서 데이터 계층의 생명 주기도 이전의 인프라 환경처럼 하드웨어 생명 주기나 소프트웨어의 생명 주기에 종속되어야 하는 것은 아닙니다. 애플리케이션이 이용하는 데이터의 성격이 영속성이 보장되어야 하는 것이 아니라 일시적으로 사용되는 데이터라고 한다면 클라우드가 제공하는 오브젝트 스토리지나 키-밸류key-value 스토어 형태의 데이터베이스를 활용하면 하드웨어나 소프트웨어의 생명 주기에 종속되지 않는 유연한 데이터 계층을 만들 수 있습니다. 애플리케이션 아키텍처도 이처럼 클라우드 친화적인 기술을 적용해서 클라우드 네이티브native한 아키텍처를 만들게 되면 클라우드의 장점을 더 많이 활용할 수 있게 될 것입니다.

12.6 이뮤터블 인프라스트럭처와 마이크로서비스

이뮤터블 인프라스트럭처를 효과적으로 활용할 수 있는 애플리케이션의 특징에 대해 설명하겠습니다. 애플리케이션은 그 애플리케이션이 구현하는 비즈니스의 흥망성쇠에 따라 크기가 커지기도 하고 작아지기도 하고, 수정되거나 삭제되기도 합니다. 비즈니스 특성상 추가되거나 변경이 필요한 시기를 예측하기는 어렵고, 경우에 따라서는 비즈니스의 요구needs와 상관없이 공통 기능이나 애플리케이션 프레임워크 수준에서의 변경도 발생할 수 있습니다.

애플리케이션 실행 환경이 이뮤터블 인프라스트럭처로 된 시스템에서 업무 모듈 하나를 업그레이드하고, 동시에 보안 패치도 적용해야 하는 상황을 예로 들어 보겠습니다. 애플리케이션 모듈을 교체할 때는 새로 구축한 환경에서 모든 기능이 문제없이 동작하는지 하나하나 확인해봐야 합니다. 애플리케이션의 기능이 많으면 많을수록 모듈 교체 시 테스트하는 시간이 길어지고, 변경한 부분과 상관없이 모든 기능을 테스트해보기가 현실적으로 어려워집니다. 개발자가 새로 추가된 인프라 기능을 사용하고 싶다고 하더라도 기존의 다른 모듈에 오동작이 발생할 것을 우려하여, 선뜻 신규 기능을 적용해보지 못할 수 있습니다. 자연스럽게 이러한 상황이 계속되면 유지보수성은 낮아질 수밖에 없는데, 과연 그렇다면 유지보수성이 높은 애플리케이션은 어떤 형태로 만들어야 하는 걸까요?

그래서 이러한 상황의 대안으로 최근 주목 받고 있는 마이크로서비스microservies에 대해 살펴 보려 합니다. 마이크로서비스는 제임스 루이스James Lewis와 마틴 파울러Martin Fowler가 쓴 글[5]에 기본적인 개념이 설명되어 있습니다. 마이크로서비스는 독립해서 디플로이할 수 있는 서비스 단위로 설계된 애플리케이션을 말합니다. 마이크로서비스는 아키텍처 관점에서 명확하게 정의된 것은 아니지만 비즈니스 수행력을 고려한 개발 조직, 시스템 구성과 디플로이의 자동화, 간결한 엔드포인트의 정의, 분산된 데이터 등과 같이 조직과 아키텍처, 개발 방법론까지 아우르는 특징들이 반영된 애플리케이션 형태입니다.

보다 쉬운 이해를 위해서 마이크로서비스와 마이크로서비스가 아닌 경우를 비교해서 [표 12.1]에 정리했습니다.

---

5 http://martinfowler.com/articles/microservices.html

▼ 표 12.1 마이크로서비스의 특징

	마이크로서비스	마이크로서비스가 아닌 경우
컴포넌트화	서비스 형태로 정의함 공개된 인터페이스로 접근함	라이브러리 형태로 정의됨 인메모리(in-memory) 함수 호출로 접근함
서비스 인터페이스	REST/HTTP	웹 서비스
데이터 관리	서비스별로 데이터베이스를 관리	통합된 형태로 데이터베이스를 관리
애플리케이션 변경	서비스를 점진적으로 개선함	릴리즈할 때까지 변경 사항을 모아서 개선함
장애 대응 방식	Design for failure	가용성 설계
인프라 환경 구축	자동 구축, 자동 디플로이, 자동 테스트 서로 다른 프로세스로 서비스를 기동	전체를 하나로 구성, 테스트, 디플로 이까지 하나의 프로세스로 여러 개의 서비스를 기동
거버넌스	서비스별로 거버넌스 적용 기술도 서비스별로 선택	전체를 거버넌스 애플리케이션 전체에 표준화한 기술 적용
조직	cross functional 한 팀이 하나의 서 비스를 개발하고 관리함	DBA, UI, 미들웨어 등 전문화된 팀으 로 분화 애플리케이션 전체에 여러 팀이 협업 하며 1개의 조직을 구성
조직의 생명 주기	서비스, 상품의 생명 주기를 따름	프로젝트의 생명 주기를 따름

이렇게 정리해보면 서비스 단위로 독립된 마이크로서비스 아키텍처는 이뮤터블 인프라스트럭처와 상당히 궁합이 잘 맞는다는 것을 알 수 있습니다. 하나의 마이크로서비스를 담당하는 개발팀은 사용하는 개발 언어, 기술, 애플리케이션의 개발 환경을 스스로 선택할 수 있고, 서비스나 조직의 거버넌스는 물론, 서비스를 어떻게 전개(展開)할지에 대한 책임도 지게 됩니다. 즉 중소 규모의 개발 조직에서 스스로 관리 가능한 범위의 작업을 수행하게 되는데, 그런 이유로 인프라에 대한 유지보수를 할 때에도 기존의 애플리케이션에 영향을 주는지 하나하나 확인하면서 안전하게 인프라 환경을 교체할 수 있습니다.

이뮤터블 인프라스트럭처나 마이크로서비스와도 관계가 깊고 도커docker로 대표되는 컨테이너 가상화 기술에 대해 설명합니다.

하이퍼바이저hypervisor형 가상화 기술은 하나의 하이퍼바이저, 혹은 호스트 OS 위에 여러 개의 가상 서버를 만들고, 그 안에 게스트guest OS가 탑재되는 형태로 가상화 환경이 만들어집니다. 이에 반해 컨테이너container형 가상화 기술은 하나의 호스트 OS 위에 독립된 가상 서버에 해당하는 컨테이너를 여러 개 만드는 형태로 가상화 환경이 만들어집니다([그림 12.6] 참고).

하나의 컨테이너 안에는 애플리케이션 실행 환경을 패키징해서 넣을 수 있는데 이렇게 함으로써 인프라 담당자가 관리하는 OS 영역과 애플리케이션 실행 환경의 경계를 명확히 할 수 있고, 서로의 책임 영역과 역할도 분리할 수 있습니다.

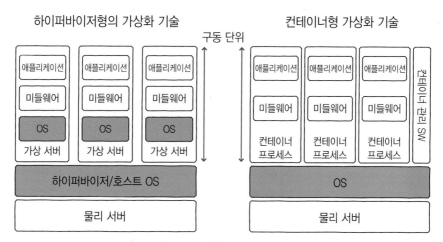

▲ 그림 12.6 하이퍼바이저형 가상화와 컨테이너형 가상화

컨테이너 가상화 기술을 사용하지 않는 과거의 환경에서는 애플리케이션 개발자가 물리적인 서버와의 통신을 위해 TCP/IP의 설계, 서버 전체의 리소스 분배, 가상 서버나 OS, 물리적인 네트워크까지 신경 써야만 했습니다. 이에 반해 컨테이너 가상화 기술을 사용하게 되면 실제로 애플리케이션이 실행되는데 직접적인 영향을 주는 실행 환경, 자바로 치면 자바 런타임 환경 이상의 영역까지만 신경 쓰면 되기 때문에 이전 방식에 비해 상대적으로 관리가 쉬워집니다.

이뮤터블 인프라스트럭처를 구현할 때 신경 써야 하는 인프라의 범위에는 OS를 포함시킬 필요가 없습니다. 자바가 등장한 이후로 애플리케이션의 런타임 환경은 이식성(移植性)이 높아져서 서로 다른 OS라고 하더라도 이전보다는 이식하기가 더 쉬워졌기 때문입니다. 마이크로서비스를 사용하면, 개발 조직은 애플리케이션과 실행 환경까지 포함된 컨테이너를 관리하고, 서비스의 엔드포인트는 URL로 공개하여 서비스를 등록하건 검색이 가능하도록 만듭니다. 이런 특징들을 살펴 보면 컨테이너 기술이 마이크로서비스와 궁합이 잘 맞는다는 것을 알 수 있습니다.

8장에서 설명한 오케스트레이션 툴을 사용해서 서버 스택을 만드는 방식과 비교해 보면 일단 OS 기동을 하지 않기 때문에 상당히 빠른 시간에 애플리케이션 실행 환경을 구축하고 기동할 수 있습니다.

예를 들어 AWS의 CloudFormation이나 오픈스택의 Heat와 같은 오케스트레이션 툴로 이뮤터블 인프라스트럭처를 구현하는 경우, 새로운 환경을 구축하는데 필요한 절차는 아래와 같습니다.

① 오케스트레이션 툴을 기동한다
② 가상 머신에서 OS까지의 스택을 구축하고 OS를 기동한 다음 환경 정보를 설정한다
③ Chef 등의 구성 관리 툴을 조합하여 인프라 구성 코드를 기반으로 애플리케이션 실행 환경을 구축하고 애플리케이션을 배포한다
④ 네트워크 설정을 바꾸거나 로드 밸런서를 사용해서 운영 환경으로 전환한다

이에 반해 컨테이너형 가상화 기술을 사용하는 경우, 필요한 절차는 아래와 같습니다.

① 컨테이너 이미지를 사용해서 사전에 설치된 OS위에 새로운 컨테이너를 기동한다

② Chef 등의 구성 관리 툴을 조합하여 인프라 구성 코드를 기반으로 애플리케이션 실행 환경을 구축하고 애플리케이션을 배포한다

③ 네트워크 설정을 바꾸거나 로드 밸런서를 사용해서 운영 환경으로 전환한다

이와 같이 컨테이너형 가상화 기술을 사용할 때는 OS를 기동하거나, OS를 설정하는 작업을 할 필요가 없어서 애플리케이션 실행 환경을 기동까지의 시간이 상당히 줄어 듭니다. 또한 애플리케이션 실행 환경을 이미지로 패키지화해 두면 필요한 라이브러리 모듈을 업그레이드하거나 애플리케이션만 배포하면 되기 때문에 애플리케이션의 기동 시간을 더 단축시킬 수 있습니다. 심지어 패키지를 업데이트하는 사이클까지 고려한다면 이뮤터블 인프라스트럭처를 구현하는데 전혀 문제될 부분은 없습니다.

12.8 도커와 컨테이너 클러스터 관리 프레임워크

컨테이너형 가상화 기술의 대표적인 예로써 오픈소스 프레임워크인 도커docker에 대해 살펴 보겠습니다. 도커는 도커Docker 사(社)[6]가 개발한 리눅스 계열의 컨테이너 가상화 기술을 응용한 오픈소스 소프트웨어입니다.

12.8.1 도커의 구현 기술

도커는 리눅스에서 사용하는 여러 기술들을 응용해서 컨테이너 가상화를 구현하고 있는데 대표적인 기술들은 다음과 같습니다.

---

6 https://www.docker.com/

Namespaces

사용자가 이용하는 공간을 분리하고 글로벌 리소스를 사용자 자신만 가지고 있는 것처럼 격리시켜주는 기능입니다. PID(프로세스 ID), MNT(파일 시스템의 마운트 포인트), IPC(System V IPC, POSIX 메시지 큐), NET(네트워크 디바이스, 스택, 포트 등), UTS(호스트명과 NIS 도메인)과 같은 다섯 가지 유형이 있습니다.

Cgroups(control groups)

cpu(CPU의 사용량), cpuset(CPU 코어 개수), memory(메모리 상한), device(사용 가능한 디바이스) 등, 그룹화된 프로세스의 리소스를 제어합니다.

Storage

착탈 가능한 스토리지 드라이버 기능입니다. 도커에서는 device mapper, btrfs, aufs, vfs 중에서 선택 가능합니다.

Networking

네트워크 디바이스를 짝지워 컨테이너와 호스트 사이의 통신을 가능하게 만드는 veth, 가상 브릿지를 만들어 컨테이너 간의 통신을 가능하게 만드는 bridge, 컨테이너 간의 통신 가능 여부를 제어하는 iptables 등으로 컨테이너 안의 프로세스 동작을 제어합니다.

Security

컨테이너에서의 프로세스 권한을 관리하는 Capability, 컨테이너의 프로세스 동작을 컨테이너 내부에만 제한하는 SELinux, 프로세스가 실행하는 시스템 호출을 제한하는 seccomp와 같은 컨테이너 내부 프로세스들을 제어합니다.

이와 같이 도커에서 사용되는 리눅스 기술들을 살펴 보면, 도커는 리눅스의 호스트 머신상에서 동작하는 프로세스를 커널 기술을 사용해서 격리하고 있다는 것을 알 수 있습니다. 하이퍼바이저형의 가상화 기술처럼 호스트 머신과 프로세스 사이에 특별한 소프트웨어 레이어를 두지 않았고, 각 컨테이너는 OS를 별도로 설치할 필요도 없으며, 심지어 호스트 OS의 프로세스로 기동되기 때문에 속도가 빠릅니다. 또한 OS 상의 프로세스를 격리만 시키는 것이 아니라, 프로세스를 포함한 컨테이너를 하나의 이미지로 만들어 또 다른 OS의 도커 환경에 이식하는 것도 가능합니다.

예를 들어 이미 운영 환경으로 사용하고 있는 온프레미스 환경이 있는 경우, AWS 상에 구축한 도커 컨테이너 이미지로 애플리케이션 테스트를 하고, 테스트가 완료된 도커 이미지를 온프레미스 환경의 도커에 임포트import하는 것도 가능합니다. 하드웨어를 교체하거나 클라우드상의 가상 인스턴스를 변경할 때도 컨테이너는 이러한 변화를 의식하지 않고 이식할 수 있습니다. 즉, 도커를 사용한 컨테이너형 가상화 기술은 인프라 환경에서 하드웨어 계층을 밑바닥부터 완전히 격리할 수 있는 것입니다.

12.8.2 도커의 생명 주기

도커는 모든 생명 주기를 CLI를 통해 관리할 수 있습니다. [그림 12.7]에 도커의 상태 변화와 CLI 명령을 함께 표현해 보았습니다.

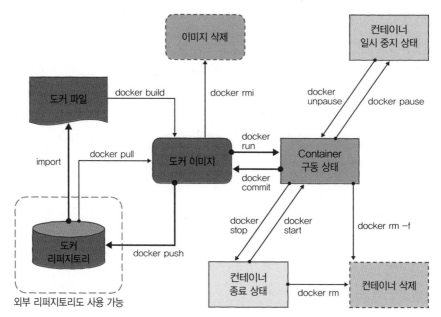

▲ **그림 12.7** 도커 컨테이너의 생명 주기와 CLI 명령어

그림에 표시된 도커 리포지터리는 도커 이미지를 보존하는 곳으로, 반드시 같은 호스트 머신에 있어야 하는 것은 아닙니다. 바로 이런 점을 응용하여 여러 대의 호스트 머신에 클러스터를 구성한 뒤, 그 클러스터에서 컨테이너를 자유롭게 이동시킬 수 있는 프레임워크가 있는데, 대표적인 것이 쿠버네티스Kubernates[7]와 도커 스웜Docker Swarm[8] 입니다. 도커 클러스터와 도커 컨테이너의 높은 이식성을 응용하면 여러 노드의 리소스들을 보다 효율적으로 활용할 수 있습니다.

도커와 도커 컨테이너의 클러스터 기술은 기능의 효용성이 높고 주목을 많이 받은 탓에 현재 AWS와 오픈스택에서도 적용이 되었습니다. AWS에서는 2014년에 열린 AWS re:Invent에서 Amazon EC2 인스턴스의 클러스터를 관리할 수 있는 Amazon ECSEC2 Container Service가 발표되었고 오픈스택에서는 2015년 5월에 열린

---

7 역자 주 : http://kubernetes.io/

8 역자 주 : https://www.docker.com/products/docker-swarm

오픈스택 서밋OpenStack Summit에서 쿠버네티스나 도커 스웜과 같은 기존의 도커 클러스터 기능을 오픈스택에 통합한 Magnum이 발표되었습니다.

12.8.3 컨테이너 클러스터 기능

이제 AWS의 Amazon ECS를 예로 들어 컨테이너 클러스터가 어떤 일을 하는지 살펴보겠습니다. Amazon ECS는 도커 컨테이너를 지원하는 Amazon EC2 인스턴스의 매니지드 클러스터managed cluster입니다. Amazon ECS에서는 쿠버네티스나 도커 스웜과 같은 소프트웨어를 사용하지 않고 AWS에 도커 클러스터를 구축하고 관리할 수 있습니다. [표 12.2]에 Amazon ECS가 제공하는 기능들을 간단히 정리했습니다.

▼ 표 12.2 Amazon ECS의 기능

기능	개요
클러스터 관리	특정 AWS 리전의 여러 EC2 인스턴스들을 도커 클러스터로 관리한다. 각각의 도커 컨테이너에는 컨테이너 에이전트(Amazon ECS Container Agent)가 설치되고 이 에이전트는 사용자나 스케줄러가 보내는 요청을 받아 컨테이너를 시작, 종료하거나 모니터링을 한다. 클러스터는 여러 가용 영역에 걸쳐 배치할 수 있는데 클러스터의 인스턴스 유형과 용량이 서로 다르더라도 상관없다.
태스크 관리	클러스터상의 여러 컨테이너들을 사용해서 하나의 목적을 수행하는 태스크들을 관리할 수 있다. 컨테이너 이미지, 메모리나 CPU의 할당, 포트 매핑과 같은 정보를 관리하고 태스크를 실행한다.
스케줄러	클러스터의 어느 인스턴스로 컨테이너를 디플로이할지 결정하는 기능이다. 미리 정의된 태스크를 실행할 컨테이너를 일정량 유지하는 서비스 스케줄러, 지정된 개수의 태스크를 여유가 있는 인스턴스에 순차적으로 배분하는 태스크 스케줄러, 사용자가 정의할 수 있는 커스텀 스케줄러 등이 있다.
ECS 컨테이너 레지스트리	도커 컨테이너 이미지를 저장, 관리, 배포하는 레지스트리 기능을 한다.

도커는 어디까지나 하나의 호스트 OS 위에 컨테이너형(形)을 가상화해주는 소프트웨어이기 때문에, 하나의 컨테이너에 할당할 리소스의 분배 기능이나 여러 호스트 OS 상의 컨테이너들과 상호 연동하는 기능 등은 포함되어 있지 않습니다. 그래서 이를 보완하기 위해 컨테이너 클러스터 관리 프레임워크인 Amazon ECS나 OpenStack Magnum을 사용하면 클러스터를 구성하는 인스턴스들의 리소스 사용량을 확인할 수 있고 필요한 시점에 필요한 태스크를 실행하는 등 컨테이너를 보다 세부적으로 관리할 수 있습니다([그림 12.8] 참고). 결과적으로 사용자 입장에서는 도커의 CLI를 잘 모르더라도 내부에서는 태스크와 클러스터를 제어하는 API를 사용하는 시스템 때문에 시스템을 더 효율적으로 관리할 수 있게 됩니다.

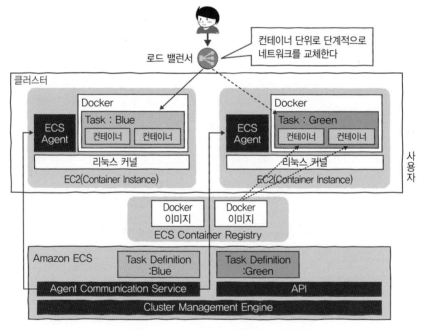

▲ **그림 12.8** Amazon ECS를 사용한 시스템 교체

12.9 정리

이 장에서는 인프라 환경의 생명 주기가 클라우드를 적용할 때 어떻게 달라지는지 살펴 보았습니다. 비즈니스 애플리케이션 개발자가 원하는 시점에 애플리케이션 실행 환경을 구축하고, 비즈니스 애플리케이션의 생명 주기에 맞춰 시스템을 유지보수 할 수 있는 이뮤터블 인프라스트럭처에 대해서도 알아 보았습니다.

클라우드 인프라를 활용하면 더 이상 사용하지 않는 리소스를 비교적 쉽게 폐기할 수 있고, 그 결과 쓸모 없는 자원을 유지하기 위해 불필요한 비용을 부담하지 않아도 됩니다. 인프라의 생명 주기를 장비의 수명에 맞추는 대신, 애플리케이션과 비즈니스의 생명 주기에 맞출 수 있게 됩니다. 더 나아가 컨테이너형 가상화 기술을 사용하면 하드웨어 리소스를 보다 효율적으로 활용할 수 있고 이뮤터블 인프라스트럭처의 장점을 극대화시킬 수 있습니다.

이뮤터블 인프라스트럭처

대표적인 API 레퍼런스

마지막으로 오픈스택과 AWS의 대표적인 API를 간단히 살펴 봅니다. 자세한 내용은 각 클라우드의 최신 API 레퍼런스를 참고하기 바랍니다.

API: 오픈스택

오픈스택의 API는 REST API로 통일되어 있습니다. 즉, 리소스에 대한 조작은 HTTP 메소드로 결정되고 리소스는 URI의 패스로 표현됩니다. 대표적인 API는 다음과 같습니다.

오픈스택의 주요 API

메소드	URI (도메인과 컴포넌트 부분은 생략)	기능
GET	/{tenant_id}/servers	서버 목록 표시
POST	/{tenant_id}/servers	서버 생성
DELETE	/{tenant_id}/servers/{server_id}	서버 삭제
POST	/{tenant_id}/volumes	볼륨 생성
GET	/{tenant_id}/volumes/{volume_id}	볼륨 상세 정보 표시
POST	/networks	네트워크 생성
PUT	/networks/{network_id}	네트워크 수정
POST	/subnets	서브넷 생성
PUT	/subnets/{subnet_id}	서브넷 수정
POST	/{tenant_id}/stacks	스택 생성
PUT	/{tenant_id}/stacks/{stack_name}/{stack_id}	스택 수정
GET	/users	사용자 목록 표시
DELETE	/users/{user_id}	사용자 삭제
POST	/groups	그룹 생성
PUT	/groups/{group_id}	그룹 수정
POST	/auth/tokens	토큰 발행

메소드	URI (도메인과 컴포넌트 부분은 생략)	기능
PUT	/{account}/{container}	컨테이너 생성
PUT	/{account}/{container}/{object}	오브젝트 생성, 수정

오픈스택 API 레퍼런스

• http://developer.openstack.org/api-ref.html

API: AWS(AMAZON WEB SERVICES)

AWS의 API는 REST API와 쿼리 API가 혼재합니다. 다음 예에서는 Amazon S3만 REST API를 사용하고 있습니다.

AWS의 주요 API

메소드	URI (도메인과 컴포넌트 부분은 생략)	기능
GET	/?Action=DescribeInstances	서버 목록 표시
POST	/?Action=RunInstances	서버 생성
GET	/?Action=DescribeInstances&instance_id=**	서버 상세 정보 표시
POST	/?Action=CreateVolume	볼륨 생성
GET	/?Action=DescribeVolumes&volume_id=**	볼륨 상세 정보 표시
POST	/?Action=CreateVpc	VPC 생성
POST	/?Action=ModifyVpcAttribute&VpcId=**	VPC 수정
POST	/?Action=CreateSubnet	서브넷 생성
POST	/?Action=ModifySubnetAttribute&SubnetId=**	서브넷 수정
POST	/?Action=CreateStack	스택 생성
POST	/?Action=UpdateStack&StackName=**	스택 수정
GET	/?Action=ListUsers	사용자 목록 표시
POST	/?Action=DeleteUser&UserName	사용자 삭제
POST	/?Action=CreateGroup	그룹 생성

메소드	URI (도메인과 컴포넌트 부분은 생략)	기능
POST	/?Action=UpdateGroup&GroupName	그룹 수정
GET	/?Action=GetSessionToken	토큰 발행
PUT	bucket.	버킷 생성
PUT	bucket.**/object	오브젝트 생성, 수정

AWS API 레퍼런스

- Amazon EC2/EBS/VPC
  http://docs.aws.amazon.com/AWSEC2/latest/APIReference/

- Amazon S3
  http://docs.aws.amazon.com/AmazonS3/latest/API/

- Amazon CloudFront
  http://docs.aws.amazon.com/AmazonCloudFront/latest/APIReference/

- Amazon Route 53
  http://docs.aws.amazon.com/Route53/latest/APIReference/

- AWS CloudFormation
  http://docs.aws.amazon.com/AWSCloudFormation/latest/APIReference/

- AWS IAM
  http://docs.aws.amazon.com/IAM/latest/APIReference/

- AWS STS
  http://docs.aws.amazon.com/STS/latest/APIReference/

- AWS Direct Connect
  http://docs.aws.amazon.com/directconnect/latest/APIReference/

참고 문헌

- オープンソース クラウド基盤 OpenStack入門
  (KADOKAWA/アスキー メディアワークス, ISBN 978-4-0486-6067-9)
  오픈스택의 역사부터 개발 및 사용 방법 등의 기초 지식을 배울 수 있습니다.

- OpenStackクラウドインテグレーション オープンソースクラウドによるサービス構築入門
  (翔泳社, ISBN 978-4-7981-3978-4)
  오픈스택의 기본 구성 요소에 대한 관리를 커맨드라인 방식으로 배울 수 있습니다.

- Amazon Web Servicesクラウドデザインパターン設計ガイド 改訂版
  (日経BP社, ISBN 978-4-8222-7737-6)
  AWS를 사용한 클라우드의 기본 설계 패턴을 배울 수 있습니다.

- Amazon Web Services 実践入門
  (技術評論社, ISBN 978-4-7741-7673-4)
  AWS의 기본 구성 요소에 대한 관리를 커맨드라인 방식으로 배울 수 있습니다.

- Amazon Web Servicesクラウドサーバ構築ガイド コストを削減する導入 実装 運用ノウハウ
  (翔泳社, ISBN 978-4-7981-4267-8)
  AWS를 이용할 때 반드시 필요한 비용 절감 노하우를 배울 수 있습니다.

- Amazon Web Services パターン別構築 運用ガイド
  (SBクリエイティブ, ISBN 978-4-7973-8257-0)
  AWS 패턴별로 구성 방법과 작업 절차를 배울 수 있습니다.

- 絵で見てわかるITインフラの仕組み
  (翔泳社, ISBN 978-4-7981-2573-2)
  이 책에서 다루지 않은 물리적 인프라와 인프라 관련 기술에 대한 기초 지식을 소개합니다.

- 絵で見てわかるOS/ストレージ/ネットワーク ～データベースはこう使っている
  (翔泳社, ISBN 978-4-7981-1703-4)
  이 책에서 언급한 서버, 스토리지, 네트워크를 기반 기술 관점에서 배울 수 있습니다.

- 絵で見てわかるWindowsインフラの仕組み
  (翔泳社, ISBN 978-4-7981-4225-8)
  주로 리눅스를 위주로 인프라를 설명하고 있지만 윈도우와 Azure에 대해서도 소개합니다.

- 絵で見てわかるシステムパフォーマンスの仕組み
  (翔泳社, ISBN 978-4-7981-3460-4)
  인프라와 클라우드의 성능에 대해 배울 수 있습니다.

- 絵で見てわかるWebアプリ開発の仕組み
  (翔泳社, ISBN 978-4-7981-4088-9)
  PHP와 Node.js를 사용하여 클라우드 관리 애플리케이션을 개발할 수 있습니다.

12

이큐터블 인프라스트럭처

- アーキテクトの審美眼
  (翔泳社, ISBN 978-4-7981-1915-1)
  ER 모델의 설계 기법을 아키텍트 관점에서 배울 수 있습니다.

- Docker実践入門 – Linuxコンテナ技術の基礎から応用まで
  (技術評論社, ISBN 978-4-7741-7654-3)
  도커를 사용하여 이뮤터블 인프라스트럭처를 구성할 수 있습니다.

- HTTPの教科書
  (翔泳社, ISBN 978-4-7981-2625-8)
  인터넷 기술의 기초인 HTTP의 기본 지식을 배울 수 있습니다.

- Webを支える技術 – HTTP，URI，HTML，そしてREST
  (技術評論社, ISBN 978-4-7741-4204-3)
  HTTP나 웹 API와 관련된 기술 요소를 배울 수 있습니다.

- 実践DNS DNSSEC時代のDNSの設定と運用
  (アスキー メディアワークス, ISBN 978-4-04-870073-3)
  일본 레지스트리 서비스의 집필진이 쓴 DNS 교과서로 최신 동향도 다루고 있습니다.

- 継続的デリバリー 信頼できるソフトウェアリリースのためのビルド テスト デプロイメントの
  自動化(アスキー メディアワークス, ISBN 978-4-04-870787-9)
  지속적인 통합 환경(Continuous Integration)의 교과서로 널리 알려진 책입니다